生活実践と結ぶ
家庭科教育の発展

編著 福田　公子
　　 山下智恵子
　　 林　未和子

大学教育出版

まえがき

　21世紀になって，これまでの教育が大きく揺らいでいることを実感する。過去を振り返り，未来に思いを馳せた時，子ども達の生活を阻害し，彼等が未来に夢を抱くことができない時代状況にしている私たち大人の責任は重い。
　今日の日本は，構造改革の名のもとに，経済優先の効率万能主義に陥っている。市場経済をより自由に，より競争させ，より完全に機能させる徹底した市場原理の実現が求められている。そのため，モノとカネに溢れている一方で，企業は生き残りのために合理化を断行し，庶民はリストラ，失業，長時間労働，年金破綻などと，くらしの不安は募るばかりである。あらゆるところで能力給や成果主義やエリート教育が幅をきかせ，少数の勝利者を賞賛することが，国際的な競争に勝つことだと宣伝されている。
　こうした大人社会の不安は子ども達に多大な影響を与え，また学校で成績も態度も心も評価されるその息苦しさとともに，子どもは異常なストレスを感じている。その結果，不登校や学級崩壊や暴力が問題になっている。このような現状を尻目に，学校では「学力低下問題」が関心を呼んでいる。学区を越えた学校間競争や能力別学級が，子どもの個性を伸張するためと称して競争を煽っている。学校は，国家や経済の手段に成り下がろうとしているのか。親達は，子どもに競争に勝ち残ってほしいとする気持ちと，もしも敗者になったらという不安の間で，揺れ動いている。
　教師はこれまでに多大な力量を蓄積し，学校の運営にも膨大な力を注ぎこんでいるにもかかわらず，児童・生徒の問題行動は質的にも量的にも深刻化してきている。人々は学校で問題が起きるたびに，教師の力量の低下を言い立てている。そして，学校の管理を徹底させ，研修を強制しているが，それが逆に教師から自信を奪い，疲れさせる結果に陥っているのではなかろうか。今や学校の危機は，学校内部の力だけで解決することは不可能な状況にある。その危機の原因は，社会全体に根をもっているのであろう。

その背景には，社会の変革と抑圧に抗しきれない崩壊寸前の家庭がある。子どもの変化の裏には，若い親達の子育て不全の実態が隠されていると，尾木直樹氏はいう。著書の『子どもの危機をどう見るか』で，その実態を次の3点にまとめている。まず第1に，子どもの基本的な生活習慣づくりの意義がわからず，「食べる」「寝る」「遊ぶ」という基本のしつけがおろそかにされている。第2に，子どもに対して愛情を感じることができずに悩んだり，何を話しかけてよいのかわからずに戸惑うなど，親になった動揺が浮き彫りになっている。そこから，焦りや子どもを私物化する気持ちが生まれ，幼児虐待の土壌が形成されていくようだ。第3に，親同士のコミュニケーション不全に陥っており，お互いに孤立した子育てを余儀なくさせられている。

確かに，科学技術や市場経済の発展は，家事労働の様相を変えてしまったと同時に，家族共同体の機能も失わせてきた。携帯電話の普及，テレビの個室化，そして子どもだけで食事をする孤食の広がりなど，子どもにとって家族との共同生活を送っている実感はどこからも湧いてこない状況がみられる。一見普通の家庭も，その家族機能を失ってきているのが現状である。

学校文化の中で教科としての家庭科は，かつては女子のみが学ぶ内容とされていた。しかし，20世紀末に，男女平等の理念のもとに共学必修の教科となった。とはいえ，今日でも弱小で授業時間数の少ない教科であることに変わりはない。しかも学校も社会も男性優位の構造は継続しており，女性が守ってきた価値観や信念は認知されにくく，家庭生活を教育内容とする家庭科は異端視されてきた。

しかし，家庭科教育は，一貫して家族共同体の生活実践に価値をおき，平和と福祉の中の人権を守ろうとしてきた。家族という原初的な集団において，親密さと助け合う人間関係を大切にしてきた。何よりも生活者の育成をめざしてきた。生活者とは「教育のことも，住環境のことも，食べ物の安全のことも，隣人との付き合いも，労働時間と男女の家庭責任のことも，環境汚染のことも，高齢者の介護のことも経験して，人間と人生にかかわる生活圏の中で，全体的，総合的な判断ができる人のことである。このような生活者は，その生活経験のゆえに意味をもつものであり，肩書きが意味をもつものではない」と輝峻淑子氏は『豊かさの条件』の中で述べている。すなわち生活者は，生活実践から生まれる。

家庭科教育は生活実践と結ぶ教科である。学校文化に属する家庭科は，家庭生活や社会生活の体験を主題化して科学的に認識し，その意味や価値について対話し，実践技能を訓練して自らの生活実践力を育む。その力をもって，国家社会や地域社会の中に埋め込まれている家庭生活を，子ども自身によって見いだして熟慮させる。その身体と心で体験し，知覚して考え，推論し判断して，現実の生活で実践して確かめる。家庭においては，親は幼児期からあらゆる場面に子どもを参加・参画させ，子どもの意見を聞き，応答し，子どもに選択権を委ねることが肝要であろう。生活実践の経験は，子どもの自尊感情を高め，自らの力を信じて未来を切り開き，夢や希望を実現していく力となるのである。

　本書の著者は，家庭科教育に携わる人達である。本書の構成の概要を述べると，序章では，子どもの生活世界をとらえ，生活実践および家庭科教育について論じている。第Ⅰ部の第1章～第4章では，これまでの家庭科の研究をふまえ，性役割，家庭科の教材，教科の成立，総合的学習について問い直した。第Ⅱ部の第5章～第10章では，これからの家庭科への提案として，生活実践知，キャリア教育，福祉教育，ケアリング教育，食教育，環境教育をテーマに，新しい視点や考え方について論じている。第Ⅲ部では第11章～第15章において，これまでの家庭科の学びに焦点づけて探求している。いずれも児童・生徒・学生自身の現実生活や生活実践と，家庭科の授業実践における共同的な学びについて論考している。第Ⅳ部は第16章～第21章からなるが，いずれも家庭科授業実践の報告であり，教育現場の実状がうかがえる。小学校から大学までの家庭科の授業では，食生活・衣生活・家族・消費者教育などのさまざまな創意工夫がみられ，家庭科教師の参考になるであろう。第Ⅴ部の第22章～第24章は，障害児を対象とした家庭科教育の実践である。家庭科はすべての子どもの生きる力を育てるために，生活の自立を支える特別支援教育を開発してきた。これらの取り組みは，家庭科教育の原点であろう。そして，第Ⅵ部の第25章～第28章は，学校教育としての家庭科にとどまらず，家庭や地域社会への働きかけの実践を掲載した。従来から家庭科が一貫して堅持してきたホームプロジェクトと学校家庭クラブの実践をはじめ，地域生活文化との交流も試みられている。

　以上，本書はさまざまな視点からの家庭科教育論説である。手に取っていただいた方は，興味・関心をもたれた章から読んでいただければ幸いである。そし

て，各人の立場で研究や実践を深め，関係者の相互交流によって，今後の家庭科教育のさらなる発展を願っている。

2004年6月3日

福田　公子

生活実践と結ぶ家庭科教育の発展

目　次

序　章　生活実践と家庭科教育 ……………………………福田　公子　　1
　　　　1．生活世界の認識と実践
　　　　2．家庭の生活と子どもの問題
　　　　3．学校における家庭科の課題

第Ⅰ部　家庭科教育を問う

第1章　家庭科教育史研究から家庭科の原点を考える ……………朴木佳緒留　22
　　　　1．今日的な問題
　　　　2．家庭科を生んだ2つの契機
　　　　3．まとめにかえて

第2章　家庭科教育における調理・被服製作教材を再考する ……山下智恵子　34
　　　　　　──デューイ・スクールを手がかりに──
　　　　1．家庭科における調理・被服製作教材
　　　　2．デューイ・スクールの組織
　　　　3．デューイ実験学校におけるカリキュラム案
　　　　4．実践の概要
　　　　5．デューイ・スクールにおける調理・裁縫・木工教材の教育的価値
　　　　6．今日における調理・裁縫・木工教材の教育的価値

第3章　アメリカ中等学校におけるホーム・エコノミックス教育の成立過程
　　　　　　……………………………………………………………磯﨑　尚子　46
　　　　1．成立過程研究の意義
　　　　2．家政的教育の勃興
　　　　3．ハウスホールド・サイエンス論──科学主義──の展開
　　　　4．ドメスティック・アーツ論──技芸主義──の展開
　　　　5．ホーム・エコノミックス教育論──科学主義と技芸主義の統合──の展開
　　　　6．職業教育への傾斜
　　　　7．中等学校ホーム・エコノミックス教育の確立
　　　　8．まとめ

第4章　総合的学習と家庭科 ………………………………………佐藤　　園　57
　　　　1．わが国の教育課程における総合学習と家庭科
　　　　2．総合学習と家庭科学習の展開と構造
　　　　3．総合学習と家庭科の独自性

第Ⅱ部　これからの家庭科への提案

第5章　生活実践知形成をめざす家庭科カリキュラム ……………林　未和子　*82*
　　1．生活実践知形成と家庭科教育
　　2．「実践問題アプローチ」の家庭科カリキュラム
　　3．結びにかえて

第6章　キャリア教育の視点からみた家庭科の可能性………………河﨑　智恵　*108*
　　1．キャリア教育の現状
　　2．キャリアとは
　　3．キャリア教育の観点からみた戦後の家庭科
　　4．家庭科におけるキャリア教育の先駆的事例
　　　　　　　――生活キャリアと職業キャリアの統合をめざして――
　　5．小・中・高等学校での教育実践の可能性
　　6．今後の課題

第7章　現代生活を問い直す福祉の学び ………………………………橋本　尚美　*131*
　　1．教育過程政策における福祉の教育
　　2．日本の社会構造の転換と福祉の教育における政治
　　3．家庭科における福祉の創造的な実践へ
　　4．福祉の生活実践者にむけて

第8章　家庭科におけるケアリング教育の概念化 ……………………貴志　倫子　*141*
　　　　　　――高等学校家庭科の教科書分析を手がかりに――
　　1．ケアリング教育と家庭科
　　2．ケアリングの理論
　　3．ケアリング教育の意義
　　4．家庭科教育におけるケアリングの取り扱い
　　5．今後の課題

第9章　食行動の自己制御をめざした食教育のために ……………加藤　佳子　*159*
　　1．食生活の変遷と食教育
　　2．食行動を説明する理論
　　3．青年期の食行動　―肥満と痩せ―
　　4．環境的支援の必要性
　　5．今後の課題

第10章 生活課題を共同で探究する家庭科授業の創造 …………… 山田　綾　177
　　　　──現代生活を探究する視点としての「環境」を中心に──
　　1．家庭科授業の課題
　　2．家庭科と環境教育の関係
　　3．参加に開かれた学びと家庭科授業
　　4．家庭科において環境問題に取り組む方法
　　　　　──衣生活を「環境」の視点から考える──
　　5．ストーリーが生まれる授業づくりのために
　　　　　──環境の視点をどのように組み込むか──

第Ⅲ部　家庭科の学びを再考する

第11章 知識と技能と理解の関係 ……………………………… 赤崎　眞弓　198
　　1．未来の人間像
　　2．家庭科における実用性と非実用性
　　3．大学生の食生活に関する授業
　　4．知識と技能と理解
　　5．おわりに

第12章 食事行為にかかわる実践知の形成過程 ……………… 中村　喜久江　205
　　1．食環境の変化
　　2．食教育の現状と課題
　　3．食事行為にかかわる知のとらえ方
　　4．食事行為にかかわる実践知の形成過程
　　5．食事行為にかかわる実践知形成の具体化

第13章 家庭科における学びの過程 …………………………… 伊波　富久美　218
　　　　──ホンネに寄り添い，"わかった"つもりを問い直す家庭科──
　　1．"わかった"つもり
　　2．学びの過程
　　　　　──繰り返される"わかった"と"わからなくなった"──
　　3．"わかった"つもりを問い直す
　　4．他者とのかかわりの中で問い直す
　　　　　──家庭科の特質──
　　5．ホンネに寄り添い授業を創る

第14章　子どもの学びを方向づける直接体験 …………………鈴木　明子　232
　　　　——布を素材とした制作実習から——
　　1．被服製作実習のとらえ方の反省と転機
　　2．不自然な学習意欲の喚起
　　3．技能習得や完成へのこだわりと学びとの隔たり
　　4．一連の流れに位置づけた製作実習の効果と課題
　　5．実習という場における環境との相互作用
　　6．教師からの刺激の与え方を工夫する
　　7．教師が意図的につくる学びの場としての実習授業

第15章　学びの深化を目指した家庭科教師教育 ………………川邊　淳子　248
　　　　——「ニワトリを育てて食べる」授業の是非をめぐって——
　　1．家庭科教師を目指す学生の学び
　　2．研究方法
　　3．意思決定の場面と過程
　　4．まとめ

第Ⅳ部　家庭科の授業実践から

第16章　食生活実践力を育む授業づくり ………………………西　　敦子　264
　　　　——小学校「1食分の食事をととのえよう」の実践から——
　　1．授業の構想
　　2．児童の実態
　　3．授　業
　　4．結果と考察

第17章　家庭科授業の再考察 ……………………………………住田　佳奈美　274
　　　　——中学校「1時間で行う調理実習」を通して——
　　1．1時間の実習
　　2．実習の見直しと考察
　　3．授業の構築
　　4．生徒の意識を高めるために
　　5．家庭科授業の見直し

第18章　家族生活物語を利用した「里の小包式」授業 …………國本　洋美　285
　　　　——高等学校「家族・消費生活」——
　　1．家庭総合の課題
　　2．「家族・消費生活」の具体的題材と授業展開の方式

　　　　3．「里の小包式」授業の進め方
　　　　4．「里の小包式」の授業の感想と分析
　　　　5．「けん's TOWN」物語の応用編
　　　　6．まとめ

第19章　被服製作実習の教育的意義と授業実践 …………………小林　京子　308
　　　　――中・高等学校の実践から――
　　　　1．被服製作実習の状況
　　　　2．学習指導要領にみる被服教育の変遷
　　　　3．本校における被服製作の歩み
　　　　4．今後の被服教育のあり方

第20章　着るという立場から布を比べる教材開発とその実践 …福田　典子　324
　　　　――大学生による検証――
　　　　1．衣生活教育の課題から
　　　　2．教材開発のねらい
　　　　3．実験教材
　　　　4．授業実践
　　　　5．学習者の反応
　　　　6．実験教具および指導法における課題
　　　　7．まとめ

第21章　教員養成大学における家庭科授業の改善 ………………甲斐　純子　334
　　　　――「テレビ会議」授業による「遠隔授業」の導入――
　　　　1．大学と小・中学校の授業の交流
　　　　2．「テレビ会議」授業実施の経緯
　　　　3．「テレビ会議」授業に対する感想
　　　　4．授業体験の効果

　　　　　　　　第Ⅴ部　生活の自立を支える特別支援教育

第22章　「要教育支援者」を対象としたライフスキルの形成 ………伊藤　圭子　350
　　　　1．ライフスキルとしての栄養教育
　　　　2．軽度知的障害児を対象とした栄養教育の実態と課題
　　　　3．ライフスキル形成の考え方
　　　　4．代表例教授法を用いた栄養教育に関する授業開発と実践
　　　　5．代表例教授法を適用したライフスキル教育の可能性

第23章　輝く笑顔と自信を育てる ……………………森下　育代　366
　　　――中学校個別支援学級における授業実践――
　　1．個別支援学級
　　2．家庭科の授業について
　　3．食物の学習
　　4．被服の学習
　　5．さをり織りにかかわる学習
　　6．おわりに

第24章　生活的自立を目指した消費者教育内容 ……………赤松　純子　386
　　　――附属養護学校の実践から――
　　1．生活的自立と消費者教育
　　2．学校教育が担う内容
　　3．発達年齢から見た金銭学習
　　4．生活年齢から見た金銭学習
　　5．金銭学習の構造と内容
　　6．まとめ

第Ⅵ部　学校から家庭・地域生活へ

第25章　生きる力の育成と主体的な学びを実現するために ……多々納　道子　400
　　　――ホームプロジェクト・学校家庭クラブ活動――
　　1．家庭科における主体的な学習方法
　　2．わが国におけるホームプロジェクト・学校家庭クラブ活動
　　3．アメリカ合衆国における学校家庭クラブ活動
　　4．生徒にとってのホームプロジェクトと学校家庭クラブ
　　5．ホームプロジェクトと学校家庭クラブ活動の取り組み事例

第26章　日本の食文化伝承と家庭科 ……………………………鳥井　葉子　419
　　1．日本の食文化伝承の動向
　　2．家庭科における地域の食材，伝統食の重視
　　3．郷土料理の伝承―鳥取の事例から―
　　4．食文化伝承と創造に関する学習内容の構造化の必要性

第27章　食育推進手法の実証的研究序説 ………………………赤松　純子　435
　　1．食育推進の背景
　　2．研究目的と概要
　　3．実施計画概要
　　4．独自の特徴と楽しめる工夫

4．独自の特徴と楽しめる工夫
　　　5．今後の予定

第28章　中国のSARS騒動から見る消費者教育……………………周　暁虹　*446*
　　　1．SARS騒動と消費者
　　　2．公衆衛生意識と自覚的消費者
　　　3．環境衛生と自覚的消費者
　　　4．飲食文明と自覚的消費者
　　　5．結び

あとがき　　　………………………………………………………………… *454*

序章
生活実践と家庭科教育

福田　公子

1．生活世界の認識と実践

(1) 生活における当事者

　生活という言葉は，日常的に用いられる一般的な言葉である。辞典には「生存して活動すること」「世の中でくらしてゆくてだて」とある。前者は動物を含めて，自らの命を維持して行動している状態を指している。後者は，人間が社会文化的環境の中で，日々のくらしを支えている全体的な状況を指している。生活は私たちにとってあまりにも身近な言葉であり，多義的でとらえにくい。しかし日常的な話題の中で，「あなたの生活は？」と聞かれれば，その時の対話の文脈や状況を考慮して，住んでいる場所や職業，家族や日常行為など，適切な内容を選んで具体的に話すことができる。そして，聞いた人も同じ文化圏に生活している人ならば，ほぼあなたの生活を了解することができる[1]。

　このように，生活は対象化しにくく，客観的な言葉では表現できにくい概念であるが，誰もが当事者としてよく分かっていることである。また，文化による多様性はみられるものの，どんな社会においても人間の生活には共通性がみられる。生活は自らの命を維持し，よりよく生きるための日常的活動と，それを支

える具体的なものや人および情報・組織・規範，さらには空間・時間などのかかわりからなるシステムであるといえよう。それは私たち一人ひとりが，生まれて死ぬまでの人生を生きることであり，生物的，文化的，社会的な活動の総称である。

今日地球上に，約60億人が生活している。この地球は45億年前に誕生したが，それから約10億年後に生物の細胞体が創出され，その細胞体からあらゆる生物が進化したという。人類の祖先は約20万年前のアフリカに生きていたイヴであるらしい。私たち人間の身体は60兆個もの細胞からなるが，その細胞の一つひとつの遺伝子に，人間の進化の歴史が刻み込まれている。私たちの命は，他の生物とともにこの地球の自然の一部として存在しているのである。

私たちの祖先は，自然の恵みを享受しつつ，自然の脅威と戦いながら生活をしてきた長い歴史をもつ。その自然と共存した生活から，道具を作り火を用いて文化を創出し，それを伝承してきたところから，人間は他の動物と袂を分かつことになった。文化の発展によって，私たちは自然環境の制約から脱し，文化的な人工環境の中で快適な生活をすることができるようになってきた。

今や文化としての科学技術の発展は目覚ましい。それらの応用によって工業社会を実現し，情報社会に進展しつつある。日常生活はますます便利に快適になろうとしている。しかし，私たちが日常生活に便利さや快適さを追求すればするほど，地球の自然環境は破壊され，人間自身の自然的な生活が科学技術の効率性に絡め取られているように感じられるのは，筆者の杞憂であろうか。市井三郎氏は，次のように述べている。

> 「科学と技術の世界では，そこで言い出された仮説は，誰でもがおなじ実験条件をととのえて確かめることができる。その間違いを明らかにすることもできる。それ故に，科学と技術の領域では進歩はありうる。（中略）しかし，この科学と技術を使って，何かを社会の中で実行するとすれば，その結果は，前の時代よりも不幸をもたらすことがある。（中略）科学と技術を社会に応用することは，科学と技術の領域での進歩そのままの進歩をもたらすとはかぎらない。」[2]

市井氏が洞察したように，私たちは科学技術の領域とその応用との領域を峻別すべき時期にきている。そして，「科学上の理論を応用してなされる社会上の実践は，その実践そのものの形と結果を見て，理論とは別に評価されなくては

ならない」³⁾という警告に耳を傾ける必要があろう。

　例えば，遺伝子を操作するバイオテクノロジー（生物工学）分野では，1997年以降，体細胞クローン動物を誕生させることができるようになった。その翌年には，身体のどんな細胞にでもなる可能性を秘めていることから「万能細胞」とも呼ばれる「ES細胞」の技術の樹立に成功した。そして2000年6月には，ヒトゲノムの全塩基配列をほぼ解読し終えた。これらのバイオテクノロジーの成果は，今，科学からビジネスへと姿を変えようとしている。

　バイオテクノロジーは医療や農業のあり方だけでなく，生活を劇的に変えつつある。クローン動物は食用の家畜ばかりでなく，医療分野に移植用臓器を提供したり，化学合成が不可能な医薬品を作り出すのに役立つ。遺伝子治療や再生医療によって，これまで不治とされてきた病気も治療できるようになりつつある。このような科学技術の進歩は医療上の恩恵をもたらすことは確かである。しかしそのような科学技術の社会実践の結果から，人間の人体を資源化する思想が生まれつつある。脳死や臓器移植，クローン人間，男女の産み分け，障害胎児の遺伝子検査など，高度な技術が私たち人間存在の本質的信念に影響を及ぼすであろう。一方，生命倫理は，いまだ人類の未来への展望を開いていない。これらの科学技術の社会的実践には，専門家のみに依存することなく，私たちに当事者としての判断が求められる。

　また，情報技術や交通技術の高度な発達によって，今日では，地球のどこかで起きていることがただちに私たちの心理や現実生活に多面的な影響をもたらす。しかしその一方で，私たちは，小さな限られた個別の身体から自由に脱するわけにはいかない。この大きな落差の間で，限られた人生の日常生活を，当事者自身がどのように方向づけて，自分のみならず地球上の仲間達，さらには将来生まれて来るであろう子ども達の生活にも配慮して，どのように生活実践していけばよいのか。当事者として自分を大事にしながら他人をも大事にする生活を実践する能力をもつことは，人類の急務の課題でもある。

(2) 生活の視点と認識構造

　私たちにとって生活はあまりに身近なために，ほとんど意識されることはない。生活には，前提となる多くの暗黙知⁴⁾を有し，毎日繰り返される習慣的な

行為や生涯に一度しか遭遇することのない誕生と死,そして各ライフステージに特有の通過儀礼や社会的役割行為,さらには予測できない災害などへの対応と,多岐にわたる活動をしている。人間の行っている社会的文化的諸活動の萌芽は,すべて生活にあるといってよい。科学技術や芸術作品も生活を基盤としている。政治や経済も,日常生活を支えるための共同的な営みである。誰もが自明とみなしている日常の生活世界を探究し,生活の教育を再検討しなければならない時期に至っている。

　私たちは生活世界をどのように見ているのであろうか。誰もが自分の生活世界を,二重の視点から見ていると言われている。それは「自分から（主観として）の視点」と「客観的な（普遍的な）視点」からである。竹田青嗣氏はこのことについて次のように説明している。

　　「これは人間の観点が本質的に自己対象化的観点からくる原理的必然性です。一方でわれわれはとことん「自分の世界」の中に"閉じこめられている"。誰も「自分の生」という世界から抜け出ることはできない（これをバタイユは実存の孤独とよびました）。しかしもう一方でわれわれは,自分の視線から距離を取り,自分と世界全体を一つの客観的な関係として眺める視線をもっています。この対象化する視線は,人間の観念の本性的能力で誰でもそなえているものです。つまり「実存の世界視線」と「客観化の世界視線」の二重性ということが,人間の世界像の基礎をなしているのです。」[5]

　では,私たちはこの二重の視点をもって,生活世界をどのように認識しているのだろうか。これまで認識は,「主観―客観」問題として考えられてきた。例えば,いま自分が目にしているリンゴ（主観としてのリンゴ）と「リンゴそれ自体」（客観としてのリンゴ）が一致しているかどうかを問うことであった。

　それに対して,竹田氏はフッサールの現象学により,認識を「信憑構造」として次のようにとらえることを提示している。すなわち世界を認識するとき,A,B,Cの3人を想定しよう。Aは世界観Aを正しいものとしてもち,B,Cはそれぞれ世界観B,世界観Cを「正しい世界観」だとする信念をもっている。もし「客観世界が存在する」なら,どれかが正しい世界観であるか,どれも間違っているけれども「神は知っている」と考えるかのいずれである。しかし客観世界が存在しないという前提からは,これらのA,B,Cの世界観は,A,B,Cの人のそれぞれの「確信」（信念）だということになる。しかし,「確信」である

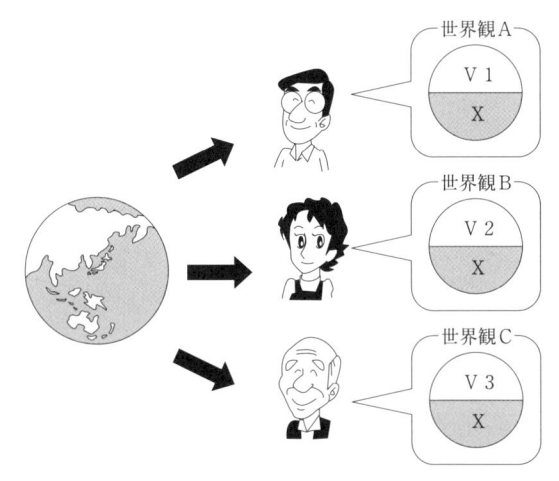

図0-1　認識一般を信憑構造ととらえる
(xはほぼ同じであり共通了解が成立する。V1～V3は偏差をもち共通了解は成立しない)
(文献5 p.060の図4より作成。)

からには，それぞれがその世界観を確信するに至る「条件」があるはずである。なぜなら，人間の「確信」や「信念」は，恣意的なもの（単なる思いこみ）ではなく，必ず一定の構造的条件をもつからである。

　すべての「世界観」を，徹底的に，形成条件によって成立する「確信＝信念」であるという発想を推し進めていくと，図0-1のように理解せざるを得なくなる。すなわち，前例のようにA，B，Cの各人の世界観A，世界観B，世界観Cは必然的に，共通了解が成立している領域Xと，共通了解が成立しない領域V1～V3に区分される，ということである。現代に近づくほどXの領域は拡大してきている。それを代表するのは自然科学的な世界説明の領域，数学，シンプルな論理学的原則の領域である。これに対して，Vの領域を代表するのは，宗教的世界像，それぞれの美意識，倫理感覚，価値観などの領域である。後者の場合は，特に物語的要素をもつ部分であり，大きな多様性が現れる[6]。

　以上のような現象学の認識は，生活世界での個人の主観的な「自分からの視点」と普遍的な「客観的な視点」との相互関連性を示唆するものである。また，コミュニケーションによる共通認識の成立の可能性と，どうしても対立する領域を構造的に含んでいることを示している。それゆえ，生活世界を認識する場合には，科学の認識といわれている共通了解の成立する領域と，個人の独自な生

き方の自由を認める部分がそれぞれ存在することも理解できる。そして，対話によって認識が生成される。

このような認識一般を「確信構造」とみなす現象学的視線変更とともに，竹田氏は以下のような提案をしている。

> 「この認識領域の基本構造が意識され，自覚されるなら，そういった宗教，思想（イデオロギー）対立を克服する可能性の原理が現れる。すなわちそれは，世界観，価値意識の「相互承認」という原理である。たとえば世界観はその本性上，絶対性をもたず仮構的なものだから必然的に多様性をもつ。しかしまた世界観は，人間の世界理解の基本構造なので存在しないわけにはいかない。だから宗教的世界観を廃絶することはできないし，絶対的に一元化することもできない。これは社会的な価値観，人間の価値観も同じ本質をもつ。
> ここから，異なった世界観，価値観の間の衝突や相剋を克服する原理は，ただ一つであることが明確になる。すなわち，それらの「多様性」を相互に許容しあうこと，言いかえれば多様な世界観，価値観を不可欠かつ必然的なものとして「相互承認」することだが，この世界観，価値観の「相互承認」は，近代以降の「自由の相互承認」という理念を前提的根拠とする。「自由の相互承認」が各人の相互の心意によっては確保されず，「ルール」を必要とするのと同様に，世界観と価値観の「相互承認」も，その確保は「ルール」形式によってのみ可能となる。」[7]

長い引用になったが，この竹田氏による現象学の解説に遭遇したことにより，筆者が長年にわたり抱いていた生活世界の理解と教育との難問が少し解けたように思えた。すなわち，「認識」という概念にとって重要なのは，もはや「主観（認識）」が「客観（世界そのもの）」に合致するか否かということではない。また「認識」とは，「真理」の発見を含みながら，人間が世界についての"共通了解"を関係的につくり出していくことであり，近代の科学はまさしくそのような努力の進展であったことも理解できる。

(3) 生活における「ひと」と「もの」そして「こと」の関係

私たちの生活はいたるところ「もの」に取り囲まれて生きている。「もの」は私たちの生活空間を満たしている。自然科学は，「もの」を対象として，客観的に観察し，変化の仮説をもって働きかけて検証することによって理論化してきた。この科学的理論は「もの」の正しい見方として定着している。

しかし，客観的な視点で「もの」を個別に見ることをやめて，「ひと」の当事

者として「自分からの視点」で生活世界を見るならば，まったく別の意味をもつ世界が現れる。私がここにいるということ，私がコンピュータを操作しているということ，問題について考えているということなど，自分の意識の志向したことが意味あるまとまりとして現れる。生活世界にある「もの」は，すべて関連して意味づけられて「こと」を構成している。このようなさまざまな生活場面で立ち現れてくる「こと」について，木村敏氏は次のように述べている。

> 「日本語には元来，事と言との区別がなかった。(中略) ものはその実物を目の前に示すことによって確認を求めることができるであろう。これに反して，ことは目に見えるように呈示することができない。ことはことばによって語り，それを聞くことによって理解する以外にないのである。(中略) ことの本質は，むしろ言語によって語り出しえず，言語から聞き取りえないところに潜んでいる。」[8]

さらに木村氏に学んで，「こと」の特徴を述べるならば次のようにまとめることができる[9]。

「もの」は私たちの内面的・外面的な空間を占めており，「もの」と「もの」とは空間的に相互排除的であるのに対して，すべての「こと」は全部同時に進行している。それに志向的な意識を向けて，「もの」として対象化しないかぎり，「こと」はすべて何ら相互に排除し合うことなく，「私がいま現在ここにあるということ」の中に融合して同時に成立している。すなわち「こと」が「こと」として成立するためには，「私が主観としてそこに立ち会っているということ」が必要である。「こと」が純粋な「こと」としてとどまり得るためには，それはいつでも「もの」として意識化され得る可能性をもちながら，しかも意識の集中をまぬがれた未決状態におかれているのでなくてはならない。それは対象化されることなく私のいまを構成している。

ことばはそれ自体一種の「もの」でありながら，その中に生き生きとした「こと」を住まわせている。そこでは「もの」と「こと」との間に一種の共生関係があるといってよい。「もの」と「こと」との共生関係が認められる芸術作品といわれるものはすべて，「もの的」表現素材を通じて「こと的」な世界を開いている。さらに人間の表現行為に属するものならどのような現象でも，「もの」に即して「こと」を感じとるという構造をもっている。

「こと」は，「もの」のように内部や外部の空間を占めないが，私のいまを構成しているという意味において，私の時間を占めている。さまざまな「こと」が私のいまを構成しているという意味で「ことが私の時間を占める」という場合，ここで時間という言葉でいわれている事柄が，「もの的・対象的な時間」とは本質的に違った何かを意味している。

　以上のような木村氏の「もの」と「こと」との見解は，精神疾患に陥った患者の観察から得られたものである。私たちが時間の概念を「こと的」に捉え，時間が時間として流れているという感じと，自分が自分として存在しているという感じとは，実は同じことであるという。すべての人は時間の中に生活史をつむぐ。各人の生活史には，未来・現在・過去が歯車のように噛み合っている。人は過去を内部に蓄え，現在に生き，そして未来を先取りする。未来の予見とそれに基づく計画設定こそ，動物と人間の本質的差異なのだ。

(4) 生活実践と学び

　実践は，人が予め目的や意図をもって，適切にものやひとに働きかけて実現していく意図的行為を指す。生活実践の現場では，当事者の私が他の人々と共同しながら，そこに配置されているものや道具を意味づけ，技術や知識を駆使して，全体をシステムとして構造化して目的を遂行する過程がみられる。科学技術の応用によって，原材料のものや道具が変化すれば，生活実践の様式も変化する。例えば，食事つくりの生活実践において，ごはんを炊くという家事労働は，電気釜が普及したことによって，それまでの竈は不用となり，エネルギーは薪から電気に変わり，したがって薪を調達することや水の量および加熱時間などのおいしく炊く技能は不必要となった。自動炊飯器のマニュアル通りの操作で標準的なごはんが炊ける。このように，生活実践は人と道具や材料との関係からなる複雑な生活行為の複合である。

　レイヴ（Lave, J.）とウェンガー（Wenger, E.）は，文化人類学的なフィールドワークの手法を用いて，社会的実践の現場における学習過程を明らかにしている[10]。彼等は，学習主体の行為の変化（熟達），「現場の理解」の変化，学習主体の自己認識の変化を，社会的実践の構造との関係から包括的にとらえている。その枠組みとして正統的周辺参加[11]という概念を提唱している。

正統的周辺参加という概念によってとらえられる学習とは，学習主体が実践共同体の正式なメンバーとして実際の活動に参加し，そこへの参加の形態を徐々に変化させながら，より深く実践共同体の活動に関与するようになる過程全体を指す。こうした共同的活動への参加形態の変化に伴って，学習主体の行為，学習主体自身による実践共同体の活動の理解，学習主体の自己認識が同時的に変化していくと考えられている。

　また，ヴィゴツキー（Vygotsky, L.S.）は，さまざまな社会的実践と結びついた「概念」はそれぞれ単独で心的過程を媒介するのではなく，他の多くの「概念」と関係しながら全体として，主体の心的過程を媒介していると考えた。こうした視点から，事物を客観的，抽象的に語るために科学者集団や学校が用いる「科学概念」と，人々が日常生活でごく一般的に用いている「生活概念」が互いに支え合い，補い合うことによって，子どもの思考が深まっていくという[12]。

　当事者における生活実践は，未来を先取りした意思と思考を基に，刻々と変化する状況を判断しながら，意図と成果を一致させるべく自己の存在をかけた連続的行為からなる。状況依存的であるために，意識を集中して判断しなければならない。そのため，実践のただ中にあっては無我夢中であるが，終わった時点で意識化され反省することができる。

　家庭生活では日常的にさまざまな実践的活動が行われている。子ども達はその生活実践に参加することによって，家庭生活はもちろん，社会生活の成員になるための多くの学習の機会が得られる。しかし，現代の家庭では，子どもが生活実践にて学ぶことを顧慮して，その機会を提供しようとはしていない。そしてまた，家庭における生活実践自体が，貧しくなってきている。大人達自身が，家庭における豊かな生活実践を楽しむことで，人生を生き生きと生きることをめざし，それが可能となる社会的仕組みを実現することも重要な課題となっている。

2. 家庭の生活と子どもの問題

(1) 家庭生活の変革

　私たちが生活を軽視するようになったのは，いつ頃からであろうか。ほとんどの人は家族が大事だと考えているけれども，実際に家庭生活に時間をかけて，家族と一緒に人間性を育み，豊かな生活の価値を吟味して豊かな生活実践を楽しんでいる人は少ない。

　日本人の生活は，1960年頃までは，農業を中心とした自営的な営みが主流であった。ところが，高度経済成長の進展の中で，いわゆる賃金生活者が増え，そのもとで，家族が核家族化して，都市在住の人々が増えた。それと同時に耐久消費財の目覚ましい普及がみられた。1950年代の後半に登場した電気洗濯機，冷蔵庫，テレビは，「3種の神器」と呼ばれ，一般庶民のあこがれの耐久消費財であった。その後，ルームクーラー，カラーテレビ，乗用車が「3C」といわれた。さらに1980年代の中頃から，情報関連のパソコンが登場した。これらの生活機器の導入によって，多くの生活場面に変化が起こり，いわゆる"生活革命"あるいは"消費革命"が起こった。

　このような電化製品の登場によって，家事労働は大幅に軽減された。自動装置のスイッチを入れるだけで，標準的な水準の成果を実現できる機器類は，それまでの家事のあり方を変えた。そして衣食住に関わる生活技能を必要としなくなった。それとともに，生活の知恵の伝達も不必要になり，「姑の権威」は失墜し，核家族化に拍車がかかった。さらに，家事の外部化・サービスの代替化が起こり，ITによる情報革命もあって，家事労働のアンペイドワーク（無償労働）は賃金に換算され[13]，本来の意味を見失った。

　戦前も女性労働者は少なくなかったが，女性が参政権とともに労働権を得たのは戦後である。その後も性役割分業観は社会一般の常識として，生活の中に深く根づいていた。しかし，アメリカの公民権運動と連動して，女性解放は世界の潮流となった。

　1967年に国連総会で「女子差別撤廃宣言」を採択し，1976年にはメキシコシティで国際婦人世界会議が開催され，世界行動計画が採択された。そして，1976年から1985年を「国際婦人の十年」と決定した。この間，1979年には国連

総会で「女子に対するあらゆる形態の差別の撤廃に関する条約」が採択され、日本も1980年に署名し、1985年に批准した。

このような世界的な動向と国内にみられた女性運動によって、1985年には「男女雇用機会均等法」が公布され、1989年には学習指導要領の改訂で家庭科の男女共学必修が実現した。女性が働くことは、それまでも経済的理由や自己実現のために漸増していたが、当然の人間の権利として認められるようになった意義は大きい。以降、男女共同参画社会の施策の推進により、公共的には男女差別は克服したようにみえるが、男性が築いてきた社会の構造に女性が参入したにすぎない。男女平等への変革に伴う社会的な準備態勢は遅れている。そのつけが、家庭生活にしわ寄せされ、女性のみならず、子どもや老人が被害者となっている状況にある。

女性の社会進出により、離婚や未婚は増加の傾向にある。また、少子化傾向に歯止めがかからなくなっている。合計特殊出生率は低下し続け、2003年には過去最低の1.29にまで下がった。その一方で、1970年代から外国にはみられない速さで高齢化社会が到来してきた。平均寿命が高まるとともに、老齢人口が急激に増大した。高齢化率が14％に達したのは1994年であり、今や高齢社会になった。地域によっては超高齢社会になっている。それまでの人生50年時代から、人生最後の30年に及ぶ生活設計が急速に求められるようになった。年金問題とともに、高齢者の介護が社会問題化して、福祉政策の一環として介護保険制度が発足したが、新たな問題も生じてきている。

以上のように、戦後60余年の間に家庭生活は大きく変革した。それは経済発展と都市への移住および家事の省力化、女性の社会進出と少子高齢化という時の変革であった。その影響を受けた家庭は、崩壊寸前にあるといえよう。

本来家族は、食事、娯楽、休息、入浴、睡眠など、日常の些事を通してつながった幾人かの親しい成員の共同によって成り立っている。それは、夫婦や親子、兄弟姉妹などの家族の親密な交わりの世界である。今日では、家族以外にも、当事者の意志によって他人とくらす場合も多くなった。いずれにしても、日常的な衣食住の共同を通して、人と人が相親しみ、信頼し合い、依存し合う共同社会である。それは、最も小さな社会の単位であるが、最も強力な心のつながりと絆をもった共同社会である。

この強力なつながりは，1つ家に住み，同じ食事をともにするということによって生まれる。同じ家に住むことによって，家族は互いにその強いつながりを絶えず確認し合っている。食事をともにすることによって，家族の体調や気持ちを気遣っている。時間や空間を共有する中で，生殖と養育，扶養と保護，教育と学習，仕事と休息などの人間生活の多くの目的を協力し合いながら実現することによって共通の信念を育む。

その家庭生活の意義や価値観および具体的な生活実践の仕方が，社会の変革と連動して大きく変わってきたといえよう。その変革の波にさらされ，従来は家庭生活に守られていた子どもや老人が，最も被害を被っている。職場での男女平等の施策は，女性も男性と同等に働く権利を得たが，一方で責任も重くのしかかった。「職業と家庭の両立」がいつも女性にとっての問題となり，それが「男性の問題」とならないところに問題の根は深い。子育ては各家庭の親としての生活実践であるが，世代間教育という社会問題である。最も無力な子どもや老人こそが，生き生きと生活できる新しい家庭生活の理論と実践を再構築しなければならない時期にきている。

(2) 子どもの問題

今日の家庭生活の歪みを最もよく体現しているのは子ども達である。なぜならば，子どもは親によって養育され，家族の親しい人間関係の中で人として成長していくため，社会や家族の歪みを直接に多大に受けざるを得ない存在である。大人には影響しないような要因も，急激に成長をする幼少時期には，諸要因が複合して，心身に取り返しのつかないダメージをもたらすこともあるようだ。

子育てという生活実践ができることは，成熟した大人の基本的要件ではなかろうか。なぜならば，人間以外の他の動物には，本能レベルで育児行動を誘発するシステムが組み込まれているが，人間には育児本能は弱い。膨大な文化の学習によって育児能力を獲得しなければならない。

かつては，育児の文化は家庭や地域共同体の中に埋め込まれ，自然に学習される環境があった。しかし，日本では高度経済成長期の1970年代頃から，この自然的な仕組みは壊れていった。子どもの食生活や衣生活や玩具やゲームなど

も，子どもをターゲットとした商品が次々に開発されて，コマーシャルで流される。一方，自然環境や居住環境は，子どもから遊び場を奪った。子どものしつけや家庭教育の基本的な考え方も諸説が乱立し，親達はどのように判断すればよいのかが分からなくなってきている。このような状況の中で，子どもの生活は危機的状況にある。

　子どもの非行や不登校や引きこもりあるいは中退者が増える一方で，犯罪に巻き込まれ，子どもが加害者となったり，被害者となる事件が増えている。2003年に殺人や強盗などの凶悪犯罪を起こして補導された14歳未満の少年は212人であり，前年比47.2％増であった。一方，虐待で死亡した18歳未満の子どもは42人にものぼっている。2004年になって，大阪府岸和田市の中学3年生が栄養失調の昏睡状態で救出され，実父と養母が逮捕された事件は，世間を震撼させた[14]。近年は，子どもを虐待死させた親が逮捕される事件が増加している。加害者のうち，最も多いのは実母である。その多くのケースで，母親の虐待の背後に父親の家庭内暴力があり，父親自身も幼少時に暴力を受けていた場合が多い。また，暴力には至らなくても，ネグレクト[15]（保護の怠慢）も虐待の一種であり，その数は想像以上である。

　さらに，当たり前の子どもの日常生活も変化している。その結果「子どもの体が壊れかけている」という警告は，20年も前から叫ばれてきた。その後も歯止めはかからず，今や異変は全身に及んでいるといわれる。体を支える要である背筋力は急速に落ち，視力異常も増える一方である。滑り台の階段から転げ落ちたり，平らな床で転んだりする幼稚園児，朝から疲労を訴えて一日中ゴロゴロしている保育園児が珍しくない。血圧や体温を調節するといった，体の内部の機能までも不調をきたしてきている。もはや「生き物」としても危い体になってきているといわれている。

　テレビやビデオを1日数時間単位で視聴している子どもには生活時間が不規則となり，かつ言葉の遅れや視線が合わないなどの問題がみられる。なかには，それほどテレビを視聴していないのに，似たような症状の子どももいる。そういう子どもは，決まってある種の早期教育にはまっているという。例えばB君は，妊娠5カ月から絵本の読み聞かせや英語のテープを流し，生後2カ月からフラッシュカードを開始している。B君はすぐにカードに夢中になった。ひたすらじー

っと目で追う様子に，母親は毎日30分から1時間，1年間にわたって見せた。3歳からは幼児教室と家でのプリント学習，それと並行して50本ほどの英語ビデオも購入し，家で流しっぱなしにした。その結果，3歳9カ月になるB君は，一見おとなしくてよい子だが，口にする単語は少なく，表情が乏しく，母親から離れられない[16]。

　少々長く引用し過ぎたが，今日の日本における子育てについて，警告している図書は多い[17][18][19][20]。高度経済成長期以降，子育ての環境は大きく変わった。学歴社会の中で育った人達が，親の世代になっている。子育ての目標を学校教育でよい成績を取ることと考えることに疑問すら抱かない状況がみられる。その一方で，生育に必要な生活のリズム，安全な食事，全身を使った仲間との遊びなどの重要性にまったく気づいていない。遊びの消失，食の乱れ，夜更かし，メディア漬けなど，さまざまな場面で子どもは育ちを奪われている。

　保育所などの制度や地域共同体の社会的支援も必要であろう。それ以上に重要な課題は，子どもの生活の場である家庭生活が，人間性を育てる場であることを社会的に合意して，そこに価値をおいた社会的システムが構築されなければならないことである。そして，家庭という密室で起こる暴力的行為から弱者を守る社会的装置が必要であるとともに，親達自身が暴力的手段をとらずして，自己解放できる実践的方法の習得も必要である。子育てという「人間を人間に育てる」実践活動をする当事者が人間として成熟し，自らの生活を楽しみつつ，余裕をもって子どもと接することを習得する機会を提供しなければならない。

3．学校における家庭科の課題

(1) 学校における人間形成
　今日，学校では子ども達の変化に対応しようとさまざまな改革が行われている。そもそも学校を意味するschoolの語源は，ギリシャ語のscholeである。その意味は，煩わしい日常的な場から身を引いた，ゆとりのある閑暇の場を意味していた。20世紀初頭，学校は閑暇の場から，国民教育の場に変質した。すなわち，高度化した文明と複雑化した社会，および庶民の人権意識の拡大によっ

て，国家はその社会の継承者である子どもを社会化することをめざす組織となった。それから100年間，学校は工業社会の発展に寄与してきたが，情報社会に変革しようとしている現在，解決すべき多くの問題が噴出している。

教育の本質は，「人間形成」である。本当の教育はあくまで人間を問題の中心にすえる。教育の中心は，人間を本来の人間へと高めること，つまり，人間形成である。このことは教育のあるところ，いつも変わらない。もし人間が中心の座からはずされたならば，その時，教育は教育であることを止めることになる。

高久清吉氏は，人間形成には「二つの基本形式」または「二つの基本方向」があると述べている。

> 「この二つの形式や方向は，人間（子ども）と世界（世の中）との係わりについて次のような二つの見方に基づいて分けられる。一つは「人間を『世界から』見る立場」（「子どもを『世の中から』見る立場」），もう一つは「世界を『人間から』見る立場」（「世の中を『子どもから』見る立場」）である。前の方は，世の中に生きていくために子どもはどうなければならないかを問題とする観点または立場である。この観点からすれば，現実の世の中によって子どもに課せられる社会的要求が重視され，役に立つ人間，一人前の人間として生きていくために必要な諸能力を伸ばしていくことが教育の要点となる。要するに，ここでは「有能性」が教育の眼目とみなされることになる。これと反対に，後ろの方はあくまでも子どもそのものが教育の中心にすえられる。この観点によれば，子どもそれぞれの個性や人格の育成を図ることが教育の要点となる。前の「有能性」に対し，ここでは「人間性」が教育の眼目とみなされる。」[21]

教育の眼目とする「有能性」とは，世の中の一員として生活するのに必要なさまざまな力を身につけさせることである。そのためには，一人ひとりの人間に固有の主観的世界，つまり，自分だけの世界の殻を破って，どの人間も等しくそこで生活していかなければならない共通の客観的な文化的世界で役に立つ諸能力を身につける必要がある。

これに対し，「人間性」の教育は，人間を人間以外の他の何かのために問題にするのではなく，あくまでも人間を人間そのもののために問題にする。このような主張を支える最も基本的な前提は，一人ひとりの人間はそれぞれに固有の世界をもち，それぞれに固有の精神生活に生きているということである。ここに人間の本源的世界があり，生活があるという考えである。したがって，教育が最終的に立ち返るところは，この固有の世界，固有の生活を何より大事にし，こ

れを深め，より豊かにしていくことである。

　矢野智司氏もまた，教育において2つの次元を区別することを主張する。「私たちは教育を『発達としての教育』と『生成としての教育』の2つの次元から成立しているものとみなす必要がある。これまで教育では理論においても実践においても，この2つの次元を区別しないために，両方の価値を損ねてしまっているのだ」[22]という。ここで「発達としての教育」は，一般に学校教育の成果として認識されているもので，社会的有能性を生み出す「経験」という水平の次元からなる。一方「生成としての教育」は，生命の関係を深める「体験」という垂直（超越）の次元からなるという。両者は相互に次元が異なっている。「体験」は意図をもつことでその力を失ってしまうところから「生成としての教育」は計画を立てることができず，偶然性に大きくかかわっている。また当事者の「体験」であるゆえに客観的な観察や考察の対象にならないこと，したがって当然従来の評価になじまないと説明されている[23]。

　伝統的な教科中心主義の教育は，社会人として必要な教養や専門能力としての学力の習得をめざして，有能性の系統的な発達を重視している。一方，児童中心主義の教育は，子どもの生活体験を重んじ，子どもの実存に寄り添うことを重視する。この2つの教育観は，相互に排他的に教育実践を理論化してきたところに問題がある。教育という実践活動には，いずれの視点も包含した状況に応じたアプローチが求められると考える。

　特に家庭科は，子どもの家庭生活とそこでの教育も視野に入れる必要がある。子どもが体験することによって成長してきた家庭生活をとらえ直して，将来の家庭生活の創造につなげる経験の再構築を行う必要がある。その教育は多様な教材を生かして，「有能性」と「人間性」，「発達としての教育」と「生成としての教育」を自在に実践することができる。

　孫引きであるが，バフチン（Bakhtin, M.）は「認識と生，思考と唯一の具体的な現実という二元論を，理論的な認識の内側から克服しようとするこころみは，まったく望みがない」[24]と断言している。では2つの次元をどのように統一することができるのか。「文化の領域という客観的な統一と，体験される生という繰り返しのきかない唯一性（中略）を統一しうるのはただ，遂行される存在という唯一のできごとだけなのであって，理論的なもの，および美的なものは

すべて，このできごとを構成する要因として定義されねばならないのである」と示唆している[25]。

ここでいう「存在のできごと（存在というできごと）」とは，「だれもが人生において唯一無二の時間と場所をもつ。その生のあり方は受動的状態ではなく，活動として，出来事として，捉えられる。私は自分自身が占めている位置の時間と場所（それはたえず変化している）を，私が行為を通じて表現する価値によって，他の人間たちや自然世界の存在のなかに位置づける」ことである。それが意味することは，「自分にとってのわたし，わたしにとっての他者，他者にとってのわたしがかたちづくる関係であり，そこにおける現実の行為である」[26]と説明されている。

このような具体的な他者や現実世界への関係的行為を伴う参加を通じて，多様で本質的な教育の実践は可能になると思われる。

(2) 教科としての家庭科の課題

学校教育の教科としての家庭科は，これまで不当に差別されてきたように思われる。日本の場合，学校という社会制度は，欧米をモデルに近代国家の形成を目的として創られたため，男性優位の論理が一般化されてきた。その背景には，明治時代の農業社会，家父長制の家を単位とした男尊女卑の立法や制度および規範がある。戦後，民主主義国家に転換し，工業化社会から情報化社会に進展したが，男女の社会的役割を暗黙の前提とする社会制度は変わっていない。家庭科が女子の特性から生まれた教科であるために，女子差別と連動した教科とみなされてきた。

それゆえ，これまでの教育論理や科学的方法で家庭科を説明しようとした場合，難問に陥る。生活の科学的認識や技術的合理性でもって，家庭科を体系化しようとすればするほど，家庭生活の実態を見失うように思える。もちろん，家庭生活を合理的に営むことも大切であり，そのためには科学技術の知識や論理的な考え方は不可欠である。しかしながら，なぜ科学や技術が必要なのか。どのようにそれらは機能しているのか。本質は何か。このような問いのもとで，人間が創出した文化の基底に，私たちすべての人の生命とともに生活があることに気づかねばならない。この当たり前のことが共有されないため，高度に情報化

して複雑化・人工化した日常生活を生きる子ども達にとって，自己存在の確信は非常に困難になっている。その行動が引きこもりやいじめ，教師や親への攻撃，さらには少年犯罪となって現れている。その異常さに驚き，学校教育に総合的学習の時間などを設けて，生きる力を育成しようとしているのが今日の教育改革である。

しかしながらすでにみてきたように，子どもの問題の背景には，家事労働の価値喪失，家庭や地域の育児環境の崩壊，親達の育児能力の未熟，家庭教育の混乱，家族関係の希薄化などの現代家庭生活の質的貧困がみられる。子どもの成長の基底には，自然な学習の場としての家庭生活と地域共同体が重要であることを強調しなければならない。また，社会的な支援制度としての保育所や幼稚園を充実させ，家庭生活を相互に補い合わねばならない。乳幼児期の家庭生活や地域社会での生活実践でこそ，子どもは生きる力の基礎となる生活概念や自己認識および他者とのコミュニケーションを学ぶのである。さらに，学童期・思春期の学校教育を通じて，自らの生活価値を形成し，生活実践能力を習得することにより，青年期・成人期・老齢期の各ライフステージにおける生活課題の解決が可能となる。

子どもの生活圏は拡大し，複雑化していくけれども，どんな形態にしろ家庭生活は生涯継続していく。どんな人も，自分の人生を幸せに生きたいと思う。その幸せの価値観や人生観など，自分自身の信念を吟味して自己実現していくのは当事者の課題であろう。一方，社会の一員としての市民・職業人・消費者としての役割も，遂行しなければならない。そのためには，社会の法律や制度などのルールや科学技術などの知識，リーダーシップや組織のマネージメントおよび専門家としての行為などが要求される。

教育も生活も，多様な価値観と多くの次元や視点からなる複雑なシステムを操作する実践現象である。制度としての学校は，国家や自治体の組織ではあるが，家庭や地域社会との関係からも教育目標が必要になる。教科である家庭科は，一方ではその学校教育の目標に沿いながら，また一方では，家庭や地域教育とも協同しなければならない。なぜならば，自然な日常生活実践から学習した習慣的行為や家事労働および問題解決の方法などは，学校の場で意識化して客観的に認識しないかぎり，暗黙の知として当事者にも自覚されない。その子

どもが自らの家庭生活をよりよくするために家庭科は存在するのであるから。

　生活実践に働く知識や思考および価値観や技能などを，子ども自身が認識し，科学的に吟味して，他者への倫理的配慮とともに，自分の状況を判断した未来志向的な生活実践が課題であると考える。そのためには，今までに積み重ねてきた豊富な家庭科教材の意味をとらえ直したカリキュラムを考案すべきであろう。そして，家庭科の授業では，子ども達の生活実践の本音を引き出し，生活世界の認識と実践につながるような取り組みが求められる。

【引用・参考文献および注】
1）生活は専門的用語としても，定義されていない。家政学では，生活時間，生活設計，生活主体，生活技術，生活構造，生活様式，生活水準，生活文化，生活福祉などとして用いられる。本稿では，あくまで一般的な意味で考えたい。
2）市井三郎『歴史の進歩とはなにか』岩波新書　1971　pp.175-200.
3）同上書　p.143.
4）ポラニー（Polanyi, M. 1980）が創った概念である。ポラニーのポイントは，言語に依存した論議に対する1つの反省として，「われわれは語れる以上のことができる」という形で，日常的に実行可能な諸事項には言語化なしに了解されていることが多く含まれることを示した。
5）竹田青嗣『現象学が〈思考の原理〉である』ちくま新書　2004　p.011.
6）同上書　pp.060-070.
7）同上書　pp.068-069.
8）木村敏『時間と自己』中公新書1982　p.15.
9）同上書　pp.12-31.
10）Lave, J. & Wenger, E.：佐伯胖（訳）『状況に埋め込まれた学習―正統的周辺参加―』産業図書　1993
11）ゆるやかな条件のもとで実際に仕事の過程に従事することによって業務を遂行する技能を獲得していく。この概念の意味は，学習者が熟練者の実践活動に参加するものの，限られたレベルであり，しかも最終的な産物に対しては，ごく限られた責任しか負わないという独自の関与のあり方をいう。
12）ヴィゴツキー, L.S.：柴田義松・森岡修一（訳）『子どもの知的発達と教授』明治図書　1975　pp.96-123.
13）経済企画庁経済研究所『あなたの家事の値段はおいくらですか？』大蔵省印刷局　1997
14）朝日新聞2004.1.28.
15）ネグレクトとは「児童の心身の正常な発達を妨げるような著しい減食または長時間の放置その他の保護者としての監督を著しく怠ること」と定義されている。

16）浜田敬子「超早期教育で子ども「肥満脳」」AERA　2002.10.21　pp.22-26.
17）足立己幸『知っていますかこどもたちの食卓』ＮＨＫ出版　2000
18）岩村暢子『変わる家族変わる食卓』勁草書房　2003
19）正高信男『ケータイを持ったサル』中公新書　2003
20）瀧井広臣『こどもたちのライフハザード』岩波書店　2004
21）高久清吉『教育実践学』教育出版　1990　p.38.
22）矢野智司「「経験」と「体験」の教育人間学的考察」市村尚久他編『経験の意味世界をひらく』東信堂　2003　p.42.
23）同上書　pp.33-54.
24）小林大祐「学校文化論と世代継承サイクル論のあいだ」『教育』2003.11　国土社　p.100.
25）同上書　p.102.
26）同上書　pp.98-104.

第Ⅰ部　家庭科教育を問う

第1章
家庭科教育史研究から家庭科の原点を考える

朴木　佳緒留

1．今日的な問題

　2003年9月の中央教育審議会中間報告は栄養教諭の創設を述べ，家庭科関係者の注目を集めた。栄養にかかわる教育は，かねてより家庭科で取り扱われてきたものであり，一定の歴史と実績がある。それにもかかわらず，中央教育審議会においては，家庭科教育の関与について検討した形跡はないという[1]。この問題にかかわっては，さしあたり家庭科教育関係者の現実的な対応が検討されるべきであろうが，より基本的には，家庭科教育の原理ないしは目的を今一度，確認する必要があると思われる[2]。振り返ってみると，家庭科はいかなる教科であるかという問いは，過去，幾度も投げかけられてきた。その問いが，再燃するかもしれない。

　周知のように家庭科は1989（平成元）年の学習指導要領改訂により，小学校から高等学校まで男女共学，必修の教科となった。また，教育政策上においては，男女共同参画推進のために充実すべき教科として特記されている存在でもある。つまり，今日においては，家庭科は教育政策上では安定的な基盤をもつ教科である。しかし，上記したように家庭科はなお軽視されてしまう存在でもある。栄

養教諭新設にかかわる中央教育審議会での議論に偏りがあること，また家庭科についての「宣伝」が行き届いていないこと，などの現実的な問題はあるかもしれないが，それだけが原因して「家庭科軽視」と言ってよいような中間報告がなされたとは思えないのである。

　上記の今日的な問題も意識しながら，以下では家庭科の原点を家庭科教育史研究を通じて考えることとする。もとより，家庭科の原点を明らかにする方法は歴史研究のみに委ねられているわけではないが，歴史を語ることは未来を語ることであり，家庭科は何を根拠として存続してきたのか，その骨格を理解しつつ，未来を展望したい。

2．家庭科を生んだ2つの契機

(1) 生活の必要性
1）家事・裁縫教育の役割

　家庭科の前史はおよそ80年あり，戦前の家事・裁縫教育[3]の存在を無視して家庭科を語ることはできない。

　学校教育における裁縫教育の出発点は，制度上では1872（明治5）年に発布された「学制」により，「女児小学」に「手芸」をおくとしたところにある。しかし，「女児小学」は少数しか設置されず，また明治初期には裁縫を教える教師の不足や地域での教育政策の違いにより，学校設立の主旨や実態は区々であった[4]。その後，教育令（1879（明治12）年）により小学校に裁縫科をおくことが明示され，教科としての整備が進んだが，裁縫教育自体は近代的な学校が設立される以前から女紅場や私塾などで行われていたのであり，民衆の教育要求の1つとして重視されていた[5]。

　家庭科教育史を述べた書物などにおいては，裁縫が学校教育に導入された理由は，明治初期の低い女子就学率を高めるためであったと述べている場合が多い。しかし，明治初期の就学率を示した『文部省年報』は必ずしも実態を反映した数値を挙げておらず[6]，裁縫教育の導入が女子の就学率の向上に貢献したことが実証されているわけではない。土方苑子によれば，明治の低就学率期にお

いては, 女子は小学校に通うか, あるいは裁縫を学ぶために学校以外の場での生活を優先させるか, どちらかを選択せざるを得ない状況にあったという[7]。

民衆の教育要求という視点からみると, 実は学校教育よりも生活の中での裁縫教育の方に期待する人々は, 大正期になってもなお少なからず存在していたと思われる。例えば山川菊江は, 大正中期までの農村では「女児はうちで子守に使うか, 子守奉公に出すかして, 学校にやらぬ家が相当あった」「手習いはせずとも裁縫は藤沢まで習いに出た者もあります。勿論これもよほどいい家に限る」と述べている[8]。また, 昭和戦前期に女工のための労働教育を行っていた帯刀貞代は, 東京の亀戸で開いていた「労働女塾」に集う女工たちが最も望んだものは, 裁縫技能の習得であったと記している[9]。

このようにたどってみると, 裁縫は学校教育で学ぶものというより, 生活の必要にせまられて人々が必要としたものであった, と言う方がその教育の本質を表していると思われる。衣服の商品化がなされておらず, 生産力が低い中で家計の現金支出を嫌う時代にあっては, 家庭内で衣服の調整を行うことは是非に必要であった。そのため, 高等女学校の裁縫教育にあきたりない人々からの要求を受けて, 1910 (明治43) 年には裁縫技能の習得に重きをおいた実科高等女学校が設立され, 1921 (大正10) 年には「実際の役に立つ主婦」あるいは「イザという時に備えて, 手に職をもった主婦」になることを目標とした職業学校が生まれた[10]。

明治初期においては, 裁縫教育は女子と学校をつなぐ糸の役割を果たし, その後の小学校や高等女学校では, 女子のための必須教科として重視され, それでもなお実際の役に立たないという評価もあったのである。そして, 大正期に入って子どもや女性の洋装も進み, 例えば高等女学校の制服が洋服になる[11]など生活事情が変わると, 裁縫を学ぶ意味にも変化が表れた。

学校教育に洋裁が取り入れられたのは, 洋装が普及してしばらく後の昭和期に入ってからであるが, 優れた教育実践書として高い評価を得た平野婦美子著『女教師の記録』(西村出版, 1940) では, 木更津の漁村では昭和初期にはなお, 男子も女子も「下ばき」(下着のパンツ) をつけていなかったこと, 小学校高学年の女子に「下ばき」の作り方を教え, 子ども達の歓心を大いに買ったこと, 彼女達は自分のものだけではなく, 低学年の子どものためにも喜々として「下ば

き」を作ったこと，などが生き生きと語られている[12]。

　また和田典子は自らの経験を振り返り，昭和初期の高等女学校の洋裁の授業ではシミーズ，下ばき，スカート，ブルマース，セーラー服，スポーツシャツ，ジャケット，和裁では単衣長着，襦袢，男羽織，女羽織，帯，コート，行燈袴，裕羽織，一つ身，四つ身の子供用着物，ちゃんちゃんこを縫い，夏休みなどには近所の人に依頼されて，さまざまなものの製作を請け負い，忙しかったと述べている[13]。高等女学校への進学者が地域の中産階級に限られていた時代にあっては，上記の物を縫うことができた人は多くなかった。中等教育段階以上の学校で行われた裁縫教育は「生活の必要性を満たす教育」というだけではなく，一定の文化的な生活を享受するための技能習得という意味も含んでいたのである。学校の裁縫科は生活の必要性を担保として成り立ち，それゆえに学校以外の場で学習可能な「習俗としての教育」という性格を強くもっていたが，その他方では，生活の中に「文化」を導入する役も果たしていたと言えよう。

　「生活の必要」と「文化を導入する窓口」という2つの役割は，家事教育においては若干様相が異なっていた。家事は小学校においては裁縫より遅れて導入され，初・中等教育のいずれの段階においても，家事科に配分される時間数は裁縫科より少なかった。また，高等女学校での家事科教育は経済階層の高い家庭を想定したものであり[14]，生活の必要性という視点から言えば，人々の教育要求は裁縫教育ほどには高くなかった。しかし，「文化の窓口」とも言うべき側面はより濃厚であったと思われる。例えば，昭和10年代の京都市での日常生活を描いた中野卓著『中学生のみた昭和十年代』（新曜社）によると，著者の自宅での誕生日の献立は，姉が高等女学校で習ってきたカレーライスとスープであったという[15]。

　このようにしてみると，学校教育における家事・裁縫教育は「生活の必要性」と「文化の窓口」の2つの役割を担っていたと言うことができる。しかし，さらに「生活の必要性」と「文化の窓口」の内実を問い，それらを時代や社会的背景と重ねて考察すると，別の側面も見えてくる。「生活の必要性」とは誰のための，あるいはどのような「生活」であり，「必要」であったのか，また「文化の窓口」とは誰が何を取り入れる窓口であったのか。これらの問いは，明治期から昭和戦前期まで続いた「家制度」および男女別学を旨として，男女の教育

機会を不均等にしていた教育制度と各々,重ねて考察する必要がある。
　2）家事・裁縫教育の戦後家庭科への継承
　戦後の家庭科の成立はドラスティックである[16]。連合国軍最高司令官総司令部（GHQ）による占領下での教育民主化という大転換が行われたためだけではなく,生活事情と教育課題をめぐって,GHQ内に設置されていた民間情報教育局（CIE）の女子教育担当官と日本側の家事・裁縫教育関係者の間で,さまざまな考え方の違いがあったためである。とりわけ裁縫教育にかかわっては,いまだ衣服の商品化が進んでいない生活事情を背景として,女子が裁縫を学ぶことを必須とする日本側の裁縫教育関係者と男女の教育機会均等の実現をめざすCIEの女子教育担当官の間では相当な認識の開きがあった。
　結局は,男女の教育機会均等を実現させるために,小学校の家庭科は男女とも学ぶが,しかし男女別の教材を含むことになった。また,中学校では男女とも学ぶ「職業科」をおき,その一分科目に女子が学ぶことを前提とした「家庭」を加えた。高校においては,1943年の高等女学校規程により家事科と裁縫科を統合してできた「家政科」と戦前期にあった職業学校（1921年〜1943年）や実科高等女学校（1910年〜1943年）で行われていた家政関係の諸教科（戦前期の用語では学科）が,別個のルートをたどって「家庭科」と「家庭技芸科」として各々成立し,いずれも女子が学ぶことを前提としていた。これらは1956（昭和31）年版の高等学校学習指導要領では「家庭科」として1つにまとめて示され,高校の家庭科は普通教育を行う部分と職業教育を行う部分の双方を含む珍しい教科となった。戦後家庭科は戦前期の女子用教育であった家事・裁縫教育を継承したため,男女の教育機会均等は形式的な実現にとどまったと言えよう[17]。戦後の教育改革以前においても,男女の教育の機会を均等とする考え方は存在したが,結局は「女子の裁縫」に見合う男子のための教育がなく,実現されなかった経緯もある[18]。
　もちろん,戦後家庭科ではアメリカのホーム・エコノミクスにならって,家族関係や家庭経営など戦前期にはなかった新領域も含められ,家族関係については男子も学ぶことが奨励された。したがって,戦前期の教育との違いは当然にある。しかしながら,「生活の役に立つ」あるいは「生活のなかに文化を導く」という役割は本質的に変化しなかったと思われる[19]。戦後も1960年代までは日

常的に裁縫技能を必要とする事情は続いていたし，例えば戦後の高校家庭科の目玉的な存在であったホームプロジェクトは長期間にわたり支持されてきた。

　その事情が決定的に変わったのは高度経済成長が終焉し，生活にかかわる物やサービスの商品化が進み，新たな生活課題が自覚されるようになった1970年代からであろう。他方，家庭科とは何を目的とし，何に基盤をおく教科であるか，という教科論の検討が始まったのは1960年代であった。その議論は1970年代まで持ち越され，本稿冒頭でもふれたように，今日もなお解決済みとは言えない状況にある。この間，学習指導要領に示された家庭科について言えば，小学校家庭科は「生活に必要な基礎的な知識と技能の習得」を教科の目標としてきたし，中学校では「技術・家庭科」が成立した後にも，生活の役に立つという考え方は捨象されず，高校の女子必修「家庭一般」では，理念として主婦養成を外すことはなかった[20]。1989年の学習指導要領の改訂により，家庭科（中学校では「技術・家庭科」の家庭科教育の部分）は小学校から高校まで男女共学，必修となり，教科の目標を示す文言ないしは表現は変化したが，「生活の役に立つ」という考え方自体は変更されなかったと見るべきであろう[21]。

　およそ，1970年代から今日までの間の民間の家庭科教育の理論と実践は，上記した「生活の役に立つ」教育を批判し，時には学習指導要領に示された家庭科と鋭く対立してきた。しかし，その多くは「生活の役に立つ」とはどういうことか，誰が何のために，どう役に立てるのかなど，その解釈や実態の分析をめぐる対立ないしは批判であったと思われる。教科論研究の中では，「生活の役に立つ」という理念とは別の理念を構築する努力もなされてきたが，それは「家庭科」ではない別教科への発展の可能性を開くものだったのではないだろうか。このような別の教科への発展的転換を含めて，家庭科をいかに創っていくか，その議論はなお必要と思われる。

(2) 家庭科とフェミニズム

1)「女性の領域」としての家事・裁縫教育

　戦前において，家事・裁縫教育は女子教育の中心的存在であった。その主旨は女子だけを対象として，相当数の時間を配分していたというところにある。もちろんそのような体制を可能にした教育観ないしはイデオロギーがあっての上で

ある。

　家事・裁縫教育については「良妻賢母主義の教育」と評価される場合が多いが，各種の法令や規程からその内実をとらえることは意外に難しい。上述したように，家事・裁縫教育の目的は日常の生活の必要を満たすことにあり，主婦になるための女子に固有な教育であったことには疑いがないが，「良妻賢母主義」を国家主義を基盤とした女性に対するイデオロギーとしてとらえるならば，そのイデオロギーと家事・裁縫教育の実態との間には若干の齟齬もある。確かに裁縫教育では「特性の涵養」が述べられ[22]，また実際の教育場面においては，裁縫技能の習得に際して，「しつけ」が重視されていた[23]。また，家事教育においては「敬老」などの「家制度」に沿った慣習を強化するような教材が教科書に含まれていた。これらは家事・裁縫教育が「家制度」の維持ないしは強化に関係した教育を行っていたことの一端を示すものである。

　ところが他方では，日本で最初の女性の督学官は裁縫教育の権威であった成田順であり，家事教育の西野みよしであったという事実もある。また，第4代目の日本女子大学校の校長であった井上秀は生活改善同盟会の理事，日本婦人平和協会理事長，大日本婦人連合会理事などを歴任し，社会的に相当の活動を行った。そのほかにも，地方で職業学校を興した女性達の中には，裁縫技能を身につけるために故郷に家族や子どもを残して上京し，帰郷後に裁縫を教えるための学校（裁縫女学校）を開いた者もあった[24]。これらの人々は，今日の言葉で言えば，社会的地位の獲得とキャリア形成を行った女性達である。女性固有の領域とみなされていた家事や裁縫においては，女性の活躍が許されたと言うこともできよう。戦前期の家事・裁縫教育の世界を鳥瞰すると，女性の領域において，女性が社会的に場を得て相当の活躍をし，女性を対象として「主婦になるための教育」をしたということになる。

　家事・裁縫教育を学校教育あるいは「授業」の枠内でのみとらえるならば，先にも述べたように「良妻賢母主義教育」という性格が付与されていたと言える。しかしながら，学校の授業場面だけではなく，その教育を実現させている教員組織や社会的背景まで含めて，教育の現象を全体としてとらえるならば，家事・裁縫教育を支えた思想は良妻賢母主義というよりは，ドメスティック・フェミニズムであったという方が事実にかなっているのではないだろうか[25]。そして，

戦後に継承されたものも，この思想であったと思われる。

2）女子用教育としての家庭科教育

戦後において，ドメスティック・フェミニズムが特化したかたちで現れるのは，高校家庭科が成立して間もない時期より，1960（昭和35）年に高等学校学習指導要領が改訂されるまで続いた家庭科女子必修運動においてである。生活にかかわる商品化の遅れといまだ封建制が残る家族関係のもとで，家事は専ら女性（主婦）が行うこととされていた当時においては，女性が社会進出するためには，手際よく家事を処理する主婦になることが必要という認識には，それなりの説得力があったかもしれない[26]。しかし，女子必修の教科を設けるならば男女の教育機会均等は崩れ，戦後家庭科を生んだ理念の重要な1つも消失することになる。高校家庭科女子必修運動の先頭にいた人々もそのことを知らなかったわけではない。他方，この運動のリーダーであった女性達は，高校の教育課程を審議する委員会などでは，唯一の女性委員として孤立的な思いを抱いてもいた[27]。男女共学の学校制度の中で，実際には女子が学ぶものとみなされていた家庭科はさまざまな矛盾を抱え，家庭科教師もまた自らの生活上の矛盾と担当している教科の矛盾を抱えていた。これらの矛盾を一挙に解決するとみなされた方策が女子必修であった。

高校家庭科の女子必修運動のように特化されたかたちではなかったが，小学校や中学校においても，家庭科は女子が学ぶ教科であるという認識は公の場においてさえ堂々と述べられていた。例えば，1957年から1958年にかけて開かれた教育課程審議会においては，小学校の家庭科は「生活技能」を中心とした教科とし，女子が男子より高度な裁縫技能を習得できるようにするために，引き続き男女別教材をおくこと，また中学校においては，新設が予定されていた「技術科」で，女子は家庭科的技術を学ぶことなどが違和感なく議論されていた[28]。つまり，高校家庭科の女子必修運動は運動としては高校の教育課程を対象としていたが，小学校，中学校についても家庭科は女子用の教科であることが暗黙の前提とされており，その意味では家庭科全体に通じる問題であった。

そして，戦後もおよそ1960年代初めまでは，家庭科関係者のみならず女性教師や女生徒をめぐる社会的，生活的事情には旧いものと新しいものが複雑に錯綜しており[29]，家庭科や家庭科教師が抱える矛盾と困難は二重，三重にあった

と思われる。

　このような事情の中で,「よき主婦」は女性の1つのモデルであり,場合によっては「あこがれ」や「ステータス」でもあり得た。それを勘案した上で,今日なお問うべきことは生活をとらえる視点についてである。家庭科は生活を教育の対象としているが,その生活を社会的背景も含めてリアルにとらえる目があったのか否か,顧みるべきはこの点であろう。1960年代において,家庭科を社会科学の目で,リアルにとらえるべきことを最も激しく主張したのは外崎光広であった[30]。京都市立高校において,男女共学の家庭科教育を最初に実践した安田雅子は外崎の著書に対する書評として,家事労働に疲れて勉強不足,しかし絶えず不安を感じている家庭科教師の現状を述べた後に,「暗夜に光りを見つけたような気がした」と記している[31]。

　家庭科を男女共学の必修教科とすることは実現不可能であった時代において,「半歩前進」をねらって女子必修としたことは,明らかに教育の機会均等を崩すことであった。そのことに気がついていながらも,多くの家庭科関係者が女子必修運動に従ったのはなぜであろうか。その後,およそ30年間にわたり女子必修が続いたが,その背景にあった思想はドメスティック・フェミニズムであったと思われる。そして,この思想を乗り越える鍵は,上記した「生活をとらえる目」にあったと考える。

3．まとめにかえて

　家庭科は成立してから今日まで,中学校,高校では教科名や履修形態が激しく変化してきた。したがって,制度史としてとらえると,一言では説明できないほどの変遷を重ねてきたことになる。ところが,学習指導要領に示された目標には一貫した主旨があり,「よい家庭生活」の実現がめざされてきた。小学校では時代により表現の違いはあるものの,長い間「日常生活に必要な基礎的な知識,技能の習得」を旨としてきた。中学校では教科名称が大きく変化したが,「技術・家庭科」への大転換があった時でさえ,家庭生活を中心とした「技術」の学習を主旨とし,その後,学習指導要領の改訂のたびごとに家庭生活全体を

対象とするように内容が変化してきた。また高校では,「家庭一般」女子必修体制のもとで,「家庭経営の立場」すなわち「主婦の立場」から「家庭生活の充実向上」を図ることを主旨としてきた。この「家庭経営の立場」という文言は1999（平成11）年の学習指導要領の改訂によって消失し,「家庭基礎」「家庭総合」「生活技術」の３つの選択必修科目のすべてについて,「家庭生活の充実,向上を図る能力と実践的な態度」の形成に変化したが,家庭生活の充実向上を旨とすることには変わりがない。そして「家庭に関する学科」では,成立当初より職業のための教育と主婦になるための教育の２つが重なるかたちで目的化されてきた。今日では福祉関係への転換が進み,主婦になるための教育という側面は薄れているものの,その行方はなお曖昧である。このような進行をふまえ,今後への発展を考えるといかなる道が見えるであろうか。

　たびたびふれたように,今日では家庭科は男女共学の教科となり,男女が協力して家庭生活をつくることを目標に掲げるまでに至った。しかし,そのことをもって,ドメスティック・フェミニズムを克服したと言ってよいのであろうか。家庭科教師を排出する役割を果たしている家政学関連学部のほとんどは女子大学,女子短期大学に設置されていることをどう理解すればよいのか,女子大学と家庭科の関係が議論の焦点とされている気配は今なおない。

　ジェンダー・エクィティの実現にむけて「よい家庭生活」をつくる能力を育てること,そのためには「家庭生活」を社会的な諸関係のもとでとらえ,具体的な内容構成をすることが必要と考える。目下の時点ですぐに必要なこととして,子育て問題,食事事情,家事労働と家族員の職業など,若い世代が男女共同参画社会を形成するために必要とするテーマを思いつくことができる。また,「家庭に関する学科」の行方にかかわって,例えばキャリア教育などの大胆な設計[32]を視野に入れるなども検討する必要があろう。このようなテーマを教科の内容として一定の見通しのもとに設定するためには,何が「よい家庭生活」の実現にかかわるのか,現実をふまえた具体的な議論が必要と考える。その議論がないところでは,ドメスティック・フェミニズムからの脱却も難しいであろう。

【引用・参考文献および注】

1) 鶴田敦子「栄養教諭創設（案）の経緯から懸念されること」『家庭科教育』78巻3号 2004.3 pp.6-10.
2) 朴木佳緒留「家庭科教育の原点を考える」『家庭科教育』75巻9号 2001.9 pp.6-10.
3) 表記上の煩瑣を避けるため、明治期から昭和戦前期までの間に行われていた小学校、高等女学校、実科高等女学校、実業学校、職業学校での家事科、裁縫科をはじめとする家政関連教科の教育を概括して述べる場合には家事・裁縫教育とする。
4) 高野俊『明治初期女児小学の研究』大月書店 2002
5) 坂本清泉・坂本智恵子『近代女子教育の成立と女紅場』あゆみ出版 1983
6) 土方苑子「『文部省年報』就学率の再検討」『教育学研究』第54巻第4号 1987 pp.1-10.
7) 土方苑子「雑誌記事にみる小学校の『低就学率期』」『東京大学大学院教育学研究科紀要』第41巻 2001 pp.1-22.
8) 山川菊江『わが住む村』三国書房 1943 p.148.
9) 帯刀貞代『ある遍歴の自叙伝』草土文化 1980 pp.73-77.
10) 裁縫技能の習得を目的とした職業学校には裁縫女学校などの校名がつけられていた。今吉由起子・朴木佳緒留「職業学校規程沿革」『神戸大学教育学部研究集録』第85集 1990 pp.53-64.
11) 斉藤祥子「女子校服の洋服化」『北海道教育大学紀要』第35巻第2号 1985
12) 子どもたちがズロース（下着のパンツ）をいつ頃からはき始めたかは正確に特定することはできないが、学校教育（裁縫）に洋裁を導入し、洋裁教育の第一人者であった成田順は1936（昭和11）年の段階で、乳幼児にズロースを是非はかせたいと述べている。成田順『裁縫随想』成分堂 1937 p.154.
13) 朴木佳緒留編著『性役割をのりこえて』ドメス出版 1993 p.23.
14) 朴木佳緒留 同上書 p.30.
15) 中野卓『中学生のみた昭和十年代』新曜社 1989 p.14.
16) 朴木佳緒留「アメリカ側資料より見た家庭科の成立過程（1）」『日本家庭科教育学会誌』第30巻3号 1987 pp.35-40. 朴木佳緒留「アメリカ側資料より見た家庭科の成立過程（2）」『日本家庭科教育学会誌』第30巻3号 1987 pp.41-47. 朴木佳緒留「アメリカ側資料より見た家庭科の成立過程（3）」『日本家庭科教育学会誌』第31巻1号1988 pp.2-6. 朴木佳緒留「アメリカ側資料より見た家庭科の成立過程（4）」『日本家庭科教育学会誌』第31巻2号 1988 pp.15-19.
17) 朴木佳緒留「学校における男女平等教育―教育機会均等と家庭科―」『国立婦人教育会館紀要』第3号 1999 pp.23-32.
18) 文部省『産業教育70年史』雇用問題研究会 1956 p.338.
19) 朴木佳緒留「民主的家庭建設と家庭科」岩垂芳男，福田公子編著『家政教育学』1990 pp.39-52.
20) 朴木佳緒留・鈴木敏子『資料からみる戦後家庭科のあゆみ』学術図書出版 1990 p.188.

21) 平成10年版小学校学習指導要領は「家庭」の目標として「日常生活に必要な基礎的な知識と技能を身に付け」とし、平成10年版中学校学習指導要領は「技術・家庭科」の目標として「生活に必要な知識と技術の習得」を揚げ、平成11年版高等学校学習指導要領は「家庭」の目標として「生活に必要な知識と技術を習得させ」としている。
22) 裁縫教育の権威であった谷田部順子、錦織竹香が裁縫教育において「特性の涵養（人間教育）重視」を普及しはじめたのは明治30年より後と推定されている。樋口哲子「わが国における被服教育発展の様相（第2報）」『家政学雑誌』第23巻第2号　1972　pp.46-53.
23) 朴木佳緒留『性役割をのりこえて』前掲書　p.126.
24) 二見剛史「満田ユイ研究（その1）」『鹿児島女子大学研究紀要』第7巻第1号　1986.「満田ユイ研究（その2）」『鹿児島女子大学研究紀要』第8巻第1号　1987.「満田ユイ研究（その3）」『鹿児島女子大学研究紀要』第11巻第1号　1990
25) 朴木佳緒留「家庭科教育史研究の課題と展望」『日本教育史研究』第19号　2000.8　pp.61-62.
26) 朴木佳緒留「女子特性論教育からジェンダー・エクィティ教育へ」橋本紀子・逸見勝亮編『ジェンダーと教育の歴史』川島書店　2003　p.248.
27) 朴木佳緒留「女子特性論教育からジェンダー・エクィティ教育へ」同上書　pp.250-251.
28) 朴木佳緒留「家庭科における『技術・技能』教育の位置」大学家庭科教育研究会編『男女共学家庭科研究の展開』法律文化社　1993　pp.26-27.
29) 家庭科教師のみならず、女性教師は生活上、職業上ともに差別的取り扱いを受けていた。詳しくは、池田靖子・三宅良子・宮本英子・吉村玲子・和田章子編著『いまを生きる』かんきょう　2003　pp.96-109. 朴木佳緒留『性役割をのりこえて』前掲書　pp.184-187　pp.192-195.
30) 外崎光広『家庭科教育の自主編成』明治図書　1969
31) 安田雅子「『家庭科教育の理論』を読んで」『るねさんす』182号　1963.5
32) 河﨑智恵『家庭科におけるキャリア教育の開発に関する研究』風間書房　2004

第2章
家庭科教育における調理・被服製作教材を再考する
——デューイ・スクールを手がかりに——

山下　智恵子

1．家庭科における調理・被服製作教材

　今日の子どもを取り巻く経済・社会上の変化によって，被服製作や調理技能の実用的価値は次第に低くなっている。加えて，女子のみに家庭科を課すことは性別役割を固定化することが指摘され制度的に家庭科の男女共修が保障されたが，なお，男女を問わず普通一般教育として学ぶに価値ある家庭科の内実が問われている。
　教科の理念や内容を構想するためには，教科論の視点から教科の目標や内容を再吟味する必要がある。
　戦前の裁縫科・家事科は，裁縫と料理を中心にした家事と育児を教材として取り扱ったが，それは，女子にとって，将来，主婦や母になった時に，役割の遂行にすぐに役に立つという極めて実用的な理由を背景にしていた。
　戦後発足した家庭科は，女子の科学教育に時間をさくために，戦前の家事科・裁縫科をそのまま継承することを否定した上で，男女を対象とした家庭建設者の教育を目指して発足し，内容の中心に生活管理や家族関係を据えようとした。

折しも，昭和22年後半から本格化した戦後のカリキュラム運動のもとで，デューイを中心とする生活経験主義の教育が受け入れられた時期であった。昭和20年代前半に試みられたコア・カリキュラムによる教育実践では，愛知第一師範春日井附属小学校のものに家庭科的内容の位置づけをみることができる[1]。しかし，それらが充分に定着しない，昭和20年代後半から30年代の初頭にかけて，生活カリキュラムは基礎学力の低下を招くという見解から，教科の現代化運動を背景に教科の内容の系統や教科独自の学び方が問われた時，家庭科はその内容が理科や社会科ならびに新しく制定された道徳と重複すると批判された。そこで，当時の教科調査官であった山本キク氏は，調理実習や被服製作実習に，他教科にない家庭科の独自性を求めようとした。また，1951（昭和26）年版学習指導要領改訂にかかわった海後宗臣氏は，「生活技術教育」の体系化を構想し，家庭科的内容の教育的意義を実用におくのではなく，「仕事を中心として，……仕事の中から新しい人間性を育成することを目指す」教科として位置づけようとした[2]。

　このような視点は，教科論における家庭科の位置づけを理解する上で，極めて重要な視点であったと考えられる。

　そこで，ジョン・デューイ（Dewey, J.）が，実験学校のカリキュラムに家政（House-keeping），被服（Clothing）および食物（Foods）を教材として取り上げていることに着目し，デューイ実験学校における家政，被服，食物教材のカリキュラム上の位置づけと，それらの何に教育的価値をおこうとしたのかについて探ることによって，今日の家庭科教育における調理・被服製作教材の教育的価値およびカリキュラム上の位置づけを検討したい。

2．デューイ・スクールの組織

　デューイ・スクールとは，1896年から1903年にかけて，シカゴ大学の哲学・心理学・教育学部長だったデューイの指導の下に，子ども達に当時の学校制度をこえて創造的な経験をさせるために計画されたシカゴ大学付属小学校（The University Primary School of Chicago）[3] のことである。それはまた，デューイ

の教育理論を検証するための，実験学校としての性格をもったものであったので，シカゴ大学付属実験学校（The laboratory school of the University of Chicago）[4]とも呼ばれた。

1896年1月，小さな民家を借りて，6歳から9歳までの15名と，教員2名とで発足したスクールは，3年後には，4歳から13歳までの95名の子供が在籍した。スクールの規模が最も大きかった時は，生徒140名，教員23名，助手（大学院生）10名であった。教育学部長であったデューイを校長とし，大学付属学校として，大学の研究との関連を保ちながら，財政的には低額の授業料を維持し続け，公立の小学校であることを意図していた。

3．デューイ実験学校におけるカリキュラム案

1895年秋，学校の開設に先立って，デューイは，「大学付属小学校の組織案（Plan of Organization of the University Primary School）」をまとめている。また，学校が発足した年の6月，「教育学上の実験（A Pedagogical Experiment）」と題した論文の中で，デューイ・スクール発足当初の教育方針をとらえることができる。それをもとに，デューイ・スクールの発足当初のカリキュラム構想とそこでの家政・被服・食物教材の位置づけをとらえておきたい。

(1) カリキュラムの構成

「大学付属学校の組織案」として示されたカリキュラム案は，調理，裁縫，木工などの活動を核とし，材料や手順の分析の過程において，自然に関する「科学」と出会い，また，社会の中でそれらの役割を担う人々について調べる過程において，「社会の成り立ち」について認識を深める。さらに，「科学」と「社会の成り立ち」との関係の認識に導こうと考えられた。また，このような，表現活動は，コミュニケーションを必要とするとき，表現の様式を必要とし，話す・書く・形・色・数などに出会うことが意図された。それは，図2-1として示すことができる。

具体的な内容の計画をみてみよう。

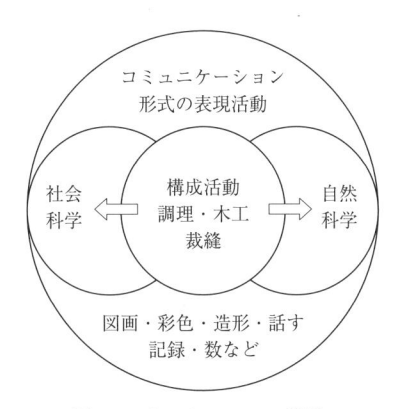

第2章　家庭科教育における調理・被服製作教材を再考する　37

図2-1　カリキュラムの構造

「大学付属小学校の組織案」では，家政，木工細工，食物，被服に分けて記述されている。家政を除き，食物，被服，木工ごとの内容構成は，表2-1，表2-2，

表2-1　食物の内容構成

〈学習活動〉	〈内容〉	〈関連させる諸科学〉
構成活動（調理）	米を炊く	
	じゃがいもを煮る	
	―　焼く	
	小麦を粉にする	
	水を入れて焼く	
	コーンミールに水を入れて焼く	
	オートミールに水を入れて焼く	
	オートミールのかゆ	
	酵母を入れないパン	
	―水とミルクを入れる	
	―卵を入れる	
	酵母を入れたパン	
	酵母菌	
	豆類　―煮る	
	―焼く	
	―スープに入れる	
	ミルクを調理する	
	卵を調理する	
	肉を調理する	
実験	消化………………………………	生理学，衛生学
	栄養素……………………………	化学
資料調査	食糧の生産………………………	植物…地理・鉱物・地質学
	外国での食糧利用………………	歴史
見学	マーケット，倉庫見学	
記録・表現	木工細工に準ずる	

（デューイ「大学付属学校の組織案」大浦猛編『実験学校の理論』明治図書（1977）pp.177-181より作成。）

表2-2 被服の内容構成

〈学習活動〉	〈内容〉			〈関連させる諸科学〉
構成活動（裁縫）	縁取りタオル 入れ物 ぞうきん エプロン 仕事袋 書物入れ 婦人服など	─材料 ─道具 ─方法	生地の購入 材料集め 裁縫用具の工夫　物理（ミシン，紡ぎ車，機械） 織り方 型紙製図 裁断 構成	
見学	紡績工場など 資料館			
実験	繊維調べ（綿・羊毛・絹・毛髪） 被服材料の用途と性質			
資料調査	発明の歴史…………………………… 諸外国における利用……………… 被服の歴史…………………………… 毛皮の衣服…………………………… 被服と健康…………………………… 服装史………………………………… 　　　…………………………………			歴史 地理，地質，鉱物 歴史 動物 動物 歴史 算数（計測）
記録・表現	木工細工に準ずる			

（デューイ「大学付属学校の組織案」大浦猛編『実験学校の理論』明治図書（1977）pp.181-184より作成。）

表2-3のように示すことができる。

　それぞれ，調理・裁縫・木工などのものづくりを中心にした活動から入り，材料や用具，方法にかかわる科学的な知識との出会いを観察や実験によって組織し，どこで誰がどのような生産様式で作り使われてきたかを見学や書物を調べることによって，子ども達を未知の歴史や地理の世界に誘おうとした。

　当時，公立の小学校で一般的であった読み方，書き方，算数などの諸教科との関連について次のように述べている。

　デューイ・スクールでは，小学校の諸教科の枠を外して，教科の内容を「子供の生活の中の諸要素」として取り扱おうとした。「当校の子供は，なすために，すなわち，料理をつくったり，裁縫をしたり，木材や道具を使って，簡単な構成作業を行うために通学してくるのであって，これらの行動の内部や周囲に，諸教科─読み方，書き方，算数，等など」[5]を位置づけたと。

表2-3 住居の内容構成

〈学習活動〉	〈内容〉	〈関連させる諸科学〉
構成活動 （木工細工）	紙やすり綴り……………… 糸巻き ヤード用物さし 鉛筆削り メートル用物さし 鶏小屋 植物の格子棚 三角定規 裁紙器 腰掛け 工作用具　┌作業計画 パン切り台　└費用の見積もり 試験管立て　材料の購入 タオル掛け 深皿入れなど	物理（くさび，てこ，ねじ， 　　　つりあい，重心）
見学 資料収集・ 研究・討議	大工，木工師 材料　木材収集 　　　木質の成育……………… 　　　材木市場　価格………… 　　　木材の労働コスト　輸送経費　ルート 　　　建築資材としての木材……… 　　　建築（材料の発展・地理的条件）… 　　住居　歴史………………… 　　　建築美術……………… 　　　設計・模型製作・挿絵	 植物（樹木の生態） 算数（測定と評価，価格，経費） 化学（成分，可燃性） 歴史　地理　地質・鉱物 動物（環境条件からの人間の保護） 図画
記録・表現	話し合われた諸問題について物語や記述を書いて読む 話し合われた物語や考案品や環境を鉛筆・クレヨン・砂・粘土など を用いて表現 記録の作成，製本，表紙デザイン，挿絵	

（デューイ「大学付属学校の組織案」大浦猛編『実験学校の理論』明治図書（1977）pp.171-177より作成。）

（2）カリキュラム構成の特徴

　デューイは，教育の究極的な課題は，子どもが，彼を取り巻き生活する社会環境に適応しつつ，自分自身を表現する訓練をすることであるとした。したがって，カリキュラムは，子どもの発達の筋道に沿い，一人ひとりの子どもの自由な発達を促すという側面と，子どもが子どもを取り巻く社会的な環境を理解し，「彼自身の諸活動の中で尊重していく」[6] 社会的な側面との統合を図らなければならないと考えた。統合の具体的な方法として，家政，調理，木工，裁縫教材

を取り上げた。それは，3つの活動が，心理的な面では，「構成活動に格好な機会を与えるもの」として，また，社会的には，「人類の基本的な諸活動を代表するもの」と考えたからであった[7]。

　メイヤー（Meyer）らは，後に，この教育実験を貫く仮説は，「生活それ自体，とくに人間の主な欲求を満たす仕事と人間関係は，子どもの教育にとって，基礎的な経験を与える」[8]ということだったと述べている。デューイのいう，子ども自身の生活とは，「家庭に中心点を持つ衣・食・住の諸活動がその生活自体の内部でたえずくりかえされるもの」であり，「相関（correlation）」，すなわち学習内容の相互関係と，「統覚（apperception）」，すなわち学習内容を総合し統一する子どもの側の心的作用の両者を統一することができると考えた[9]。

4．実践の概要

　この初期の計画は，1896年から1898年にわたる第1期実践の過程で試行された。スクール発足3年後，学校の父兄を対象に行われた試行の報告についての講演をまとめたものが「学校と社会（School and Society）」として出版されている。ついで，1898年から1903年にわたる第2期実践において修正され緻密になっていった。スクールの教師として実践に携わったメイヤーは，示されたのは「進むべき方向と視点」であって，「具体的教材だけでなく，授業の内容も方法も実践の中で変わって行った」と回顧している[10]。

　スクールの実践の過程で，第一に大切にされたのは子どもであった。子どもの一見無意味な遊びや諸活動の中に，教育的な意味を認め，教育方法として積極的に取り入れようとする試みがなされた。子どもが生き生きと「探求」の態度を持ち続けることが，知識の蓄積よりも上位におかれたのである[11]。

　全学年を通してのカリキュラムは，次のように構成された[12]。

　　　4－6歳　　家の仕事
　　　　　　　　家に役立つ社会の仕事
　　　7－9歳　　発明と発見による進歩

　　　　　　（人間と仕事の自然的背景）
　　　　　　探検と発見による進歩
　10－11歳　植民の歴史と革命
　　　　　　植民者のヨーロッパ的背景
　12－15歳　専門的活動の試み
　　　　　　自然科学の実験と観察
　　　　　　言語
　　　　　　小さなハウスの建設と装飾

　そこでの学習活動は、「家の仕事」「家に役立つ家庭の仕事」「発明と発見による進歩」のように、具体的な仕事（Occupation）を中心におき、仕事の展開の過程で自然科学や社会科学、ならびに表現などの領域と緊密に結びつけようとした。なぜなら「人間の知性は、欲求と活動の結合の中で発達するものだから、学校生活の中心は、いわゆる勉強ではなく仕事に置かれる」[13]と考えたからであった。そして、仕事の配列は、「衣食住という基礎的継続的な欲求充足の活動がカリキュラム構成の核となり、幼い子に身近な家庭の活動から出発して、スクールは、家庭から地域の学校組織へと自然につながるように工夫された」[14]ものであった。
　このように、活動的仕事を核にして、しかも家庭から地域への広がりを得ながら、次のような視点から、教材を選択した。「基本的であり、単純であること」「社会的であること」「科学的方法を発見させ、熟達させるものであること」であった。そして、その最もよい教材例として料理と紡織を挙げている。料理は、「科学の方法を教えるのに適していた」し、「紡織の仕事は、生活に必須な産業の発達史を示すのにきわめて適切である」[15]からであった。ちなみに、「大学付属小学校の組織案」の段階では、紡織は取り上げられていなかった。しかし、紡織教材を学習する少年と少女の図が、スクール発足3年後に発表された「学校と社会」の表紙に示されたことからも、教材としての位置づけをうかがうことができる。
　「紡織」の実践例を具体的に挙げてみよう。

たとえば，子どもたちは，まず最初に原料——麻・綿の木・羊の背からかりとったままの羊毛をあたえられる。つぎに，それが供せられるべき用途にあてはめるという見地から，これらの材料についての研究がおこなわれる。綿の繊維と羊毛の繊維との比較がおこなわれる。羊毛産業と比較して木綿産業の発達のおくれた理由は綿の繊維を手で種から離すのがひじょうに困難なためであることを，私は子どもたちから教えられるまで知らなかった。或る組の子どもたちは綿の繊維をたまざやと種子から離すのに三十分かかって，ようやく一オンスたらずのものを得ることができた。そこでかれらは，一人の人間は手で一日せいぜい一ポンドを繰りうるにすぎないであろうということを容易に推定することができ，かくしてなぜにかれらの祖先が木綿の着物を着ないで羊毛の着物を着たかという理由を理解することができたのである。……

　かれらはそれから繊維を布に作り上げるのに必要な過程をたどった。かれらは羊毛をすくためにつくられた最初の枠……を再発明した。かれらは羊毛をつむぐための最もかんたんな仕掛……を再工夫した[16]。

この授業実践を，デューイは次のように評価している。

　十歳・十二歳ないし十三歳の子どもたちが—女の子たちばかりでなく男の子たちまでがせっせと縫物や織物をやっているのをみるときほど，一般知識層の参観者が奇異の感に打たれることはない。もしわれわれがこのことを，男の子たちにボタンを縫いつけたり着物を繕ったりする準備をあたえるものであるという見地からみるならば，われわれは狭い功利的な考えかたに立つことになり，それでは学校に置けるこの主の作業に高い地位をあたえるわけにはいかなくなるだろう。しかしながら，もしわれわれがこれを他の一つの側面からみるならば，われわれは，この種の作業は，子どもが歴史上における人類の進歩の後をたどりうる出発点となり，同時にまた子どもはそこから，使用される材料および必要とされる機械的原理にたいする洞察をもうるにいたるものであることをみいだすのである。これらの仕事と関連して，人類の歴史的発展が要約される[17]。

5．デューイ・スクールにおける調理・裁縫・木工教材の教育的価値

　スクール開始後3年を経過した時に行った講演では，調理・裁縫・木工などの仕事を教材として取り上げるのは，家庭や近隣の環境から有用な仕事がなくなったこともあるが，それだけでなく生徒たちの心を生き生きととらえることに，やってみて気がついたと，述べている[18]。調理・裁縫などの生活に必要なものをつくる仕事が，子どもにとって学習の動機となり，子どもに直接的な経

験を与え，生活現実と出合わせる。子どもの経験が，そうした仕事の「歴史的・社会的価値と科学的意義」にふれ合う時，それは，単に愉快な仕事であるだけでなく，「理解の媒介・道具・機関となる」ことから，「活動的な諸仕事」に教育的価値を見いだし，料理と紡織は，カリキュラムを貫く教材として優れていると考えられた[19]。

このようなカリキュラム観および教材観の背景を，いま少しみてみたい。

産業革命による産業の集中と労働の分業とによって，家庭とそれを取り巻く近隣から有用な仕事がなくなった。また，そこから教育問題が起こっている。この社会変化と教育問題とに対応しようとしたところに，この実践研究の出発点があった。すなわち，「実践と実利，具体と抽象，道具と書物，頭と手の調和」[20]を当時の教育課題ととらえ，その解決の方向として「活動的な諸仕事」を核にしたカリキュラムを提示し，実験学校における実践によって実証しようとした。そこで求めた子どもの能力は，実践的実用的なものであり，「直接にものを見，事を行う」経験を大切にした全人的教育であった。

6．今日における調理・裁縫・木工教材の教育的価値

戦後から今日に至るカリキュラム研究の課題は，子どもの発達課題と教科内容の系統をどのように統一するかであったといってよいように思われる。子ども中心の生活カリキュラムと科学中心の教科カリキュラムあるいは系統カリキュラムを二軸としてその間を揺れ動いてきたともとらえることができる。

今日のカリキュラムにおいても二者択一ではなく両者の融合が図られなければならないし，それは，家庭科という単一の教科内で行われるものではなく，学校教育全体の中で検討されなければならないことは言うまでもない。

デューイは，その時代背景から，子ども中心の生活カリキュラムを主張した。これまでみてきたように，料理や紡織などの「活動的な諸仕事」は，子どもの人間としての基本的な欲求を学習の動機とし，子どもに直接的な経験を与え，現実と出合わせる。その過程において，子どもが「なぜ」「どうして」と歴史的，社会的，あるいは自然科学的な知を探求するとき，活動的な諸仕事を取り扱っ

た教材は、現実の生活の仕組みを理解する媒体となることを示した。そこに、料理や裁縫、あるいは木工教材の教育的価値を認め、カリキュラムを貫く教材として優れていることを指摘したのである。

このような「活動的な諸仕事」における教育的価値やカリキュラム上の位置づけについての影響は、わが国において、大正期の自由主義教育思潮や戦後教育改革期のカリキュラム論の中に見ることができる。その挙動について詳述することはほかに譲り、ここでは、「活動的な諸仕事」の教育的価値を、今日における家庭科カリキュラム編成とかかわらせて考察するにとどめたい。それは、調理や被服製作学習の教育的価値をどのようにとらえるかに集約できるのではないかと考える。

今日の家庭科の内容は、被服製作や調理教材を中心に据えてはいるが、製作方法とそれにかかわる知識や技能の伝達に終始している面が多く、教材選択の範囲も今日の家庭の日常生活を中心にしたものである。確かに、家庭内で行われる日常の仕事には比較的単純で原始的な作業が多く、しかも、科学的仕組みを発見するように授業を組み立てることも可能であるし、実践もなされてきた。しかし、カリキュラムに、デューイがシカゴ大学付属小学校で構想したような「社会的であること」、言い換えれば、「材料と道具を使って、子どもたちは、布を作るまでの過程を実際にやってみることによって、作業の方法の進歩と産業組織の意味とを、単純化された形で理解する」[21]ように導くことを典型とするように、内容に社会的な広がりをもたせるように教材を取り扱っていない。それは、今日の家庭科が家庭生活に領域をしぼり、日常すぐに役立つ実用性を求めるあまり、調理や被服製作のもつ社会的な広がりを断ちきっているところにあると思われる。その意味では、今日、家庭内で取り扱われていない仕事であっても、歴史的な発達を見通す視点から教材内容を構成することによって、逆に、家庭の仕事や生活の仕組みそのものが、子どもに見えてくることが想定される。

このように考えてくると、理科や社会科、とりわけ生活科や総合的な学習の時間との関連をどのように図るかが、避けて通れない課題としてあがってくる。今後の課題としたい。

【引用・参考文献】

1）山田綾「生活教育としての家庭科教育（Ⅰ）―戦後初期愛知第一師範春日井附属小学校コア・カリキュラムにおける家庭科的学習の展開―」『愛知教育大学研究報告』第36巻　1987　pp.85-105.
2）海後宗臣『新教育の進路』明治図書　1951　p.263.
3）ジョン・デューイ著　大浦猛編『実験学校の理論』明治図書　1977　p.153.
4）ジョン・デューイ著　宮原誠一訳『学校と社会』岩波書店　1957　p.171.
5）前掲書3）p.150.
6）前掲書3）p.160.
7）前掲書3）p.168.
8）メイヤー・エドワーズ著　梅根悟・石原静子訳『デューイ実験学校』明治図書　1978　p.20.
9）前掲書3）p.151.
10）前掲書8）p.30.
11）前掲書8）p.42.
12）前掲書8）pp.52-159.
13）前掲書8）p.27.
14）前掲書8）p.37.
15）前掲書8）p.190.
16）前掲書4）pp.31-32.
17）前掲書4）p.31.
18）前掲書4）p.23.
19）前掲書4）pp.33-34.
20）前掲書8）p.33.
21）前掲書8）p.191.

第3章
アメリカ中等学校における ホーム・エコノミックス教育の成立過程

磯﨑　尚子

1．成立過程研究の意義

　ホーム・エコノミックス教育の理念，性格，内容，方法，特質の本質的究明は，教科教育学研究の基本的課題である。特に，家庭科の場合，教科としての存立根拠が曖昧であり，そのことが学校教育における家庭科の地位を不安定にし，学習指導を困難にしているからである。
　本研究は，戦後のわが国の家庭科の成立に大きな影響を与えたアメリカのホーム・エコノミックス教育（Home Economics Education）の原型を明らかにしたものである。このホーム・エコノミックス教育とは，女子生徒を主に対象とした職業教育であり，家庭生活の実際的な知識，価値，技能からなる家庭建設のための包括的な教育である。また，職業に就く人のための技術訓練の教育でもあるとともに，キャリア教育的な内容も含んでいた。
　本研究は，アメリカ中等学校におけるホーム・エコノミックス教育の教科概念と理念が確立し，中等学校の教育課程を構成する1教科目として位置づけられるまでに至る過程を教科論の視点から考察し，成立期ホーム・エコノミックス教育の本質を明らかにすることを目的としている。

第3章 アメリカ中等学校におけるホーム・エコノミックス教育の成立過程

ホーム・エコノミックス教育の成立史に関する研究は学問的重要性にもかかわらず，中等学校や初等学校といった学校教育段階に焦点を当てたものは，アメリカにおいてもわが国においてもその数は必ずしも多くない。学問体系としての家政学の生成と発展の研究を行い，その視点から教科を付録的に検討しているか，教科に関して検討されている場合では，断片的に論じているが，家政的教育の勃興からホーム・エコノミックス教育の成立までを見すえた体系的研究は行われていない。

ホーム・エコノミックス教育は実用的家事が教育として覚醒され，家政的教育理念が生成発展し，職業教育として成立したものである。その成立過程において，レイク・プラシッド会議（Lake Placid Conference）（以下，ＬＰＣと略），アメリカ家政学会（American Home Economics Association）（以下，ＡＨＥＡと略），全米教育協会（National Education Association）（以下，ＮＥＡと略），スミス・ヒューズ法と連邦職業教育委員会（Federal Board for Vocational Education）（以下，ＦＢＶＥと略）などが関与していた。それらに注目しつつ，ホーム・エコノミックス教育の成立過程を明らかにした。

本研究の特徴の第１は，世紀転換期に焦点を当て，ホーム・エコノミックス教育の多様な展開を会議録等の第１次資料を用いて解明したことにある。錯綜する主張や概念を整理し，伝承的家事技能が教育として覚醒されて，家政的教育に成長し，科学主義のハウスホールド・サイエンスと技芸主義のドメスティック・アーツという異なる教科論が，当時のホーム・マネージメントによって統合され，ホーム・エコノミックス教育として成立した過程を明らかにした。特徴の第２は，筆者が1913年をホーム・エコノミックス教育の内容の確立期であるとし，1918年にＮＥＡ中等教育改造委員会によって提出された『中等教育の基本原理』をホーム・エコノミックス教育の成立と考えた点である。それは1917年のスミス・ヒューズ法によって職業教育としてのホーム・エコノミックス教育が成立し，この『中等教育の基本原理』によって市民教育の一環として職業教育が位置づけられ，ホーム・エコノミックス教育は職業教育であり，普通教育を含んだ教科として成立したと解釈したことである。また，そこにはキャリア教育的な内容も含まれていた。特徴の第３は，ホーム・エコノミックス教育はその成立に際し，ＬＰＣ，ＮＥＡなどの各団体がかかわり，その各々の教育理念が

錯綜しながら，教育理念が確立されていったことを考察した点である。このことは，ホーム・エコノミックス教育の性格をより深く理解することにつながる。

本研究では，ホーム・エコノミックス教育の確立に重要な役割を果たしたLPCが開催された1899年から，スミス・ヒューズ法が制定され，教科課程において標準の位置を占めるようになった1920年前後までを中心にして次のように検討した。第1に，LPC，NEAなどの委員会における家政的教育の位置づけとその特質，教科目の目標，教科課程編成を検討し，それが内包している教育論とその展開を究明し，ホーム・エコノミックス教育の教科論を類型化し，その発展過程を明らかにした。第2に，科学主義と技芸主義の2つの異なる教科論をもつ教科として構想された家政的教科目が，当時のホーム・マネージメントの概念と理念の導入により，ホーム・エコノミックス教育という名称のもとに統一された過程を明らかにする。第3に，ホーム・エコノミックス教育がスミス・ヒューズ法とのかかわりで職業教育として位置づけられた経過とその性格を検討するとともに，中等教育の改革との関連性について検討した。

2．家政的教育の勃興

アメリカでは，植民地時代，家事的諸事象は家庭で母から娘へ伝授されるか，デイム・スクールや私学校で，針仕事や調理などの実用的技能が教えられるかであった。

19世紀前半，ビーチャー（Beecher, C.E.）は「健康で知的な妻や母の育成」という教育目標を提唱し，家庭生活の準備を内容としたフォーマルな女子教育を実践した。

また，19世紀前半の科学的発明発見は，伝承的な実用的家事では理解できない物理的，化学的知識や能力の必要性を生じさせ，家庭生活と科学をかかわらせた家政の科学化運動が起こった。この家政の科学化運動がLPCに発展していった。

一方，中等学校の改革運動が推進されていたが，NEAの『中等学校教育に関する十人委員会報告書（1893年）』，『カレッジ入学資格委員会報告書（1899

年)』においては，家政的教育はまったく考慮されていなかった。

　ＬＰＣは1899年〜1908年の10年間，マサチューセッツ工科大学のリチャーズ（Richards, E.H.）が中心となって家政学の成立と家政的教育の確立をめざして開催された会議である。ＬＰＣは1908年にＡＨＥＡとして発展的解消をしている。ＬＰＣにおける家政的教育の構想は，4期に分類することができる。第1期（1899年〜1900年）は家政的教育を模索検討していた「模索検討期」である。第2期（1901年）は『ＬＰＣ特別委員会報告書』を作成し，ＬＰＣにおける家政的教育を完成した「ＬＰＣにおける完成期」である。第3期（1902年〜1904年）はＮＥＡの示唆を受けた「ＮＥＡの影響期」，第4期（1905年〜1908年）はＮＥＡの家政的教育観を取り込みながらも，ＬＰＣ独自の家政的教育を「再構築した完成期」である。

　ＬＰＣの問題意識は，伝承的な実用的家事では変革した環境や生活に対処できないことから，「よき生活」を目標とし，よき市民の育成，社会生活の向上につながる新しい家政的教育を確立し，それを学校教育に導入することであった。世紀転換期，ＬＰＣが家政的教育の研究を継続的に行い，教科としての体系を整え，教育界で力を強めていったことは，家政的教育の確立において歴史的意義があった。

3．ハウスホールド・サイエンス論—科学主義—の展開

　第1回ＬＰＣでは，生活の科学化が必要であるとされ，家政的教育を科学的な方法で学習することが決議されている。

　これを受け，マーラット（Marlatt, A.L.）は，食物や衛生に関する家庭生活の諸事象を科学を中心とした項目に分類し，科学的な視点から学習する科学主義の教育課程を構想した。

　この影響を受け，『ＬＰＣ特別委員会報告書』は生徒の関心・必要性に応じ，3つのコースを示した。3つのコースに共通している点は，教科の基盤を科学におき，生活事象を科学で説明し，合理的な科学主義の家政的教科が構想されていることである。

しかしながら，この科学主義の構想は，ＬＰＣがＮＥＡと研究を進める中で，1902年，ＮＥＡが家政的教科と科学の関係を否定したことにより，転換を余儀なくされ中断されることとなった。

　しかし，1905年，第7回ＬＰＣで科学主義の意義が再認識され，ＬＰＣ教育部門は科学主義のハウスホールド・サイエンスを構想した。この目的は，女子生徒に科学の基本的な原理と家庭との関係を教授すること，科学の領域を学ぶ機会を与えることとされ，物理学，生物学（特に，植物生理学）などの基礎的な科学を学んだ後，その科学的知識を基本にして，食物学，衛生学（住居学を含む），栄養学を科学的な方法を用いて体系的に教授できるように構想された。さらにハウスホールド・サイエンスを科学とし，理科諸科目に相当する教科として位置づけ，カレッジ入学資格科目としての認定を得ようとした。

　ＬＰＣを中心に生活を科学化する家政的教育が構想され，科学的知識と科学の方法を用いて生活的事象を体系的に教授するハウスホールド・サイエンス論を中心とする科学主義の教科論が展開された。この科学主義とは，物理学，化学，生物学などの基礎的な自然科学の原理・法則を適用して，日常生活の諸事象を説明したものである。

　科学主義のハウスホールド・サイエンスの確立により，家政的教育は生活の科学を教授する教育理念が形成され，その科学とは科学の基本的な原理と家庭との関係を教授し，女子生徒向けに科学の領域を学ぶ機会を与えるといった理科諸科目的な位置づけが行われた。しかしながら，ここには当時の人々が求めていた裁縫などの実用的家事技能の内容が含まれていなかった。

4．ドメスティック・アーツ論―技芸主義―の展開

　1880年代にロシア・システムの影響を受けて，手工教育が起こり，技芸と同義の広義の用語として用いられていた。中等学校では裁縫や調理が女子生徒向けの手工教育として普及していた。その後，スロイド・システム，美術工芸運動，デューイ（Dewey, J.）の影響を受け，家政的教育に技芸的な活動や経験が積極的に導入されていった。

『ＬＰＣ特別委員会報告書』では技芸を最小限しか導入しない意向であった。ところが，ＮＥＡから技芸を中心とした実際的な学習こそが家政的教育の本質的な特徴であると指摘され，技芸を中心とした家政的教育が構想されていくことになった。ＬＰＣでは，技芸とは手と目を使った教育であるとされ，技芸は理論と実践を効果的に学習でき，生徒が理解しやすく，実行力や意志力の形成といった人格の陶冶，知的能力，芸術的能力および創造性を発展させるとともに，生活費を稼いだり，労働の教育，生活準備教育を行う意味でも教育的価値があるとされた。

1907年，ＬＰＣ教育部門は，技芸主義のドメスティック・アーツを確立した。ドメスティック・アーツは被服を中心とした領域とされ，その目的は生活を効果的に美しく，豊かにするために原理を発展させ応用する芸術的な能力，主婦または賃金労働者としての能力を育成することとされた。技芸を通して被服，住居の芸術的なこと，経済的なことが学習できるよう構想されたが，結果として，実習の側面が強く意識される教科となった。

ＮＥＡの影響により，女子の実用的家事技能に技芸主義の教育理念が付加され，ドメスティック・アーツ教科論が構想されたのである。この技芸主義の教科論とは，芸術的な内容を含んだ手と目を使った技術的活動を重視されたものであった。

5．ホーム・エコノミックス教育論
　　　―科学主義と技芸主義の統合―の展開

　植民地時代以来，実用的家事は女性が主婦の務めを果たすことを目的として伝承されていた。

　ビーチャーは，女性が主婦の務めを果たし，男性と分業することによって平等が生まれるとし，キリスト教と倫理に基づいた時間や金銭などの経済的内容，健康や清潔などの衛生的な内容を含めたホーム・マネージメントの萌芽を示した。

　リチャーズは，家庭を科学的，経済的，衛生的および効率的に経営し，環境

を改善し管理することをめざした優境学を提唱し、優境学に基づく「よき生活」を究極的目的とした。具体的には消費経済、衛生学を中心にした生活の科学化による「よき家庭建設」であり、よき市民の育成につながるものであった。

LPCでは、リチャーズの影響を受け、科学主義のハウスホールド・サイエンスは「よき生活」を営む家庭管理に有用な科学的知識であり、技芸主義のドメスティック・アーツも「よき生活」を営むための技芸であるとされ、ともに「よき生活」を前提とした教科論が構想された。

1911年、NEA『学術用語委員会報告書』が提出され、NEAでは家政的教育の教科名称をホーム・エコノミックス教育とすることとされ、ホーム・エコノミックス教育の定義、教授方法および目標が示された。翌1912年、AHEAも初等学校から大学までの家政的教育すべてを、ホーム・エコノミックス教育という学術用語で統一した。それは、統一名称を用いることによって各学校段階に普及、発展させるためであった。AHEAでは、NEA『学術用語委員会報告書』を整備して、『ホーム・エコノミックス教育のシラバス（1913年）』が作成された。これは、AHEA、NEAのホーム・エコノミックス教育に対する到達点であった。その構造とは、図3-1のようになっていた。

従来の科学主義、技芸主義といった教科構想ではなく、その各々から食物、住居、被服といった領域が中心に取り出され、それらを統合する概念として、選択―準備―消費などのホーム・マネージメントの機能的活動の概念が挿入され、ホーム・エコノミックス教育は4領域に分類された。これは、今日のホーム・

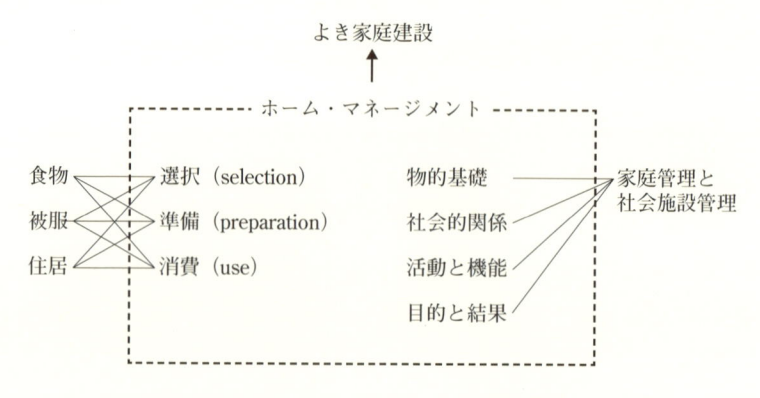

図3-1　ホーム・エコノミックス教育の構造

エコノミックス教育の原点ともいえ，ここにホーム・エコノミックス教育の内容が確立したといえる。

科学主義のハウスホールド・サイエンスと技芸主義のドメスティック・アーツは性格的には異質な教科論であるが，ともに「よき生活」の目標が内在していたこともあり，当時のホーム・マネージメントの概念によって統合され，教科としてホーム・エコノミックス教育が理念的に確立されたのである。ホーム・マネージメントとは家庭経済，家庭管理および衛生学に基づいて，よき家庭を建設し，経営することである。

6．職業教育への傾斜

20世紀初頭，職業教育運動が興隆すると，AHEAでは賃金労働教育に関心を高めるとともに，中等学校を卒業した中産階級の女子生徒の場合，生涯にわたって主婦の仕事に従事する現状をふまえ，ホーム・エコノミックス教育を職業教育の中で推進していくこととされた。このように職業教育の意味を幅広く包括的に解釈することによって，主婦を職業とみなしたのである。NEAも女子生徒の将来の職務は家庭の経営，主婦の仕事であるとし，ホーム・エコノミックス教育は男子生徒の機械技術，農業などに対する女子生徒の職業実用的科目として位置づけていったが，そこには矛盾もみられる。

1914年，『職業教育国庫補助に関する委員会報告書』が提出され，これを原案とし，スミス・ヒューズ法（1917年）が制定された。スミス・ヒューズ法では職業教育とは「有用な仕事のために能力を伸ばしたい14歳以上の者に中等学校レベルの教育を行うこと」とされ，その職業とは工業，農業，商業，ホーム・エコノミックス教育の知識に基づいた職業とされた。職業教育にホーム・エコノミックス教育を含めるか否かについては，審議過程において特別な論議が行われた。結論として，すべての女子生徒にとって主婦の仕事は適切かつ不可欠な職業であるとされた。また，栄養士などの有償で専門化した仕事も職業であるとされた。すなわち，ホーム・エコノミックス教育の職業とは，有償で専門化した仕事と，無償であるが有用な主婦の仕事の2つの側面をもったのである。ま

た，国庫補助適用対象の学校を広げることにより，あらゆる階層の多数の女性が「よき家庭建設」を学べる機会がつくられることが強調された。

職業教育を専管するFBVEでは具体的に，ホーム・エコノミックス教育は「家庭を中心としたその周囲の仕事のための教育」とし，①家庭建設，②雇用される職業（洋服仕立てなど）の教育であるとし，特に，家庭建設を重視していった。その理由は，①一般の人が職業教育としての家庭建設の教育を望んでいたこと，②大半の女性の仕事が家庭建設であったこと，③家庭建設の教育が家庭で行われなくなってきたこと，④アメリカ教育局のカルヴィン（Calvin, H.）が，ホーム・エコノミックス教育とは家庭建設に関する教育であると声明したこと，などが関連していた。

職業教育運動が興隆し，ホーム・エコノミックス教育が論議の末にスミス・ヒューズ法の適用を受ける職業教育に位置づけられた。その職業とは家庭建設の仕事と賃金労働の二重の意味に解釈できたのである。

7．中等学校ホーム・エコノミックス教育の確立

キーン（Kinee, H.）は，スミス・ヒューズ法とのかかわりで，ホーム・エコノミックス教育をA，B，Cの3層のレベルに分けて構想した。

A	家庭生活に関する初歩的な教育で，男子生徒も学習できる。
B	女子生徒のための家庭建設の教育で，主に中等学校で履修する。家庭建設は専門的な職業教育で，賃金は得られないが，経済的価値を持っている。
C	賃金労働を構想した教育。

Aは男子生徒も学ぶ普通教育として，B，Cはスミス・ヒューズ法の適用を受ける職業教育としての可能性をもった教科となった。このキーンのA，B，Cの3層の構想が教科の性格，位置づけの原点となったと考えられる。

スミス・ヒューズ法制定の翌1918年，NEA中等教育改造委員会は『中等教育の基本原理』を提出した。従来の8・4制から6・3・3制が打ち出され，民

主主義における教育の目的と7つの主要な教育目標が設定された。

　ホーム・エコノミックス教育は7つの教育目標のうち，特に「家庭のよき構成員」，「職業」と関連しているとされた。「家庭のよき構成員」では，家族と市民の幸福が女子生徒の世話にかかっているとされ，ハイスクールの期間は生涯の職業を準備する唯一の保証された機会で生活の義務と責任感を形成する時期のため，すべての女子生徒に生涯の職業である主婦としての基礎教育を行う必要があるとされた。男子生徒は効果的に協力することが目的とされ，男女の特性により「家庭のよき構成員」の像は異なっていたが，普通教育としての側面をもった。「職業」の目標ではジュニア・ハイスクールで基礎的な学習をする中で，自分の適性や能力を見いだす職業準備教育が行われ，自分の教育や職業を決定し，シニア・ハイスクールで選択した領域の訓練に重点がおかれ，有償と無償の職業教育に分化するとされた。すなわち，ここにキャリア教育的な視点が構想されたのである。

　『中等教育の基本原理』によって，市民教育の一環として職業教育が位置づけられ，中等学校ホーム・エコノミックス教育は職業教育，普通教育を含んだ教科として成立した。その後，NEA中等教育改造委員会は『ホーム・エコノミックス教育の再編成（1922年）』を提出したが，これまでの論議を追認したものとなっている。

　スミス・ヒューズ法制定以後，ホーム・エコノミックス教育の履修者は増え，教育課程において標準の位置を占めるようになっていった。特に，国庫補助を受けている学校数，教員数，生徒数は全米各地で急増していった。

　ホーム・エコノミックス教育は，女性の生涯の職業は主婦の仕事であることが前提とされ，「よき家庭建設」を目標に公教育に位置づき，全米のあらゆる階層に家庭生活の標準化を浸透させることになった。しかし，家庭建設を女性の神聖かつ正当な職業とし，学校教育の教科として成立したことが，性差別を助長し，女性の経済的自立，社会的進出を阻んだという問題点を指摘することができる。つまり，ここに今日的なジェンダー問題（gender issues）の萌芽をみることができる。とはいえ，当時の歴史的な制約を考えるならば，功罪は相半ばすると思われるが，生活を対象とした教科が教育理念をもって理論化され，学校教育に導入かつ確立したという点では歴史的に高く評価されなければならない。

8．まとめ

　アメリカにおけるホーム・エコノミックス教育の成立過程を連続的かつ漸進的な変化の過程としてとらえ，伝承的な実用的家事から生成した家政的教科論を3類型化し，それらの発展の様相を検討するとともに，ホーム・エコノミックス教育が教科として確立したことを明らかにした。分析した結果をまとめると，以下のようになるであろう。

　アメリカ社会の産業構造の変革によって，家政的教育は生活の科学化運動の影響を受け，LPCによって科学的知識や科学の方法を体系的に教授するハウスホールド・サイエンス論を中心とする科学主義の教科論が構想された。この構想は教育界には受け入れられず，NEAは新教育運動の理念をもつ技芸主義のドメスティック・アーツ論を展開していった。LPCが研究を進め影響力をもつ中で，LPCとNEAは歩み寄り，科学主義と技芸主義を統合するホーム・マネージメントを打ち出し，「よき家庭建設」を目標とした被服，食物，住居および家庭管理と社会施設管理の4領域からなるホーム・エコノミックス教育論に統一し，教科の基本理念や性格および内容などの基礎を構築した。

　一方，この教科は，スミス・ヒューズ法の適用を受けるべく，職業教育としての経済的援助を受ける行政上の条件をも具備していった。その結果，成立期ホーム・エコノミックス教育は職業教育の教科として位置づけられた。他方，NEA『中等教育の基本原理』により，「よき家庭建設」は「よき市民」を育成することであり，ひいては民主主義の社会を維持する原点となるという普通教育としての理念も内包することとなった。

　アメリカ中等学校のホーム・エコノミックス教育は，世紀転換期の教育改革運動の結果として，それらの共通の到達点として成立したのである。

【参考文献】
1）磯﨑尚子『アメリカ中等学校におけるホーム・エコノミックス教育の成立過程の研究』風間書房　2000　pp.1-348.

第4章
総合的学習と家庭科

佐藤　園

　平成10年に公刊された学習指導要領（以下,「10年版要領」）から,「総合的な学習の時間」(以下,「総合的学習」)が創設された。これにより,小・中学校の教育課程は,「各教科」「道徳」「特別活動」「総合的学習」の4領域で組織される。さらに,学校週五日制完全実施により,各教科の授業時間が削減される中で,総合的学習は,小学校1・2年では生活科に乗せられ,小学校3～6年では週当たり3時間,中学校では週当たり2～3時間が割り当てられる。この10年版要領が平成14年度から実施され,1年余りが過ぎた。しかし,教育現場（特に小学校）では,家庭科と総合的学習の関係をどう図っていけば良いのか,さらには,家庭科の独自性,存在意義は何なのか,という新たな課題が生じている。

1. わが国の教育課程における総合学習と家庭科

(1) カリキュラムとしての総合学習
　10年版要領では,創設された総合的学習を教科を越えた「横断的・総合的な学習」として説明しているが,この「横断的・総合的な学習」は,日本の教育

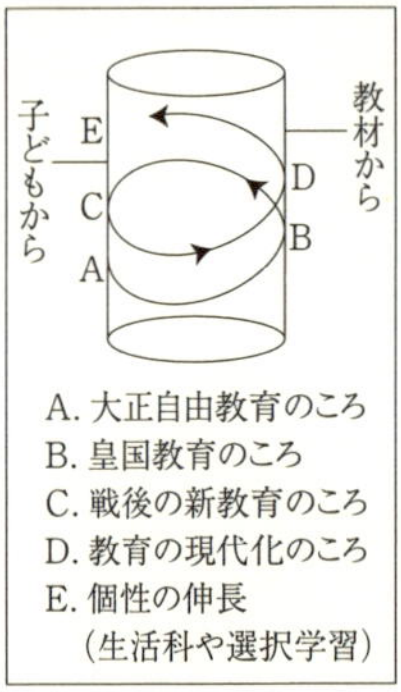

図4-1
螺旋を描く教育思想

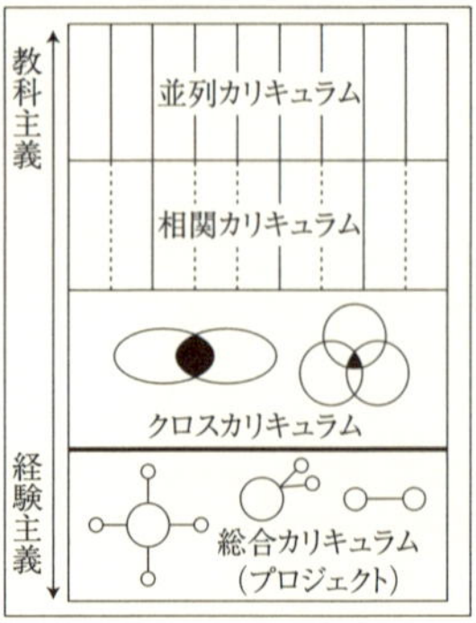

A. 大正自由教育のころ
B. 皇国教育のころ
C. 戦後の新教育のころ
D. 教育の現代化のころ
E. 個性の伸長
（生活科や選択学習）

図4-2
総合的学習の類型

教科主義
　並列カリキュラム
　相関カリキュラム
　クロスカリキュラム
経験主義
　総合カリキュラム
　（プロジェクト）

図4-3
総合的学習の分類

①「教科」総合学習
②「合科」総合学習
③「学際的」総合学習
④「トピック」総合学習
⑤「興味・関心」総合学習

図4-4　岡山県にみられる初期カリキュラム

井原プラン（1952）
江西プラン（1949）
笠岡西プラン（1950）
誕生寺プラン（1949）

の歴史の中で目新しいものではない。水越敏行氏は，図4-1 [1] のように，日本のカリキュラムは30～40年おきに教科中心と子ども中心の間を螺旋状にたどり，子どもの側に立つ総合学習が要請されてきたと説明する。さらに，カリキュラムを図4-2 [2] のように分類し，総合学習は経験カリキュラムの範疇に入り，クロスと総合の間に，教科主義と経験主義との分水嶺があるという。しかし，経験カリキュラムは総合カリキュラムに限られるものではない。加藤幸次氏は，従来学校で行われてきた総合学習を図4-3 [3] の５つに分類し，総合学習は教科にこだわらず，学習者の興味・関心，「生活」を問題とする「問題解決学習」であると説明する。

以上から考えると，「総合学習は，教科から経験カリキュラムに至る多様な形態をとる子どもの生活を中心とする問題解決学習である」ということができる。事実，戦後日本のいわゆる新教育の時代（昭和22～30年度）には，図4-2, 4-3のすべての総合学習が存在していた。本論では，図4-4に示す岡山県の小学校で開発されたカリキュラムと実践の考察を通して，前述した課題を検討してみたい。

(2) 戦後初期にみられた総合学習と家庭科

1) 戦後新教育における総合学習の構想と家庭科の性格

周知のように，戦後のわが国の教育は，コア・カリキュラムを組織し，「子どもの生活上の問題を主体的に解決していく態度」を基本とする経験主義教育を理念として出発した。本来，コア・カリキュラムは，教科の存在を否定し，子

どもの生活経験の拡充をめざして作成される。しかし、わが国では、社会科をコアとする学校教育体系により新教育を実施することが中央で示され、教科別の指導要領が「試案」として作成、交付された。そのため、『昭和22年度版学習指導要領社会科編（試案）』（以下、『社会科要領』）は、一教科としてではなく、子どもの生活を包括する超広領域教科として作成された[4]。

　家庭科は、戦前の家事・裁縫科を否定し、家族・家庭生活に関する子どもの認識育成から生活実践力を育成する教科として生まれた。『昭和22年度版学習指導要領家庭科編（試案）[5]』（以下、『家庭科要領』）では、新教育の理念に基づき、生活単元を組織し、それを有機的に関連づけて子どもに問題解決させていくことで教科の目的を達成する、図4-3でいえば①の「総合家庭科」を構想した。

　しかし、学校全体がコア・カリキュラムを構想すると、家庭科は「教科」としてではなく、子どもの生活経験の拡充に必要な「学習経験」とそこで育成すべき「学習要素」としてとらえられ、それらが、中心・周辺学習として設定される生活経験の中で、他教科、特に社会科の学習経験・要素との重複を避けることを前提として組織される。さらに、経験主義を教科理論とする『家庭科要領』では、教科の本質となる家族・家庭生活の認識は、問題解決学習により子どもが開かれた認識として形成しなければ目的が達成できないため、「目標」としては明記されても、教育内容に相当する「指導の方法―児童の活動」では、あえて曖昧に記述された。そのため、具体的な「要素」としてはとらえづらいという問題があった。以上のような状況から、カリキュラムを組織する各学校・教師が、新教育・学習指導要領をどうとらえたかにより、岡山県の小学校では、図4-4に示す多様な形態のカリキュラムが作成された。

　2）カリキュラムの類型と家庭科の位置づけ
　①　コア・カリキュラム（誕生寺プラン[6]）にみる家庭科の位置づけ
　「理想農村の建設」を目的とするコア・カリキュラムを構想した誕生寺プランでは、中心学習に社会・家庭・理科を核とした「子どもの現実の生活課題解決過程」、周辺学習には、その解決に必要な国語・算数・図工・音楽・体育・農耕・家庭の「生活の基礎能力の系統的発展過程」を設定した。そのため、家庭科では、『家庭科要領』を基盤に、子どもが現実の家庭生活を営むために必要な基礎能力表が作成されたが、そのほとんどが中心学習に吸収された。残りの被

服製作に関する能力が、第5・6学年の周辺学習「家庭科」として配置された。

② クロス・カリキュラム（笠岡西プラン[7]）にみる家庭科の位置づけ

中央で示された『社会科要領』と同様の「現実の民主社会にうまく適応できる人間の育成」を目的とした笠岡西プランでは、中心学習に社会科をおき、それに重複しなかった各教科の学習経験・学習要素を周辺学習とするコア・カリキュラムを組織したが、それは実質的にはクロス・カリキュラムとなっていた。家庭科は、『家庭科要領』を主要な社会機能で整理した学習要素として示された。そのうち、社会科と重複する要素が中心学習に組み込まれ、残りの要素が第5・6学年の周辺学習「家庭科」として配置された。

③ 相関カリキュラム（江西プラン[8]）にみる家庭科の位置づけ

江西プランでは、コア・カリキュラムは自分たちには高嶺の花であるとして、社会科を中心に、各教科を周辺に設定し、各教科の授業を教師が社会科と関連づけて行うことを意図した相関カリキュラムを構想した。そのため、家庭科は、第5・6学年の周辺におかれる一教科として構想されたが、教師が確実に教えられる家庭の仕事の種類別に『家庭科要領』が整理され、要素表が作成されたために、教科の本質である家族・家庭生活の学習が欠落するものとなっていた。

④ 並列カリキュラム（井原プラン[9]）にみる家庭科の位置づけ

井原プランでは、8教科のカリキュラムを並列におき、中央で示された学習指導要領の内容を確実に子どもたちに獲得させ、教科の目的を十分に実現しようとした。家庭科は、第5・6学年におかれ、『家庭科要領』と昭和25年に岡山県で作成された『家庭科基準[10]』から単元を構成し、各単元で習得すべき理解・態度・技能を具体化した。そのため、『家庭科要領』ではあえて曖昧に記述されていた家庭生活・家族に関する認識にも評価を前提とする理解・態度が設定された。結果として、戦前の家事・裁縫科の理念に近い家庭科が組織された。

⑤ カリキュラムの類型と家庭科の位置づけ

以上のように、戦後の総合学習を目的としたカリキュラムにおいては、三様の位置づけをされた家庭科を見ることができる。第1は、コアおよびクロス・カリキュラムの中心学習に吸収された「家庭科の学習要素」、第2はその残りを組織した周辺学習「家庭科」、第3は相関・並列カリキュラムの教科「家庭科」である。

それでは，これら三様の家庭科は，具体的にはどのような学習として展開され，学校教育の中で総合学習とどのような関係にあったのだろうか。

2．総合学習と家庭科学習の展開と構造

(1) コアおよびクロス・カリキュラムの中心学習の展開と構造

　コアおよびクロス・カリキュラムの中心学習では，2種類の問題解決学習の展開がみられた。それは，低学年の「子どものより良き生活過程」としての展開と，主として高学年でみられた「子どもの問題解決過程」としての展開である。

　1)「子どものより良き生活過程」としての展開と構造

　この展開と構造は，誕生寺プラン2年生の単元「近所の生活」にみることができた。この単元では，公開研究授業として実施された「(学校の近所の) パノラマ作り[11]」の部分しか授業記録が残されていなかった。そのためここでは，教科課程案[12]から，この単元を開発する際に型紙にされたと考えられる昭和23年発行『小学校社会科学習指導要領補説』(以下，『補説』)に収められた第2学年の作業単元モデル「近所の生活[13]」を例に取り上げて検討したい。

　① 単元「近所の生活」の展開と構造

　「近所の生活」は，子どもの自然連続的に発展する「必要や欲求」を，その充足を阻む「問題」を次々に解決することにより満たしていく「解決活動」の展開過程となっている。展開を導く主要な欲求と問題を質的に分類し，それらを満たし解決する主な学習活動を取り上げ，それらの相互関係を時系列的に配置し[14]，単元の展開と構造を示すと表4-1[15]のようになる。

　欲求・問題・解決活動は，「ごっこがしたい」という単元を貫く欲求と，これに直接かかわる第1次の問題・解決活動，この問題を解決するための第2次の欲求・問題・解決活動，さらに第2次の問題を解決するための第3次のそれらに分類される。そのほかに，第2・3次の学習活動に喚起されて展開されてはいるが，ごっこ遂行には直接かかわらない派生的な欲求・問題・解決活動がある[16]。

　学習は，子どもの自然連続的に派生する「近所の生活ごっこをより完全なものにしたい」という欲求，問題，解決活動の連続的な発展過程となっている。

『補説』では，段階区分はなされていないが，内容のまとまりから大きく「導入」「展開」「終結」の3つに分けられる。

導入部では，教師が準備した市場・人形・手車・貨車に子どもが働きかけ，内面に学習をスタートさせる「車を引いて遊びたい」という欲求が喚起される。

展開部では，その欲求を満足させる活動がなされていくが，それは学習活動のまとまりから8つに分けられる。「車を引いて遊びたい」という欲求が満たされると，その欲求は向上・拡大していき，「何でもかんでも1つに投げ降ろすことをなんとかしたい」「近所の八百屋ごっこにしたい」「配給ごっこを今までの遊びに加えたい」「家庭を中心にした配給ごっこをしたい」「近所の人々のすることも加えてごっこ遊びをしたい」へと発展している。表4-1では，紙幅の関係で省略しているが，この欲求が満足した段階で，教師の「子どもの興味を米や野菜に向けさせたい」という意図から，再びお百姓さんごっこの遊び道具が準備される。それに子どもが働きかけ，「お百姓さんごっこをしたい」という欲求が喚起される。それが農家の見学によって満たされると，「米の配給所や八百屋を作り，もっと大規模な近所の生活ごっこにしたい」という欲求に発展し，近所の生活ごっこにかかわる活動に子どもが満足しきった所で展開部を終了する。

終結部では，父母を招いて学習の成果を見てもらう発表会を行い，単元の学習を終了している。

② 家庭科の学習要素の展開

この中心学習活動の中で吸収された家庭科の学習要素は，展開Ⅴ，Ⅵの「家庭を中心にした配給ごっこがしたい」という欲求を，子どもが満足させていく過程に組み込まれている。それをより具体的に表したのが表4-2[17]である。

家族を加えた配給ごっこをしていると，「単身家庭で配給を取りに行くと家が空になる」という問題が生じ，それを何とかしたいという欲求から，子どもは留守中に起きる問題を話し合い，「近所に留守を頼んだり，近所の人に配給を取って来てもらうことを頼めば良い」ことがわかる。そうすると，「病人の単身家庭や家族に病人をかかえている時にはどうすればよいか」が知りたくなり，それを話し合い，「近所で助け合えばよい」ことがわかる。それはさらに「近所ではどんな時に助け合うか知りたい」という欲求を呼び起こし，近所の助け合いについて話し合う。これが「近所の人々のすることを付け加えたごっこ遊びにした

表4-1 作業単元「近所の生活」(第2学年)の展開と構造

	本来的欲求・問題・解決活動			派生的欲求・問題・解決活動
	第1次	第2次	第3次	
導入	あり合わせの市場・家・人形・手車・貨車などで遊ぶ			
展開Ⅰ	車を引いて遊びたい │ 車が足りない 作った二輪車を加えてごっこ遊びをする │ 運ぶものがほしい 作った品物を加えてごっこ遊びをする │ 車から荷を降ろすことでごたごたが生じる	二輪車を作りたい │ 二輪車の仕組みがよくわからない │ 二輪車の種類・用途・仕組みがわかる 二輪車を作る 二輪車で運ぶものを作りたい │ 品物を作る	二輪車を見たい │ 街角に行き観察する	荷の積み降ろしをリズムで表したい
展開Ⅱ	何でもかんでも1つに投げ降ろすことを何とかしたい ごっこ遊びに八百屋をつけ加える	野菜を注意深く取り扱いたい │ 野菜の扱い方を知りたい 野菜の取り扱い方・接客・客の態度がわかる	八百屋を見学に行きたい │ 見学に行く	
展開Ⅲ	近所の八百屋ごっこにしたい │ 近所の地図と八百屋ごっこの装置が足りない 八百屋について知ったこと全部を使うごっこ遊びにしたい 町の八百屋ごっこをする	近所の地図と八百屋ごっこの装置を作りたい │ 地図と装置を協同で作る 役割分担をしたい │ 八百屋・お客・車を引く人を決める		店の棚に品物を並べたり,果物・野菜の手入れをする所をリズムで表したい

展開 IV	配給を今までのごっこ遊びに加えたい 配給ごっこをもう一度もっとうまくやってみたい 見学したことを話し合い配給ごっこをする	配給はなぜ，どのように行われるか知りたい 配給所の様子がわかる	配給所に見学に行きたい 見学に行く	見学の結果を絵入りの作文に書いたり絵にしたい
展開 V	家庭を中心においた配給ごっこがしたい 家族を加えた配給ごっこをする	家族を作りたい 家族（単身・母子・大家族）を作る		
		(表4-2参照)		
展開 VI	ごっこ遊びに近所の人々の助け合うところを加えたい 近所の生活ごっこをする	近所を作りたい 近所を作る		
展開 VII	お百姓さんごっこの遊び道具で遊ぶ お百姓さんごっこをしたい	（　省　略　）		
終結	組織的な近所ごっこができた 父母を招いて見てもらいたい 発表会をする			絵や地図も見せたい，作文や手紙も読みたい，歌やリトミックも実演したい

い」という欲求となり，その計画を立てるために，近所の人々との生活での注意点を話し合い，それを上手にできるように練習していく。

　このように，「近所の生活ごっこ」がしたいという欲求を満足させる活動の中で，子ども達は，誕生寺プランの家庭科学習要素[18]の中の「気軽く挨拶する」「来客の取り次ぎ，もてなし方」「他家に行く時，行った時の心得」「長上に対する態度，言葉づかい」「訪問する時の心得」「子守り」「留守居の仕方」「お使いの仕方」「快い交わりを結ぶための日常の注意」「老人の世話の仕方」等を自然

表4-2　作業単元「近所の生活」（第2学年）の展開Ⅴ・Ⅵの部分

	本来的欲求・問題・解決活動		
	第1次	第2次	第3次
Ⅴ 展開	単身家庭で配給を取りに行くと家が空になる	単身家庭の人が配給所に出掛けるとどんな問題が起きるか知りたい ｜ 留守中に起こる問題点を知る	自分の家や近所に留守の間にどろぼうが入ったことはないか話し合いたい ｜ 話し合う
		単身家庭では配給をどのようにして取りに行くのか知りたい ｜ 近所に留守を頼むことや，近所の人に配給をとって来てくれるように頼めば良いことがわかる	配給を取りに行く時，家を留守にしない方法について話し合いたい ｜ 話し合う
		そのほかに，単身家庭，特に病人1人や，病人をかかえている時にどうすれば良いか知りたい ｜ 近所で助け合えば良いことがわかる	病人1人の家，病人がいて手を離せない場合にどのようにすれば良いか話し合いたい ｜ 話し合う
Ⅵ 展開	近所の人々のすることを付け加えてごっこ遊びをしたい	近所ではどんな時に助け合うか知りたい	近所の助け合いについて話し合いたい ｜ 話し合う ・病気の時，近所のおばさんが見舞いに来てくれた ・赤ちゃんが生まれた時，姉さんがお嫁に行った時等に近所の人々がお祝いやお手伝いに来てくれた ・器物を貸借したり，家庭菜園で採れた物や珍しい物を分け合ったりすること ・祝い事等に御馳走を配り合って喜びを共にすること ・家庭菜園の作り方や代用食の作り方，衣料の更生の仕方等で良い方法があれば教え合う ・共同耕作をしたり，共同井戸を作ったり，お風呂を貸し合ったり，大掃除も日を決めて一緒にやったり，一緒に用水ざらいをしたりすること ・近所のおばさんが家にお茶を飲みにきたり，家のお父さんがお隣のおじさんの所へ碁を打ちにいったりして慰安娯楽をともにしている
		近所の助け合いについてわかる	
		ごっこ遊びの計画を立てたい	近所の人々との生活で注意しなければならないことについて話し合い，上手くできるように練習したい ・近所にお使いに行く時の口上や，近所の人が来た時にどのように挨拶すれば良いか ・お使いに行く時にどのようなことに注意すれば良いか ・共同井戸や用水などを使う時，お風呂を借りる時，どのようなことに注意すればよごさないですむか ・近所のおばさんからお使いや赤ちゃんのお守りを頼まれた時，どうしたか ・家や近所で自分達にできるお手伝いやお使いにはどのようなものがあるか ｜ 話し合う
		計画を立て練習をする	

に，また，自らの意思で学んでいる。この学習は，家庭科という一教科の枠にとどまらず，『家庭科要領』のめざした「社会の活動に対し自分の受けもつ責任のあることを理解する」ものとなっている。
　③　「子どものより良き生活過程」としての中心学習の性格
　学習の核となっているごっこ遊びは，子どもにとっては生活そのものである。我々の日常生活の営みがそうであるように，子どもが主体的に環境に働きかけることにより，欲求を喚起されている。それが環境条件に阻まれると問題が生じ，その解決を迫られる。問題が解決され，満足を感じると，より高次の欲求が発生する。一連の活動の基礎にあるのは，「より良い生活を実現していきたい」という人間の基本的欲求である。子どもは，生活の中で欲求を満たし，必要を充足し，問題を解決していく時，真の認識を形成し人格を発達させていく。
　「近所の生活」では，子どもの基本的欲求に根差した，また生活自体である「ごっこ遊び」に子どもが自然に向かえるように，教師が意図的に環境を設定している。しかし，ごっこ遊びが開始されると，次々に向上・拡大していく「より良い，完全なごっこ遊びがしたい」という子どもの欲求によって，自ら足りない模型や道具を作成していく。子どもは，この学級全体のごっこ遊びの中で自分なりの活動を行い，各自の立場ややり方でごっこの展開に寄与しながら，自己の個性的な成長を果たしていく。この子ども達の活動は，最終的には，教室全体が近所の大パノラマとなり，その中で，子ども達は役割分担をし，練習も行った上で，より完全で満足のできるごっこ遊びを実現させている。それは，「近所の生活」をシュミレートする活動となっている。
　このように，人間本来の欲求に根差す問題であればあるほど，すなわち，ごっこ遊びの遂行にかかわればかかわる問題ほど，その解決は子どもにとって切実なものとなる。そのために，子どもは，2年生にとっては決して解決が容易であるとは思われない活動を，学級全体で協力して押し進めている。表4-1，4-2の中には記述していないが，展開Ⅱ「積み荷を投げ降ろすことを何とかしたい」，展開Ⅳ「配給を今までのごっこ遊びに加えたい」，展開Ⅶ「お百姓さんごっこに必要なものを作りたい」という欲求が，八百屋・配給所・農家に見学に向かわせている。その際に，調べることを話し合い，見学の許可を得る手紙を見学先と父母に書き，見学の規則を作り，それに従って見学する。お礼を言って見学か

ら返り，さらにお礼の手紙を書き，見学の規則が守れたかどうか話し合うなどである。もちろん，活動の節々で教師の援助は得ているが，子どもたちは，自分の生活上の必要性から，どういう事柄について何をどういう方法で学ぶかを決め，自主的に知識を習得し，決断し，行動の仕方を学んでいるのである。

　この過程で何を知るかは行動の必要から決められ，行動の目的実現に有効である知識が求められ，生活に必要な生きて働く知識・技術が獲得されることになる。しかし，ごっこ遊びの遂行の必要性から派生する問題とその子どもによる自主的な解決活動は，教師の援助があったとしても，獲得される知識・技術と形成される認識からみるとき，質的に低い。日常生活での非形式的な学習がそうであるように，習得される知識は，問題，ごっこ遊びに必要なものに限定され，知識・技術自体を吟味・修正し，成長・発展させることはなされない。

　④　中心学習における家庭科学習の性格

　以上のような「より良い生活を実現していく」過程の中で，自然に家庭科の学習要素は子どもに学ばれ，生きて働く知識・技術として獲得され，最終的には『家庭科要領』がめざそうとした認識に結びついている。しかし，これはいわば偶然の産物であり，子どもが「家庭を中心においた配給ごっこがしたい」「近所ではどんな時に助け合うか知りたい」という欲求をもたなければ，組み込まれなかった学習である。教師は「配給ごっこを続ける子どもの心を配給所から家庭の方へと移す」ための働きかけをしているが，そこで何をどう学ぶか，どういう学習活動をどう組織していくか，は子どもに任されている。子どもは，普段の自分の家と近所のかかわりの経験を基に，ごっこ遊びをより満足いくものにしていくために必要なものを求めているだけである。そこにたまたま家庭科の学習要素が，断片的に見られたに過ぎない。

　2)「子どもの問題解決過程」としての展開と構造

　この展開と構造は，誕生寺プラン中心学習6年生の単元「新しい農村[19)]」に見ることができた。単元展開を，表4-1と同じ要領で示すと表4-3[20)]になる。全体は，導入部，11の問題を解決する展開部，終結部で構成されている。実践記録が存在するのは，展開Ⅶの家庭科学習要素に相当する「炊事場の改善」である。

　①　「新しい農村」の展開と構造および家庭科の学習要素の展開

導入部では，子どもが，戦後のわが国や誕生寺の住宅・建造物について話し合い，そこから改善すべき点がたくさんあるという問題に気づき，それを解決するために「住宅・建物についてもっと知りたい」という欲求をもつ。それは，「家の役割」「家の発達」「建物の材料」「日本の建築の長所と短所」「気候上住み良い家の条件」「家の建坪・間取り」に関する問題へと連なり，自分の家の短所と長所を調べた結果，問題の多かった「自分の炊事場を改善したい」という欲求になる。子どもは，その問題を解決するために，炊事場の長所・短所を調べ，理想的な農村の炊事場を求めた上で，自分の炊事場の改善案を書く。友達の改善案を全員で検討し，その学習が「地下資源について研究したい」「楽しい農村はいかにして作られるのか」「文化的農村をめざして私たちの村はどうしたらよいか」という問題に発展していく。終結部では，「卒業後の私達の責任はどのようなものか」を考え，小学校全体の中心学習が終了する。

② 「子どもの問題解決過程」としての中心学習の性格

表4-1と表4-3を比較すると，「新しい農村」は「近所の生活」の「本来的欲求・問題・解決活動」の第2次・第3次の過程に限定されていることがわかる。表4-3では，表4-1の第1次の「ごっこ」に相当する過程を，子どもの学校内外の日常生活過程としてとらえ，そこで子どもがもつ具体的問題を取り上げて授業を組織している。しかし，日常生活で子どもが直面し，抱く問題は多方面にわたり，子どもによってさまざまであるため，「新しい農村」を建設していくために，子どもがこれから直面したり，考えておいてほしい問題を教師が限定し，教師の働きかけによる子どもの話し合いによって解決すべき問題を設定している。

結果として，表4-1に比べると，子どもが解決する問題自体は，内容的に拡大・深化し，最終的には，「楽しく文化的な農村をめざして，卒業後，私たちはどうすればよいか」という，誕生寺プランでめざした「理想農村の建設」へ向かうものとなっている。そのために，教師の指導性は，表4-1の学習に比べると高くなっているが，授業展開でみられる教師の意図は，表4-1と同じである。何をどう学ぶか，どのような問題をどのような方法で解決するかは，子どもが自らの内的必要と欲求に基づいて自主的に決定し，自然に連続的に活動し学習できるように，授業を組織しているのである。子どもは，「自分の炊事場をこのよう

表4-3 単元「新しい農村」(第6学年)の展開と構造

	第1次欲求・問題・問題解決	第2次欲求・活動
導入	戦後のわが国や誕生寺の住宅・建造物について話し合う ↓ 改善すべき点がたくさんある ↓ 住宅・建造物についてもっと知りたい	
展開Ⅰ	家にはどのような役割があるのか ・大昔の人の生活はどのようであったか ・動物の住居はどうか 家の役割がわかる	(話し合ったり,調べたりしたい) ↓ (話し合い,調べる)
展開Ⅱ	家はどのように発達したのか ・私達の祖先はどんな住居に住んでいたのか ↓ 横穴住居→竪穴住居→天地根元造り→高床住居→近代建築 と発達したことがわかる	(話し合ったり,調べたりしたい) ↓ (話し合い,調べる)
展開Ⅲ	建物にはどのような材料が使われているのか ・今の家と昔の家ではどのように違うのか ・日本の家と外国の家屋ではどのように違うのか 日本は木材・藁・草類・紙・瓦,外国は木材・石・土・煉瓦・セメント・硝子を材料としていることがわかる ・材料の強さはどうか ・材料はどのように進歩したのか ↓ 丈夫な建物とはどのようなものかがわかる	(話し合ったり,調べたりしたい) ↓ (話し合い,調べる) (話し合ったり,調べたりしたい) ↓ (話し合い,調べる)
展開Ⅳ	日本の建築の長所と短所は何か ・日本ではなぜ木造建築が発達したのか 気候と材料との関係で,日本で木造建築が発達したことがわかる ・建物の形はどうか。外国と比較して改良すべき点はどこか ↓ 日本の建物の改良すべき点がわかる	(話し合ったり,調べたりしたい) ↓ (話し合い,調べる) (話し合ったり,調べたりしたい) ↓ (話し合い,調べる)
展開Ⅴ	気候上,住み良い家とはどんな家か ・夏涼しい家とはどんな家か ・冬暖かい家とはどんな家か ・日本と大陸ロシアの家はどこが違うか 気候上,住み良い家の条件がわかる	(話し合ったり,調べたりしたい) ↓ (話し合い,調べる)
展開Ⅵ	家の建坪や間取りはどのようなものが良いか ・農家と都市の家はどうか ・昔の家(農家,武士,貴族)と今の家はどうか ・自分の家の短所と長所は何か ↓ 自分の家の長所と短所がわかる	(話し合ったり,調べたりしたい) ↓ (話し合い,調べる) 家の写生や間取り図を書きたい 写生をし,間取り図を書く 家の長所と短所を調査したい 調査し集計する
展開Ⅶ	自分の家の炊事場を改善したい ・炊事場の長所,短所を研究したい ・理想的な農村の炊事場とはどのようなものか 家の炊事場の改善案を書きたい	炊事場の平面図を書きたい,炊事場の仕事を調査したい 平面図を書き,調査結果から時間や同じ所を歩く回数と距離から能率を考える 都市・外国の炊事場と比較してみたい 比較する 改善案を平面図に表したい 平面図を書く

70　第Ⅰ部　家庭科教育を問う

展開Ⅶ	改善案に理想的な設備をつけ加えたい	家の歌を歌いたい 歌を歌う 設備の見取り図を書きたい 見取り図を書く
	自分の改善案（研究）を発表し，友達と批評し合いたい Ｙさんの作りたい炊事場について ・改善点…井戸から水道で水が入る水瓶と流しをつけた・炊事場が明るくなるように両開き窓をつけた・火事の心配のないように火消し壺を土間に掘り込んだ・農繁期には上に上がらないで食事ができるようにテーブルを土間に置き，縁もつけた・水を流して掃除ができるように床をコンクリートにした・持ち運びが便利なようにテーブルの足に車をつけた・テーブルは，丈夫にするために鉄で作り，椅子を収納でき，茶碗等も収納する引き出しをつけた	（自分の作りたい炊事場について説明したい）
	・問題点…炊事場の中に溝があると停電の時危険なので，鉄板等で蓋をすると良い・調理台が水瓶の右にあり流しが左にあるので洗ったものを水瓶を越して運ばなければならない	（説明する） （良い点とさらに改善する点を話し合いたい）
	・良い点…出入りがよくできるので便利・回転窓がついているので夏涼しくて良い・百姓の家の炊事場としてとても便利にできている ・発表もまとめも順序よくできた Ｙさんの作りたい炊事場がわかる	（話し合う）
	Ｙ君の作りたい炊事場について ・改善点…便利なガスコンロにした・七輪の下を物入れにした・洗った物をすぐ後ろ向きになって切ることができるように調理台の後ろに水道をつけた・調理台の下に戸棚をつけた・明るくなるように両開き窓と回転窓にした・冬暖かいように飯台の下に火鉢を入れ，夏も蓋をするようにした・流しの下を冷蔵庫にした・どの部屋からも炊事場に出られるようにした・流しの下を4つに分け，冷蔵庫とパン焼き器をつけた。温みが冷蔵庫にいかないようにパン焼き器の周囲を鉄板4枚で囲った。上にふきんと夏にご飯を入れる所，パン焼き器の一番外側に足袋などを乾かす所をつけた	Ｙ君の説明を聞きたい
	・問題点…流しにはいつも水がないので冷えない・パン焼き器と冷蔵庫を一緒にするのはおかしい・足袋を干したりするのは汚い・ガスコンロや水道があり田舎では実現不可能	説明する （良い点とさらに改善する点を話し合いたい）
	・良い点…実現できなくても夢を持ち，それを仕上げるように努力することは大切 Ｙ君の作りたい炊事場がわかる	（話し合う）
	Ｍ君の改造した炊事場について ・改造点…井戸が外にあって遠いし土間も狭いので鉄管の打ち込み井戸を土間の隅に作る・水瓶，流し，調理台，かまどの順に並べる・流しの向こうの壁を両開き窓にする・井戸の右側にも両開き窓をつける・料理台と流しを一緒にして持ち運びができるようにし，下を開き戸にして物を入れる・火消し壺をかまどのそばにつけて上から火を入れ表から出せるようにした・戸棚は上からでも土間からでも開けられるようにした	Ｍ君の説明が聞きたい
	・良い点…図の書き方が非常にきれいである・改造したい所がはっきりわかる	説明する （良い点とさらに改善する点を話し合いたい）
	・問題点…鍋のかけおろしや煮物を入れたりする時の便利さや着物に火がつく危険性を考えると，かまどの向こうは壁につけるより空いている方が良いが，土間が狭い時には仕方ない・水瓶，流し，調理台の順に右から一列に並び，かまどはその後列にある方が，歩く距離も時間もかからなくて便利	（話し合う）
	Ｍ君の炊事場の改造点がわかる 炊事場の勉強はとても面白いので，次の時間にも続けていきたい	家の歌を歌いたい 歌う
Ⅷ	地下資源について研究したい	
展開Ⅸ	農村の機械化と工業化について研究したい ・農村工業と私達の村はどのような関係にあったらいいのか ・便利な村とはどのような村か	
Ⅹ	楽しい村はいかにしてつくられるか	
Ⅺ	文化的農村をめざして私達の村はどうしたら良いか	
終結	卒業後の私達の責任はどのようなものか	

な理想のものに改善したい」と考え，解決案を平面図に表し，その長所や問題をクラス全体で討論していく。その過程で子ども達が習得する知識は，表4-1と同様に，子どもの内面に組み込まれ，生きて働くかもしれないが，その質は問題解決にかかわる身近なものに限定され，知識自体を吟味・修正し，発展させるまでにはいかない。子どもの討論の中で，「Y君の改善案はガスコンロや水道があり，田舎では実現不可能だと思う」という意見が出されても，その問題は追求されず，「実現できなくても夢をもち，それを仕上げるように努力することは大切」という言葉に帰結する。これからわかるように，表4-3では，知識・理解を通しての態度形成こそを求めているのである。

③ 中心学習における家庭科学習の性格

以上から，「よりよい生活過程」として中心学習が展開されるよりも，子どもの生活活動を教師の意図によって絞り込む「問題解決過程」としての展開の方が，家庭科の学習要素は計画的に子どもの学習に組み込まれることになる。表4-3では，家庭科の学習要素「台所の改善」が中心学習の単元の問題を解決するために必要とされ，子どもに学ばれ，最終的には『家庭科要領』のめざしたものに結びついているが，それはあくまでも「豊かな農村」を達成する一過程である。家庭科の知識・技術の習得や認識の育成に関しては，表4-1の「より良い生活過程」におけるそれと，その方法と内容の質において同一であると言える。

(2) 相関・並列カリキュラムにおける教科としての家庭科学習の展開と構造

教科「家庭科」としては，2種類の学習展開がみられた。

1)「知識・技術の習得過程」としての家庭科学習の展開と構造

これは，誕生寺プランの中心学習に必要とされなかった，家庭科の学習要素を組織した周辺学習の教科「家庭科」にみられたものである。授業記録が残されていたのは，表4-4に示す6年生の6月に実施された「簡単服の製作―ミシン縫いの初歩指導―[21]」である。この学習がこの時期に行われたのは，子どもが中心学習の単元「楽しい学校」で「学級園」の問題に取り組んでおり，作業服となるモンペを子どもに製作させるためである。

① 「簡単服の製作―ミシン縫いの初歩指導―」の展開と構造

表4-4の「目標」「単元設定の理由」からわかるように，教師はこの学習を，父

表4-4　単元「モンペ縫」（第6学年）の展開と構造

<u>目標</u>：調査に表れた家庭の要求を見ると裁縫をもっとたくさんしてほしいとの意見が相当強かった。子供達も，裁縫を喜び，特にミシンの使用を希望しているので，今までより一層時間をかけて見てやりたい。
<u>予備調査</u>：・家にミシンのあるもの　足ミシン（6人）　手ミシン（3人）　・これまでに使った事のあるもの（9人）　・母姉にミシンの心得のあるもの（17人）
<u>指導の要領</u>
　1．ミシンの構造を観察させ，その要所の名称を知らせる。
　2．から踏みをして各部の関係を観察させる。
　3．針に糸をかけずに紙をから縫いしてみる。
　4．手の位置，足の位置の師範とその実習。
　5．はずみ車に最初のみ手をかけ次は思うように動かす，また止めることができるよう練習。
　6．上糸の掛け方，下糸の入れ方。
　7．糸が切れたり目が飛んだりした時。
　　イ．針の向きを変えてみる　ロ．針を違うのと替えてみる　ハ．針のさしこみの長短を見る　ニ．下糸の入れ方が悪くないか調べてみる　ホ．上糸の調子が悪くないか見る　ヘ．上糸と下糸との調子を見る
　8．目を大きくする方法。
　9．目を小さくする方法。
上の諸注意の上練習を始めた。あこがれのミシンではありながら，その前に腰掛けると手も足も不安で動かない。紙縫いの練習を始めた。
≪1．雑巾製作≫
　直線縫い　縦縫い　横縫い　袋縫い　外より中へ5ミリの間隔
<u>困難な点</u>：・はずみ車の調子に足の踏み方をそろえること　・直線縫いが曲線縫いとなり2ミリ幅3ミリ幅となる　・布の真ん中でゆるみができる　・糸が時々切れる
<u>反省</u>：・学校の2台のミシンを朝昼授業後休む暇もなくよく使ったが，2枚目の雑巾縫いは相当上手に縫えた　・一人足踏みができなくてはずみ車を使用しているが，手を離せば逆車がまい糸が切れて縫えない
≪2．モンペ縫い≫
<u>単元設定の理由</u>：雑巾でミシン縫いに興味を覚え，自分のモンペを縫いたい要望が多かった。これまで下ばき，シャツは文部省の型紙を使用した。しかし父兄の意見もあり，型紙のとり方（身に合わせたもの）の指導をした。
<u>型紙のとり方</u>：準備　新聞紙　赤青鉛筆　50センチ尺度
　1．各人の身長　2．各人のお尻廻り　3．各人の腰廻り　測定記録
　　S＝尻囲　H＝腰囲
　1．型紙製作
　2．検閲＝訂正＝自分の体にちょうどよい寸法を決める

学　習　内　容	注意点ならびに感想
3．用布の裁ち方 　イ．型紙の置き方 　ロ．布に型紙を置いて見る 　ハ．縫い代の付け方 　ニ．裁ち切り方	・小巾の場合 ・ヤール巾の場合 ・大巾の場合 ・裏表のある場合 ・布を片隅から節約して使う ・袖口，腰は縫い代2センチ他は1.5センチ ・型紙と布の動かぬよう
4．縫い方順序 　イ．股上前後 　ロ．股下 　ハ．両脇 　ニ．裾口 　ホ．ポケット付けとその位置 ゆがまぬように 縫い初め，縫い終わりの糸の止め方 　ヘ．押さえミシンの縫い方 　ト．腰バンド，ゴム通し 　チ．仕上げ	縫い方 ・裁ち目のほつれやすいものの扱い ・表裏のあるものの扱い ・脇縫いの場合の脇あきの残し方1.5センチ ・見返しの付け方，スナップの付け方 ・裾にゴム通しをする場合の縫い終わりを2センチ程あける ・ズボン式にするものの縫い方 ・生き生きとしたポケットを付ける ・折りきせを余りかけぬ ・押さえミシンは人の目にもよくつくから一層注意して真っすぐに ・両方が筒のため押さえミシンがむずかしい ・アイロン仕上げ

<u>反省</u>：雑巾縫いに興味を覚え自分のモンペへ発展したが，むずかしい感もした。しかしとても楽しい単元であった。

兄への調査結果と子どもの興味の上に成立させようとしている。しかし，授業展開を見ると，モンペを作り上げるために必要な「型紙のとり方」「用布の裁ち方」「縫い方，順序」に関する知識・技術を習得させる過程として組織されている。

② 「知識・技術の習得過程」としての家庭科学習の性格

ここで展開されている学習は，『家庭科要領』で構想された「総合家庭科」としてのものではなく，家庭科が否定したはずの家事・裁縫科の教授法がそのまま持ち込まれている。子どもは，表4-1, 4-3で見た中心学習で習得されていた家庭科の学習要素よりも質の高い知識・技術を習得しているが，それは教師の判断したものであり，子どもの内面体制に組み込まれ，生きて働くものとはなり得ない。また，確かに知識・技術の質は高くなるが，それは「モンペ縫い」に限定されており，その意味において表4-1, 4-3と同じである。すなわち，表4-4で子どもが習得する知識・技術は，表4-1, 4-3の中心学習の中で，最も十全な子ども自らの問題解決の結果として習得されるであろうそれにすぎない。さらに，誕生寺プランの場合，家庭科の学習要素のほとんどは中心学習に吸収されており，周辺学習だけでは系統性も組織できない。中心学習との関連を求めながら，断片的・羅列的に家庭科の学習要素を習得させるしかないのである。

本論で取り上げている戦後初期の岡山県で開発されたプランのうち，その学習過程をみることができる実践記録が残されていたのは，誕生寺プランだけである。しかし，クロス・カリキュラムとなっている笠岡西プランの周辺学習として組織された「家庭科」，相関カリキュラムを組織した江西プランおよび並列カリキュラムを組織した井原プランの一教科としての「家庭科」の年間学習指導計画をみる限り，主として「知識・技術の習得過程」として学習が組織されようとしたことがうかがえる。この家事・裁縫科の教授法を学習法とする限り，いくら『家庭科要領』で構想された有機的な単元学習を組織しても，家庭科のめざした認識の育成は不可能である。

2）「総合家庭科」としての学習の展開と構造

岡山県の事例には求めることはできなかったが，残されている実践記録の中には，『家庭科要領』で構想された「総合家庭科」を実践したものもある。

表4-5[22]は，昭和24年に東京都中央区立築地小学校6年生で実施された授業

表4-5 単元「食物のとり方」(第6学年)の展開と構造

	第1次欲求・問題・問題解決	第2次欲求・活動
導入	毎日の食事について考えていることを話し合う │ 調べてみたいことがたくさんある │ 食事についてもっと考えてみたい ├「食物について」 ├「食物と生理との関係」 ├「日本人の食糧」 ├「食生活の改善」 └「食事の作法,偏食,衛生上の問題」 調べたことを発表したい	日本の貿易に関する展覧会に行きたい 八百屋魚屋へ配給状況を聞きに行きたい 中央市場で働いている人に話を聞きたい

展開Ⅰ	「食物について」の問題
	 主食はどの位配給されているのか
	 ・1カ月に配給される主食は,私達の何日分を間に合わせてくれるのか
	 ・自分の家では1日2食は米を食べる
	 ・なぜ,1日2食も米を食べれる家があるのか
	 食糧の買い出しや輸入はどのようになっているのか
	 ・なぜ主食の闇買いをしなければならないのか
	 ・闇の米は買い出しに行くのか,売りに来るのか
	 ・どこに買い出しに行くのか
	  『お金のある人は何でも不自由しませんが,買えない人は大変困ります』
	  『闇の米を買い出しに行くのは良くないが,買い出しに行かなければ死んでしまう』
	  『交通機関が殺人的に混雑するのは買い出しが原因である』
	  『配給の不足が原因である』
	 ・なぜ,配給は不足するのか
	 ・食糧の輸入はどうなっているのか
	
	「食糧が輸入の大部分を占めている」
	 ・1カ月の食生活にどれ位のお金がかかっているのか
	
	日本の食糧の現状,食生活に多額の費用のかかっていることがわかる
		家の配給通帳を調べてみたい
		 │
		調べて主食を分類する
		
		食糧の買い出しをどのようにしているのか話し合いたい
		 │
		話し合う
		
		社会科の「貿易」の学習で調べてみたい
		社会科の時間に調べる
		戦前と戦後の日本の輸入状況を比べてみたい
		調べる
		何にどれくらい使っているのか1カ月の家計を調べてみたい
		調べる

展開Ⅱ	「食物と生理との関係」の問題
	 消化器官と栄養の摂取はどのような関係にあるのか
	 ・咀嚼はなぜ重要なのか
	
	  咀嚼と消化・栄養摂取の関係がわかる
	 栄養価・カロリーとは何か
	 ・食物にはどのような栄養価・カロリーが含まれているのか
	 食物と栄養価・カロリーについてわかる
	 栄養価・カロリーに注意して家で食物を食べるようにしたい
	 成分表を家に持ち帰り,貼る
	  『母親もつい今日のお料理の栄養価はどうかしらと気になるようになった』
	 栄養素(蛋白質・脂肪・含水炭素・塩類・ビタミン等)と人体の構造・加熱による変化について知りたい
	  「食物のとり方は重要だ」
	  「とり目に八つ目鰻という昔からの話も理解できた」
	 栄養素と人体の構成の関係,欠乏症が健康に及ぼす影響,加熱による変化について知る
	 発育盛りの私達は,どんな食物をとったらいいのか
	  「蛋白質や脂肪の多い動物性食品を多くとったらいい」
	 ・たくさん食べればそれでいいのか
	 食品の摂取量について調べてみたい
	
	 年齢による総カロリーを写す
	 カロリーとは何か
	
	 カロリー,年齢と食物の量・質の違いについて知る
		理科の学習で調べてみたい
		調べる
		話し合いたい
		話し合う
		
		調べてみたい
		雑誌などを調べ,食物の成分表を見つける
		家の台所等に貼る食物の成分表を作りたい
		成分表を作る
		
		先生に話を聞きたい
		話を聞く
		
		話し合いたい
		話し合う
		
		衛生の先生に相談したい
		相談して摂取量を調べる
		先生に話を聞きたい
		話を聞く

第4章　総合的学習と家庭科　75

展開Ⅲ	「日本人の食糧」問題 日本人と世界の国々では食糧がどう違うのか なぜ世界では，米食と肉食をする国に分かれるのか どのような国で米食・肉食をしているのか 日本ではなぜ魚を多くとるのか 「衣食住は環境によって支配される」 なぜ寒い国に肉食は多く，米食は暑い国に多いのか 「脂肪は寒さを防ぐのに大切だ」 「獣類の毛皮は大切な衣料となる」 「気候は人間の生活様式に大きな影響をもつ」	本を調べたい 調べて世界の国々を米食と肉食に分けた表を作成する 話し合いたい 話し合う 話し合いたい 話し合う
展開Ⅳ	「食生活の改善」問題 どのような食事をすれば毎日の食事で栄養素を理想的にとれるのか知りたい これで本当に理想的な栄養をとれるのか確かめたい ・私達の作った献立表では1日でどれくらいの栄養がとれているのか 私達の給食ではどのような栄養がとれているのか 私達の食事と体格はどのような関係になっているか知りたい ・身長・体重・胸囲は戦前と戦後でどう違っているか 「昭和18年を界として低下している」 「昭和22年になっても上昇の兆しは見えない」 「主婦の修養」について 母はどのような仕事をしているのか知りたい 配給をとるのに大変時間がかかり1日中忙しい思いをしなければならないこと，代用食のために余分に時間がかかることなどがわかる 『お母さんの日常生活は家族世話であけくれている。改めてありがたいと思う』 『自分の家事の手伝いをしなければならないと思う』	理想的な1日の献立表を作りたい 献立表を作る どのようにすれば確かめられるのか 先生に相談したい 栄養価の計算方法を教えてもらう 栄養価を計算したい 第2の問題で出た栄養分析表を基に計算する 学校給食の献立の栄養価を計算したい 計算する 学校の衛生部の研究を調べたい 調べる 母の1日の仕事を調べたい 調べる 改めて母の生活をふりかえるため「母の1日」という題で作文を書きたい 作文を書く
展開Ⅴ	「食事の作法や偏食と衛生上のいろいろな問題 食事の作法にはどんな問題があるか 「男子はもっと丁寧に手を洗ってほしい，爪を短く切ってほしい，ハンカチを忘れずに用意してほしい」 「女子は給食の配分の時，頭の毛が散らぬよう手拭をかぶってほしい」 『最近乱れ勝ちであるからお互い気をつけたい』 栄養を破壊しないためには生食が望ましいが寄生虫の問題はどうすればよいのか 日本の野菜の栽培法が寄生虫を媒介し，日本の寄生虫の多いことが世界一であること，その予防としてクロールカルキや塩水を用いればいいことがわかる	話し合いたい 話し合う 話し合ったり，先生に話を聞きたい 話し合い，先生に話を聞く

記録を，表4-1と同じ要領で示したものである。この授業は，『家庭科要領』の単元1「健康な日常生活」の小単元F「食物のとり方」を展開したものである。

　表4-5は表4-3と同様に「子どもの問題解決過程」として組織されている。教師が「6年生の子ども達が健康な日常生活を営むために考えておくべき食生活の問題」を設定し，それを子ども対に話し合わせて，取り組む問題を5つ決定

し,子ども達が班ごとに問題解決を行っている。授業の展開過程は,その5つの問題を発表する過程となっている。

表4-3でみたように,表4-5においても,子どもは「食物のとり方」に関する生きて働く力となる知識を獲得し,「お金のある人は何でも不自由をしませんが,買えない人は大変困ります」という言葉に代表される生活の見方・考え方や,「自分も家事の手伝いをしなければならない」というように態度を変容させている。

また,この学習における家庭生活に関する知識の習得と認識形成は,表4-1,4-3でみられた中心学習のそれとその方法と内容の質において同一である。学習対象は身近なものに限られ,子どもの抱く問題は,「自分や家族の健康と食物」のかかわりを追究するものとはなり得ず,その問題を生み出す原因の解明に向かってもいかない。逆に,子どもが「なぜ配給が多くできないか」という問題の本質を探ろうとすると,教師による「家庭科の範疇を越える」という判断から,それは社会科の学習に帰結させて解決されたり,「消化器官と摂取」の問題に至っては,大部分を理科に譲ることが決められ,子どもの解決が打ち切られている。本来,子どもの生活から生じる問題を解決する場合,そこには教科の境界などは存在しない。生活は全体的・総合的なものであるために,中心学習で見られたように,教科の枠を取り払うか,『社会科要領』のように超広領域の教科が,問題解決学習の前提となる。家庭科が,学習対象として家庭生活を総合的に扱うとしても,中心学習と同じ原理でそれを達成しようとすればするほど,子どもの学習は,「家庭」の範疇では収まりきれず,拡大していくことになる。それを「家庭科」の枠に押し込めていくと,中心学習では達成できた家庭科のめざそうとしたものが,一教科としての「家庭科」では不可能になってしまう。

(3) 戦後初期にみられた総合学習と家庭科の関係

コア,クロスカリキュラムでは,社会科をコアとする中心学習に家庭科の内容のほとんどが吸収され,子どもの生活の中で生じる問題を解決する過程で,家庭科の要素が断片的羅列的に学習された。さらに,家庭科の内容のうち,中心学習に不必要な残りの内容が系統性を組織できないまま,周辺学習の「家庭科」としておかれ,家事・裁縫科的に教授された。相関,並列カリキュラムでは,中

心学習に関係なく,「家庭科」としてカリキュラムは組織されるが,その多くは家事・裁縫科を引きずっていた。実践記録には例外もみられるが,それは,中心学習と同じ原理で展開される子どもの生活の問題解決過程を家庭科という一教科の枠組みに押し込めたものであった。結果として,中心学習は家庭科の内容を吸収することで豊かになったが,『家庭科要領』でめざしたものは,周辺学習や一教科としておかれた家庭科ではなく,それと並立した中心学習＝総合学習の中で実現されていた。

3．総合的学習と家庭科の独自性

10年版要領では,なぜ,「教科」と「総合的学習」を並立領域として教育課程を構成するのか。それは,両者のねらいと原理が異なり,子どもの生活実践力を育成する上で,両者が必要となるからである。「総合的学習」は,実生活の問題を取り上げ,その解決に取り組ませることで生きた統一的な認識の形成をねらいとしている。「教科」は,科学や学問を基盤とした科学的認識の形成をねらいとしており,それは法則・理論の系統的な学習によって達成される。両者の性格は基本的に異なり,教育課程上で固有の位置を占め,役割を担い,その上で相補的な関係にあるべきものである。本来,家庭科で系統的に学習された法則・理論が現実的な諸問題の認識と解決の基礎となり,総合的学習では,教科で習得した法則・理論を用いて現実の問題を解決し,教科学習の意義を理解させ,主体的な取り組みへの意欲を培うだけでなく,教科での法則・理論習得の基盤になるより直接的な経験が与えられるという関係を築く必要がある[23]。

家庭科は,戦前の家事・裁縫科を否定し,家族・家庭生活に関する子どもの認識育成をめざす教科として生まれた。『家庭科要領』では,新教育の理念をふまえた「総合家庭科」を構想した。結果として,家庭科のほとんどは中心学習＝総合学習に吸収されるか,指導要領に描かれた家庭科を実現しようとすればするほど,中心学習と同じ役割を果たす教科となっていった。昭和31年度に,家庭科は系統学習に転換し,「家庭生活の科学的認識」育成をめざす教科に再編された。しかし,昭和33年には,社会科と道徳との内容重複を解消するために,

経験学習の原理である「実践的学習」により、戦後の多様な教育課程編成の中で中心学習に吸収されることのなかった「衣食住の技能習得」を独自性とする教科として、今日に至っている。しかし、この独自性は、総合的学習の原理を有する生活科が小学校低学年にのみ存在したからこそ意味をもっていた。それにもかかわらず、10年版要領に示された家庭科では、実践的・問題解決的学習を重視し、唯一系統学習の証であった領域別教育内容編成を改めた「総合家庭科」を提示している。家庭科は再び、総合的学習と同じ原理で構成される教科となった。これは、小学校の先生が実感しておられるように、家庭科の目標・内容・方法が総合的学習で代替可能なことを意味する。さらに、昭和20年代の実践が示すように、家庭科が総合的学習に積極的にかかわり、その成果を上げれば上げるほど家庭科は不必要となり、次期学習指導要領改訂では、総合的学習に吸収される危険性を示している。

　これは同時に、家庭科を再構築していく必要を示唆している。それは、佐藤学氏が「総合的学習」が現実的な問題を課題（主題）として「知識」と「経験」を組織するのに対し、「教科学習」は対応する学問分野を背景として「知識」と「経験」を組織する所に両者の違いがあると述べるように[24]、家庭科の授業では、家政学に基づき「知識」と「経験」を組織していくことである。この教科にしか期待できない「家庭生活の科学的認識」形成から生活実践力の育成を図る教科として家庭科を再構築し、その実践を積み重ねていくことが、総合的学習と家庭科との関係を問う前提となると考えられる。

【引用・参考文献】
1）水越敏行『総合的学習の理論と展開』明治図書　1998　p.7.
2）前掲書 1) p.13.
3）加藤幸次『総合学習の実践』黎明書房　1997　pp.8-17.
4）平田嘉三・初期社会科実践史研究会編『初期社会科実践史研究』興英文化社　1986　p.32.
5）文部省『昭和22年度学習指導要領家庭科編（試案）』日本書籍　1947
6）①岡山県久米郡誕生寺小学校教職員協議会『実験学校研究報告第一集新しい学校』1948
　②岡山県久米郡誕生寺小学校教職員協議会『実験学校研究報告第二集カリキュラム研究』1949　③岡山県久米郡誕生寺小学校木曜会『実験学校研究報告第三集教育実践』1950
7）笠岡町西小学校『教育計画』1950

8）①赤磐郡江西小学校『昭和23年度研究叢書（一）地方の実態に基づく江西プラン』1949
　②赤磐郡江西小学校『昭和23年度研究叢書（二）学習指導の具体的目標』1949
9）①井原小学校『学習計画（低学年用）』1952　②井原小学校『学習計画（高学年用）』1952
10）岡山県教育委員会『家庭科，職業，・家庭科教育課程の基準―試案―』1951
11）前掲書 6）③pp.212-214.
12）前掲書 6）②「教科課程案二学年」pp.13-16.
13）上田薫他編『社会科教育史資料』東京法令　1977　pp.470-475.
14）分析方法は，森分孝治「『問題解決学習の成立―郷土の輸送』（『補説』）から『福岡駅』（谷川実践）へ―」日本社会科教育学会『社会科教育研究』No.79　1998　pp.9-16によった。
15）前掲書13）より佐藤作成。
16）前掲書14）p.11.
17）前掲書13）より佐藤作成。
18）前掲書 6）③pp.50-52.
19）前掲書 6）②pp.9-16.
20）前掲書19）より佐藤作成。
21）前掲書 6）③pp.278-280.
22）坂内みゑ「食物のとり方取扱いの思い出」林實元『家庭科指導要義』中和書房　1949　pp.186-205より佐藤作成。
23）森分孝治「社会科を補完するもの」『社会科教育』Vol.34　No.443　明治図書　1997　pp.20-21.
24）佐藤学『カリキュラムの批評』世織書房　1996　p.446.

第Ⅱ部　これからの家庭科への提案

第5章 生活実践知形成をめざす家庭科カリキュラム

林　未和子

1．生活実践知形成と家庭科教育

　近年，多発する深刻な社会問題に目を向け，諸学問分野で現今の知のあり方が問われており，教育学や学校現場でも，知の枠組みの転換が提唱されている。その背景には，実証主義科学が台頭した近代以降，急激な産業の発展に伴い，細分化された科学知あるいは技術知の効率的伝達に偏向してきたため，理論と実践，思考と行動の乖離が顕著となってきたことが挙げられよう。とりわけ，市場経済の競争原理，合理主義に則って，構造改革を推し進める現代社会では，対人関係の希薄化，子どもの発達や生活にみられるさまざまな歪みなど，家庭・学校・地域における過度のストレスに起因する複雑な問題群が露呈されてきている。思考と行動のアンバランス，理論と実践の矛盾を解消すべく，健康，安全，幸福，福祉，共生・共存，平和といった人間生活の普遍的価値が見直されなければならないと考える。

　ところで，行動，行為，実践という概念は，あまり厳密に区別せずに使われることも多いようであるが，本論では頻出する語であるため，以下のように整理しておこう[1) 2) 3)]。

行動は，動物一般（人間を含む）が環境に適応したり変化をもたらす際に観察可能な反応，生理的現象，無条件反射，無意識の習慣から行われる動作である。行為は，自然および他者に働きかける人間の意図的な振る舞いや身振りのことであり，目的，動機を有し，思慮・選択・決心等の思考作用を伴う人間主体による意志的な行動を指す。行動も行為も，外面的には身体的運動として現れる点が共通しているが，行動のうち，人間の意志を内含し，主体的な価値判断に基づいて行われ，それゆえ必然的に結果に対して責任を付随するのが行為である。行為の根底には常に思考が働いており，その現れ方は，個々人の経験，知識，心情，価値観や倫理観などに大きく依存している。行為は，一人ひとりの内面的な人格から生じ，人格もまたその人自身の行為により形づくられるといえるだろう。

そのような意味において，実践は，行為と同義で用いられ，自然な行動様式とは異なり，学習によって向上・発展するものである[4]。しかし，行為の主たる動機が個人の内面性に見いだされるのに対して，実践は，より共同的・社会的な意味合いが強い概念である。実践は，対象への明確な志向性をもつ人間の一連の意識的行為，特に，社会的状況において共同体の一員として物や人とかかわり合う活動とみなされる。対象に応じて，政治的，道徳的，倫理的，宗教的，芸術的などの種々の活動が実践と呼ばれている。

従来から実践の概念規定をめぐっては，哲学においてもさまざまな見解が示されてきた。時代とともに変容してきた実践の概念は，理論と実践の関係をどうとらえるかという思想的立場により多義的な解釈がなされてきたように思われる。実践優位の立場に立つプラグマティズムや行動主義は，その概念を経験，技術，観察可能な行動，身体的活動に矮小化し，マルクス主義は，労働，生産的活動に重きをおいて，社会変革の道具として実践の概念を限定した。

理論優位の立場としては，近代以降の諸学界を席巻し，社会の支配的なイデオロギーと化した科学至上主義が挙げられる。科学そのものが生み出されてきた前提である生活世界を軽視し，主体から分断された客観的世界を追求するあまり，地球環境の破壊，資源の枯渇，生命の操作といった人類史上未曾有の難問に直面せざるを得なくなった。その狭隘な自然科学観に行き詰まりを感じ，当該科学の側から警鐘を鳴らしたのが複雑系，カオス，オートポイエーシス論とい

った20世紀末の思想的潮流である。それは，主客分離，心身二元論に立脚してきた人文・社会科学の限界をも指摘しており，今日の学問研究のあり方に疑問を投げかけることになった[5]。

こうした状況を見据え，現代の行為論や実践哲学に多大な影響を及ぼしたのはアンスコム (Anscombe, G.E.M.) である[6]。1950年代後半に著された彼女の著作は，理論知の陰で等閑視されてきた実践知を意志行為の知として復活させる先駆けとなった。また，社会科学者であるニコ・シュテール (Stehr, N.) は，行為能力としての知識を実践知と呼び，概念の明確化を試みている[7]。

そもそも「理論」と「実践」という概念の淵源は古代ギリシアのソクラテス，プラトンにまで遡る。ソクラテスやプラトンが両者の密接不可分で相互依存的な関係性を含意していたのに対して，アリストテレスは明確な境界を引き，学問分類上においても独立した知の体系として扱った。これにより，科学や理論に還流できない実践自体の中に行為の指針となる実践知（思慮，知慮，賢慮）が内在することが浮き彫りにされた[8][9]。

アリストテレスは，実践知（フロネーシス＝叡智）を科学的認識（エピステーメ＝学智）に至る理論知（テオリア＝観照）とは異質の知ととらえ，実践にかかわる思慮分別・判断の能力とみなして定位したといわれている[10]。実践知は，アリストテレスによって理論知に対置する独自の体系として峻別され，「いかになすかを教え行為を導く省察・判断の知」[11]と考えられたのである。一方，カントは，概念や規則に関する形式的知（悟性の能力）は，それのみでは経験的認識を形成することはできないのであり，認識が成立するためには，それらの概念や規則を実際の経験の中で適用できなければならないとして，認識の中核に行為につながる領野が開かれていることを示唆した[12]。それは，実践理性の優位を強調した道徳的・倫理的実践を主眼とする思想的系譜に継承されていく。

このように，人間の意志行為を導く実践知は，より善い生き方を可能にする思慮・熟慮ないし判断力とみなされてきた。実践知は，人間がより善く人生を生きていくために，またより善い人間関係を築いていくために必要であり，いわゆる実践科学と称される学問分野（倫理学，政治学，教育学）の中心課題であったと思われる[13]。

これまで，教育学においては，もっぱら教師の実践知に照準が合わせられて

きた。ヘルバルトは，教育的タクトの養成方法の中で，教師の教育的行為に働く実践知について詳述している[14]。わが国では，吉本均氏が教師と子どもにおける相互応答的な教育的関係を究明し，「教育的タクトは，実践において生きている。タクトは，敏感，接触，気転，応答（表現）などと訳されてきたが，こういう術語によって，その実践上の意義が語られてきた」[15]と言及している。また，高久清吉氏は，一人ひとりの教師が，「実践場面で当面する様々な問題や事態を正しく受け止め，理解し，感受し，判断し，決定する心の働き」を「教育学的心術」ととらえている。その個性的，独創的な力によって，教育の理論と実践が結ばれると考え，教師の力量を解明している[16]。さらに，佐藤学氏は，教師を反省的実践家とみなし，その専門的力量を，「問題状況に主体的に関与して子どもとの生きた関係をとり結び，省察と熟考により問題を表象し，解決策を選択し判断する実践的見識」[17]に求めている。そして，この「実践的見識」としての性格を有する「実践的知識」を目的的に統合される知識[18]ととらえ，「実践的知識」の形成を教師教育の中心的な概念とすることを提案している[19] [20]。教師の「実践的知識」の概念については，「不確定な状況に探りを入れて未知の問題の発見と解決へ向かう知識であり，その状況に内包されている多様な可能性を洞察し，よりよい方向を探求する知識である」[21]と述べている。

　それに対して，学習者の側から実践知をとらえた中井孝章氏は，「行為を通じて漸次生成される目標に応じて解釈する知」[22]，すなわち，各自がさまざまな文脈や場面で実践経験の過程を通じて学び取る知と考えている。中井氏によれば，実践知は，「主体が実践的参与によって同じ慣習的なルール（生成の領域）に従いながらも，自己の目的に即応した様式や文脈において実践する知」[23]なのである。また，学習者に育成すべき能力として「行為の知」[24]の重要性を説く鈴木晶子氏は，実践知を「実践に関わる状況判断の知」[25]とみなしている。

　概ねこれらの論述に共通しているように，実践知はより善い方向へ行為・実践を導く思慮・熟考・省察・判断の知であると解される。その性質をふまえ，筆者は，日常の具体的な生活場面で働く実践知を「生活実践知」と命名し，学習者の「生活実践知形成」を家庭科教育における主要な課題であると考えた。

　ここでいう知は，主体から切り離された科学的知識を指すのではなく，あらゆる知識を生成・活用する思考の働き全体を示す概念として用いている。それ

は，「もの」「ひと」「こと」と相互にかかわり合う中で，その人自身の意味体系を構成・吟味していく動的なプロセスから生み出される。

したがって，生活実践知は，生活実践の遂行を促す手続き的な知識や技能，周囲の状況や文脈に即した適切な思考や推論，それを支える価値判断と意思決定のプロセスおよびその結果をも包摂した概念ととらえられる。それは，他者との関係において自己のより善い生き方を探究し，その目的に向けて生活実践を方向づける価値内在的な知であり，生活実践が遂行されるその場その時の状況に応じてあり様が変化する文脈依存的な知でもある。

日常の現実生活に深く根差した家庭科教育は，生活実践知を学理論的に解明するのみならず，子ども達が生きる生活世界の多様な実相を明示化し，いかにして生活実践知形成に貢献するかを考えていく必要がある。その際，家庭科教育においても理論と実践の関係をとらえる視点が重要となる。筆者は，「理論は実践を源泉とし，実践の要求によって発生するとともに，その発展過程において理論は実践に指針を与え，実践を調整し組織化する役割を果たす」[26]という考えに立ち，理論と実践の相互連関性，相互補完性を重視している。同様のことは学習者の知（思考作用全体を含む）と行為の関係にも当てはまり，熟慮・吟味された知（思考）は行為を導くのであるから，行為の反省に基づいて修正された知（思考）が翻って新たな行為を方向づけることになるといえよう。

人間は，より善い生活実践をめざして，科学的な知識や技術といった客観的な知，経験や身体感覚を通して得られる主観的な知，対話やコミュニケーションにより共有される間主観的な知，日常生活において習慣化された暗黙知など多様な次元の知を再構成し，生活世界に主体的に関与しながら，日々の生活を営む行為を遂行している。それゆえ，生活実践知は，老若男女を問わず，人種や民族，文化の違いを越えて，人間誰もが心豊かに生活するために欠かせない知であり，家庭・学校・地域・職場などさまざまな場で生涯を通じて継続的に形成されるものと思われる。

しかし，生活実践知の質は個々人によって大きく異なり，必ずしも生活実践の改善に結びついていない現状を鑑みると，学校において他者と交わり，自分の行為を反省的にとらえる機会を与えるとともに，多様な価値観が錯綜する日々の生活を意識的に変革し，社会的に認められ，公共の場でも通用する生活実践

知へ高めていくことが求められているのではないだろうか。そのため，家庭科教育では，学習者の「生活実践知」に焦点を当て，一人ひとりの子どもが他者との関係を通じて現実生活の文脈に即して自己内省し，その人自身の主観的な生活実践知を相互主観的に共有し得る知へ向上させていくことができるよう，全人格的存在としての人間形成に寄与することが重要となろう。

　家庭科教育は，生命の誕生から人生の終焉に至る人の一生を主題化し，知・情・意・技を統合して生活を主体的に生きる力を育成することをめざしている。人間が真に主体的に生きていく力は，過去を省察し，未来を展望して，現実の状況を判断し行為する実践的な能力であり，日常の具体的な生活場面で認知・情意・身体運動等の諸能力を有機的に連関し，統合化する生活実践力とみなされる。この生活実践力は，生涯にわたる人間形成に深くかかわっており，人生をより善く生きていく上で必須の「生活実践知」と緊密に結びついていると考えられる。筆者は，家庭科教育で形成すべき生活実践力育成への鍵となる「生活実践知」は，生活実践を方向づける多次元的な認知プロセスと生活実践の遂行を促す一連のスキルを含むものととらえている。

　本章では，この「生活実践知形成」に有効な理論として，アメリカのマージョリー・ブラウン（Brown, Marjorie M.）が唱道した「実践問題アプローチ」に注目し，家庭科カリキュラムの特質と様相を考察していくことにする[27]。

2．「実践問題アプローチ」の家庭科カリキュラム

(1) マージョリー・ブラウンの理論にみられる家庭科教育観

　マージョリー・ブラウンは，家政学と教育学の歴史的・哲学的考察を経て，家政教育学のあり方を探究し，家庭科教育理論の解明に寄与した人物として著名である[28]。その理論は，教育が立脚する人間観と家庭科が依拠する教育の視座および家庭科教育の理念について考究し，「実践問題アプローチ」に基づく家庭科カリキュラムの概念枠組みを構築しようとするものであった[29] [30] [31]。

　ブラウンは，学校現場の家庭科教師，連邦教育省や幾つかの州の教育局の家庭科指導者，家庭科教育研究者（大学の教師教育者）というさまざまな立場を

経験してきたこともあり,これまでの家庭科教育観を変革し,授業実践の改善に資するカリキュラム理論の構築を模索していたとみることができよう。

それゆえ,教育がめざす人間形成の方向性を全人教育に求め,認知と情意が相互に結びついて生活実践を導くと考え,「生活実践知形成」に有意義な視点を提示したのである。ブラウンによれば,人間は,幸福を志向し,自分自身の未来を自分の行為によって創造する存在であり,他者との関係の中で自己形成していく存在である。すなわち,人間は,幸福を希求して自分の未来を切り開いていく行為主体であり,他者と相互関係を築きながら自己実現していく存在でもある。この人間観に立脚して,学習,知識,社会の概念からなる教育の視座を次のようにとらえている。

学習は,意味と関係を理解し構築することにかかわっている。学習者は自己内省と他者との対話を通して,能動的な思考プロセスに従事し,感情,意志,価値を相互に関連づけ,倫理的な判断・決定に基づき道理にかなった行為を実行することを学ぶ。それは,情報を従順に受け入れたり,物事を表面的に知ることではなく,認識対象を介して現実と向き合うことを要求する。知識は,認識対象である思考内容と認識過程である思考プロセスの両方からなり,確立された知識も学習者の思考プロセスにおいて絶えず再構成される。その知識は,行為主体としての学習者が生活状況を批判的に吟味し,新しい洞察を生み出したり,問題解決に向けて組織化される時,生活実践に役立つ能力となる。また,社会は,歴史と文化を有する世界であり,種々の人間集団（家族,地域,国家等）からなる行為システムの1つとみなされる。社会的な制度や規範は,人間が創出したものであるから,共同の努力で改善することができる。民主的で公正な社会が維持できるかどうかは,各構成員の責任ある行為に依存しており,教育の担うべき役割に大きな期待が寄せられている。

ブラウンは,行為志向的な人間観,構成主義の知識観,能動的な学習観を明示し,社会改善に果たす教育の重要性を認識している。一方,家庭科の中心概念である家族は,個人と社会をつなぐ変化の担い手として,自己形成と社会形成の両過程に参与し,生活行為システムを構築することによって,人間の幸福に貢献するとみなされている。ブラウンは,上述の教育の視座に依拠し,家庭科の特性をふまえた上で,家庭科教育は,人間の幸福の実現をめざして,現存

の状況を改善し，生活行為システムに主体的にかかわっていく個人の自己形成を目的としていると考えた。そして，家庭科の内容の源泉を家族の生活行為システムに見いだしている。

　ブラウンの家庭科教育理論は，家庭科と教育の根底にある概念を吟味し，家庭科教育の理念を明確化して，家庭科カリキュラムの目的と内容を導き出そうとするものであり，「実践問題アプローチ」の家庭科カリキュラムに結実している。ブラウンが構想する「実践問題アプローチ」の家庭科カリキュラムは，家庭科という教科の本質的な内容と生涯学習スキルとしての思考プロセスの両方からなる。それは，家族の生活行為システムに映し出される永続的な実践問題を基軸に内容を構成し，実践的推論の思考プロセスを重視した学習を提供するものである。

(2) 家庭科内容の源泉としての家族の生活行為システム

　それでは，ブラウンのいう家族の生活行為システムとはどのようなものであろうか。従来から家庭科の内容領域は，衣・食・住，家族，保育，家庭の管理・経営といった家政学の研究分野に準拠して分類されてきた。しかし，家庭生活現象の機能的な分類では，生活世界の複雑多様な実相がとらえきれず，現実に対応した行為につながりにくい。そのため，ブラウンは，生活行為の種類によって特殊な思考が働き，生活実践知の内実や様態が異なることに着眼し，ユルゲン・ハーバーマス（Habermas, J.）の行為概念を援用して，家族の生活行為システムを家庭科の認識対象とすることを提案した。ここでシステムという概念を使うのは，構造的な統一体が固定化された状態を指すのではなく，複雑な構成要素が内的整合性を保ちながら秩序づけられ，互いに影響を及ぼし合う全体として絶えず自己組織化していこうとする生成・発展のダイナミックなプロセスを表現するためである。

　私たちが生きる生活世界は，もの（自然物，加工物），ひと（自己，家族，重要な他者，人間，人類），こと（制度，規範，価値体系，イデオロギー）が複合的・重層的に連関した世界である。人間はこの生活世界に身体と精神を介して生きており，他者と関係を築き，社会的・文化的な意味を形成している。生活世界に実在して身体的・精神的活動する私（自己）は，時々刻々と変化する社

会的・文化的な状況の中で認識し行為し，他者とともに学び合っている。

　佐藤学氏は，カリキュラムと学びの密接なかかわりに着目し，学びの活動を「意味の構成と関係の編み直し」の対話的実践ととらえている[32)][33)][34)]。佐藤氏によれば，学びは，対象世界（教育内容の世界）の意味を構成する認知的関係，他者とコミュニケートする対人関係，自分自身と対峙する自己内関係の3つの次元において対話的実践を遂行し，それぞれの次元における意味と人の関係を編み直す実践である。学びの実践は，「世界づくり＝対象世界の構成（認知的・文化的実践）」と「仲間づくり＝対人関係の構成（社会的・政治的実践）」と「自分探し＝自己内関係の構成（倫理的・実存的実践）」とが有機的に関連し合って成立する三位一体の実践なのである[35)][36)][37)]。

　このように，学びを対象世界との関係，他者との関係，自己との関係の編み直しの対話的実践とみなす佐藤氏の見解は，自己内省や他者との対話を通して，「もの」「ひと」「こと」にかかわる思考と行為を結びつけ，生活実践の意味をとらえ直し，自己と他者および生活世界との関係を再構成していくブラウンの学習観と類似していると思われる。

　ブラウンによれば，家庭科教育にみられる家族の生活行為は，目的合理的行為（技術的行為），コミュニケーション的行為（解釈的行為），解放的行為（熟慮的行為）に類別できる。生活実践は，この3種類の生活行為が複雑に絡み合って織りなされる生活行為システムとして把握される。

　例えば，食事作りや衣服製作，住居管理などの家事労働やものを生産・制御する仕事のように，日常生活の基本的要求を満たすためには，円滑な生活運営に適した手段や方法を選択し，手続き的知識とスキルを用いて目的を合理的に遂行する目的合理的行為が必要である。また，家族や社会の構成員が相互主体的な人間関係を構築するためには，個々人が抱く意味，価値，感情，意志，欲求，動機，信念等を解釈し，共感的に理解し合い，対話や討論，コミュニケーションによって意志疎通を促したり合意を形成するコミュニケーション的行為が不可欠である。さらに，生命の尊重，人間の幸福の実現といった価値ある目的に照らして，現存の状況を批判的に吟味し，より善い方向へ生活環境を改変するためには，隠蔽され歪曲された観念や行為の真実を見極め，社会的な制度や規範，権力構造，イデオロギーに埋め込まれた矛盾，差別や偏見，抑圧等から

個人と家族を解放し，人権が擁護され，人間の尊厳が保障される公正な社会に改善していく解放的行為が重要となる。

この分類に従えば，「もの」「ひと」「こと」といった異なる対象に関与する生活行為の種類と各々の行為が遂行される際に働く思考作用の性質および思考と行為の関係性を理解することが可能になる。ブラウンは，家族の生活行為システムを家庭科の認識対象に措定しつつも，それを直接的に扱うのではなく，カリキュラムの中では，学習者が自己，他者および自分の生きる生活世界の現実と主体的に向き合うための媒介として，永続的な実践問題を用いるよう提唱している。

(3) ミネソタ州の家庭科カリキュラムの概念枠組み

ブラウンの理論に依拠した「実践問題アプローチ」は，1980年代以降，ペンシルベニア，オハイオ，ミネソタ，ウィスコンシン，メリーランド，ネブラスカ，ウエストヴァージニア，オレゴン等の州で採用され，共通性を有しながらも各州により独自の家庭科カリキュラムが開発されている。

筆者は，幾つかの先進的な州で開発された「実践問題アプローチ」について，カリキュラムの目的，内容構成，学習過程の構造的連関を検討してきた。その結果，「実践問題アプローチ」の家庭科カリキュラムは，人間の幸福の実現をめざして行為する個人の自己形成を目的としており，家族の永続的な実践問題を主軸に内容を構成し，学習過程として実践的な推論の思考プロセスに主眼をおいていることが明らかになった。また，それらを「生活実践知形成」の視点から考察すると，先に述べた生活行為システムのうち，特にどの行為を重視してカリキュラム全体を構造化しているかによって，目的合理的行為重視型，コミュニケーション的行為重視型，解放的行為重視型の3類型化でき，各類型に典型的な特質がみられることも判明した。

中でも，解放的行為重視型のミネソタ州の家庭科カリキュラム[38)][39)][40)][41)][42)]は，永続的な実践問題が生成する根拠や背景，その概念と位置づけを明確にしており，問題提示モデルと称されている。概念枠組みには，人間の幸福の内実を表す「人間の目標」も明示されている。

永続的な実践問題は，「人間の目標」に到達することが不可能ないし困難な時，

あるいは、現存の状況と「人間の目標」とが相反し、矛盾や対立が生じる時に生起するとされている。すなわち、現存の状況が人間の幸福を阻み、自己形成を妨げ、個人の尊厳を脅かし、人権を侵害するような場合に解決が求められる問題として認識される。その矛盾や対立に潜む差別や偏見、抑圧を批判的に吟味し、個人と家族を解放するために不断に生活実践にかかわっていくことが、「人間の目標」に向かう解放的行為である。

「実践問題アプローチ」において実践の概念は、技術や身体的活動に限定されるのではなく、思考に基づく意志行為を前提にしており、価値判断をも内含する広い意味でとらえられている。また、わが国では一般に、問題という語には否定的なイメージがつきまとい、「その行動は問題である」といわれるように、刷新すべき悪いものと受けとめられがちであるが、「実践問題アプローチ」における問題は、「課題に挑戦する」という時の強い意志に象徴されるように、肯定的な結果をもたらすべく前向きに取り組み克服していく生活実践課題に近い意味合いをもつ言葉として使われている。しかしながら、授業では、教師が一方的に既知の問題を設定し、生徒に独力で解決を迫るというスタンスをとるわけではない。教師と生徒はともに実践問題を追究し、実践的推論の思考プロセスに従事する。実践問題は、実行すべき最善の行為について道理にかなった価値判断・意思決定が要求される生活実践課題である。それゆえ、未来への展望と長期的な結果を見通して、より望ましい解決法を探究する中で、価値判断、意思決定および行為の目的自体をも批判的・熟慮的・反省的に吟味する必要がある。

ミネソタ州では、家庭科カリキュラムの概念枠組みの構成要素を、永続的な実践問題、人間の行為システムおよび教育的テーマとみなし、図5-1のような関係を有するものととらえている。「人間の目標」は、自己形成しつつある人間の発達上必須の要件をなすと思われる4つの概念によって示されている。その意味内容は次の通りである。

① 家族の親和的関係——個人の幸福の維持、家族構成員の養育、扶養および保護から生み出される親しみの気持ちをもって、人間関係を築いていくことができる。

② アイデンティティ——自分自身について肯定的な見方をする健全な自己認識をもつ人は、自分自身の個性と独自性を正しく認識しており、自分の生活の現

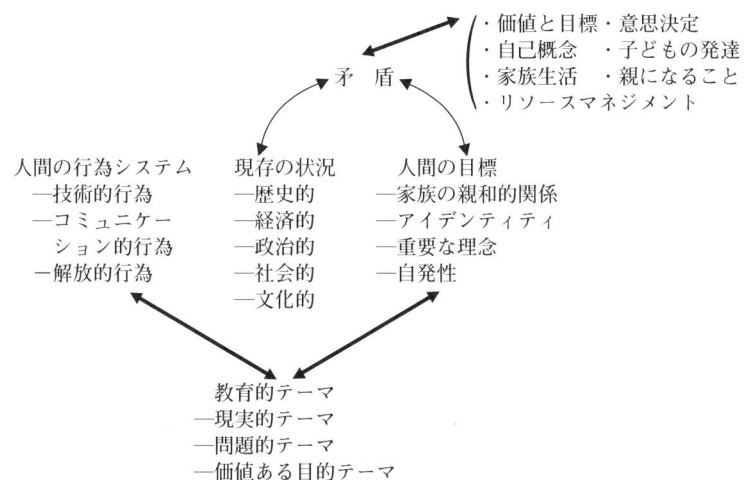

```
                    永続的な実践問題
                  ┌→ ・価値と目標・意思決定
                  │   ・自己概念　・子どもの発達
              矛 盾 ←  ・家族生活　・親になること
                  │   ・リソースマネジメント

  人間の行為システム   現存の状況     人間の目標
   ―技術的行為       ―歴史的      ―家族の親和的関係
   ―コミュニケー     ―経済的      ―アイデンティティ
     ション的行為     ―政治的      ―重要な理念
   ―解放的行為       ―社会的      ―自発性
                     ―文化的

                    教育的テーマ
                   ―現実的テーマ
                   ―問題的テーマ
                   ―価値ある目的テーマ
```

図5-1　ミネソタ州の家庭科カリキュラムの概念枠組み

(DeBoe, J., Rogers, C., Grote, A.M., Schwartz, D.J., Torgerson, R. and Wilkosz, J.R. (Eds.) *Minnesota Secondary Home Economics: User's Guide*. Minnesota Department of Education, 1987, p.3.)
(Torgerson, R. and Wilkosz, J.R. (Eds.) *Minnesota Secondary Home Economics: Instructional Strategies/Assessment Revised User's Guide*. Minnesota Department of Education, 1991, p.3.)

実を受容し，生きがいを見いだすことができる。

③　重要な理念への積極的関与―思考と行為に目的と意味を与え，それらを導く統合された価値体系は，生活のあらゆる次元に倫理的な観点を与える。

④　自発性―自分の生き方に対する責任を自覚し，道理にかなった思考に基づく行為によって自分自身の生活を統御する能力と意欲をもつことができる。

　この「人間の目標」は，個人と家族と社会の相互関係において自己の存在意義を認識し，自分の人生をより善く生きていく能力にもかかわっていることから，自己実現をめざしていると解釈できよう。

　「人間の目標」は，家庭科カリキュラムの中では，価値ある目的として定義されている。価値ある目的は，「人間の目標」を成就しようとする時，私たちにとって大切な目的のことである。ミネソタ州では，価値ある目的の達成を通して「人間の目標」に到達することが，結局は人間の幸福の実現に向けて行為する個人の自己形成に通じると考えられている。

　したがって，ミネソタ州の家庭科カリキュラムにおいて，「人間の目標」は，

人間形成のあり方を指し示すものであり，その究極的な到達点は人間の幸福をめざして自己実現することにあるといえよう。

ミネソタ州では，人間の行為システムは，自己と他者および生活世界のあり様を反映し，永続的な実践問題に解決の糸口を与えるものとみなされている。永続的な実践問題は，時間を超えて連続し，世代を越えて繰り返される永続性をもつ実践問題のことである。実践問題は，特定の状況・文脈に即して実行すべき最善の行為は何かを考えるための価値にかかわる問いを提起する。それは，「○○○について何を為すべきか」「○○○について何が為されるべきか」という問いの形で表現される（表5-1と表5-2を参照）。一例として，永続的な実践問題「人間発達の質を高めることについて何を為すべきか」と関連した実践問題「親になることの決定について何を為すべきか」の場合，その下位問題として導き出されるのは，「個人の自己形成について何を為すべきか」「親としての自己について何を為すべきか」「子どもの福祉について何を為すべきか」「重要な他者について何を為すべきか」「配偶者との関係について何を為すべきか」「社会的な規範

表5-1 家族の重要な永続的な実践問題を明らかにするためのワークシート

家族の重要な永続的な実践問題を明らかにするためのワークシート

家族の問題について述べる。
○○○について何が為されるべきか：

A．家庭と家族の問題の性質を概念化する。
1．この家族の問題の特質は何か？
  a．この家族の問題によってどんな感情が経験されるだろうか？
  b．現状とどう在るべきかとの間の認識される矛盾は何か？
  c．人が行為の吟味に移る時，この問題について尋ねる幾つかの可能な問いは何であるか？
2．上述の家族の問題は実践的なものであるか？
  a．具体的な文脈はどのようなものであるか？
  b．この問題と関連した幾つかの価値の問いは何であるか？
  c．熟慮的思考の結果としてどんな行為が起こり得るか？
  d．この家族の問題を永続的なものにするのは何か？
  e．この家族の問題を重要なものにするのは何か？
3．この家族の問題は，性質において特殊なものとみなされるか？あるいは一般的なものとみなされるか？
4．もし特殊なものであるならば，特殊な問題の背後にあるより一般的な問題は何であるか？

(Torgerson, R. and Wilkosz, J.R. (Eds). *Minnesota Secondary Home Economics: Instructional Strategies/Assessment Revised User's Guide*. Minnesota Department of Education, 1991, p.14.)

表5-2　家族の重要な永続的な実践問題の性質

永続的な実践問題を明らかにすること
家庭と家族の問題 1．感情：不安，抑制，挫折等の感情があるか？ 2．隔たりの認識：現状とあなたの望む状態との間にずれや隔たりがあるか？
家庭と家族の実践問題 1．文脈：問題，状況は特定の文脈の中で現れるか？ 2．価値の問い：問題は討論にふさわしい価値の問題であるか？それは，「○○○について何が為されるべきか？」という形で述べることができるか？ 3．熟慮的思考に基づく行為：実行されるべき行為は，道理にかなった熟慮的思考に基づいて問題を解決することができるか？それには以下のようなことが要求されるだろうか？ ・選択できる目的を吟味すること。 ・結果を吟味すること。 ・価値ある目的の真価を評価すること。 ・情報を収集すること。 ・情報の適切さと正確さを確かめること。 ・情報源を評価すること。
家庭と家族の永続的な問題 1．時間を越えて再度生じる：何度も繰り返し生じる。 2．各世代が直面する：解決されねばならず，しかもどの世代も直面する。
家庭と家族の重要な問題 　問題の解決に長期的に貢献することは，個人，家族および社会の幸福に貢献するか？

(Torgerson, R. and Wilkosz, J.R. (Eds.) *Minnesota Secondary Home Economics: Instructional Strategies/ Assessment Revised User's Guide*. Minnesota Department of Education, 1991, pp.10-11.)

について何を為すべきか」等の問いである。

　表5-1と表5-2は，家族の重要な永続的な実践問題を明らかにするためのワークシートである。生徒自身が考える家族の問題を述べさせ，それが永続的な実践問題と定義できるものであるか否かをチェックするのに用いられる。家族の永続的な実践問題を同定し，検討吟味していく過程で，永続的な実践問題の性質を理解し，人間にとって意味のある重要な問題を見いだすことができるようになっている。

　家庭科で扱う家族の永続的な実践問題は，時代や文化を越えて人間が生涯全体を通じて繰り返し直面する人類共通の永続的な関心事から派生し，個人と社会の間に介在する家族という固有の文脈に即した具体的な行為によって解決が望まれる問題である。性，妊娠，出産，子育て，介護，福祉，環境，食物，被服，住居，消費者，高齢者など家族の日常生活にみられる問題は，その根源をたど

れば，基本的要求の充足，自尊感情の育成，共感的理解の形成，人間発達の促進，意味の構築，価値体系の確立，コミュニケーションの改善，人間関係の向上など，人間の存在意義にかかわる包括的で普遍的な生活実践課題に帰着する。

したがって，永続的な実践問題を媒介として，生徒が自己，他者および自分の生きる生活世界の現実と対峙し，人間存在と主体的に向き合うことにより，従来の家庭科カリキュラムでは自明視され不問に付されてきた現存の状況を批判的に吟味するとともに，問題の内奥にある人間生活の本質を洞察することができるようになると考えられる。

このように，家族の永続的な実践問題は，過去と現在と未来を結ぶ永続的な関心事の視点で人間の実存的意味を多面的に考察し，自己と他者および生活世界の関係を全体的な視野からとらえることを可能にするものである。

(4) 内容構成の中核をなす永続的な実践問題

先述してきたカリキュラムの概念枠組みに基づき，内容を構成する要素がどのように構造化されているかをみていこう。

ミネソタ州の家庭科カリキュラム例（5～12学年）は，ミドルスクール/ジュニアハイスクールレベルの「価値と目標」「コミュニケーションと話を聞くスキル」「自己概念」「家族の葛藤/暴力」「ストレスに対処すること」およびシニアハイスクールレベルの「食物と栄養」「子どもの発達と親になること」「家族生活」「住居」「リソースマネジメント」の各内容領域に対して開発されている。図5-2は，ミドルスクール/ジュニアハイスクールの家庭科カリキュラム「価値と目標」領域の概要であり，すべての領域を貫く基本的な内容となっている。その人自身の価値と長期的・短期的な目標および両者の相互関係を明確にし，それが自分の意思決定や行為にいかに影響を及ぼすかを認識することをめざしている。価値の対立や目標の批評などを取り上げ，解釈的行為（コミュニケーション的行為）にとどまらず，解放的行為（熟慮的行為）をも志向していることが分かる。図5-3はシニアハイスクールの家庭科カリキュラム「子どもの発達と親になること」領域における入門レベルの単元「自己概念の理解と促進」の概要を示している。これは，自己概念の意味を理解するとともに，自己概念に及ぼす社会的な力とその影響を吟味し，自己と他者の肯定的な自己概念を促進する方法を確

```
     永続的な実践問題                 関連した実践問題
┌──────────────────────┐      ┌──────────────────────┐
│ その人の価値と目標を明確にする │      │ 価値と目標の対立から生じる問題 │
│ ことの重要性をよりよく理解する │──────│ を認識することについて何が為さ │
│ ことについて何が為されるべきか │      │ れるべきか                │
└──────────────────────┘      └──────────────────────┘
                    価値ある目的
            ┌──────────────────────────┐
            │ 自分の行為が自分の価値と目標によっていかに │
            │ 決定されるかを認識することができる個人    │
            └──────────────────────────┘
                    学習者の成果
┌──────────────────────────────────────┐
│ 1. 個人の価値の理解を確認し，発達させる                │
│ 2. 価値の対立を確認する                         │
│ 3. 長期的・短期的な個人の目標の理解を確認し，発達させる     │
│ 4. 価値と目標がいかに相互に関連しているか，またそれらが    │
│    いかにその人の行為と意思を決定するかを認識する        │
└──────────────────────────────────────┘
                    主要な概念
            ┌──────────────────┐
            │ 1. 個人の価値          │
            │ 2. 個人の価値の対立      │
            │ 3. 個人の長期的・短期的な目標 │
            └──────────────────┘
```

図5-2　ミネソタ州ミドルスクール/ジュニアハイスクールの家庭科カリキュラム
　　　　「価値と目標」領域の概要
(Rogers, Cheryl. *Minnesota Secondary Home Economics: Middle School/ Junior High School Program: Values and Goals*. Minnesota Department of Education, 1989.)

認して，実際に行為できる能力を育成することをめざしている。そのため，自己概念と関連した永続的な実践問題を明らかにし，自己と他者の肯定的自己概念を促進する行為の実行計画を立てるところまでを扱っており，その思考プロセスには人間の行為システムのすべて（技術的行為，コミュニケーション的行為，解放的行為）がかかわっている。

　各内容領域の概要をみると，永続的な実践問題，関連した実践問題，価値ある目的，学習者の成果および主要な概念から構成されている。永続的な実践問題とそれに関連した実践問題の両者をふまえて「人間の目標」と一致した価値ある目的が決定され，家庭科教育における人間形成の理念が明確にされている。この価値ある目的の達成に必要な能力は学習者の成果として叙述され，学習者

```
              永続的な実践問題              関連した実践問題
        ┌─────────────────────┐   ┌─────────────────────────┐
        │肯定的自己概念の理解と促進につ│   │肯定的自己概念の理解および自己│
        │いて何が為されるべきか    │   │と他者の肯定的自己概念を促進す│
        │                     │   │ることについて何が為されるべきか│
        └─────────────────────┘   └─────────────────────────┘
```

価値ある目的

自己と他者の肯定的自己概念を促進することができる能力を持ち，それを進んで行う個人

学習者の成果

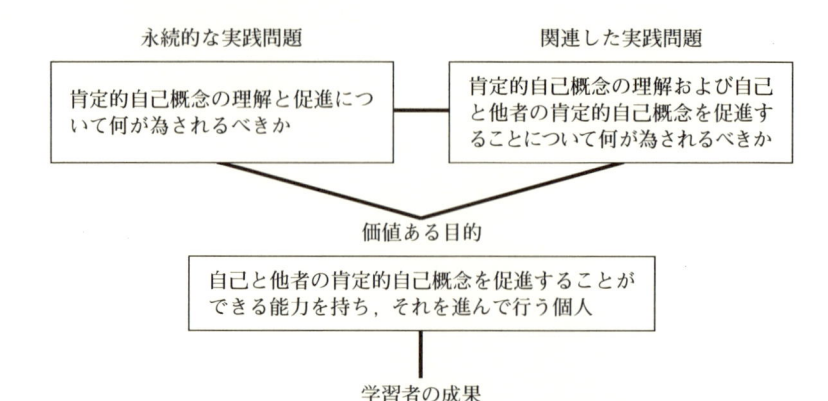

1. 自己概念がどのようなものであり，どのようにして形成されるかを認識する
2. 自己概念に及ぼす影響と力を確認する
3. 自己と他者の肯定的自己概念を促進する方法を確認する
4. 自己概念と関連した永続的な実践問題を明らかにする
5. 自己と他者の肯定的自己概念を促進する行為を実行するための計画を明確に述べる

主要な概念

1. 自己概念の意味
   a. 自尊感情
   b. アイデンティティ
   c. 自己像
2. 自己概念に及ぼす社会的な力とそれらの相互作用の影響
3. 永続的な実践問題の明確化
4. 価値ある目的を達成するための実行計画

図5-3 ミネソタ州シニアハイスクールの家庭科カリキュラム「子どもの発達と親になること」領域における入門レベル「自己概念の理解と促進」の概要

(DeBoe, J., Torgerson, R., Grote, A.M. and Wilkosz, J.R. (Eds.) *Minnesota Secondary Home Economics: Child Development/ Parenting Curriculum Examples.* Minnesota Department of Education, 1987, p.3.)

の成果に対応した主要な概念が選定されている。そして，各領域ごとに例示された教育的テーマに沿って，教師と生徒の相互作用が展開されていくのである。

つまり，ミネソタ州では，家庭科カリキュラムを構造化する際に，永続的な実践問題はまず最初に設定されるものであり，内容構成の中核をなしているが，教育的テーマへと具体化されることによって，学習内容と結びつき，学習過程において活用できるものになると考えられる。

(5) 教育的テーマによる実践的推論の思考プロセス

　ミネソタ州家庭科カリキュラムの教育的テーマは，人間の行為システムと永続的な実践問題との相互連関のもとに導き出されている。教育的テーマは，現実的テーマ，問題的テーマ，価値ある目的テーマから成り立っており，これらが学習内容の根幹をなしている。各テーマは，以下のような視点で学習過程を組織するものである。

1）現実的テーマ
　① 現存の問題，状況および関心事についての認識を高める。
　② 現実が「人間の目標」への到達に及ぼす影響力を理解する。
　③ 問題，現実，状況に関する一般法則を形成する。

2）問題的テーマ
　① 関心事，感情，矛盾および価値の問題を明らかにする。
　② その問題が実践問題であるかどうかを決定する。
　③ その問題の意味・重要性を確認する。
　④ 予測し，正当な結論を導き出し，下位問題を同定する。
　⑤ 問題を明示することを発達させる。

3）価値ある目的テーマ
　① 「人間の目標」と一致した理念，価値ある目的，望ましい目標を明らかにする。
　② 現存の状況すなわち「現状」を「どう在るべきか」すなわち望ましいと考えられる状況あるいは理想と比較する。
　③ 価値ある目的を達成するために何が為されるべきかを決定する。
　④ 道理にかなった選択肢を確認する。
　⑤ 行為の計画を立て，行為を実行し，その行為を評価する。

　要点を概括すると，現実的テーマは，個人と家族に影響を及ぼす現存の状況を歴史・経済・政治・社会・文化的な要因と関連づけて分析し，批判的に現実認識を高めることを意図している。問題的テーマは，個人と家族にとって重要な意味をもつ永続的な実践問題を明確にすることにより，問題への理解を深めようとするものである。価値ある目的テーマは，「人間の目標」と一致した価値ある目的を決定するとともに，問題解決を志向して道理にかなった倫理的な価

値判断・意思決定に基づき,思慮深く行為を実行しようとするものである。

この教育的テーマの学習全体を通じて,永続的な実践問題の解決に至る思考の道筋が明らかにされている。これにより,生活世界の現実を広い視野から認識し,問題に内在する意味を探究したり,価値ある目的の達成に向けて行為の方針を選択し,「人間の目標」に照らしてその妥当性を評価することができるようになると考えられる。

ミネソタ州家庭科カリキュラムは,3つの教育的テーマを中軸とした学習過程を通して,人間の行為システムにかかわる実践的推論の思考プロセス(図5-4)を組織化している。

現実的テーマにおいて,生徒は対話に従事し,「人間の目標」への到達を阻害するような現存の状況を歴史・社会・文化・経済・政治的な要因とのかかわりで批判的に認識し,その人がおかれた問題状況を分析する。問題的テーマにおいて,生徒は,現存の状況,問題および関心事と関連した感情,矛盾,価値の問いを同定する。それらが実践問題の基準を満たすかどうかを検討し,その問題の意味・重要性を確認して,問題を明確に述べる。実践問題を特定の文脈(具体的な時間や場所,かかわりのある個人が抱く思想・見解・視座など)に即して考察し,広く行き渡ったイデオロギーが,個々人の信念と価値の形成に拘

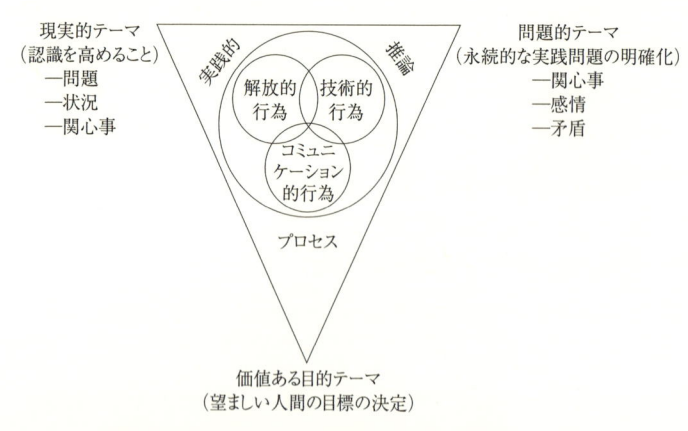

図5-4 教育的テーマを中軸とする学習過程

(DeBoe, J., Rogers, C., Grote, A.M., Schwartz, D.J., Torgerson, R. and Wilkosz, J.R. (Eds.) *Minnesota Secondary Home Economics: User's Guide.* Mennesota Department of Education, 1987, p.5.)
(Torgerson, R. and Wilkosz, J.R. (Eds.) *Minnesota Secondary Home Economics: Instructional Strategies /Assessment Revised User's Guide.* Minnesota Department of Education, 1991, p.5.)

束力をもって無意識的に介入しているという事実にも留意する。その後，価値ある目的テーマにおいて，生徒は，問題解決に向けて「現状」を「望ましい状態」と比較することにより，「人間の目標」と一致した価値ある目的を明確にする。価値ある目的を達成するための選択肢および行為が自己と他者に与える影響や結果を熟考した上で，倫理的に正当化できる価値判断をする。その行為を導く価値判断は，「人間の目標」に照らして吟味される。最終的には，何を為すべきかを意思決定し，行為の計画を立て，行為を実行して，評価・反省する。

　実践問題は，さまざまな要因が複雑に絡み合った整然としていない問題であり，特定の状況において顕在化される価値の対立や葛藤を含んでいる。その解決法は，個別の具体的な文脈に依存しており，容易には予測が立ちにくく，必ずしも1つの明快な答えが得られるとは限らない。すなわち，実践問題は，無意識的な習慣や慣習，衝動，模倣では対処しきれない解決が困難な価値判断にかかわる生活実践課題である。それは，自己と他者の生活に極めて重要な影響や結果を及ぼすがゆえに，より望ましい解決に向けて行為の方針を思慮深く批判的に検討しなければならないのである。

　したがって，実践問題の解決に際しては，「自分の意思決定が自己，他者，家族，コミュニティ，社会にとって最善であるか？」を常に問い，行為が自己と他者に与える肯定的・否定的な結果，長期的・短期的な結果を熟考した上で，倫理的な観点から道理にかなった価値判断をすることが重要となる。倫理的に正当化できる価値判断とは，問題にかかわりのあるすべての人の価値，感情，要求を尊重し，「人間の目標」の達成をめざして公正で最善の意思決定をすることを意味している。

　そのため，行為の実行可能性，人々に及ぼすさまざまな影響やリスクを予測し，その状況において最も不利な立場に立たされる人の気持ちを最大限に考慮して，選択肢を吟味することが要求される。つまり，社会的な規範やイデオロギーによって束縛され強制されたり，独断的な権力によって不当に扱われ，苦痛を被ったり，ある一部の集団の利害で抑圧されたり，差別や偏見を受けるような事態を許さず，立ち向かっていくという基本姿勢が必要である。こうした人間の幸福が脅かされ，人権が侵害されるような現存の状況を鋭く指摘し，人間の尊厳が保障される公正な社会を協同で創っていこうと努力する解放的行為が，

永続的な実践問題の解決への鍵を握っているのである。

　上述してきたように，永続的な実践問題に関して最善の行為を実行するためには，複数の選択肢を比較考量し，多様な観点から競合する価値を検討吟味した上で，道理にかなった意思決定に基づいて行為システムに適切にかかわり，価値ある目的の達成に向けて生活実践を導く実践的推論を学ぶ必要がある。それは，永続的な実践問題の解決の筋道を探究する思考プロセスであり，現存の状況の批判的認識，永続的な実践問題の同定，倫理的な価値に照らした目的・目標，手段および結果の批評・吟味，生活実践の遂行・評価・反省を促す知とスキルを内包しており，以下のような能力の育成に役立つものである。

○現存の状況，問題，関心事について批判的な認識を発達させる。
　・誰がかかわっているか（個人，家族，コミュニティ，社会，地球環境等）。
　・いかに認識するか（歴史的，社会的，文化的，経済的，政治的な要因等）。
○実践問題を同定する。問題に内在する本質的な価値の問いを明らかにする。
○「人間の目標」と一致した理念，価値ある目的，望ましい目標を明確にする。
○問題解決のために，情報を収集・整理するスキルを発達させ，確実で信頼できる情報を使用する。
○問題の文脈を解釈する。実践問題の諸側面を考察する。
　・「人間の目標」の成就に行為システムがどのように関連しているか（主体，対象，時間，場所，動機，感情，要求，価値，信念，行為等）。
　・「人間の目標」の到達に及ぼす影響を理解する（個人，家族構成員，地域住民，社会の成員，人類共同体等への影響）。
○幾つかの選択可能な行為の方針を確認する。
○行為が自己と他者に与える肯定的・否定的な結果，長期的・短期的な結果を予測する。
○達成できる価値と妥協できる価値を決定する。
○「人間の目標」を達成すべく，最善の結果をもたらす行為について熟考し，倫理的に正当化できる道理にかなった価値判断をする。
○行為を実行することを決断し，行為の計画を立て，行為を実行する。
○実行した行為の結果を価値ある目的との整合性，「人間の目標」への到達度，結果に対する自己と他者の満足感に従って評価する。

○行為の熟慮・反省に基づいて新たな目標，価値ある目的を決定する。

　実践的推論には，価値ある目的の概念化，実践問題の同定，文脈の解釈，情報処理技能，価値判断，意思決定，結果の熟考，行為の遂行と評価などさまざまな能力が含まれている。また，基礎的な知識やスキルの使用を前提とした自律的な学習と，感情，意志，意欲，態度の形成にかかわる情意的な側面を養うための創造的な学習が提供されていることが分かる。それは，自己の批判的な思考による内省的推論と他者との協調的な議論による共感的対話とを結びつける有効な学習方法であり，自己の思考プロセスの統御と他者との関係の構築に同時に寄与し得ると考えられる。

　表5-3は，価値ある目的を明確にし，その達成に向けて開かれた選択肢を吟味し，行為の実行計画を立てるまでの一連の思考プロセスを取り上げたものである。最善の行為について道理にかなった意思決定をするために，行為が自己と

表5-3　ミネソタ州家庭科カリキュラムの教材資料

問題を述べること： 価値ある目的：		
価値ある目的の達成に 向けて開かれた選択肢	可能な結果	
	短期的	長期的
1．	自己 他者	自己 他者
2．	自己 他者	自己 他者
3．	自己 他者	自己 他者
最善の行為(何をするのが 最も善いか)についての道 理にかなった価値判断 ―達成できる価値 ―妥協できる価値		
行為の実行計画		

(DeBoe, J., Torgerson, R., Grote, A.M. and Wilkosz, J.R. (Eds.) *Minnesota Secondary Home Economics: Child Development/ Parenting Curriculum Examples.* Minnesota Department of Education, 1987, p.79 and p.187.)

他者に与える長期的・短期的な結果を熟考した上で, 個人と家族の幸福および社会の福祉に貢献するかどうかという倫理的な観点から価値判断が為されている。その学習過程においては, 批判的思考と行為の反省が促されている。

永続的な実践問題を解決する際には, 問題とかかわりのあるすべての人の価値, 感情, 要求を尊重し, 為された判断がより普遍的に受け入れられ, 倫理的に正当化できるものとなるよう熟慮することが肝要である。実行した行為の自己と他者に対する肯定的・否定的な影響や結果は, 価値ある目的に照らして評価されるが, 価値ある目的の真価は,「人間の目標」の成就にどの程度貢献するかによって決まるのである。

以上のように, 永続的な実践問題の解決は, その人自身の目標・価値ある目的の明確化に始まり, 価値判断・意思決定の吟味, 結果の熟考・評価, 行為の実行・反省を経て, 新たな目標・価値ある目的の決定に至る循環的なプロセスである。この多次元的な思考プロセスが実践的推論であり, 実践問題の解決に向けて3つの教育的テーマを統合し, 価値ある目的の達成を導く原動力となっている。人間形成の理念を表す「人間の目標」を明示し, 倫理的な観点から行為の結果の妥当性を評価して, 価値ある目的の達成度とその真価を批評する実践的推論の導入は, 教師と生徒および生徒同士のコミュニケーションを活性化するとともに, 生活実践のあり方をめぐって個々人の内面的思考を反省的に吟味することにつながり, 学びの新しい方向性を展望しているといえよう。

3. 結びにかえて

本章は, ブラウンの理論に依拠した「実践問題アプローチ」を「生活実践知形成」の視点でとらえ, 解放的行為重視型のミネソタ州を事例に, 家庭科カリキュラムの特質と様相を考察してきた。「実践問題アプローチ」の家庭科カリキュラムは, 人間の幸福に価値をおき, 自己の生のあり方, 他者との相互関係, 生活世界の現実と主体的に向き合うための媒介となる永続的な実践問題から内容を構成し, その解決の筋道を探究する実践的推論の思考プロセスを重視するものであった。学習過程全体を通じて, 生活実践にかかわるあらゆる知とスキル

を有機的に関連づけ，統合しようとするところに，「生活実践知形成」上の教育的意義が認められた。

　ミネソタ州では，1980年代当初に「実践問題アプローチ」を採用して以来，ブラウンの理論を発展的に継承しながら，継続的に研究・開発・改訂を行い，1990年代末には自己の生き方に焦点を当てたキャリア教育のカリキュラムを開発している[43]。「実践問題アプローチ」の唱道者であるブラウンがミネソタ大学名誉教授であり，その後継者が中心となって州のカリキュラム開発を先導してきたため，全米の中でも先進的な取り組みがなされたものと考えられる。

　近年では，実践的推論の思考プロセスをより精緻化して質の向上を図るため，普遍的に受容できる価値判断の根拠を求めて，意思決定・行為の正当性を検証するさまざまな教材やワークシートが開発されつつある。また，ナショナルスタンダード，州や学区，学校レベルのスタンダードとの関連で学習成果としての能力を同定し，より客観的な基準を示してその能力を評価することが今日的関心事となっている。本稿では，授業実践を視野に入れた具体例の紹介ができなかったので，「生活実践知形成」の視点から学習過程の詳細を検討することを今後の課題としたい。

【引用・参考文献および注】

1) 林達夫・野田又夫他監修『哲学事典』平凡社　1997　p.461, p.476, pp.600-602.
2) 廣松渉・子安宣邦他編『哲学・思想事典』岩波書店　1998　pp.481-484, pp.499-500, pp.663-667.
3) 教育思想史学会編『教育思想事典』勁草書房　2000　pp.261-263.
4) 小笠原道雄編著『教育学における理論＝実践問題』学文社　1985　p.1.
5) 今井重孝「大学カリキュラムと人間形成」『東京工芸大学工学部紀要』第19巻第2号　1996　pp.1-8.
6) アンスコム・G.E.M.　菅豊彦訳『インテンション―実践知の考察―』産業図書　1984
7) ニコ・シュテール　石塚省二監訳『実践〈知〉情報する社会のゆくえ』御茶の水書房　1995
8) 鈴木晶子「一学理論の視点から―「行為の知」への道を探る」教育哲学会『教育哲学研究』第67号　1993　p.9.
9) 鈴木晶子『判断力養成論研究序説―ヘルバルトの教育的タクトを軸に―』風間書房　1990　p.1.
10) 岡本英明「解釈学的教育学の実践哲学的考察―トポス論，フロネーシス，レトリックを中

心に—」教育哲学会『教育哲学研究』第60号　1989　p.6.
11) 小笠原道雄編著　前掲書4) p.2.
12) 同上書　p.3.
13) 鈴木晶子　前掲書8) p.2.
14) 鈴木晶子　前掲書9) p.9.
15) 柴田義松他編著『教育実践の研究』図書文化　1990　p.24.
16) 髙久清吉『教育実践学』教育出版　1991　pp.106-107, pp.327-328.
17) 佐藤学『教師というアポリア—反省的実践へ—』世織書房　1997　p.58.
18) 同上書　p.173.
19) 柴田義松他編著　前掲書15) pp.241-243.
20) 佐藤学『教育方法学』岩波書店　1996　pp.147-148.
21) 佐藤学　前掲書17) p.41, pp.188-189.
22) 中井孝章「生活世界の教育理論の射程」教育哲学会『教育哲学研究』第60号　1989　pp.59-60.
23) 同上書　p.61.
24) 鈴木晶子　前掲書8) p.2.
25) 鈴木晶子　前掲書9) p.7.
26) 林達夫・野田又夫他監修　前掲書1) p.601.
27) 本稿は，マージョリー・ブラウンの理論と「実践問題アプローチ」の家庭科カリキュラムについて，以下の著書と論文（①，②）をもとに加筆修正を行ったものである。引用文献および注は，その中に詳述しているので，参照されたい。①林未和子『現代アメリカ家庭科カリキュラムに関する研究—生活実践知形成—』風間書房　2002　pp.1-381.　②林未和子「家庭科カリキュラムの構成概念としての実践問題の検討—ブラウンの理論に依拠したミネソタ州の事例を中心として—」『日本教科教育学会誌』第21巻第1号　1998　pp.1-8.
28) American Home Economics Association, "AHEA Today: 1992 Distinguished Service Award Recipients." *Journal of Home Economics*. Vol.84, No.4, 1992, pp.56-57.
29) Brown, M.M., *A Conceptual Scheme and Decision Rules for the Selection and Organization of Home Economics Curriculum Content*. Wisconsin Department of Public Instruction, 1978.
30) Brown, M.M., *What is Home Economics Education?* University of Minnesota, 1980.
31) Brown, M.M. and Paolucci, B., *Home Economics: A Definition*. American Home Economics Association, 1979.
32) 佐藤学『カリキュラムの批評』世織書房　1996　p.18.
33) 佐伯胖・藤田英典・佐藤学編『学びへの誘い』東京大学出版会　1995　p.72.
34) 谷川彰英・無藤隆・門脇厚司編『学びの新たな地平を求めて』21世紀の教育と子どもたち第3巻　東京書籍　2000　p.71.
35) 佐藤学　前掲書32) pp.18-19.

36) 佐伯胖・藤田英典・佐藤学編　前掲書33) pp.72-75.
37) 佐藤学『学びの快楽』世織書房　1999　pp.59-62.
38) DeBoe, J., Rogers, C., Grote, A.M., Schwartz, D.J., Torgerson, R. and Wilkosz, J.R. (Eds.) *Minnesota Secondary Home Economics: User's Guide*. Minnesota Department of Education, 1987.
39) Rogers, C., Wilkosz, J.R. and Grote, A.M. (Eds.) *Model Learner Outcomes for Home Economics Education*. Minnesota Department of Education, 1987.
40) Rogers, C., *Minnesota Secondary Home Economics: Middle School/ Junior High School Program: Values and Goals*. Minnesota Department of Education, 1989.
41) DeBoe, J., Torgerson, R., Grote, A.M. and Wilkosz, J.R. (Eds.) *Minnesota Secondary Home Economics: Child Development/ Parenting Curriculum Examples*. Minnesota Department of Education, 1987.
42) Torgerson, R. and Wilkosz, J.R. (Eds.) *Minnesota Secondary Home Economics: Instructional Strategies/Assessment Revised User's Guide*. Minnesota Department of Education, 1991.
43) Wogensen, C. and Simon, J.A., *Career Horizons Resource Guide: Expanding Thinking About Careers by Using Informed Decision Making*. 2nd printing, Minnesota Department of Children, Families & Learning and Minnesota State Colleges and Universities, 1999.

第6章
キャリア教育の視点からみた家庭科の可能性

河﨑　智恵

1．キャリア教育の現状

　近年，わが国においても学校教育におけるキャリア教育の導入・実施が緊急の課題となっている。1999年に中央教育審議会答申にて，キャリア教育を小学校段階から実施することが提言され，キャリア教育は学校における教育課題の1つとして認識されるようになった[1]。その答申において，キャリア教育は「学校教育と職業生活との円滑な接続を図るため，望ましい職業観・勤労観及び職業に関する知識や技能を身に付けさせるとともに，自己の個性を理解し，主体的に進路を選択する能力・態度を育てる教育（キャリア教育）」と示された。そして「学校と社会及び学校間の円滑な接続を図るためのキャリア教育（望ましい職業観・勤労観及び職業に関する知識や技能を身に付けさせるとともに，自己の個性を理解し，主体的に進路を選択する能力・態度を育てる教育）を小学校段階から発達段階に応じて実施する必要がある。」と，キャリア教育を小学校段階から実施することが提言された。この答申は，国の教育行政に関する文章において初めてキャリア教育という言葉が示されたという点において，画期的なものであったといえよう。すでに仙﨑武氏らにより進路指導におけるキャリア教育

モデルも開発され,学校キャリア教育は各教科を含む学校教育活動全体を通じて,指導・援助していくものと考えられている[2]。

また2003(平成15)年6月には,4省府合同の「若者自立・挑戦プラン」において,キャリア教育は文部科学省が取り組む施策の1つとして位置づけられた[3]。同年7月には文科省は,初等中等教育におけるキャリア教育の基本的な方向等について総合的に検討し,その結果を「キャリア教育の推進に関する総合的調査研究者会議—中間まとめ」として公表している[4]。そこでは,キャリアは「個々人が生涯にわたって遂行する様々な立場や役割の連鎖」として,またそうした連鎖の中で行われる「自己と働くこととの関係付けや人生における働くことへの価値付けの過程及びその累積」としてとらえている。そして,キャリア教育は「児童生徒一人一人のキャリア発達を支援し,それぞれにふさわしいキャリアを形成していくために必要な意欲・態度や能力を育てる教育」と示されており,中央教育審議会答申(1999年)における定義より広い概念で捉えられている。

さらにキャリア教育は,図6-1のように各教科・科目および特別活動,道徳,「総合的な学習の時間」等で実施される構想が示されている。そして,家庭科は小・中・高等学校のいずれの段階においても,キャリア教育に関連する教科として明示されている。

このような教育的背景をふまえると,今後,家庭科においてキャリア教育の考え方を導入・実施し,「総合的な学習の時間」等に発展可能なキャリア教育プログラムを開発することは,急務の課題であるといえよう。そこで本論では,家

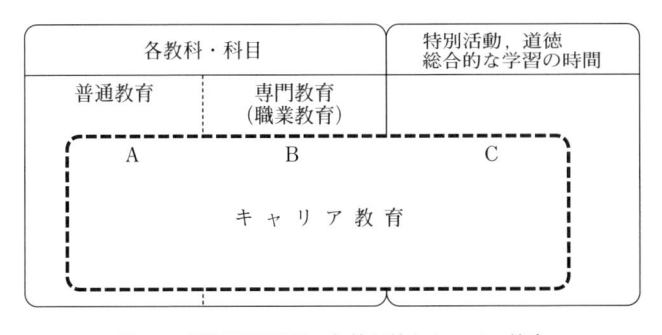

図6-1 学習指導要領の各教科等とキャリア教育
(文部科学省「キャリア教育の推進に関する総合的調査研究者会議—中間まとめ」2003より引用)

庭科をキャリア教育の観点からみなおし,家庭科におけるキャリア教育の可能性について検討してみたいと思う。

2. キャリアとは

　キャリアという語は,ラテン語のcarrus（車）およびcurrere（走る）を語源とし,そこからその道に沿って人が進むこと,生涯,経歴という意味に発展したといわれる[5]。スーパー（Super, D.E.）は,キャリアを生涯発達の視野で検討し,キャリア発達理論を展開した。スーパーによれば,キャリアは,出生から「成長」「探索」「維持」「衰退」のプロセスの中で「子ども」「生徒・学生」「余暇を楽しむ人」「市民」「労働者」「配偶者」「家庭人」「親」「年金生活者」という9つの役割に関連して発達していくものである[6]。これらの多様な役割は,生涯における家庭・地域・職業生活に関連するものであり,家庭科におけるキャリア教育において重要である。ホール（Hall, D.T.）によれば,「キャリア」という言葉には次のような4つの異なる意味合いが含まれるという[7]。それは,①階層の中での昇進を主として念頭においてとらえられる上方への方向性としてのキャリア,②定型化された地位の経路の存在する専門職としてのキャリア,③生涯にわたる職務としてのキャリア,④生涯にわたる役割に関連した諸経験としてのキャリア,である。

　わが国においては,これまで「キャリア」という語は一般的には有資格の特殊な職業の意味で用いられることが多かった。しかし,近年では前述の文科省「キャリア教育の推進に関する総合的調査研究者会議―中間まとめ」におけるキャリアの概念にもみられるように,キャリアは職業のみを指すのではなく,人生や生き方を含めた,より広範囲な概念としてとらえられるようになっている[8]。筆者はこれらのキャリアの概念の多様性を認めた上で,特に家庭科の視点,すなわち生活実践者の育成という観点から,キャリアを「生涯にわたる役割に関連した実践の道筋・進路」としてとらえたい。そして,狭義では生活の場からとらえ直して,生活キャリアを「生涯にわたる家庭生活や地域生活における役割や実践の道筋・進路」として,職業キャリアを「生涯にわたる職業や職務の道

筋・進路」としてとらえる。さらに、スーパーのキャリア発達理論にみられる生涯発達的視座と多様な役割に関連するキャリアの概念を基に、キャリア教育を生涯発達と多様な役割という観点からとらえて「生涯学習において、職業生活および家庭・地域生活の中で自己実現が可能となるための組織的・統合的教育」と定義する。

3．キャリア教育の観点からみた戦後の家庭科

　第2次世界大戦後（以下、戦後と略す）の家庭科の内容について学習指導要領、教育審議会答申および教科書を分析すると、当初から中・高等学校の「職業」あるいは「家庭経営」と称される領域において、職業生活へのガイダンス等のキャリア教育的内容が導入されており、時代の要請に応えて一貫性のないまま実施されてきた。小・中・高等学校における学習指導要領等の変遷よりその時代の家庭科にみられる特徴を示すと、表6-1のようになる。

　戦後のわが国の家庭科は連合国軍最高司令官総司令部（GHQ/SCAP：General Headquaters of the Supreme Commander for the Powers）主導の教育改革により、アメリカのHome Economics教育をモデルに成立したものである。それ故、アメリカのHome Economics教育が職業教育であったことの影響を強く受け、戦前の主婦養成を中心とした内容とともに職業キャリアの育成を意図する教育内容が導入され、家庭科は中等学校段階では職業教育として位置づけられて出発した。家庭科は、家庭建設の教科としての生活キャリア教育を基本とする一方で、中学校では職業科と位置づけられてガイダンス的性格を有する職業キャリア教育を行った。1957（昭和32）年まで、家庭科では職業キャリアの一環として生活キャリアの育成が意図されていたとみなされる。

　しかし、従来の日本の伝統と、高度経済成長を支える家族システムの必要性から、1958（昭和33）年の学習指導要領改訂以降は、性役割観に基づく女子用教科へと変化していった。普通課程では女子に生活キャリア教育を行い、職業課程では主婦を職業の1つとみなし、主婦養成としての生活キャリア教育という側面を強調していった。

112 第Ⅱ部 これからの家庭科への提案

表6-1 キャリア教育の観点からみた学習指導要領等における家庭科の変遷

	職業キャリアの一環としての生活キャリアの育成期 (職業指導期)		
	〈昭和22年〉	〈昭和23年～昭和32年〉	
小学校	学習指導要領家庭科編（試案） 昭和22年度 昭和22（1947）年5月15日 翻刻発行 学年別単元 〈第5学年〉 1 主婦の仕事の重要さ 2 家庭の一員としての子供 3 自分の事は自分で 4 家庭における子供の仕事 5 自分の事は自分で（続き） 6 家事の手伝い 〈第6学年〉 1 健康な日常生活 2 家庭と休養 3 簡単な食事の支度 4 老人の世話		小学校学習指導要領 家庭科編 昭和31年度 昭和31（1956）年2月24日発行 領域 家族関係 生活管理 被服 食物 住居
中学校	〈第7学年〉 1 家庭生活 2 備えある生活 3 食物と栄養 4 備えある生活（続き） 5 幼い家族の世話（乳幼児の生活） 〈第8学年〉 1 わが国住居の長所、短所 2 食物と健康及び保健献立 3 夏の生活 4 夏の装い 5 家庭の美しさ 6 秋の装い 7 上手な買い物 8 冬の迎え方 9 簡単な病気の手当と病気の予防 〈第9学年〉 1 家庭生活と能率 2 食生活の改善 3 被服と活動 4 乳幼児の保育 5 家庭の和楽 6 病人の看護 7 近所の交わり 8 帯と羽織、またはドレス 9 家事の経理	昭和24（1949）年5月28日「職業科及び家庭科」 「新制中学校の教科と時間数の改正について」（発学261号） 昭和24（1949）年12月9日「職業・家庭」 「中学校職業科および家庭科の取扱について」（文初職発第242号） 中学校学習指導要領 職業・家庭科編（試案） 昭和26年改訂版 昭和26（1951）年12月25日発行 1 仕事 2 技能 3 技能および技術に関する知識・理解 4 家庭生活・職業生活についての社会的、経済的な知識・理解 ・家庭生活のあり方 ・家族関係 ・家庭経済 ・衣食住の計画・管理 ・家庭と保育 ・能率と休養 ・わが国の産業と職業 ・各種産業における職業人 ・雇用と職業の安定 ・個性と適職	中学校学習指導要領 職業・家庭科編 昭和32年改訂版 昭和31（1956）年5月28日発行 第1群（栽培・飼育・農産加工） 第2群（製図・機械・電気・建設） 第3群（経営・簿記・計算事務・文書事務） 第4群（漁業・水産製造・増殖） 第5群（食物・被服・住居・家族・家庭経営） 第6群（産業と職業・職業と進路・職業生活）
高等学校	〈第10ないし12学年〉 1 家事経理 2 家庭看護 3 食物 4 被服 5 育児	学習指導要領 家庭科編 高等学校用 昭和24年度 昭和24（1949）年8月29日発行 被服目録（一般家庭・選択） 家庭経済目録（一般家庭・選択） 家庭管理目録（一般家庭・選択） 家族目録（一般家庭・選択） 食物目録（一般家庭・選択） 衛生目録（一般家庭・選択） 育児目録（選択・一般家庭） 住居目録（一般家庭）	学習指導要領 一般編（試案）昭和26年改訂版 昭和26（1951）年7月10日発行 「教科群「家庭」の教科」 一般家庭 家族 保育 家庭経理 食物 被服 「家庭技芸に関する教科（実習を含む）」 保育 保育実習 小児保健 ： ： 被服史 計17教科 家庭技芸に関するその他の教科	高等学校学習指導要領 家庭科編 昭和31年度改訂版 昭和31（1956）年2月1日発行 「家庭に関する科目」 家庭一般 被服 食物 保育・家族 家庭経営 被服材料 被服経理 意匠 仕立 手芸・染色 ： 保健実習 計24科目 家庭に関するその他の科目

第6章 キャリア教育の視点からみた家庭科の可能性

性別役割分業観にもとづく女子の生活キャリアの育成期（主婦養成教育期）			男女の生活キャリアの育成期	生活キャリアと職業キャリアの育成期
〈昭和33年〜昭和42年〉	〈昭和43年〜昭和51年〉	〈昭和52年〜昭和63年〉	〈平成元年〜平成9年〉	〈平成10年〜〉
小学校学習指導要領 昭和33(1958)年10月1日告示 家庭 A被服 B食物 Cすまい D家庭	小学校学習指導要領 昭和43(1968)年7月11日告示 家庭 A被服 B食物 Cすまい D家庭	小学校学習指導要領 昭和52(1977)年7月23日告示 家庭 A被服 B食物 C住居と家族	小学校学習指導要領 平成元(1989)年3月15日告示 家庭 A被服 B食物 C家族の生活と住居	小学校学習指導要領 平成(1998)12月14日告示 家庭 1) 家庭生活に関心をもって、家庭の仕事や家族との触れ合いができるようにする。 2) 衣服に関心をもって、日常着を着たり手入れしたりすることができるようにする。 3) 生活に役立つ物を製作して活用できるようにする。 4) 日常の食事に関心をもって、調和のよい食事のとり方がわかるようにする。 5) 日常よく使用される食品を用いて簡単な調理ができるようにする。 6) 住まい方に関心をもって、身の回りを快適に整えることができるようにする。 7) 身の回りの物や金銭の計画的な使い方を考え、適切に買物ができるようにする。 8) 近隣の人々との生活を考え、自分の家庭生活について環境に配慮した工夫ができるようにする。
中学校学習指導要領 昭和33(1958)年10月1日告示 技術・家庭 〈女子向き〉 調理 被服制作 設計・製図 家庭機械・家庭工作 保育 選択（被服・食物・保育・看護 住居・家庭経営） 〈男子向き〉 設計・製図 木材加工 金属加工 栽培 電気 機械 総合実習 選択（農業・工業・商業・水産）	中学校学習指導要領 昭和44(1969)年4月14日告示 技術・家庭 〈女子向き〉 被服 食物 住居 保育 家庭機械 家庭電気 選択（被服、食物、住居、保育） 〈男子向き〉 製図 木材加工 金属加工 機械 電気 栽培 選択（農業・工業・商業・水産）	中学校学習指導要領 昭和52(1977)年7月23日告示 技術・家庭 A木材加工1・2 B金属加工1・2 C機械1・2 D電気1・2 E栽培 F被服1・2・3 G食物1・2・3 H住居 I保育	中学校学習指導要領 平成元(1989)年3月15日告示 技術・家庭 A木材加工 B電気 C金属加工 D機械 E栽培 F情報基礎 G家庭生活 H食物 I被服 J住居 K保育	中学校学習指導要領 平成10(1998)年12月14日告示 技術・家庭 〈技術分野〉 A技術とものづくり B情報とコンピュータ 〈家庭分野〉 A生活の自立と衣食住 B家族と家庭生活
高等学校学習指導要領 昭和35(1960)年10月15日告示 「家庭に関する科目」 家庭一般 被服Ⅰ 被服Ⅱ 食物Ⅰ 食物Ⅱ 保育 家庭経営 被服材料 被服管理 意匠 被服製作 ・ ・ ・ 保育技術 計23科目 家庭に関するその他の科目	高等学校学習指導要領 昭和45(1970)年10月15日告示 「家庭に関する科目」 家庭一般 被服Ⅰ 被服Ⅱ 食物Ⅰ 食物Ⅱ 保育 家庭経営 被服材料 被服管理 服飾デザイン ・ ・ ・ 保育技術 計25科目 家庭に関するその他の科目	高等学校学習指導要領 昭和53(1978)年8月30日告示 「科目名」 家庭一般 被服 食物 保育 家庭経営・住居 被服製作 被服材料 被服管理 服飾デザイン 手芸 調理 栄養 食品 ・ ・ 児童福祉 計19科目 家庭に関するその他の科目	高等学校学習指導要領 平成元(1989)年3月15日告示 「科目名」 家庭一般 生活技術 生活一般 家庭情報処理 課題研究 被服 食物 保育 家庭経営 住居 家庭看護・福祉 消費経済 ・ ・ 児童福祉 計25科目	高等学校学習指導要領 平成11(1999)年3月1日告示 「科目名」 家庭基礎 ┐ 家庭総合 ├普通教育 生活技術 ┘ 生活産業基礎 ┐ 課題研究 │ 家庭情報処理 │ 消費生活 │ 発達と保育 ├専門教育 児童文化 │ 家庭看護・福祉 │ リビングデザイン │ 服飾文化 │ ・ │ 公衆衛生 計19科目 ┘

その後, 男女平等を求める国際的動向と教育現場からの批判をもとに, 1989 (平成元) 年の学習指導要領より家庭科は男女ともに履修する家庭生活教育となった。その内容は, 男女の生活キャリアを重視する教育内容とみなされる。

1999 (平成11) 年には, 高等学校の専門課程の家庭科は, 普通課程から分離して, スペシャリストの育成をめざした高い専門性をもつ職業キャリア教育の充実を掲げている。すなわち, 普通課程で生活キャリアを, 職業課程で職業キャリアに重点を置くようになった。

そもそも家庭生活と職業生活は非常に密接にかかわっており, いずれも人間生活を支える労働から成り立っている。家庭生活における知識やスキル等は, 様々な職業生活への基盤となるものであり, 家庭生活の延長線上に職業生活があるといえる。したがって, 家庭科は, 家庭生活を対象とすると同時に職業生活への準備教育ともみなすことができるが, 両者の関連や教育的な系統は検討されずに, また教科としての統一的な見解も得られないまま, 時代の要請を受け入れて今日に至っている。このようにみると, 家庭科におけるキャリア教育の意義は, 生活キャリアと職業キャリアを統合し, 生活キャリアと職業キャリアの双方に個人的・社会的意義を見出し, 両者を関連づけて発展させることにあるといえよう。

4. 家庭科におけるキャリア教育の先駆的事例
—生活キャリアと職業キャリアの統合をめざして—

(1) アメリカの家庭科カリキュラムにみられるキャリア教育

わが国では, 現段階では生活キャリアと職業キャリアを探求し, 統合していこうとするキャリア教育の構想や実践はみられない。しかし, キャリア教育の先進国であるアメリカにおいては, すでに「家庭科 (Family and Consumer Sciences)」で, 家庭, 地域, 職業生活における調和的, 統合的な生き方の創造をめざすキャリア教育が構想され, 実施されている。

アメリカでは, 州や地区あるいは各学校によりカリキュラムが異なるが, 近年, 各教科ともナショナルレベルでのスタンダードの開発・刊行が行われてい

る。家庭科においても，1998年に家庭科ナショナルスタンダードが刊行されている[9]。表6-2はナショナルスタンダードの学習領域と目標を示したものである。16の学習領域とそれぞれの全体目標および内容目標，能力等から構成されている。この全国レベルのカリキュラムの基準は，今後のアメリカ家庭科を方向づけるものであり，家庭科がどのような点を重視しているかが分かる。

表6-2　家庭科ナショナルスタンダードの学習領域と全体目標

学習領域	全体目標
1．キャリア，コミュニティ，家族のつながり	1.0　家族，仕事およびコミュニティの環境における多様な生活役割と責任を統合する。
2．消費者と家族のリソース	2.0　人間，経済，環境に関するリソースの管理を評価する。
3．消費者サービス	3.0　消費者サービスに関するキャリアに必要な知識，スキル，実行を統合する。
4．幼児，教育，サービス	4.0　幼児，教育，サービスに関するキャリアに必要な知識，スキル，実行を統合する。
5．設備の管理とメンテナンス	5.0　設備の管理とメンテナンスに関するキャリアに必要な知識，スキル，実行を統合する。
6．家族	6.0　家族の意義および個人と社会の幸福に及ぼす家族の影響を評価する。
7．家族とコミュニティサービス	7.0　家族とコミュニティサービスに関するキャリアに必要な知識，スキル，実行を統合する。
8．食品製造とサービス	8.0　食品製造とサービスに関するキャリアに必要な知識，スキル，実行を統合する。
9．食品科学，食事療法，栄養	9.0　食品科学，食事療法，栄養に関するキャリアに必要な知識，スキル，実行を統合する。
10．接待，観光旅行，レクリエーション	10.0　接待，観光旅行，レクリエーションに関するキャリアに必要な知識，スキル，実行を統合する。
11．住居，インテリア，家具	11.0　住居，インテリア，家具に関するキャリアに必要な知識，スキル，実行を統合する。
12．人間発達	12.0　人間の成長と発達に強い影響を及ぼす要因を分析する。
13．人間関係	13.0　家族，職場，コミュニティにおける尊敬に満ちた思いやりのある関係を築く。
14．栄養とウエルネス	14.0　個人と家族の幸福を高める栄養とウエルネスを実行する。
15．親になること	15.0　個人と家族の幸福を強めることに及ぼす親になることの役割と責任を評価する。
16．織物と服装	16.0　織物と服装に関するキャリアに必要な知識，スキル，実行を統合する。

（NASAFACS and V-TECS, *National Standards for Family and Consumer Sciences Education*, 1998 より筆者作成）

ナショナルスタンダードでは，キャリアは第1の学習領域として家族および地域生活とのかかわりにおいて位置づけられ，非常に重視されている。そして，第2学習領域以下に続く諸領域（食生活，衣生活等）において，関連する職業（調理師，デザイナー等）に必要な情報，知識やスキルを統合していくことがめざされている。すなわち，ナショナルスタンダードでは，①家族・地域・職業の関係の理解および多様な役割の遂行，②家庭科の学習領域に関連する諸職業の理解と職業能力の育成，という2つの方向性がみられる。その特徴は，家族や地域社会のかかわりや仕事の中で，自己の可能性を追求し，家庭，地域生活の延長線上に職業生活を認知し，統合的に生き方を探究していく点である。

各州はナショナルスタンダードを視野に入れつつ，独自な教育カリキュラムを作成し，教育内容を検討している。例えば，オハイオ州では，ミドル・ハイスクールで，①人間発達，②資源管理，③生活設計：キャリア探求，④栄養と健康，⑤ファッションとインテリア，⑥ペアレンティング，⑦家族関係，を学習するようにカリキュラムが構成されている。そして，ハイスクールの高学年（11学年）になると，進路に応じてキャリアセンターでの教育を受けられるようになっている。そこでは，ミドル・ハイスクールの学習を職業的に発展させた，幼児教育や食物の準備とマネージメント等の学習が提供されている。すなわち，ナショナルスタンダードでも重視されていたキャリアの内容が，学年が上がるにつれてより実践的・具体的になっていき，各学校段階における学習内容がキャリア教育として連関しているのである。

(2) アメリカ家庭科のキャリア教育に関する授業

筆者は，アメリカの家庭科教育について実地調査を行った[10]。その概要について簡単に述べる。

訪問したミドルスクールの家庭科の実施状況を示すと表6-3のようになる。キャリアに焦点を当てたコースが準備されている学校や，コースは設定されていないが関連したキャリアを取り上げて学習させている学校等，その取り扱いには差がみられるものの，いずれの学校でも家庭科でキャリア教育が実施されていた。例えば，ミネソタ州のアンソニー・ミドルスクール（Anthony Middle School）の場合，家庭科には「家族と消費科学」「食物と栄養」「自分のビジネスをもつ」

表6-3　ミドルスクールの家庭科におけるキャリア教育の実施状況

州	学校	家庭科におけるキャリア教育			学校のキャリア教育の中心的教科・プログラム
		家庭科のコース	キャリアに焦点を当てたコースの有無	キャリアに焦点を当てたコース以外でのキャリア教育の在り方	
ウィスコンシン州	Ben Franklin Junior High School	・10代の生活スキル1 ・10代の生活スキル2 ・10代の今日 ・企業家（キャリアと10代）	○	関連する職業を紹介し，キャリアについて理解させる。	社会 家庭科
	Verona Middle School	・子供の発達に関するコース ・ビジネスについてのコース ・食物と栄養	○	低学年でいろいろなキャリアに触れさせ，高学年では学習領域に関連する職業のゲスト（家庭科と関連ある職業，調理師等）を招いて学習させる。	家庭科
	Stoughton Middle School	・食物・栄養に関するコース ・消費者教育内容のコース ・人間発達に関するコース	×	高学年ではサービスラーニングを導入した授業を展開し，仕事について学べるようになっている。	家庭科
	Cherokee Height Middle School	・人間発達 ・家族 ・食物と栄養 ・裁縫 ・消費者教育内容 ・キャリア探求 ・ライフスキル ・サービスラーニング ・価値と選択	○	積極的に，サービスラーニングを導入してキャリア教育を行っている（例えば見学した授業では，高齢者施設へのプレゼントをミシンで作成していた）。	家庭科
ミネソタ州	Falcon Ridge Middle School	・消費者教育のコース ・10代の問題 ・問題解決	×	高学年で各領域で様々な職業を紹介し，仕事の世界を理解させる。	スクールカウンセラーによるプログラム
	Anthony Middle School	・家族と消費科学 ・食物と栄養 ・自分のビジネスをもつ	○	各領域に関連する職業を紹介し，キャリアについて学習させる。	キャリアカウンセラーによるプログラム 家庭科

という3つのコースが設定されている。このコースのうち，特に「自分のビジネスをもつ」においてキャリアに焦点が当てられている。「自分のビジネスをもつ」の授業では，自分の長所・短所等の特徴・個性を明らかにした上で，自分の適性にあったビジネスを選択して，プランニングを行っていた。生徒は，このような授業の過程で，自分の得意分野を考慮してビジネスの内容を考えたり，他者とのかかわりの中で仕事が行われることを学んだり，様々な役割の中でどのよう

に仕事を展開していくべきかについて考えて決定を下していた。すなわち、家庭生活、地域生活を考慮した職業生活の在り方について、生徒はビジネスに関するシミュレーションを通して学習していた。その過程で、自己の特性・興味を考慮したり、ビジネスにおけるコミュニケーションの重要性や、意思決定プロセスを用いた決定の方法について具体的に学んでおり、自己理解、人間関係能力、意思決定能力が育成できるようになっていた。また、もう1つの方向性として、食物等の各領域の学習の中で、関連する多様な職業の情報（仕事の内容やキャリアの道筋等）が提供されていた。前述のアンソニー・ミドルスクールの場合も「家族と消費科学」「食物と栄養」において、関連する職業の情報が提供され学習されていた。そして、生徒はこれらの情報に積極的にかかわっていく中で、情報収集・活用能力を育成できるようになっていた。

また、表6-4は訪問したハイスクールの家庭科の実施状況例を示している。ハイスクールの家庭科は、生活全般についての幅広い学習を行う基礎コースと、家庭科に関連する職業に焦点化した職業基礎コースから構成されている。キャリアはミドルスクールで学習された後、ハイスクールの家庭基礎コースと、更に職業基礎コースにおいて専門的に学習されるよう位置づけられている。このように、多くの学校で、家庭基礎コースの1つとして「キャリアとあなた」や「キャリア探求」などの自己のライフスタイルを家庭生活や地域生活との調和の観点から設計していくコースが、また職業基礎コースとして「健康に関連するキャリア」や「ファッションキャリア」などの家庭科の学習領域に関連する職業の準備を行うコースが設けられていた。すなわちハイスクールでは、カリキュラムやスタンダードにみられた2つの方向性はより顕著となっていた。前者では、自己理解や、人間関係能力、意思決定能力に加え、コンピューターを利用した情報収集・活用能力と、具体的なライフキャリア・プランニングの能力育成がめざされていた。後者ではライフキャリア・プランニングの能力の中でも、特に職業の準備に焦点が当てられ、FCCLA (Family, Career and Community Leaders of America)との協力体制のもとで、就業経験を重視した専門的教育が行われていた。FCCLAとは日本の学校家庭クラブに相当するもので、家庭科の学習領域に関連する職業、サービスを中心とした学習・諸活動（学校や地域の教育や諸活動等）を行い、生活改善および社会貢献をめざして活動を展開している組織で

表6-4 ハイスクールの家庭科におけるキャリア教育の実施状況例

州	学校	家庭科におけるキャリア教育		学校のキャリア教育の中心的存在
		家庭基礎コースに類するコース	職業基礎コースに類するコース	
ウィスコンシン州	North High School	・歓び，食物，フィットネス ・食物 ・食物（発展コース） ・ファッションとインテリアのデザイン ・ファッション（発展コース） ・自分で生きる ・10代の選択 ・関係性 ・子どもの発達1／ペアレンティング ・子どもの発達2／子ども ・キャリアとあなた ・ライフスキルトレーニング	・子どもの発達3／ティーチング ・健康に関連するキャリア ・学校家庭クラブ（FCCLA）Co-op ・学校家庭クラブ（FCCLA）Co-op Job	家庭科 ビジネス
	Port Edwards High School	・食物科学 ・食物に関するサービス ・親／子 ・家族関係 ・仕事へ向かう	・食物に関するサービス（発展コース） ・子どもと働くこと	特別プログラム 家庭科
	Wisconsin Dells Senior High School	・生活のための食物 ・家族関係と生活のためのスキル ・職場実習	・食物の範囲 ・子どもの学習 ・ファッションキャリア ・インテリア建築 ・料理業 ・生活のための料理 ・子どもたちを見に行き，授業の仕事経験を行う ・協同的労働経験	特別プログラム 家庭科 ビジネス
ミネソタ州	Hopkins High School	・子どもの心理 ・食物 ・住居とインテリアのデザイン ・キャリア探求 ・10代の問題に向かう ・消費者の賢明さ ・結婚と家族	・子どもの心理に関するインターンシップ ・食物インターンシップ ・住居とインテリアデザインのインターンシップ	学校全体 （家庭科教師はキャリア教育カリキュラム作成の中心的存在）
オハイオ州	Worthington High School	・家族・消費者科学 ・食物とフィットネス ・子どもの発達／ペアレンティング ・自立した生活 ・生活の選択 ・メンターシップ・プログラム ・ヘルシーな料理		家庭科

ある。

このようにアメリカ家庭科におけるキャリア教育は，各学校段階の連携による学習内容の体系化がなされており，生徒の多様な興味や進路，経済的状況等に対応した学習機会が保障されていた。授業方法としては，いずれの段階においても協同学習が重視され，評価にはポートフォリオが用いられていた。

5．小・中・高等学校での教育実践の可能性

(1) 家庭科におけるキャリア教育モデルの提案

これまでみてきたように，アメリカでは，家庭科においてキャリア教育が実施され，学校におけるキャリア教育の中心的役割を担っている。これらの先駆的事例を参考に，筆者はアメリカ家庭科におけるキャリア教育の理論と実践より示唆を得て，わが国の家庭科におけるキャリア教育モデルの構築を試みた（表6-5）。

本モデルの特徴は，家庭・地域・職業生活を視野に入れ，生活キャリアと職業キャリアの統合をめざしていることである。モデル全体に生活キャリアと職業キャリアの視点を取り入れることにより，生徒は真の自己実現，すなわち人間と環境の共生，社会生活における共生，自己と他者との共生の理念に基づく各ライフサイクルにおける自己実現について，探求していくことが可能となる[11]。能力領域は，アメリカ家庭科の実地調査の結果をふまえて，①自己理解，②人間関係，③意思決定，④情報収集/経験，⑤ライフキャリア・プランニング，の5領域から構成される。①自己理解とは，自己肯定を基盤として，自己を多角的に理解し，適切で肯定的な自己イメージを構築する能力であり，人間形成において重要な意味をもつ。②人間関係の能力とは，家族関係をはじめとして友人関係，親子関係，教師と生徒の関係，雇用主と労働者の関係等，人と人とのより良い関係を築ける能力であり，これには人的ネットワークの形成能力やコミュニケーション能力等が含まれる。これは，家族や人間発達の領域において特に重要視される能力である。③意思決定の能力とは，まさに家庭科の中核的概念であり，実践的推論を用いて一連のプロセスを辿って意思決定を行う能力であ

第6章 キャリア教育の視点からみた家庭科の可能性

表6-5 家庭科におけるキャリア教育モデル

能力領域	内容	目標 小学校	目標 中学校	目標 高等学校
① 自己理解	自己肯定 自己受容 自己認識	自分の長所や特技を理解し、自己を肯定するとともに、短所や不得意なことも認識する。	自分の様々な面を理解するとともに、短所や不得意な事柄を補い、長所や特技等を伸長させる。	自分について総合的に理解し、将来の職業や家庭・地域生活における具体的な在り方を考える。
② 人間関係	他者理解 人間尊重 役割認識 コミュニケーション能力	身近な人（友人や家族等）の長所や役割を認め、友好的な関係を構築する。また、その中で自分が成長していることを理解する。	他者との関わりが自分にとって重要であることを理解し、積極的に人間関係を構築する。	他者との関わりを生かしながら、自己を成長させ、効果的に他者と関わっていく。また他者のために自分ができることを探究し、他者を援助する。
③ 意思決定	意思決定の種類の理解 意思決定プロセスの理解 価値と目標の考慮 社会的意思の理解 批判的思考力の理解 実践的推論を用いた意思決定プロセスの活用	いろいろな意思決定があることに気づき、毎日が意思決定の連続であることを理解する。また、自分が納得して意思決定を行うことの大切さを理解する。	意思決定の重要性について認識し、意思決定の方法を理解する。また、自分の価値や目標を理解する。	意思決定に影響を及ぼす社会的圧力について理解する。実践的推論を用いた意思決定の技能を習得し、活用する。暫定的な意思決定を行い、その意思決定に対する責任を受け入れる。
④ 情報収集/経験	情報収集 情報加工 情報比較・検討 啓発的経験 コンピューター活用	自分の興味・関心のあることについて、身近な人に聞いたり、書籍等で調べたりする。	生き方を模索していく経験に取り組み、書籍やコンピューター等を利用して将来の自分の家庭・職業・地域生活に関する情報を積極的に収集し、比較検討する。	啓発的経験に積極的に取り組むとともに、種々の経験や情報を比較・整理・統合して自分の生き方を考える。
⑤ ライフキャリア・プランニング	家庭生活・職業生活・地域生活の役割認識 家庭生活・職業生活・地域生活の統合的理解 家庭生活・職業生活・地域生活の設計および準備	身の回りの家庭生活・職業生活・地域生活における自分の役割を理解する。	自分の将来の家庭生活・職業生活・地域生活の側面から捉え、自分の生き方を模索していく。	実践的推論を用いて、将来の自分の家庭生活・職業生活・地域生活について暫定的な意思決定を行う。現在の自分の学業や経験との関連を理解し、統合的にライフキャリアを設計・準備していく。

(Chamberlain, V. Teen Guide, Glencoe/McGran-Hill, 1990
Craig, B.L. and Miles, J.B. Careers in Home Economics, EMC Publishing, 1992
Eubanks, E., Sasse, C.R. and Glosson, L.R. Shoping Your Future, Glencoe/McGraw-Hill, 2000
Glosson, L.R., Meek, J.P. and Smock, L.G. Creative Living, 6th ed., Glencoe/McGraw-Hill, 1997
Love, C., Larrick, A. and Cobb, B. Career Exploration in the Middle School, Family and Consumer Sciences Association, Central Washington University, 1997

Wogensen, C. and Simon, J.A. Career Horizons Resource Guide: Expanding Thinking About Careers by Using Informed Decision Making, 2nd printing, Minnesota Department of Children, Families & Leaning and Minnesota State Colleges and Universities, 1999 等の分析結果を基に
仙崎武・職業指導研究会「職業教育及び進路指導に関する基礎的研究（最終報告）」職業教育・進路指導研究会 1998 を参考にして筆者作成）

る。この能力は,生涯の生活において継続してなされる,様々な決定において有効に働くものである。特にキャリア教育においては,実践的推論を用いた熟慮的な意思決定のプロセスは重要となる。④情報収集/経験とは,家庭・地域・職業生活に関する情報を図書館や出版物,コンピューター等から得たり,人物の観察やインタビューにより様々な意見を得て,それらの情報を整理・加工したり,様々な経験を意思決定に活用できる能力である。インターンシップや職場見学・実習などの経験もこれに含まれる。⑤ライフキャリア・プランニングとは,職業生活と家庭・地域生活とのかかわりを考慮してライフプランを設計し,目標を決定し,今自分がすべき事柄を理解し,将来の準備を行うことである。このプロセスにおいて,収集した情報は検討される。

本モデルの能力領域の構成については,既に5領域に相当する尺度が構成でき,概ね妥当性が明らかにされている[12]。そこでこの5つの能力領域の学習の可能性を,学習指導要領とのかかわりで示してみると,表6-6のようになる。家

表6-6 家庭科におけるキャリア教育の可能性

能力領域	小学校 (家庭)	中学校 (技術・家庭(家庭分野))	高等学校 (家庭総合)
①自己理解		B家族と家庭生活 (1) 自分の成長と家族や家庭生活とのかかわり	(1) 人の一生と家族・家庭 ア人の一生と発達課題
②人間関係	(1) 家庭生活に関心をもって,家庭の仕事や家族との触れ合いができるようにする。	B家族と家庭生活 (3) 家庭と家族構成	(1) 人の一生と家族・家庭 イ家族・家庭と社会
③情報収集／経験		A生活の自立と衣食住 B家族と家庭生活	(1) 人の一生と家族・家庭 (2) 子どもの発達と保育・福祉 (3) 高齢者の生活と福祉 (4) 生活の科学と文化 (5) 消費生活と資源・環境
④意思決定	(7) 身の回りの物や金銭の計画的な使い方を考え,適切に買物ができるようにする。	A生活の自立と衣食住 (2) 食品の選択と日常食の調理の基礎 (3) 衣服の選択と手入れ B家族と家庭生活 (4) 家庭生活と消費	(1) 人の一生と家族・家庭 ウ生活設計 (5) 消費生活と資源・環境 ア消費行動と意思決定
⑤ライフキャリア・プランニング			(1) 人の一生と家族・家庭 ウ生活設計

(「小学校学習指導要領」1998,「中学校学習指導要領」1998,「高等学校学習指導要領」1999に基づき筆者作成)

庭科におけるキャリア教育は，小学校から高校において，家族と家庭生活に関する学習領域で展開の可能性があるとともに，家庭科の各領域においてキャリア情報を提供したり探索したりして発展させる可能性があると考えられる。

(2) 小学校家庭科での方向性を探る ―「家族・家庭生活」学習に着目して―

前項において，小・中・高等学校の家庭科におけるキャリア教育の展開の可能性が示唆された。そこで，本項では小学校家庭科における導入に向けて，現場の現実的な認識調査結果の分析から，その方向性を探っていきたい。

西原由布子氏らは，家庭科担当教諭の先生方を対象としたアンケート調査の結果より，興味深い分析結果を得ている[13]。ここではその一部を紹介したい。

調査の実施時期及び内容は以下の通りである。平成13年1月中旬から2月中旬に，奈良県と横浜市の家庭科担当教師232名を対象に，アンケート調査を実施した。調査内容は，「家族・家庭生活[14]」(『家庭の仕事』・『生活時間』・『団らん』)における今後の重点指導項目の選択と選択理由の自由記述である。3つの項目別にそれぞれの選択理由をKJ法により解析した。

図6-2は『家庭の仕事』の分析結果の概略図である。家庭科で行いたい指導に

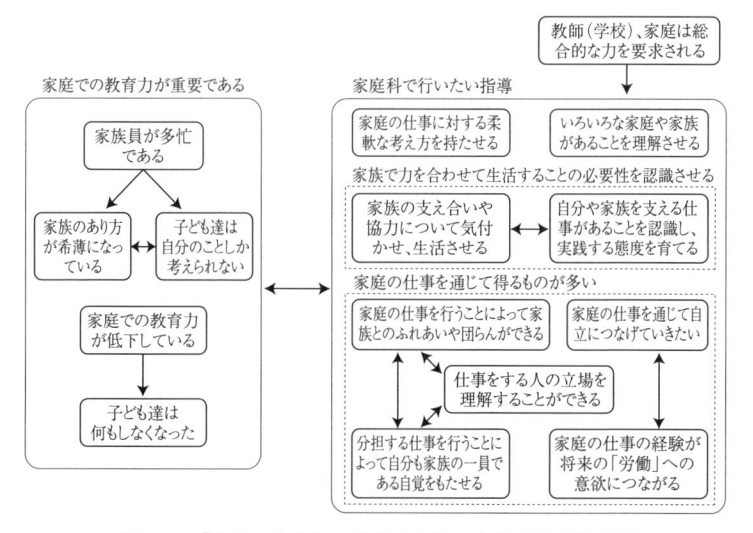

図6-2　『家庭の仕事』に対する教師の意見（全体概略図）
（西原由布子・河﨑智恵・鈴木洋子「小学校家庭科「家族・家庭生活」の学習における課題の検討」
日本家庭科教育学会第33回近畿地区会研究・実践報告会　2002の発表資料を一部修正）

```
┌─────────────────────────────────────────────┐
│          家庭の仕事の経験が将来の              │
│          「労働」への意欲につながる            │
│  ┌──────────────┐ ┌──────────────────────┐  │
│  │家庭における仕事│ │子どもの頃から、「生きて│  │
│  │の経験が大人に  │ │いく」ということは何らか│  │
│  │なってからの   │◄┤の形で仕事を見つけて、  │  │
│  │「労働」への意欲│ │それを責任をもってやり遂│  │
│  │につながる。   │ │げていくということを経験│  │
│  │              │ │させたい。             │  │
│  └──────────────┘ ├──────────────────────┤  │
│                   │家庭の仕事の分担の中でや│  │
│                   │りたくないことやきつい仕│  │
│                   │事も経験させる必要があ  │  │
│                   │る。                   │  │
│                   └──────────────────────┘  │
│  ┌──────────────────┐┌──────────────────┐  │
│  │親が働くことも当然だと思い、││今の就職難の世の中で、親の││
│  │自分の暮らしと親の労働や ││仕事をしっかりと見つめることが││
│  │社会との結びつきが実感を伴う││でき、贅沢や華美な生活に││
│  │つながり方をしていない。 ││あこがれる子も多いと感じる。││
│  └──────────────────┘└──────────────────┘  │
│                        ▼                    │
│  ┌──────────────────┐┌──────────────────┐  │
│  │自分が仕事を分担し、働くことに││分担する仕事をすることに││
│  │よって、働く人の気持ちが分かる。││よって、母親や父親の大変さ││
│  │                  ││が理解できる。          ││
│  └──────────────────┘└──────────────────┘  │
└─────────────────────────────────────────────┘
```

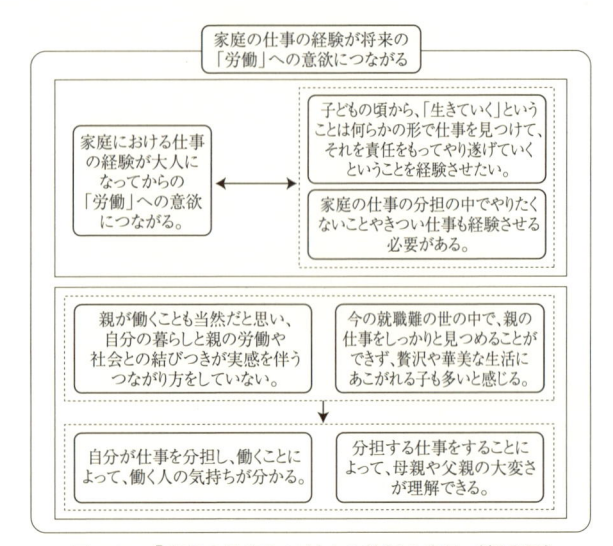

図6-3 『家庭の仕事』に対する教師の意見（部分図）
(西原由布子・河崎智恵・鈴木洋子「小学校家庭科『家族・家庭生活』の学習における課題の検討」
日本家庭科教育学会第33回近畿地区会研究・実践報告会 2002の発表資料を一部修正)

関して、家族で力をあわせて生活することの必要性とともに、家庭の仕事を通じて得るものが多い点が指摘されている。家庭の仕事を通じて、生徒に家族の一員としての自覚や家族との団らんをもつきっかけが与えられ、自立のプロセスを踏むことができ、将来の労働への意欲が得られると考えられていた。

さらに、この「家庭の仕事の経験が将来の「労働」への意欲につながる」という部分を詳しく見ると以下のようになる（図6-3）。教師は、①子どもの家庭における仕事の経験が、大人になってからの「労働」への意欲につながり、②子どもに、「生きていく」ということは、何らかの仕事を見つけて責任をもってやり遂げていくことであることを認識、経験させ、③家庭の仕事の分担の中で、やりたくない仕事も経験させる必要がある、と感じていた。すなわち、『家庭の仕事』の学習において、子ども達に仕事を行うことの厳しさや責任の重さを認識させて、労働への意欲や関心につなげていく可能性があると教師は判断しているといえる。

教師は、子ども達の「親が働くことを当然だと思い、自分の暮らしと親の労働や社会との結びつきが実感を伴うつながり方をしていない」実態や、「就職難の世の中で、親の仕事をしっかりと見つめることができず、贅沢や華美な生活

にあこがれる」姿勢を問題視している。それに対して「家庭の仕事を行うことによって，働く人の気持ちや，母親や父親の大変さが理解できる」のではないかと考えており，家庭の仕事を通じて親の仕事に関して理解させたいという方向性が示された。

　現在,『家庭の仕事』については，家庭の仕事の種類や分担，自分にできる仕事の実践等について学習がなされているが，様々な仕事や将来の勤労意欲に結びつけられるように発展できてはいない。調査の結果，小学校家庭科「家族・家庭生活」学習において，新たに，親の仕事への理解および将来の「労働」への意欲を高めるような学習，仕事や職業に関する学習内容が求められていることが示された。今後，小学校では特に『家庭の仕事』という学習内容が，キャリア教育として発展可能であることが示唆されたといえよう。

(3) 高等学校専門（職業）学科における新たな展開
　　―科目「生活産業基礎」におけるキャリア教育の構想―

　前述のように家庭科におけるキャリア教育は，小学校から高校において，家族と家庭生活に関する学習領域で展開の可能性があるとともに，家庭科の各領域においてキャリア情報を提供したり探索したりして発展させる可能性があると考えられる。前者の方向性については，前項で検討したように小学校段階からの可能性が示唆された。そこで，次に後者の方向性について，高等学校の専門（職業）学科における新科目「生活産業基礎」に焦点をあて，構築したモデルを基に，キャリア教育の学習内容を提示していきたい。

　「生活産業基礎」は，新学習指導要領において専門学科（家庭に関する学科）における原則履修科目として新設され，専門的学習の導入段階の科目として位置づけられている。すでに，2003年度から実施されているものの，学習指導要領では「生活産業基礎」の概要（目標および内容とその取扱い）が示されているのみで，他に手引き書や指導書等は刊行されていない。高等学校の教育現場では指導方法等に関する混乱も生じており，モデルとなるプログラムの開発が求められている。

　学習指導要領において，「生活産業基礎」の目標は「生活と産業とのかかわりについて理解させ，生活に関連する職業などへの関心を高めるとともに，必要

表6-7 「生活産業基礎」におけるキャリア教育の構想（単元と領域）

単元	能力領域	自己理解
<①自分を見つめ，他者を理解する>	多様な価値観を理解し，自己および他者の在り方を認め，肯定的な人間関係を築く。	
私のいいところ・みんなのいいところ	自分の長所を振り返るとともに，他者から自分の長所を指摘してもらい，自己を発見する。	自己肯定
私の持っているもの・みんなの持っているもの	家族・友人等の長所を発見し，それを伝えるコミュニケーションスキルを身につける。自己の持つ物的・時間的・人的リソースを理解し，自分にないリソースを他者が持っている場合もあることを理解する。	自己のリソース
相手の気持ちを理解し，自分の気持ちを伝える	相手の気持ちを理解し，「私メッセージ」によりアサーティブな自己表現を行うスキルを習得する。	
私の個性・みんなの個性	自分の個性を，他者の個性を理解し認める中で，発見する。	自己の個性
私の夢・みんなの夢	自分の将来像をみつめ，他者の将来像と比較検討する。	自己の将来像
<②私の将来>	生涯の人間発達における生活と職業のキャリアの意味を理解し，キャリアへの関心を持つ。	
私たちの生活と仕事	家庭・地域・職業生活における生活と仕事の意味を理解し，生涯における生活キャリアと職業キャリアの統合の重要性を理解する。	自己の責任・役割
自己実現と仕事	自己実現において生活キャリア・職業キャリアの果たす役割を理解する。	自己実現
人生における危機	人生におけるキャリア危機を理解し，危機における人間関係や再教育の重要性を理解する。	危機
生涯にわたる発達	自己の生涯にわたってキャリア発達がなされ，危機の解決により発達が促されることや，危機場面において，継続的な人間関係の構築やキャリア探求の態度が必要なことを理解する。	生涯発達
いろいろな道筋	いろいろなキャリアへの道筋があることを理解し，キャリアへの道に興味を抱く。	
<③いろいろな仕事と，仕事への道筋>	様々な生活キャリア・職業キャリアの情報を収集し，キャリア構築への意欲を持つ。	
社会の変化と家庭・地域・職業生活における仕事	社会の変化にともなう家庭・地域・職業生活の変化を理解し，社会における生活キャリアと職業キャリアの在り方を理解する。	
生活産業を調べてみよう	自分のキャリア探求・構築のために，キャリア情報収集が不可欠なことを理解し，人的ネットワーク，インターネット，その他を活用し，情報収集を行う。	
家族発達に関わるキャリア	生活と深く関連し，つながりのある生活産業の存在を理解する。家族発達に関わる職業や社会活動が，自分の成長や生活にどのように関わっているかを理解し，家族発達に関わる職業や社会活動に関する情報を収集する。	
家庭経営・消費生活に関わるキャリア	家庭経営・消費生活に関わる職業や社会活動が，自分の成長や生活にどのように関わっているかを理解し，家庭経営・消費生活に関わる職業や社会活動に関する情報を収集する。	
衣生活に関わるキャリア	衣生活に関わる職業や社会活動が，自分の成長や生活にどのように関わっているかを理解し，衣生活に関わる職業や社会活動に関する情報を収集する。	
食生活に関わるキャリア	食生活に関わる職業や社会活動が，自分の成長や生活にどのように関わっているかを理解し，食生活に関わる職業や社会活動に関する情報を収集する。	
住生活に関わるキャリア	住生活に関わる職業や社会活動が，自分の成長や生活にどのように関わっているかを理解し，住生活に関わる職業や社会活動に関する情報を収集する。	
<④興味ある仕事に関する経験>	興味のある仕事（職業）に関する経験に積極的に取り組みながら，自己の将来を探求していく。	
生活産業を体験してみよう	自分の地域にどのような生活産業があるのかを知り，生活に関連する仕事に体験的にかかわり（見学・講話等を含む），生活産業への興味・関心を持つ。	自分の地域の生活産業
メンター（助言者）や協力機関を見つける	自己のキャリア探求・構築における，メンターや協力者・協力機関の役割を理解し，積極的に探求する。	
メンターシップ・インターンシップから学ぶ経験を生かしていく	メンターシップ・インターンシップ等の経験に積極的にとりくむ。メンターシップ・インターンシップ等の経験から，もう一度，自分自身や将来を見つめてみる。	経験からの自己の見つめ直し
<⑤私の大切な価値と仕事>	将来の目標を具体的に想定し，意思決定スキルを習得する。	
目標を決めるということ	自己実現のために，自己の大切な価値を考慮して，将来の目標を決定する必要性を理解する。	自己実現と価値
いろいろな意思決定	直感による意思決定，人任せの意思決定等，いろいろな意思決定の短・長所を理解する。	
決定に及ぼす人的・社会的圧力	キャリア決定における，伝統やジェンダー，他者からの影響を，批判的に検討する。	
熟慮的な意思決定のプロセス	実践的推論を用いた，熟慮的な意思決定の有効性を理解する。	
目標を決めてみる	熟慮的意思決定プロセスを用いて，将来の目標（短期目標・長期目標）を暫定的に決めて具体化する。	
<⑥ライフキャリアをデザインしよう>	生涯の家庭・地域・職業生活における統合的なライフキャリアを探求・設計して実行する。	
人生のバランス	決定した仕事の目標を，人生における生活のバランスという視点から検討する。	
ライフキャリア・プランを立てる	統合的なライフキャリア・プランを，必要な経験，専門的教育や資金，その他を検討して設計する。	
将来の私と今の私	設計したライフキャリア・プランから，「将来の私」へつながっていく「今の私」を見つめ直し，自分がすべきことを検討する。	将来の自己と現在の自己

人間関係	意思決定	情報収集/経験	ライフキャリア・プランニング
他者肯定			
他者のリソース		他者のリソース	
私メッセージ アサーティブなコミュニケーションスキル 他者の個性 他者の将来像		他者の個性 他者の将来像	
		仕事の意味	
危機の支援と人的ネットワーク		生活キャリア・職業キャリア 危機の支援や援助のための機関・情報	
人的ネットワークの構築		キャリア発達を支援する機関・情報	
		キャリアへのいろいろな道筋	
		社会におけるキャリア	
		情報収集の方法と経験	
		家族発達に関わるキャリア情報	
		家庭経営・消費生活に関わるキャリア情報	
		衣生活に関わるキャリア情報	
		食生活に関わるキャリア情報	
		住生活に関わるキャリア情報	
		生活産業に関する仕事の体験	
人的ネットワークを知る		キャリア経験の提供者・協力者	
仕事におけるコミュニケーションの重要性		メンターシップ・インターンシップ経験	
	意思決定の種類		
	決定への影響		
	意思決定プロセス 目標の暫定的決定		
	批判的検討 暫定的決定	教育・資格等の情報	家庭・地域・職業生活のバランス ライフキャリア・プランの設計
			ライフキャリア・プランの実行

な知識と技術を進んで習得しようとする意欲と態度を育てる。」と示されている。また「生活産業基礎」の学習内容は，(1)生活と産業，(2)社会の変化と生活産業，(3)生活産業と職業，(4)職業生活と自己実現，と示されている。最終的な学習内容として自己実現があげられているものの，(1)～(3)までの学習内容には自己および自己実現に関する内容は入ってはいない。また，指導にあたっては特に(3)生活産業と職業，に重点を置くようになっており，生活産業の知識・理解に偏重した内容といえる。しかし，生徒は生活産業を自己との関連で認識できない現状にあり，自己の生活や自分自身についての理解を学習の中心に位置づけ，自己と生活産業とのかかわりを学習する必要がある。その過程で，生活産業および関連する職業等を生活の延長線上に位置づけさせることで，はじめて学習への意欲・態度の育成が可能となると考える。すなわち筆者は，自己の現在および将来と，生活・産業とを具体的に関連づけ，発展的に将来を構築しようとする態度を育成することが，専門的な学習への積極的取り組みにつながるものであると考える。

　以上のように学習指導要領を批判的に考察したうえで，提案したモデルに基づき自己理解に関連する内容を取り入れ，「生活産業基礎」におけるキャリア教育の単元と能力領域を構想し，学習内容と概念を示した（表6-7）。学習内容は，6つの単元とそれぞれの小単元から成り，基本的には単元①から順に学習されるよう構想している。

　この構想は，今後の教育実践に貢献し得るものと考える。一部分はプログラム（学習指導案，ワークシート）の開発を試みてはいるものの，精緻化した上で，授業実践による検証および指導書の作成を行う必要があり，今後の課題である。

6．今後の課題

　本稿では，キャリア教育が学校で実施されることをふまえて，教科としての家庭科におけるキャリア教育のあり方を探ってみた。現在，キャリア教育は「総合的な学習の時間」を中心に先駆的な実践が散見されるようになったが，それら

の内容は将来の職業生活のみに焦点化され,家庭・地域生活に関するあり方を考察する学習内容は極めて少ないのが実情である。現行のキャリア教育的経験において,このように家庭・地域社会を含めた統合的な生き方をみつめる学習内容が欠如していることは,キャリア教育の概念に照らしてみても問題と思われる。家庭科において,統合的な視点が不可欠であることは言うまでもないが,進路指導や「総合的な学習の時間」におけるキャリア教育実践においても,職業キャリアと生活キャリアの統合は重要な課題であると考察する。

　昨今の教育現場では,授業時間数削減の状況の中,キャリア教育という新たな学習内容の導入は容易ではない。しかしながら,家庭科では本稿でみたようにキャリア教育に関連する重要な内容が含まれ,小・中・高等学校での教育実践の可能性も示されている。家庭科の学習内容をキャリア教育の視点から整理し,教科の独自性をふまえて統合的なキャリア教育を開発することが求められるとともに,家庭科教師はキャリア教育推進の中心的担い手としても期待されよう。

【引用・参考文献および注】
1) 文部省中央教育審議会答申「初等中等教育と高等教育との接続の改善について」1999
2) 仙﨑武・職業教育・進路指導研究会「平成8・9年度文部省委託調査研究　職業教育及び進路指導に関する基礎的研究(最終報告)」職業教育・進路指導研究会　1998
3) 若者自立・挑戦戦略会議(文部科学大臣・厚生労働大臣・経済産業大臣・経済財政政策担当大臣)「若者自立・挑戦プラン」2003
4) 文部科学省「キャリア教育の推進に関する総合的調査研究者会議―中間まとめ」2003
5) Partridge, E., *Origins*, Routledge&Kegan Paul, 1963, p.78.
6) Super, D.E., A Life-Span, Life Space Approach to Career Development, *Journal of Vocational Behavior*, Vol.16, No.3, 1980, pp.282-296.
7) Hall, D.T., *Careers in Organizations*, Glenview, Scott, Foresman and Company, 1976 pp.1-9.
8) 前掲4)
9) National Association of State Administrators of Family and Consumer Sciences (NASAFACS) and V-TECS, *National Standards for Family and Consumer Sciences Education*, 1998.
10) 2000年4月～5月に,ミネソタ州,オハイオ州,ウィスコンシン州の中等学校15校,キャリアセンター2校を訪問して,実地調査を行った。

11) 岡本祐子「心の教育と家庭科教育」家庭科教育実践講座刊行会（編）『ASSETビジュアル家庭科教育実践講座第1巻─21世紀を生きる子どもを育てる新しい時代の家庭科教育─』ニチブン　1998

12) 河﨑智恵「家庭科におけるキャリア教育モデルの検討─能力領域の尺度の構成を中心に─」『進路指導研究』第22巻第1号　2003　pp.25-34.

13) 西原由布子・河﨑智恵・鈴木洋子「小学校家庭科「家族・家庭生活」の学習における課題の検討」日本家庭科教育学会近畿地区会会報第17号　2003

14) 家族と家庭生活に関する学習を「家族・家庭生活」学習とする。なお学習指導要領に示される内容のうち「家庭には自分や家族の生活を支える仕事があることが分かること」「自分の分担する仕事を工夫すること」を「家庭の仕事」「生活時間の有効な使い方を考え，家族に協力すること」を「生活時間」「家族との触れ合いや団らんを楽しくする工夫をすること」を「団らん」と分類した。

第7章
現代生活を問い直す福祉の学び

橋本　尚美

はじめに

　1999（平成11）年改訂の高等学校学習指導要領では，家庭科の3科目「家庭基礎」，「家庭総合」，「生活技術」の目標に共通して，「福祉……などに関する……知識と技術を……習得させ」ることが掲げられた。家庭科の目標に「福祉」が示されたのは今回が初めてのことである。また内容としては，前回の学習指導要領（1989（平成元）年改訂）で新設された高齢者の福祉に関する内容に加え，子どもの福祉や，家庭生活と福祉のかかわりを学ぶ内容が設定され，福祉に対する地域や社会の役割が重視された。前回に比べ，福祉を人の一生の発達の中でとらえたり，個人的課題を社会的課題につなげて学ぶことのできる内容になったといえよう。
　福祉は，生活における普遍的な課題であり，もともと現代的課題に対応する側面もあって設置された家庭科では，これまでもその時代その地域の福祉の課題をとらえた授業実践が多様に行われてきた。前回，今回と学習指導要領に「福祉」が記されたことで，福祉の課題が，家庭科においてさらに意識的に取り組まれることには意味があると思われる。

しかし一方で,今日の福祉の実践には慎重さが必要である。現代の社会状況を背景に,福祉の教育に特別な関心と期待が寄せられているからである。そこで本稿では,近年の教育改革,社会保障・福祉改革における福祉の教育の位置づけを批判的に検討するとともに,家庭科における福祉の創造的な実践の方向を探ることとする。

1. 教育課程政策における福祉の教育

学校に対して福祉の教育への期待が寄せられ始めたのは,高度経済成長期以降の1970年代である。社会問題の増大や「日本型福祉社会論」を背景に,厚生省と全国社会福祉協議会による「学童・生徒のボランティア活動普及事業」が全国的に展開された。また,文部省の指定校制度や福祉教育読本の刊行も行われ,次々と教育実践の場に福祉の内容が導入された[1]。これら社会福祉問題への関心・理解や体験活動をめざす福祉の教育は,その後も,道徳,特別活動,社会科,家庭科などで部分的に展開されてきたが,今日再び,福祉の教育へのさらなる期待が高まっている。まずは,教育課程政策における福祉の内容の位置づけを見てみよう。

教育課程審議会の「幼稚園,小学校,中学校,高等学校,盲学校,聾学校及び養護学校の教育課程の基準の改善について」と題する答申(1998(平成10)年7月)(以下「答申」と略す)に示されるように,今回の学習指導要領では,道徳教育,国際化,情報化,環境問題と並んで,少子高齢社会への対応が,各学校段階・各教科等を通じた横断的・総合的な課題とされた。「答申」では,今後の日本社会を高齢化・少子化の激しく進行する社会ととらえ,その進行が新たな課題を生じさせても,その変化に柔軟に対応し得る人間の育成をめざすとした。

また,そのために必要なこととしては,各教科,道徳,特別活動,「総合的な学習の時間」のすべての領域を通じて,介護・福祉への理解を深めること,子どもを産み育て,高齢者のために主体的に行動する態度を育成すること,触れ合う活動やボランティア活動を重視すること,他人を思いやる気持ちをはぐくむことなどが挙げられた。

福祉の内容が全教育課程を貫いて位置づけられており,このようなことはか

つてなかった。その一方で、子どもたちが学ぶべきとされる内容は、高齢者の福祉・介護を担うことや、子どもを産み育てることなどに極めて限定されている。

確かに、少子高齢社会は現実のものであり、その課題を総合的に追求することは重要であるかもしれない。しかし、「答申」では、高齢化・少子化により具体的にどのような課題が生じるのか、また、なぜそのような課題が生じるのか、何が根本的な解決に結びつくのかといったことは分析されず、現在生じている問題に態度と思いやりで対応することが求められているといえよう。「答申」とは違う少子高齢社会の道もあるし、高齢者や子育てに限定されない課題もあるであろうが、それらは示されていない。

今回の学習指導要領で、「総合的な学習の時間」の学習内容に「福祉・健康」の課題が例示されたことも、家庭科における福祉の内容の位置づけも、このような「答申」の方針に基づいている。中でも家庭科は、福祉の内容が多く位置づけられている教科の1つであり、福祉の実践を行うにあたっては、さらにこの「答申」の背後にあるものをとらえておく必要があろう。

2．日本の社会構造の転換と福祉の教育における政治

今回の福祉の内容の位置づけに関しては、この教育課程政策が、バブル崩壊後の1990年代前半から、経済のグローバル化と日本企業の多国籍化を推進力に行われてきた経済・政治全般にわたる再編、とりわけ「社会保障構造改革」と連動していることをとらえる必要があるであろう[2]。「社会保障構造改革」（以下「改革」と略す）は、1990年代半ばから本格化したもので、1980年代までの「福祉切り捨て」路線を基本的に継続しながらも、これまでの社会保障の理念・原則を根底から崩し、新たな制度の構築をめざしているといわれる。具体的には、2000（平成12）年4月に始まった介護保険制度をはじめ、医療、障害者福祉、保育、年金など社会保障全般にわたる改革が行われている[3]。

(1) 公的保障のミニマム化と私的責任の導入

この「改革」の特徴は大きく3つある。1つは、公的な社会保障を最低限にしぼったうえで、それ以上の「保障」をそれぞれに応じた自己負担に求め、多く

自己負担する者は多く給付を受けるといった「公平」をめざしていることである。例えば介護保険制度の場合，保険料を支払えるかどうか，一割の利用料負担をどこまで払えるか，追加サービス部分（全額自己負担の介護サービス）を買えるか買えないかによって，介護に格差がつくことになる。これは，生存権保障として切り拓かれてきた社会保障の権利性を崩壊し，本人の支払い能力に応じた処遇へと転換したことを意味している。

　2つには，「個人，家族，地域，民間事業」を私的部門と規定して，社会保障における「公私分担」が主張されていることである。社会保障制度審議会は，「社会保障体制の再構築（勧告）―安心して暮らせる21世紀の社会をめざして―」(1995(平成7)年)において，今後の社会保障の基本理念を「みんなのためにみんなでつくり，みんなで支えていくもの」と示し，国民は，社会保険料や租税の負担だけでなく，ボランティア活動などにより，社会保障の維持に積極的に参画することが必要であるとした。これまで公的責任とされてきた社会保障に，私的責任・役割を組み込んだこの構想は，公的責任を曖昧にし，回避したものである。この体制のもとでは，サービスの購買力が不足すれば，後は「個人，家族，地域」の気持ちと協力だけが頼りとなる。

　3つには，これらの前提として，自己責任を原則としていることである。社会保障将来像委員会の「第一次報告―社会保障の理念等の見直しについて―」(1993(平成5)年)では，「国民の生活のすべてを公的部門が保障すべきであるとはいえず，基本的には生活の維持・向上は国民各自に第一次的責任がある」と示され，貯蓄や健康管理に至るまでの自助努力が求められた。この原則が徹底されれば，支払い能力の不足や疾病でさえ自己責任とみなされ，公的責任への当たり前の要求が退けられる可能性がある。

(2) 福祉の教育における政治

　今日の教育課程政策は，このような「改革」を基本としているととらえる必要があるであろう[4]。そのため「答申」では，社会保障の切り捨てを補うための福祉の教育，すなわち「思いやり」とマンパワーを育成するための教育が主張されることになっている。またそれは，どのような課題が生じても自己の責任で現実に適応できる強い個人の育成とともに求められている。

今日，福祉の実践を行う際には，このような道徳主義的で個人主義的な福祉の教育の政治性を自覚する必要がある。「答申」や学習指導要領に示される福祉の教育が，どのような社会観や人間観を要求することになっているのか，また，暗黙のうちに無視・軽視していることは何なのかをとらえ，それらを相対化する実践をつくり出すことが重要であろう。そうでない実践は，無意識のうちに今日の「改革」を是認し，特定の生き方を強いる極めて政治的な役割を果たすことになるのである[5]。

3．家庭科における福祉の創造的な実践へ

　それでは，家庭科における福祉の実践のあり方を検討してみよう。前述してきたような福祉の教育の政治性をとらえ返す実践を構想する必要があるであろう[6]。

(1) 探求すべきテーマを見定める
　まずは，何を授業のテーマとして取り上げるかについてである。
　家庭科では，これまでも，家庭や地域の生活問題をとらえた福祉の実践が多様に行われてきた。しかし，一連の改革を経た1990年代以降の日本社会では，勤労者全体の生活を改変するほどの「賃金破壊」，「雇用破壊」とともに，所得，住宅取得，教育の格差をはじめ，消費の傾向，病理，社会問題の現れ方にも階層的格差が存在することが指摘されている[7]。深刻な生活問題は，私たちや子どもたちの日々の家庭生活，地域生活の中に生じているのであり，今日，高齢者や子ども，家庭生活に関する福祉の実践を行う際には，このような個人や家族を襲う生活問題のうち，何をこそ取り上げ，子どもたちと学んでいくかの見定めがますます重要になっているといえよう。
　これまで日本では，高齢者や母子家庭など「社会的弱者」への救済が福祉の中核であると意識され，生活の普遍問題として社会保障・福祉政策をとらえる道が閉ざされてきた[8]。しかし今日では，社会保障のあり方にも変更が求められ，古典的な生活問題（貧困・低所得層対策など）や社会手当（児童手当など）のほか，今日の生活基盤と考えられる教育・文化，住宅，環境，労働条件など

を含めた人権・生存権保障のトータルな体系として社会保障を整える方向が示されている[9]。

家庭科の実践が、リアルな生活の現実から出発するとすれば、より多様な生活問題を視野に入れ、福祉の実践を構想していく必要があるであろう。またその際、子どもたちも多様な生活の現実を生きているのであり、自分の問題意識や発見、視点を持ち込み、教師とともに探求のテーマを紡ぐ存在としてとらえる必要があるであろう[10]。

(2)「コンフリクト」(対立・矛盾・葛藤) を顕在化させる

また、福祉のテーマを探求する際には、その過程で「コンフリクト」を顕在化させることが重要ではないだろうか。

例えば、社会保障・福祉のあり方をめぐっては、一連の改革に伴い、いくつかの対立点が明らかになっている。

1つは、生活問題を、社会の仕組みに由来する社会問題であるととらえるか、自己責任によるものととらえるかの対立である。これまで社会保障・福祉は、個人の責任とはいえない生活問題の多くの事例から社会的責任の考えを生み出し、形成されてきたが、今日の改革では、自己責任論が主張されている。

2つには、社会保障を人権・生存権保障のためのものととらえるか、たとえそうでも、社会の「維持・再生産」のためには他の政策や財政支出を優先させると考えるかの対立である。今日の改革は、後者に基づき行われている。

これらは社会保障・福祉の理念や機能の根本にかかわるものであるが、ほかにも、福祉の制度や実践、それを支える理念や思想をめぐる「コンフリクト」は存在する。家庭科の実践では、生活の事実の中に潜む社会的な「コンフリクト」を顕在化させて子どもたちと検討することにより、くらしとそれを支える社会システムを創造的につくりかえる学びにすることが重要ではないだろか[11]。

これに関して、例えば、スウェーデンの中学教科書『あなた自身の社会』では、「児童福祉」の項で、子どもたち(中学生)自身が保育園のあり方をめぐり議論する場を設けている (表7-1)[12]。

生活問題をどのようにとらえ、どのような生活保障の方法を選ぶかといった福祉のあり方は、丹念な事実調査や交流を経て意見形成されるべきものであり、子

表7-1 保育園（ドーギス）に対するいろいろな意見

意見1　子どもをドーギスへ入れることのできた親は，児童福祉宝くじで1等を当てたようなものだね。われわれのように，自分で子どもの世話をしなくてはならない者は2倍の負担だよ。つまり，自分のチビたちのことは全部自分でやった上に，税金を通じて他人の分まで払っているのだからね。これが公正と言えますか。

意見2　ドーギスは素晴らしいですよ。教育を受けた職員はいるし，遊び場も広いし，遊び道具もいっぱいあるし。子どもたちはグループで行動することを学び，たくさんの人，いろいろな価値観と出会えるのですから。ドーギスへ行った子どもは元気で，学校のことも，他の子どもたちより良くできますよ。

意見3　ドーギスなんて，家で子どもの世話をするより外で働く方が好きな母親が，子どもを放り出しておく場所以外の何物でもありません。ドーギスでは子どもは粗末に扱われています。子どもには，静かな落ち着いたところが必要です。

意見4　ドーギスを閉鎖しましょう。学歴があり，自己主張の強い人の子どもだけが入っているのですから。3歳以上の子ども全部に，毎日6時間の幼児学校の方がはるかにいいです。それに安上がりです。他に必要な人に振り向けるお金もできるでしょう。

意見5　選択の自由，代替物が必要です。児童福祉へも民間の意欲を導入すべきです。家にいて子ども世話をしている親たちに養育補助金を出し，彼ら自身が望ましいと考えるケアをつくる自由を与えると良いと思います。

意見6　養育補助金は，親が家にいられるほど多額になっては全体にいけないと思います。社会は，子どもに対する責任を負うべきです。できるだけ多くのドーギスをつくり，全部の子どもが入れるようにすべきです。

　　　（注）保育園（ドーギス）は，両親が働いているか学生である場合に，0.5歳からの子どもを預かる施設。1990年のスウェーデンでは，10人の子どものうち3人がこれを利用している。

どもたちもそれをともに考えていく社会の一員ととらえる必要があるであろう。

(3) 体験活動を組み替える

　また福祉の実践では，しばしば社会福祉施設での体験やボランティア活動が設定されるが，体験を，どのような現実世界と出会い，批判的・創造的学びを創りだす場にするかが重要であろう。

　もともと，1940年代に始まった学校における福祉の教育では，子どもが社会事業の現実から問題を発見し，社会的運動に取り組む実践が行われていた[13]。

　また表7-2は，地域福祉実践における市民参加の形態とレベルを示したもので

表7-2 地域福祉実践における市民参加の形態とレベル

レベル＼形態	参画的参加	運動的参加	活動的参加
意志決定への参加			
運営への参加			
実施活動への参加			//////////
評価への参加			

(注) ボランティア活動は，斜線の部分に入る。

あるが，近年，ボランティア活動が代表的な参加の形態として強調されているのに対し，実際には，審議会や各種の委員会など政策策定や決定のプロセスに参加する「参画的参加」，署名活動，請願運動，行政交渉，啓発活動などの方法で制度の変革やサービス開発を求めてアクションを起こす「運動的参加」，ボランティア活動などで実際的活動に参加する「活動的参加」の3つの形態がある。そのどれが欠けても福祉社会づくりには結びつかない[14]。

確かに，福祉施設での体験やボランティア活動は，自分と他者や社会との関係を問い直したり，新しい関係やネットワークを創り出す可能性がある。しかし，福祉の実践においては，その他の参加形態も視野に入れて，ボランティアを不可欠とする社会システムの問題を問うたり，体験や活動を，探求のテーマや「コンフリクト」を発見・追求する場として位置づけて，社会保障・福祉の権利の学習につないだりすることが必要であろう。

(4)「普通」，「あたりまえ」を問い返す

また，これまでの福祉の実践では，「強者」のあり方や，「普通」，「あたりまえ」とみなされてきた基準を問うことなく，「社会的弱者」に対する理解や援助のための学習が行われてきた面がある。前述した(1)～(3)を行う上でも，このことの問い直しが必要であろう。

これに関しては，多文化主義の理念が参考になる。多文化主義とは，社会統合に関わって，一つの社会を一文化，一言語，一民族によって成立させようとする同化主義の対極に位置し，それらの複数の共存を求め，共存のもたらす積極面を評価する主張と運動である。その際，民族や人種に基づく社会・経済・政治的差別に対して，各文化の承認や平等性を求めるだけでなく，同時に，マ

ジョリティ側の文化の問い直しを迫り，それにより共存が可能になるとする[15]。

人々がそれぞれ異なる文化観をもつ存在であるととらえれば，この理念は福祉の実践を行う際にも必要となるであろう。生活問題とその保障をめぐる差別に対しては平等性を追求し，「普通」や「あたりまえ」（マジョリティ）の基準に近づけようとする取り組みに対しては，多様なアイデンティティを強調する実践である。また，多様な他者の生き方や生活の現実に出会ったり，「社会的弱者」である子どもの視点を持ち寄りながら，「強者」の論理や「普通」，「あたりまえ」を相対化する実践である。

4．福祉の生活実践者にむけて

格差と分断の進む日本社会においては，他者とともに福祉の課題に向き合い，検討し合うことがこれまで以上に大きな意味をもつようになっていると思われる。その際，生活者の視点を重視したい。生活者に求められるのは，1つには，生産・消費・廃棄の循環過程や，誕生から死に至るまでのライフコース，物質生活と精神的価値の世界など，生活の全体性・立体性を視野に入れることである。2つには，社会の支配的なライフスタイルに対抗的（オルターナティヴ）な生き方を求める生活実践者であることである[16]。

例えば，「いつでも利用できるコンビニ」といった生活の便利さを求める「自然な」要求は，目にふれぬ集配所などでの低賃金，深夜，不安定労働によって支えられている。生活の全体性・立体性をとらえた福祉の実践では，私たちや子どもたちが「普通」，「あたりまえ」と考えている効率優先の消費社会の問い直しを行うことも必要となるであろう。

生活実践者として，生き方や生活を新たに創造していく学びが求められる。

【注】
1）厚生省と全国社会福祉協議会は，1977（昭和52）年度より国庫補助事業として「学童・生徒のボランティア活動普及事業」を開始（通称「社会福祉協力校」事業，1989（平成元）年度より「ボランティア協力校」と改称）。この時期，社会福祉分野で「福祉教育・学習」の推進に関する政策・提言が相次いだ。また，小・中・高等学校学習指導要領（1989（平成元）年改訂）では，「学校行事」として「奉仕的行事」が記され，「奉仕等体験学習研究推進校事

業」などボランティア関連施策が講じられてきた。
2）社会の構造転換と教育改革の関連については，子安潤『「学び」の学校―自由と公共性を保障する学校・授業づくり―』ミネルヴァ書房，1999などを参照。
3）「社会保障構造改革」を検討したものには，後藤道夫『収縮する日本型〈大衆社会〉―経済グローバリズムと国民の分裂―』旬報社，2001などがある。社会保障の歴史的展開に関しては，伊藤周平『社会保障史―恩恵から権利へ―』青木書店，1994，真田是『社会保障論』かもがわ出版，1998，参照。
4）社会保障将来像委員会「第一次報告―社会保障の理念等の見直しについて―」では，社会保障を支えるボランティア活動を促進するために福祉の心をはぐくむ福祉教育を整備することは，社会保障における公的責任であると示された。「答申」は，この要求に応じたものであるといえよう。
5）学校と教室に働く政治（ポリティクス）の分析と，それを平等で公正な公共空間へとつくりかえる構想については，子安潤・山田綾・山本敏郎編『学校と教室のポリティクス―新民主主義教育論―』フォーラム・A，2004，参照。
6）福祉の教育の政治性をとらえ，実践を検討したものには，湯浅恭正「福祉教育と総合学習」久田敏彦編『共同でつくる総合学習の理論』1999，同前書，湯浅恭正「福祉・ボランティアをめぐる政治」などがある。
7）中西新太郎「90年代日本社会の再編成と生活問題」『講座現代日本3　日本社会の再編成と矛盾』大月書店，1997。
8）企業社会体制による社会保障・福祉の脱政治化の問題に関しては，同前書などを参照。
9）前掲書『社会保障論』参照。
10）子どもが教師とともに現実世界を探求し，諸文化を批判的・創造的に検討する探求型授業への転換と，授業における探求のテーマの設定に関しては，山田綾「テーマを紡ぎ出す」久田敏彦・湯浅恭正・住野好久編『新しい授業づくりの物語を織る』フォーラム・A，2002，参照。
11）「コンフリクト」から現代社会を問い直す授業づくりに関しては，同前書，高橋英児「現代社会にひらく授業をつくる」参照。
12）アーネ・リンドクウィステル他（川上邦夫訳）『あなた自身の社会』新評論，1997。
13）一番ケ瀬康子他編『福祉教育の理論と展開』光生館，1987。
14）岩田正美他『社会福祉入門』有斐閣アルマ，1999。
15）多文化主義には多様な構想があるが，定義については，前掲書『「学び」の学校』を参照した。
16）天野正子『「生活者」とはだれか』中央公論社，1996。

第8章
家庭科における
ケアリング教育の概念化
―― 高等学校家庭科の教科書分析を手がかりに ――

貴志　倫子

1．ケアリング教育と家庭科

　近年，ケアリング（Caring）ということが，看護医療をはじめ，高齢者・障害者介護，保育領域の専門職としてケアを提供する立場にある人々の間で，注目されている。ケアリングとは，他者への関心を基盤とした人間の行為であり，プロセスであり[1]，本質的には1つの生き方である。ケアリングは，ケア（Care）を担う専門家に限らずすべての人の生き方にかかわる概念といえる。ケアリングが倫理学や教育学においても注目を集め，議論されているゆえんである。

　従来，ケア役割を中心的に行ってきたのは女性である。しかし固定的な性別役割の否定は時代の流れであり，性別によらずケア役割を担うことが求められている。加えて，長寿化の中で介護が必要となる高齢者の絶対数は増加傾向にあり，少子化により介護を分担し合える家族の数は減少している。高齢者介護という新しいケアの問題が起きている。

　もっとも，家庭の中で行われていた育児や介護，そして家事労働というケア役割は，外部化されてきている。近年のケアの外部化の流れは，女性と男性がケアをともに担うという方向よりもむしろ，女性も男性もがケアリングから遠ざ

かる傾向を強めている感がある。しかし家事労働としてのケア役割の減少にもかかわらず,家族間の適切なケアリング要求はむしろ,その重要性を増している。ケアを提供する専門職にとどまらず,より一般的な形でケアリングの教育の必要性が指摘されている[2]。

家庭科は,生活における家事労働や育児,介護というケアを扱っている。近年,介護体験や保育体験が導入されるなど,自己と他者との関係性を考えることにつながる家族関係,高齢者福祉あるいは保育領域の学習にウエイトがおかれる傾向にある。これは,少子高齢社会を迎え,家庭・家族のあり方が急速に変化していることを受けたものである。

本章では,高等学校家庭科のケアに関する学習内容に着目するところから,ケアリング教育としての家庭科の意義と課題について考察したい。

まず第2節において,ケアリングについての議論の概要をつかみ,ケアリングの教育がいかなるものであるか整理する。本章で扱うケアの範囲を明らかにした上で,専門職としてケアにかかわる立場と,個人として私的生活の中でケアにかかわる視点からケアリングの議論を把握する。そして第3節において,現行の学習指導要領に基づく高等学校「家庭総合」の教科書分析により,家庭科教育におけるケアの扱われ方をとらえる。

以上を基にして,ケアリング教育の概念化を試み,ケアリングの教育として家庭科教育が果たし得る社会的意義と課題を探りたい。

2. ケアリングの理論

(1) ケアとケアリング

まず,ケアとケアリングについて整理しておく。

日常生活を振り返ってみると,至るところでケアという言葉に出合う。ヘアケア,スキンケア,ネイルケアなど身体の手入れに関するもの,家電製品やサービスなどに対するアフターケア,そして,「心」のケア,ターミナルケア,高齢者ケアなど,ケアは,多様な場面で使われる。ロングマン現代アメリカ英語辞典により,主な意味を挙げると,①健康や保護に必要な何かを与えること,②あ

るものをよい状態にとどめておくための行為、③あるものや人に好意をもったり、愛しているので気にかけること、④心配すること、となる。

　哲学者であるミルトン・メイヤロフ（Mayeroff, M.）は、ケアの対象を、まず人格とそれ以外に分け、人格をケアすることをさらに、自分自身へのケアと自分以外へのケアとに分けている[3]。そして自分以外の人格をケアすることについて次のように述べている。

　　「人の人格をケアするとは、もっとも深い意味で、その人が成長すること、自己実現することを助けることである。………他の人々をケアすることを通して、他の人々に役立つことによって、その人は自身の生の真の意味を生きているのである」[4]

　ここに簡潔に述べられている、ケアする人とケアされる人との間にある相互作用の概念こそ、ケアリングの最も重要な視点である[5]。

　ケアリングというとき、そこには、「世話する側と受け手のあいだに愛情や共感等の情緒的交流があることが前提」とされ、ケアよりも「両者間の対等で応答的な関係性の意味が強い」[6]。例えば「看護においてケアは行為をさし、ケアリングはその基盤をなす態度や心をさす」[7]と述べられている。

　広義にケアをとらえると、家庭科における人の発達と家庭・家族の意義、衣食住に関する知識や技術についての学習は、自己と他者をケアする能力と態度を養うケアの学習であるということができる。しかし、他者との関係性や共感を強調するケアリングの教育としての家庭科教育を考えようとする本章の目的から、以下、自分以外の他者を対象とするケアを中心に考えていく。具体的には家事労働、育児、高齢者介護というケアである。そして、ケアとケアリングの概念を区別して用いることで、技術や知識の習得にとどまらない、人間の発達や関係性を問うものとしてのケアリング教育について考えていく。

(2) 看護、介護の専門職におけるケアリング

　医療看護の場においては、高度に発達した医療技術や知識の細分化の中で見失われてきた「人間性」、「倫理感」とでもいうべき何かを呼び起こすものとしてケアリングが強い意味をもち始めている。それは多くの場合、医療行動が直接にめざすキュア（治癒）に対置させてケアを語ること[8]として議論されている。

ヘルガ・クーゼ（Kuhse, H.）は，看護師（原文では看護婦）はケアを行う立場にあり，キュアよりもケアが中心となる終末期の医療においては，看護師が治療計画を決定する責任者となるべき，と主張する[9]。こうした主張の背景には，フェミニズムなどの影響があり，医療に対する看護の独自性が強調されている。中島紀恵子氏は，ケアを臨床的／技術レベル，制度／政策レベル，哲学／思想レベルという3つの要素でとらえ，専門職としての看護職は，哲学／思想レベルにおいて自立的に（対医師）そして制度政策レベルにおいては意志決定機能の復権を志向した教育の高度化がめざされてきたと述べる[10]。他方で，「ケアリングは人間存在の発達の内にきわめて独自の地位を占める」とし，「健康に関わる専門教育職のプログラムが目指すものは，看護職であっても，医療職であっても……規定された職業上の役割を達成するのに必要な知識や技術の獲得を通じて，ケアをする人間的な能力を専門職者のそれへと鍛え上げる」という視点で職業倫理が問われている[11]。

春日キスヨ氏は，ケアからケアリングへのパラダイム転換が，看護領域のみならず高齢者介護の分野，とりわけ痴呆高齢者介護の分野においても起きていると指摘する[12]。それは高齢社会を見すえて1989年に策定されたゴールドプランから，新ゴールドプランを経て，新たに策定されたゴールドプラン21にみられる高齢者保険福祉計画の流れにも現れている。従来の集団施設介護と家族依存の在宅介護から，高齢者本人の視点に立った個別介護と在宅支援サービスの拡充をふまえた在宅介護への変化である。施設でありながらも少人数を生活単位としたグループホームの整備はその象徴といえる。この転換は，民間レベルで実践されていた「高齢者に寄り添う介護」すなわち「高齢者本人の目線にたった介護」の成果を国が追認する形で起こってきた[13]。このような流れの中，介護を担う専門職は，医療・介護に関する知識の学習に加えて，高齢者本人の生活を個別ケアの視点に立って支えていく能力，利用者との良好な関係形成のためのコミュニケーション能力の習得がめざされている[14]。

ケアは，医療看護や介護福祉の場面にとどまらず，教育や心理などの分野においても「職業」として担われている。これらはケアの外部化である。経済社会の歴史的な変化に伴うこのケアの外部化のプロセスから，社会が個人単位化するという方向に進んでいることが指摘されている[15]。一方で，個人化し，バラ

バラになった「個人」という存在を，再び結びつけ，支えるものとしてケアという仕事あるいは営みが生まれたのであり，現代社会はそれを強く必要としている[16]。

看護・介護領域におけるケアリングの議論から，職業倫理のパラダイム転換を伴い，専門職としての知識と技能のみならず，ケアを受ける側の目線に立ったコミュニケーション能力と観察力を養うケアリングの教育が求められているといえる。

(3) 個人の視点からみたケアリング

次に，職業としてではなく，個人が家庭の中で行うケアに関連した議論はどのようになされているのだろうか。まず経済的な側面に関連してジェンダーと家事労働論からみたアンペイドワークとしてのケア，次いで生涯発達心理学のアイデンティティ研究におけるケアをみていく。

家事労働の外部化の進展は，一方で家事労働の軽減を伴いながら，家事労働の中でも，人間関係的・情緒的側面をもったケアは残った。しかし，そのケアに最も先鋭にジェンダー的特質が凝集することが明らかにされ，このことは家事労働研究が，家事労働一般から「ケアの経済学」へとシフトする背景となったといえる[17]。

竹中恵美子氏による「家事労働の経済学」をめぐる安川悦子氏・久場嬉子氏の議論の分析[18]では，家事労働というケアの外部化をめぐる2つの方向性が提示されている。それは，性別役割分業の解体に向けた安川氏の「家事労働解体論」と，久場氏の時間政治を提唱する主張である。人間の豊かさとは，金銭だけで計られるものではなく，時間の価値に重要性がおかれなければならないというのが久場の立場である。これはケアの役割が重要だとすれば，ケアは女にとっても男にとっても生活の質として，それにかかわる時間の確保が必要であるという見解である。この2つの議論の分析により，竹中氏は，21世紀における家事労働の社会化論は，単純な市場機能（メカニズム）に信頼をおくことではなく，ケアの供給組織としての世帯を，市場・国家（政府）との相互関連の基に，ジェンダー平等に向けて再構築していくことを述べ，「時間確保型社会化」の考えを補強する[19]。「日本では，……有償労働として公的に支えた方が安定的な部分

まで女性のアンペイドワークに依存し、その労働力を買い叩いてきた」[20]ことが指摘されている。「アンペイドワークのなかの必要な部分はペイドワーク化する視点が必要」であるだけでなく、「アンペイドワークの評価については、「賃労働化する」だけでなくアンペイドワークにかける時間を保証する」[21]ことも必要である。

人間のケアへのかかわりは、生涯発達論の分野でも注目されている。岡本祐子氏は、ケアに関連した「関係性にもとづくアイデンティティ」の発達が「個としてのアイデンティティ」の獲得とともに重要であると述べる[22]。

家庭科教育の中心的な意義は「自立する力」と「共に生きる力」の育成にある。「自立」と「共生」の力は「個としてのアイデンティティ」と「関係性にもとづくアイデンティティ」を生活レベルに応用させたときに見えてくる[23]。岡本氏は、「共生」の関係を支える重要な鍵概念として「ケア」を挙げ、家庭科教育における高齢者問題や保育の学習が、このケアの能力の育成にかかわるものとしてその役割を指摘している[24]。

「時間確保型社会」や「関係性のアイデンティティ」概念は、ケアリングは人間の存在様式であるとする考え[25]を根底で肯定しているといえる。

家事労働などのケアワークを、支払われない労働であるとし、経済市場の土俵に自明化させたことの功績は大きい。しかしながら、ケアの外部化が進む現状では、逆に、支払われない労働である家庭でのケアの否定的側面が、意識されやすくなっているのではないか。一方で、ケアは家族が行うべきという強い規範ゆえに、核家族化で孤立しがちな育児や先が予測できない高齢者の家族介護の場面で起きる葛藤やストレスについての指摘は枚挙にいとまがない[26][27]。ケアをめぐる現状と問題を明らかにし、ケアリングを家族全体あるいは社会全体で担っていくという視点が大切であることはいうまでもないが、同時に一人ひとりが責任をもってケアにかかわれる社会制度が必要であるとの見方も不可欠である。そして教育としては、ケアリングを人間発達の視点から概念化して、その教育的意義を見いだすことが肝要である。そのためにはまず、ケアリングを肯定的にとらえる視点によって、ケアリングの価値を認識し、本質を理解することが求められる。

3．ケアリング教育の意義

　ケアリング教育については，道徳教育の観点から幾つかの議論がある[28)][29)]。ここでは，家庭科教育とケアリング教育とのかかわりをみる前に，そもそも学校教育におけるケアリング教育は可能であるのか，その意義は何かについてふれておきたい。

　ケアリングは，技術や労働としての概念だけではとらえきれない要素を含む。それは，ケアしたい，ケアされたいという自然の欲求，見返りを求めない無償の愛のような言葉で表現され得る。このような内面的な欲求を含むがゆえにケアリングを「教える」ことは難しい。ケアの技術論を否定し精神論をもちあげる議論や，技術か精神かという単純な2項対立とならないよう，慎重な議論が必要である[30)]。

　近年のボランティア活動体験学習の導入をめぐる議論は，ケアリング教育を考える上で参考になる。矢野智司氏は，ボランティア活動を，自己を差し出すことで自己を消滅させる「体験」の次元にかかわるもので，その本質は，相手からの見返りをいっさい期待しない純粋贈与にあるとする[31)]。にもかかわらず，ボランティア活動を，行為を自己の中に意味として取りこみ自己を豊かにしていく「経験」ととらえ，学校教育に取り入れることで，行為の結果生じた「価値」を「報酬」と呼び「報酬」を得るためにボランティア活動をするという誤った認識を与えてしまうことを危惧する[32)]。

　これをケアに置き換えて考えてみると，ケアにかかわることによる「報酬」として，例えば自己成長感が挙げられるが，その獲得自体がケアにかかわる目的となってしまったとき，ケアされる者の存在は，手段化してしまうことになる。自分が一人前にみられたいので子どもが欲しい，というような状況がこれに当たろう。目的実現のために役に立つかどうかという有用性の原理，すなわち労働の原理のみに基づいてケアリングを「教える」ことの危険性を示す。

　ボランティア精神や愛することと同様に，ケアの欲求を教えることは困難である。それらは「体験」によってのみ学ばれる。では，ボランティア活動やケアリングについて，学校教育で学ぶことは無意味であるのか。「純粋贈与そのものを強制したり教え込んだりすることはできない」が，自分にとって役に立つから行

為をするという「贈与交換に変質する危険性をもった純粋贈与の特質に配慮しつつ，……贈与の喜びを「体験」できる機会を用意することはできる」[33]のである。

　与えることの喜びを体験する場として，学校教育の重要性を積極的に指摘するのは，ネル・ノディングス（Noddings, N.）である。「今日の学校教育は，誰もが生計を支える稼ぎ手である，というモデルに適合するように教育を行っている」[34]というナンシー・フレイザーの指摘に対して，誰もがケアを与える人である，というモデルに向けても若者を準備すべきであると主張する[35]。具体的内容として親の子育て（Parenting）を学校教育に取り入れることを求めている[36]。その教育的意義として，親（ケアする者）の観点から問題をみることによる反省と学習の成果は，自己認識を高めることになると述べる。すなわち，ケアする者がケアの対象に望む生き方に気づくことで，自分自身の望むべき生き方を発見することができるということである。このとき重要なのは，ケアの実践的な方法の細部を教えることでなく，ケアの具体的な状況において意義深い問いを発し，それに対する可能な答えを探求できるようになること，つまり包括的理論と枠組みを教えることであると指摘する[37]。

4．家庭科教育におけるケアリングの取り扱い

　以上をふまえて，高等学校家庭科の学習内容を，ケアリングの視点でとらえ直してみたい。そのために学習指導要領および教科書の内容を検討した。

(1) 1999（平成11）年告示学習指導要領におけるケアリングに関する内容
　文部科学省は，1999（平成11）年3月に新たに改訂した高等学校学習指導要領を告示した[38]。新学習指導要領は，2003（平成15）年度から年次進行により実施されている。
　家庭科の学習指導要領の中には，ケアリングという語は使用されていない。先にもみてきたように，ケアリングの視点は，人間の健全な発達と生活の営みを総合的にとらえ，家庭や地域の生活を創造する能力と実践的な態度を育てようと

する家庭科の目標を達成するためには欠くことのできない要素である。

　学習者にとって他者の存在を意識しケアをとらえる場面として，家庭科の学習内容では，家族に対するケアとしての家事労働，子どもに対するケアとしての育児，そして，高齢者に対するケアとしての介護が挙げられる。ケアリングに関する内容としてこの3つの行為に焦点を当て，学習指導要領における取り扱い項目を整理する。

　分析では普通教科としての「家庭」，中でも「家庭総合」に着目する。理由は，一般的かつ総合的な科目であることと，上記3つの家事労働，育児，そして高齢者介護の内容が他の普通科目「家庭基礎」「生活技術」に比べ充実しているためである。

　まず，「家庭総合」を構成する6つの内容項目を概観する。

　6項目のうち，「(1)人の一生と家族・家庭」では，家族・家庭を支える労働として家事が，「(2)子どもの発達と保育・福祉」では育児が，「(3)高齢者の生活と福祉」の中では高齢者福祉サービスとして介護の内容が扱われている。詳細については後述する。

　「(4)生活の科学と文化」では，衣食住生活の科学的な理解と先人の知恵や文化を考えさせることが目的とされ，そのための手段として実験・実習が中心とされる。「(5)消費生活と資源環境」では，消費者として責任をもって行動できることがめざされる。上記(1)から(5)の内容について自ら問題設定し，問題解決を図るために実行するのが「(6)ホームプロジェクトと学校家庭クラブ」の項目である。

　(4)の実技によって得られる技術や(5)の意志決定に基づく行動，(6)のプロジェクト活動によって身につく問題解決能力は，実際的な家事や育児，介護の場面で活用されることはある。しかし，学習の目的として，ケアそのものを学ぶことは意図されていない。

　そこで(1)から(3)の項目について，家事労働，育児，高齢者介護の内容がどのような視点でとらえられているのか検討を行った。学習指導要領の該当部分を表8-1に示す。

　(1)のイ「(イ)家庭の機能と家族関係」では，家庭の機能が家族員それぞれの協力により果たされていることを認識させ，各自が担う家庭での役割について

表8-1　学習指導要領「家庭総合」のうち家事労働，育児，高齢者介護の内容を含む項目（下線部分）

(1) 人の一生と家族・家庭	(2) 子どもの発達と保育・福祉	(3) 高齢者の生活と福祉
ア　人の一生と発達課題 (ア)生涯発達と各ライフステージの特徴 (イ)青年期の課題 イ　家族・家庭と社会 (ア)現代の家族の特徴 <u>(イ)家庭の機能と家族関係</u> <u>(ウ)家族・家庭を支える労働</u> (エ)家族・家庭と法律 (オ)家庭生活と福祉 ウ　生活設計 (ア)ライフスタイルと生活にかかわる価値観 (イ)家族と生活時間 (ウ)生活設計の立案	ア　子どもの発達 (ア)母体の健康管理と子どもの誕生 (イ)子どもの心身の発達と特徴 (ウ)子どもの生活と遊び イ　親の役割と保育 <u>(ア)親の役割と子どもの人間形成</u> <u>(イ)親の保育責任とその支援</u> <u>(ウ)子どもを産み育てることの意義</u> ウ　子どもの福祉 (ア)児童福祉の基本的な理念 (イ)子どもを取り巻く環境の変化と課題	ア　高齢者の心身の特徴と生活 (ア)高齢者の心身の特徴 (イ)高齢者の生活と課題 イ　高齢者の福祉 (ア)高齢社会の現状と課題 <u>(イ)高齢者の自立生活支援と福祉</u> ウ　高齢者の介護の基礎 <u>(ア)食事，着脱衣，移動などの介助</u> <u>(イ)介護の心構えとコミュニケーション</u>

　考えさせるとあり，「(ウ)家族・家庭を支える労働」では，男女がともに家庭責任を果たし，人間らしい働き方をするための課題について考えさせるとある。ここには，家族という集団の中でケアにかかわっていくことの意味について考えさせる視点がある。
　(2)では，ア「子どもの発達」について，生命の誕生から乳幼児期，児童期，青年期に至る子どもの心身の発達，遊びや生活習慣の発達を理解する項目がある。主としてケアリングの対象である子どもの状況を扱う項目であるので，本研究では育児に関する内容としては扱わないこととする。ケアリングにかかわる内容としては，イ「親の役割と保育」において(ア)親の役割や(イ)保育責任について理解させ，(ウ)子どもを産み育てることの意義について考えさせる，とある。親として子どもをケアする側の立場を理解し，ケア役割の重要性に気づく内容といえる。内容の指導に当たっては，幼稚園や保育所等の乳幼児，近隣の小学校の低学年の児童等とのふれあいや交流の機会をもつなど，実践的なケアリング体験が推奨されている。
　最後に(3)高齢者の生活と福祉では，アで高齢者の心身の変化と特徴および生活の現状と課題について認識させ，高齢者との適切なかかわりについて考えさせるとある。ここでは従来，弱者，すなわちケアされる存在として固定的にとら

えがちであった高齢者像を払拭し，個人差のある多様な存在として高齢者の生活実態をとらえる点が強調されている。そしてイの「(イ)高齢者の自立生活支援と福祉」では，高齢者の残存機能を生かして自立生活を支えることを認識させ，高齢者を支える家族の役割，地域および福祉サービス，福祉施設などについて理解させる，とある。ここでは，家族の一員としてだけでなく，地域の一員，あるいは介護を提供する専門的な職業人の立場でケアリングを考える視点がある。ウ「高齢者の介護の基礎」では，(ア)の介護体験による知識と技術の習得に対して関心をもたせるようにし，(イ)においては，介護における心構えやコミュニケーションの重要性，高齢者に対する共感の大切さを理解させる，と述べられている。介護体験による他者とのコミュニケーションや共感の必要性を理解することは，ケアリングの本質を学ぶことにほかならない。

　以上，学習指導要領「家庭総合」において，ケアの意味について考え，ケア役割の重要性に気づき，そしてケアを体験するというケアリングに関する内容が盛り込まれていることが確認された。

(2) 教科書におけるケアリングに関する内容
　では，教科書の中では，家事労働，育児，高齢者介護というケアリングに関する行為は，どのように扱われているのか，記述内容を分析することとした。

1) 教科書分析の方法と視点
　使用したのは2003(平成15)年度入学生から使用されている「家庭総合」の教科書8冊である。いずれも新学習指導要領に基づいて執筆され，2002(平成14)年2月文部科学省検定済みのものである。

　＜分析に使用した教科書＞
　　A：東京書籍　　001　家庭総合
　　B：教育図書　　002　家庭総合
　　C：実教出版　　003　家庭総合　自分らしい生き方とパートナーシップ
　　D：実教出版　　004　家庭総合21
　　E：開隆堂　　　005　家庭総合　明日の生活を築く

F：大修館書店　006　家庭総合　生活の創造をめざして
G：一橋出版　　007　家庭総合―ともに生きる―
H：第一学習社　008　家庭総合　生活の豊かさをもとめて

　学習指導要領の検討結果を基に，各教科書とも「(1) 人の一生と家族，家庭」，「(2) 子どもの発達と保育福祉」，「(3) 高齢者の生活と福祉」のうち，対象項目に対応する部分を対象とした。
　第1の分析として，家事労働・育児・高齢者介護が扱われる部分の内容を鍵概念化してとらえることとした。これは各教科書の見出しを中心に検討した。
　第2に，本文とコラム，図表などの資料から，ケアする側の立場で，ケアにかかわることによる成長の視点，および肯定的側面の記述の有無を検討した。

　2）ケアリングに関する内容
　教科書の見出しと強調されている単語から，家事労働・育児・高齢者介護の学習内容をとらえた。各教科書に特徴があり，すべての内容を網羅した鍵概念として表現することは困難であるため，ここでは最大公約数的な内容のみ示す（表8-2）。
　家事労働は，職業労働との対比で，特徴が述べられていることが多い。家事労働の社会化，家庭責任の共同，家事労働時間については，見出しとしての扱いは少ないものの，本文の内容として全社に共通して取り扱われている内容であった。
　育児に関しては，親の役割と責任を理解し，良好な親子関係を築くためのコミュニケーションのあり方や，信頼関係の重要性が扱われている。そして親として子どもの健康や安全に配慮し，子育て環境の改善にかかわっていくことも述

表8-2　家事労働・育児・高齢者介護の学習内容

家事労働	育児	高齢者介護
家事労働の特徴 家事労働の社会化 家庭責任の共同 家事労働時間	親子関係 親の役割と責任 子どもとの信頼関係 子どもの健康管理と安全 子育ての社会的支援，制度 子育ての環境	要介護高齢者の現状 介護保険と福祉・介護サービス 介護の特徴と心構え 介護（介助）の方法 介護の人間関係

べられている。ケアリングを支える社会的支援制度は，父親の育児参加状況や企業における支援制度などの紹介とともに扱われている。

　高齢者介護の現状は，要介護高齢者数，介護者の属性，介護にかかる費用などの資料により紹介されている。介護を支える制度として，介護保険，福祉介護サービスの内容などが扱われている。車いす体験や食事介助の方法など具体的な内容が示され，介護される人の要望と状況に応じたかかわりや相手を理解しようとするコミュニケーション能力の必要性など介護の心構えが述べられている。

　以上みてきたようにケアリングに関する内容は，行為の特徴や支援制度からケアされる人，する人の心理や関係性，実際のケア技術に至るまで幅広い内容を含んでいる。

　3）ケアリングによる肯定的側面
　ケアリングに関する内容のうち，行為のとらえられ方に焦点を当て，ケアすることによる肯定的な記述の有無を検討した。その結果，家事労働，育児，高齢者介護に関する記述で，行為の肯定的意味づけが読み取れた。育児についてはすべての教科書でみられ，介護については7社，家事労働については4社で肯定的表現が認められた。多彩な表現が用いられており，肯定的側面の強調の度合いはまちまちであった（表8-3）。

　E社の「育児は育自」という言葉に象徴されるように，育児による成長の視点は，親の責任・苦労とともに記述されることが多く，繰り返し強調されている。父親の育児休業体験記（A社）やイギリスブレア首相の育児休暇（H社）を話題に，育児による自己成長や人生の充実を意識させる記述もある。

　介護をすることによる介護者の成長や肯定感は，育児ほど強調されてはいない。介護体験やボランティア活動として高齢者とかかわる際の留意点として相互コミュニケーションが必要であることが述べられ，「学ばせてもらう」姿勢から，生きる意味やすばらしさに気づく，などの記述がみられた。

　家事をすることについては，喜びや満足（A社），やりがい（D社）という言葉で肯定的側面が表現されていた。他の2つは，家事を分担することで生まれる人間関係の深まり（B社）や連帯感（E社）について言及されていた。

表8-3 「家庭総合」におけるケアすることによる肯定的側面の記述

教科書		記述内容
A	家	家庭の中で行われる家事労働は、……無償であるが、そのをつくったり整えたりする活動は喜びや満足をもたらす (p.27 l.11-13)．男性にも子どもと過ごす時間のゆとりや、家事労働を楽しむ時間が必要である (p.34 l.13-15)．
A	育	……子育ての喜びや楽しみは苦労よりもはるかに大きい。多くの夫婦は、この楽しみと苦労をともに味わうことで、家庭生活と自分自身の生活をより充実したものにしている (p.32 l.10-13)．幼い生命に接することによって、父親自身が人間として成長する貴重な体験となる (p.57 l.7-8)．
A	コラム	どの部分を切り取っても、充実したことも幸せを得られた時間などでは得られなかったものです (p.57)．親自身がしっかりとした生活態度や判断力、他人への共感などをもてるように成長し、望ましい親子関係をつくろうと努力することが欠かせない (p.58 l.10-12)．
A	コラム	神様がずっと私に母の看病をさせてくれているのだと思い、私は土下座して母に謝りました (p.70)．
B	家	家事はかなり細かい作業分担ができ、話し合いや協力で人間関係を深めあうができる (p.33 l.8-10) ……楽しく家事をすることは、自由時間を過ごすのと等しくなりうる (p.33 l.14-15)．
B	育	子どもの成長とともに、自分もまた成長する親であったい (p.20 l.14-15)．かかわることで、具体的で責任感のある子どもを僚が作られ、……自分自身の新しい面に気づき、自分への理解を深めていく。保育することで、これから親世代となる自分の成長を実感 (p.65 r1.9-14)．
B	介	介護することは負担が大きいが、介護を通して人間の生きる意味を見つける人もいる (p.88 l1.2-4)．
C	育	新しい生命を育み子どもとともに生きることは苦労や困難がともなう。しかしそれだけに喜びで培われる。「子どもがかわいい」という愛人間関係を気づかせてもらえたり、人間として成長することもできる (p.39 l.7-11)．豊かな情も、子どもの生命を守り育てる責任をもつ、子どもと関わりの学習するなかで培われる。（p.41 l.4-8）．子どもと時間を共有し、喜怒哀楽をともにするなかで強まっていく
D	家	人間は、ごく個人的な世話や気配りに、金銭で買いにくいサービスを求めている。……家事・育児・介護などを提供されることが多い (p.23 l.3-5)．既製品の利用が発達し、人の世話、気くばりといった家事は、かえって比重が増している。家事のやりがいも無視できない (p.23 l.14-18)．
D	育	子どもへのやさしさをもちびし、受容性や規範性を母親も父親ももつ必要。……家事も育児も習熟すれば男女どちらにもできることであり、そこから親性が育つ (p.33 l.13-16)．子育とは、子どもを育てるということだけでなく、子育てを通して親自身が育っていくということでもある。……社会や環境も、子どもを必要とする保護に対してみつめなおすことととにもなる。（p.35 l.16-21）．
D	介	高齢者とのコミュニケーションを深めると「何かお手伝いをしなければ」という思いだったものが、いつの間にか高齢者から教えられたり、学ばされたりしている自分に気づくはずである (p.64)．

第8章　家庭科におけるケアリング教育の概念化　155

E	家	家族の一員として責任を果たすことにより、連帯感を深めることにつながる (p.22l.24-25)。
	育	「育児は育自」……大人として子どもと関わるなかで今までの自分を変えざるを得なくなり、自分自身を人間として発達していく (p.68l.8-10)、子どもを育てる人は子どもと関わりのさまざまな意味を見いだしていく、……大人としての人間関係が深まり、……大人としての世界も広がる (p.68l.15-19)。
	介	必要ならば他の人の手を借りるだけ自立的に生きる。また、必要とされるならばその人をも手助けする……お互いを尊重し合う行為にこそ人間の尊厳をみること出来る (p.44l.16-p.45l.2)。介護を受ける側、する側の意思疎通を図り……おたがいに相手の立場にたって考える機会をもつ意義は大きい (p.45l.6-11)。
F	育	障害をもつ子どもを通じて、……親自身の生き方、社会のあり方について考えさせられる。自分自身が成長できるのが楽しい／だいぶ忍耐強くなった (p.87l.21-23)。
	資料	親自身の生き方、……親自身が成長できる (p.89)。
	介	介護を通して私たちは、人の強さや弱さ、人へのいたわりや感謝の気持ちをもつことの大切さ、生きることのすばらしさを感じることができる (p.110l.12-14)。
G	育	親は子どもを育てながらも精神的に成長し、……情緒的満足を得る (p.13l.16-17)、親と子はこのような関わり合いの中で互いに成長していく関係 (p.14l.1-2)。世話をしたり遊んだりするなど日常のさまざまなやりとりを積み重ねることで、はじめて親になる (p.44l.17-p.45l.1)。子どもが日々発達していく過程で、自分自身を成長させる貴重な機会をもたらし、大きな喜びをもらう (p.45l.7-8)。
	介	高齢者と接する機会、ボランティア活動に参加することは私たち自身にとってもたいへん有意義 (p.69l.19-22)。
H	育	親と子どもがお互いの心を分かち合い、共感することは、男女を問わず大きな喜びとなる (p.41l.12-13)。父親が子育てに参加することは、父親自身、子どもにふれあうことによって、仕事とは違った充実感を味わい、人生の豊かさを感じることができる (p.41)。人間関係は一方向の働きかけでなく相互のやり取りによって成立する (p.42l.21-22)。
	コラム	子どもが日々成長する姿を見ていくなかで、大人も多くの発見や感動を体験する。それをとおして、共に「育ちあう」ことができる (p.43)。
	コラム	父親が子育てに参加することは、父親自身、子どもにふれあうことによって、仕事とは違った充実感を味わい
	コラム	残存機能を生かし、もう一度開花させることは、本人にとっても、介護する人にとっても、大きな喜びとなる (p.55)。

家：家事労働　育：育児　介：高齢者介護に関する内容

上記3つの行為のほかに，複数の教科書で，ボランティア活動にかかわることによる自己成長の視点が記述されていた。例えば，「相手に喜んでもらった喜びとともに，参加する人自身に自己実現や自己変革の喜びをもたらす。……子どもや障害のある人や高齢者などとの共通体験が，新しい人間関係を経験することとなり，自分自身が豊かになる」（A社）とある。教科書では，単独で扱われたり，高齢者介護や保育サービスの項目に含まれていたため，今回は独立に分析していない。

ボランティア活動をも含め，ケアリングに関する肯定的側面の記述はまさに，ケアリングの相互作用性を示すものである。

以上の分析から，家庭科の中で扱われるケアの学習内容は，ケアされる側におかれる家族の生活の向上や子どもの成長，そして高齢者の尊厳を求めながら，ケアする側の成長や自己実現の視点，あるいは子育てや家事の楽しさの面にも配慮がなされていることが明らかとなった。このことは家庭科が，市民教育としてのケアリングの教育として社会的な意義を果たし得ることを示唆している。ただし，先述のとおり記述の比重には，ばらつきがあり，教師の取り扱いによっても大きく左右されることが考えられる。

今後は，実際の授業場面においてケアリングの肯定的側面がどの程度，教える側に意識され，生徒に受け取られているのかについて検証する必要がある。

5．今後の課題

高齢社会，男女共同参画社会においては，誰もが，ケアする立場，される立場と無関係ではいられない。ケアリングの責任は，女性や一部の「不運」な人が担うのでなく，家族全体あるいは社会全体で支えていくものである。家庭科教科書の分析を通して，ケアを担うことによる肯定的側面は，ケアリングの本質を理解させることにつながることを指摘した。技術や知識としてケアリングを教えるだけではなく，ケアにかかわることが人生に与える積極的な意味を含めてケアリングを学ばせることが必要である。ケアリングの本質は，人間相互の情緒的な深まりを自覚することである。このことはしかし，現在，ケア役割を担うこ

とで他の生活がままならない状況にある人をその場にとどめようとする方向に使われてはならないことは明記しておく必要がある。そのことを常に意識しながらも，日常生活におけるケアワークの学習を通してケアリングの価値や意義を広く問うていくことが家庭科教育に与えられた課題である。

【引用・参考文献】

1) Leininger, Madeleine M., *Transcultural Nursing: Concepts, Theories, and Practice*, New York, John Wiley & Sons, 1978, p.23.
2) Noddings, Nel, *Starting at Home: Caring and Social Policy*, Los Angels, University of California Press, 2002, p.207.
3) メイヤロフ, M.：田村真・向野宣之 (訳)『ケアの本質』ゆみる出版　2003　pp.92-107.（原典は，Mayeroff, Millton., *On Caring*, Harper Perennial, 1971.）
4) 前掲書 3) pp.13-15.
5) モンゴメリー, C.L.：神郡博・濱畑章子 (訳)『ケアリングの理論と実践』医学書院　1995　p.146.（原典は，Mongomery, Carol L., *Healing Through Communication: The Practice of Caring*, Sage Publications, 1993.）
6) 春日キスヨ「ケアリングと教育―痴呆高齢者介護倫理の変容と実務者研修・教育―」『教育学研究』69巻4号　日本教育学会　2002　pp.44-53.
7) ワトソン, J.：稲岡文昭・稲岡光子 (訳)『ワトソン看護論：人間科学とヒューマンケア』医学書院　1992　pp.41-47.（原典は，Watson, Jean., *Nursing: Human Science and Health Care*, Appleton-Century-Crofts, 1985.）
8) 日野原重明『＜ケア＞の新しい考えと展開』春秋社　1999　pp.4-28.
9) クーゼ, H.：竹内徹・村上弥生 (訳)『ケアリング―看護婦・女性・倫理』メディカ出版　2000　p.3.（原典は，Kuhse, Helga., *Caring: Nurses, Women and Ethics*, 1997.）
10) 中島紀恵子「わが国の高齢者ケアにおける看護と介護の近未来」『老年社会科学』23巻3号　日本老年社会科学会　2001　pp.299-304.
11) ローチ, S.M.：鈴木智之・操華子・森岡崇 (訳)『アクト・オブ・ケアリング』ゆみる出版　1996　p.27.（原典は，Roach, Simone, M., *The Human Act of Caring*, Canadian Hospital Association Press, 1992.）
12) 前掲書 6) p.44.
13) 前掲書 6) p.45.
14) 前掲書 6) p.45.
15) 宮本みちこ・岩上真珠・山田昌弘著『未婚化社会の親子関係』有斐閣選書　1997
16) 広井良典『ケア学 越境するケア』医学書院　2000　p.26.
17) 竹中恵美子「家事労働論の現段階」久場嬉子編『叢書現代の経済・社会とジェンダー第1巻経済学とジェンダー』明石書店2002　pp.121-152.

18) 前掲書17) pp.140-146.
19) 前掲書17) pp.145-146.
20) 竹信三恵子「書評『川崎賢子・中村陽一編〈アンペイドワークとは何か〉』藤原書店」『国際女性』No14 2000 p.192.
21) 前掲書20) p.192.
22) 岡本祐子『アイデンティティ生涯発達論の応用と展開』ミネルヴァ書房 2002 p.233.
23) 前掲書22) p.233.
24) 前掲書22) p.240.
25) 前掲書11) p.17.
26) 春日キスヨ『介護問題の社会学』岩波書店 2001 pp.105-109.
27) 渡辺俊之『ケアの心理学』ベスト新書 2001 p.129.
28) ノディングス,N.：立山善康・林泰成ほか（訳）『ケアリング』晃洋書房 1997（原典は，Noddings, Nel, *Caring: A Feminine Approach to Ethics & Moral Education*, University of California Press, 1984.）
29) Noddings, Nel, *Educating Moral People: A Caring Alternative to Character Education*, New York, Teachers College, Columbia University, 2002.
30) 野口裕二『物語としてのケア』医学書院 2003 pp.198-200.
31) 矢野智司「『経験』と『体験』の教育人間学的考察——純粋贈与としてのボランティア活動——」市村尚久・早川操・松浦良広・広石英記編『経験の意味世界をひらく——教育にとって経験とは何か——』東信堂 2003 pp.33-54.
32) 前掲書31) p.46.
33) 前掲書31) p.53.
34) Fraser, Nancy, *Social Justice in The Age of Identity Politics: Redistribution, Ercognition, and Participation*, Tanner Lecture on Human Values, Stanford University, 1996.
35) ネル・ノディングス「親の子育てと学校教育（Parenting and Schooling)」〈国際シンポジウム：大人・子ども関係の構造転換＝教育研究の課題〉基調講演（飯塚立人訳）『教育学研究』70巻3号 日本教育学会 2003 pp.112-118.
36) 前掲書35) p.112.
37) 前掲書35) pp.116-117.
38) 文部省『高等学校学習指導要領解説 家庭編』開隆堂 2000

第9章
食行動の自己制御をめざした食教育のために

加藤　佳子

1. 食生活の変遷と食教育

　人は自然といった大きな力から恵みを受け食物を得てきた。しかし同時に天災などによりその大きな力に翻弄され，飢餓の危機にさらされることも幾度となく経験してきた。歴史を振り返ってみると，氷河期が明け，主に狩猟や採取に頼って食糧を得ていた長い縄文時代を経て，弥生時代，人は水田耕作の技術により安定した食糧の収穫を手にし，食糧を蓄えることを生活の中に定着させていく。これを機に人のくらし方は大きく変わった。食といった富を蓄える上で，その利権をめぐって人と人との争いが始まったのもこの頃である。また貧富の差が生じ，支配階級の出現により食を楽しむことが追求され，食生活の文化的な側面に著しい発達がなされた。つまり食糧事情の充実は人に生理的な充足をもたらすばかりではなく，社会事情までをも動かし，食文化の充実に影響を与えてきた。弥生時代の変革後も人は絶えず自然の力に寄り添い，気候風土とのかかわりの中で，食物についての理解を深めてきた。知恵をあわせ，より安定した食糧の供給を追い求めてきた結果，今日大きな変革が地球規模でもたらされている。つまり，先進国においては食糧があふれ人類がこれまでに経験したことの

ないような食糧過剰の状況となっている。食糧の過剰は先進諸国を中心に進んでおり，一方では人口の増加とともに飢餓に苦しむ人々を抱えた国も存在している。このような地球規模での貧富の差の拡大はテロや戦争を含めた深刻な社会事情を引き起こしている。また個人に注目してみるとエネルギー摂取過剰が生理的な健康に悪い影響を及ぼしており，食物を過剰に摂取することが現代の主な死亡原因となる疾病を引き起こす原因となっている。また食糧過剰の状況は，生理的な面だけではなく心理的な面にも響いている。食糧が不足していた時代には食行動の動機は空腹を満たすといった生理的要素が主であった。しかし食糧の量的な面が充実したことにより，人は心理的にも満たされることを食生活に求めるようになった。その結果，私たちは食生活を営む上で食行動を自己制御するために生理的な健康とともに心理的な健康を考える必要が生じている。また食生活を営む上で生理的な健康と心理的な健康はともに独立分離しているものではなく，それぞれがバランスを保つことによって互いに健全性が保障されるものである。

　日本と同様飽食の時代にあり，エネルギー摂取過剰が深刻な問題となっているアメリカでは国を挙げて食教育に取り組んでいる。この経緯にはベトナム戦争での敗戦を教訓とした強い国づくりをめざすという決意が込められているらしい。強い国づくりを土台にすえた食教育だけに，本来の問題をしっかりと見つめた柔軟性に富んだ実践力のある方略が次々に生み出され，実践されている[1]。いまだに第二次世界大戦後の低栄養時代に使用された栄養素教育の教材が使用され続けている日本の食教育とは本気になり方が違うといっても過言ではないかもしれない。戦争に強い国づくりという点についてはともかく，本気で取り組んでいる最近のアメリカの食教育の方略には多々学ぶものがある。中でも特に行動変容をめざした食教育の取り組みに重点がおかれている点に注目すべきである。食物に関する知識を中心とした食物側に立った視点からのみの取り組みではなく，食物を摂取する人からの視点を包括的に取り込んだカリキュラムが組まれている点，つまり行動理論を応用した食教育が行われている点である。飢餓の時代には食物の性質をより深く理解し，自然，気候風土に寄り添いながら飢えによる危機を乗り越えることが食教育に求められていた。豊かな食糧事情の中ではこのような視点に立った食教育を行うだけでは十分に役割を果たせなく

なってきている。食物の性質や体内での食べ物の働きを学ぶことと同時に，食物に対して人がどのような認知をし，感情をもつかを視野に入れ食行動の特徴をふまえた食教育の実践を行うことで初めて生理的な健康と心理的な健康およびその統合からなる心身の健康を図る食教育は成立する。現在の家庭科における食教育が，時代の流れを受けてセンシティブに発展することを願って，食行動を説明する理論を紹介し，青年期の食行動に関する最近の研究の一端についてふれたい。

2．食行動を説明する理論

アメリカを中心に食教育に応用されている行動理論とはどのような理論であろうか。行動理論の発展過程を追いながら行動理論が食行動をいかに説明し，食教育と関連しているかについて概観する。

(1) 伝統的行動理論

アメリカの教育をリードしてきた人物としてデューイ（Dewey, J.）とソーンダイク（Thorndike, E.L.）が挙げられる。ソーンダイクは試行錯誤学習の提唱者であり，教育心理学を体系化した最初の一人でもある。刺激と反応の結びつきの形成に焦点を当ててきたソーンダイク以来のS-R理論の流れをくみ，ワトソン（Watson, J.B.）により行動主義が提唱された。行動主義では観察可能な刺激(S)と結果(R)との結びつきについて注目された。その理論的な目標は，行動の予測と制御であるとされている。例えば3時の時報がなるとつい子どものために買っておいたお菓子をつまんで食べてしまう。そこでお菓子のあるところにお茶を置いておき，お菓子を食べたくなった時にはお茶を飲むようにする。お菓子を食べないでいられた日には貯金箱に500円入れ，できなかった日には貯金箱の中から100円を家計にまわし，1カ月後に貯まったお金で自分の好きなものを買うことにする。何カ月か後には3時の時報がなってもお菓子ではなくお茶を飲むといった習慣が身につく。このようにお茶を置くという刺激の操作によりお菓子を食べないよう行動を操作し，そして目標を達成できれば500円の報酬を，達成で

きなければ100円を罰として支払うことにより，その行動をより強化し持続させる。この過程で人が対象をいかに認知し，感情を生起させているか，つまりお菓子に対してどのような信念をもち，感情をもっているかといった認知プロセスはあいまいなもので科学的な対象として扱うことは不適切であるとされ，本質的な部分とされなかった。観察することのできない人の内観である認知プロセスを排除し観察可能な刺激と行動を対象とすることにより，行動理論は人の行動を明らかにする上で一定の成果を上げてきた。さらに行動主義の立場は臨床の場である医療や教育の現場にも応用されてきた。

(2) 行動理論の発展

　初期には心的な過程を科学的な対象として不適切であるとして排除し，目に見える事象のみを対象としてきた行動主義であるが，後に人の行動を認知プロセス抜きに説明することの限界と批判が起こり，複数の研究者により理論的発展がなされてきた。例えば初期の行動理論にのっとり刺激が行動を予測するとの立場に立つとすると，すべての人は試行錯誤の繰り返しの中で，刺激に対応した同一の反応を確立するはずである。しかし実生活において同じ刺激を与えてもすべての人が同じ行動に到達するとはかぎらず，ある刺激により人の行動は単一化されたパターンへと進むことはほとんどの場合あり得ない。バンデューラ(Bandura, A.) は心的過程の概念を取り入れ行動理論を発展させてきた功労者の一人である。彼の社会的学習理論は禁煙，ストレスコーピングなど健康行動の変容に貢献し，成果を上げてきている。また今日の食行動について説明する上で，社会的学習理論は当てはまりのよい理論である。そこで本章を進めていく上で発展的行動理論の1つである社会的学習理論についてふれる。

　それまで学習はタスクを実行しその結果を経験することにより獲得されるとされていた。しかしバンデューラは，人は動物とは異なり実体験を経なくとも観察学習を通じて行動を学ぶ能力つまり観察学習の能力に優れていることから人の観察学習の重要性に気づき，観察学習を中心にすえた社会的学習理論を確立した。また観察学習はモデルの行動を見るだけで成立し，言語や描写的なイメージとして表象され，その学習は記憶され保持され再生されると考えられている。歴史的な文化と社会性を背負った食行動のような複雑な行動形式は，代理経験に

よるモデリングにより発展的に継承されてきた。また近年の研究領域においても親の食行動が子どもの食行動に影響を及ぼしていることが数多く明らかにされている。そして観察学習の研究の進展とともに，バンデューラは認知的機能に注目を向けるようになった。個人の対象物に対する認知の違いにより，形成される行動は異なる。つまり人がいかに受け止めているかが行動に影響する。例えばある人は甘い物は生活習慣病の原因であると認知すれば甘い物に対して回避的な態度になるであろうし，甘い物は疲れを癒すと認知すれば接近的な態度になる。このように行動を制御する要因として刺激(S)→結果(R)の過程に認知プロセスを加えることによって，行動について深く理解でき，より効果的な行動の予測と制御が可能となる。特に食の量が満たされている今日では，空腹が食行動の動機となるような生理的な要因のみならず，イライラするといった認知プロセスにおける感情に変化が起こった場合，食べて気持ちを落ち着かせるといったように心理的な要因が食行動の形成要因として重要になってきている。このことを考慮すると認知プロセスは食行動を説明する上で重要な要因である。例えば昨今内科には肥満外来を設け肥満の治療にあたる医療の窓口が増えてきている。ある患者Aさんがある肥満外来を訪ねて来た。医師は治療の一環として食事制限するようにアドバイスを行ったが，翌日Aさんのご主人から「妻に何をした!!」と怒りの抗議があったらしい。どうも食事制限をしていた奥さんはイライラし，やたらかんしゃくを起こし大荒れに荒れているらしい。主治医は再度よく調べたところ，Aさんは自分にも気がつかないストレスを抱えており，それを紛らわせるために過食をしていたことが明らかになった。その後ストレスへの気づきを促し，ストレスに対する対処方略についてのアドバイスを行い，Aさんはストレスを食べることではなく，他の方法で回避することによりめでたく減量に成功した(2003(平成15)年放送，NHKほっとモーニングから)。過食を起こす認知プロセスに注目することで食行動をより深く理解し，肥満の治療が成功した例である。

またバンデューラは認知的要因，環境要因，行動要因の三者は互いに影響

刺激 ⇒ 認知プロセス ⇒ 結果

図9-1 刺激，認知プロセス，結果の関係

を及ぼし合っていると主張している。つまり心的過程の構成要素である個人の信念や意図，自己評価などの認知的要素が行動を形成する要因の1つとして働き，個人の行動は環境に影響を及ぼし，さらに環境は個人の認知の情報源となり認知的要因に影響を与える。また行動要因と環境要因に注目してみると行動を起こすことにより環境は変化し，環境の変化は行動に影響をもたらす。環境の変化や行動の経験は認知的要因に変化をもたらす。

さらに社会的学習理論のもう1つの特徴は，自己調整機能を強調している点である。バンデューラは内発的な力を行動の規定要因として挙げている。ある行動について自分自身の内的な基準や他人の行動と比較し評価することによりその自己評価が行動の動機づけとなる。つまり行動が内的な基準とは隔たりがあり自己不満感を抱くものであったとき，人は行動と内的基準の隔たりを埋めようとする。この時行動はどのようなプロセスを経て生起するのであろうか。それはまず自分自身が立てた目標に対しどのような考えを持つかということである。自分の行動による結果に対する予期や期待が重要な要素となる。この結果に対する予期と期待は自己に対する評価との比較によって決定される。自己の能力を確信し目標達成への可能感が高ければ自己効力は高く，行動への効果的な動機づけとなる。したがって問題のある食行動を変容させようとするときスモールステップにより少しの努力で達成可能な目標を設けることにより自己効力感を調整し，動機づけを高め一連の行動への内発的興味を高めることが可能となる。自己効力感は，自分に対する評価と設定する目標行動との相対的な関係により決まる。

食行動は古来より文化として人々の間に受け継がれ発展してきた。その過程では社会的学習理論の中で説明されているような，言語化と描写によるイメージ化により作られる表象を媒介としたモデリングが重要な役割を担ってきた。近年においては，食行動におけるモデリングは身近な家族やコミュニティーによる伝達の域にとどまらず，マスメディアの発達により大衆化されてきており，その影響は大きい。また食糧事情が貧しかった時代には生理的な欲求つまり空腹を満たすことが食行動の主要な動機であったため心的過程にかかわる要因はそれほど複雑ではなかった。しかし食の量的な充足がなされた今日では生理的な欲求を満たすことに加えて心理的な欲求を満足させることが望まれ，食行動の動機

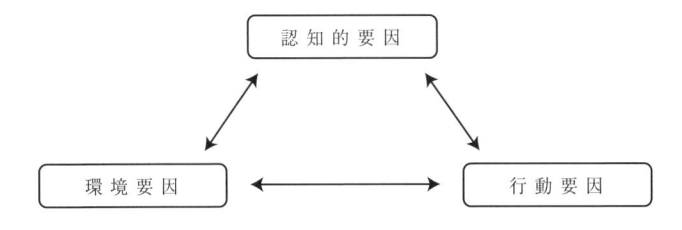

図9-2 人の認知的要因，行動要因，環境要因の関係

はより複雑となってきている。このような行動の特徴をふまえた健康に対する対策が日本でも取り組み始められている。2000（平成12）年，厚生省（現，厚生労働省）から道標となる健康施策として打ち出された「健康日本21」が，その柱である。

では認知的要因，行動要因，環境要因を視野に入れて食行動について考えたとき，どのような要因が具体的に食行動を規定しているであろうか。青年期の食行動の問題点からアプローチしてみることとする。

3．青年期の食行動 ——肥満と痩せ——

「健康日本21」では，青年期の栄養摂取にかかわる問題として男子の肥満，女子の痩せが指摘されている。代謝にかかわって生じる肥満や痩せを除外すると，肥満も痩せも食行動を形成する認知プロセスのあり方がその成立要因となっている。そして肥満や痩せについて，心理的な側面に焦点を当ててアプローチをした研究を概観してみると，両者は表裏一体の関係にあることが見いだされており，共通する要因が認知プロセスに作用している。

1998（平成10）年度国民栄養調査にも報告されているように，青年女子は全体的に痩せている傾向にありながらさらに痩せたいという強い痩せ願望をもっている。このような痩せ願望は食行動に深刻な問題を生じさせている。例えば青年期の朝食抜きの問題に目が向けられ始めて20年を経た現在，当時青年層であった者が親世代となったことで，朝食を摂取することができないで保育園，幼稚園，小学校に登園，登校する子どもが増えてきている。朝食を摂ることのでき

ない子ども達は,身体的にも心理的にも不快感をもっているため,集団生活を営む上でさまざまなトラブルを抱えていると報告されている。つまり痩せ願望を動機として青年期に獲得された朝食を抜くといった食行動は世代を超えて問題をもたらしており,その深刻さに目を向ける重要性がある。

また青年女子の痩せ願望は近年さらに強くなってきている。痩せ願望をもつ人の中には過激なダイエット(痩せることを目的とした行動)を行う人も増えてきており,摂食障害との連続性が危惧されている。欧米先進国諸国においても同様の問題が指摘されており,その広がりは日本よりもさらに深刻であるとされている。このような状況を受け,摂食障害には至らないが摂食障害と類似した行動傾向を食行動の異常傾向として位置づけその特徴を明らかにすることは,青年期の食生活の改善に意義があると考えられる。

青年女子の痩身願望は「女性性の保持」,「魅力のアピール」,「自己不全感からの脱却」といった社会的な風潮による自己への評価を満足させようとする欲求を痩身という手段で満たそうとすることを反映しており[2],青年女子の痩身願望やそれに伴うダイエットには心理的要因が深く関連している。さらに詳しくその認知プロセスについて考察してみる。

自分の認知している体型とをある基準と照らし合わせて自分は太っていると認知したときに自分の体型に対する不満感が生じ,その不満感を埋めるために痩せ願望が生起する。その基準が疾病の起こりにくいより健康的であるための体型であれば問題はない。しかし今日ではその基準は社会的風潮に左右されて,極端な痩身へと向かっている。そのため自分は標準的な体型であると認知していても社会的に高い評価を手にするために,さらに痩せたいと願う。また痩せていることを理想とする社会的風潮からの圧力により自分の体型に対する認知に歪みが生じ,自分の体型を実際よりも太っていると認知する。そしてさらに痩せたいと願う。つまり身体に対する懸念には理想体型の極端な痩身化による懸念,自分の体型に対する認知の歪みから生じる懸念の2つがあり,食行動の異常傾向では両方のタイプの懸念が痩せ願望の動機となっている。また身体的な懸念は痩せ願望の動機となるとともに,痩せ願望をもつことで身体的な懸念は高められる[3]。つまりダイエットをしている人にとって空腹はダイエットを成功させ,体重を落とすという結果をもたらす正の強化子となり,心理的な快感をもたら

す。ダイエットをしている人は生物的には回避すべき空腹を乗り越えようとするために,「自分は太っている。もっと痩せた体型であるべきだ」と考え,身体的懸念を高めることで自己を調整する。すなわち自己の調整のために自己の身体像に対しより強い認知的な歪みを生じさせていると考えられる。女子大生や女子高生が太ってもいないのにいつも「私,太っているでしょ」「もっと痩せなくっちゃ」と口癖のように言っているのは,このような認知プロセスの悪循環が影響しているのではないだろうか。こうした身体に対する懸念から生じた痩せ願望は,拒食だけではなく,過食といった食行動の異常傾向を極めて強く説明する要因となる。

ところで摂食障害というと痩せているにもかかわらずさらに痩せたいと願い,時には痩せ過ぎのため死にまで至る心の病といったイメージがある。そのため「摂食障害=痩せ」と考えがちである。しかし摂食障害は拒食,痩身のみではなく,過食,過体重を伴うこともあることが明らかとされている[4]。身体的な懸念から生じた痩せ願望が説明する食行動の異常傾向はBMI（Body Mass Index）値の程度とは関係ない[5]。食行動の異常傾向では拒食と過食の揺れの中で痩身に傾く人もいれば,過体重に傾く人もいる。

実際,世の中には心配事があったときにやけ食いをしてしまう人,逆に何ものどを通らなくなる人の両方が存在する。刺激としてのストレスが同じように加えられているにもかかわらず,まったく相反する食行動はどうして起こるのであろうか。

ダイエットをしている人は生理的に慢性的な飢餓状態にあり,ストレスや否定的な感情によって食事制限を中断せざるを得ない状況にぶつかると過食の危険にさらされることが報告されている[6]。

また過食といった食行動の異常傾向が強い人はストレスを強く認知し,情動を調節したり回避することによりストレスに対処しようとする傾向が強い。しかし食行動の異常傾向が強い人は,問題解決型の対処方略をストレスに対する方略として持っていないわけではなく,認知するストレスの程度が強すぎるがゆ

BMI（Body Mass Index）：体格指数として用いられ,下記の式で求める。
　　BMI＝体重(kg)÷身長^2(m)
　　BMI値が22の時,統計的に最も疾病が少なく,標準的な体型としてとらえられている。

え,問題解決型の対処方略を使用せず感情を調節することによりストレスに対処する傾向にある[7]。つまり食行動の異常傾向を示す人はストレスに対する認知に問題があり,このことが過食や拒食と関連していると考えられる。

また,一方BMI値の高い人はストレスや否定的な感情が生じた場面で過食傾向になりBMI値の低い人は拒食傾向になるとの報告もある[8]。肥満者は食べることによってストレスや否定的な感情から生じる情動を調節しようとする行動様式が身についているがために肥満に陥ってしまい[9],痩せている者はストレスや否定的感情が生じると心がいっぱいになり食べることができない行動様式が身についているために痩身になってしまうと考えられる。

以上のことから否定的な感情やストレスは過食や拒食の原因となり,さらに肥満度や摂食抑制という条件が加わることによりストレスは過食とより強く関連すると考えられる。また否定的感情やストレス下での過食や拒食は,ストレスに対する歪んだ認知プロセスから生じた対処方略を反映したものであることが示されていた。ストレスに対する認知の歪みを正し,適切な対処方略の選択を促すことで,過食や拒食に歯止めをかけることができることが示唆された。これからの食教育はストレスマネジメント教育との連携が図られることが期待される。

さて,人の行動を制御する内的要因の1つに自尊心がある[10]。肯定的自尊心は健全な精神機能に欠かせないものとして,心理学者や社会学者からその重要性が主張されてきており[11],食行動の自己制御においても核となる重要な因子である。これまでの研究で食行動の異常傾向を示す人は自尊心が低いことが明らかにされている[5]。食行動の異常傾向を説明する自分の体型に関する懸念は,自分に対する自信の低さに影響し,体重の制御に対する葛藤や失敗また葛藤や失敗を背景とした他者からのからかいが自尊心や自信を低めている[12]。自尊心は自己概念に対する評価であり,ポープ (Pope, A.) は自尊心の構成因子として社会的領域(仲間との関係における自己評価),学力的領域(学力に対する自己評価),家族的領域(家族との関係における自己評価),身体的領域(身体に対する自己評価),全体的な領域(全体的な自己に対する自己評価)の5領域を挙げている[11]。そして,食行動の異常傾向を示す者は主に身体的領域と家族的領域に関する自尊心が低いと報告されている[13]。

自尊心は成長期の養育者の愛情と受容によって変容することが明らかにされて

おり，青年期に至るまでに自尊心の基礎がしっかりと確立されていれば，たとえ思春期に始まる身体的な変容とともに自己の問い直しが行われる時期に身体的な自尊心を揺るがせる事態に出合おうとも全体的な自尊心は危機的な状態に陥ることはないであろう。しかし家庭の教育力の低下が危惧される中，確かな愛情と受容を受けることができず家庭を中心として確立されるべき自尊心の基礎が脆弱な子どもが増えてきており，青年期までに家庭を通じた自尊心の確立が十分ではない状況も見られる。

　またもともと自尊心の低い人はBMI値が高い場合，自分の体型に対して不全感を持ち，痩せていることに対するメリット感を高め痩せ願望を強める[2]。痩せ願望の強さは食行動の異常傾向に影響している。つまり世間で理想とされている体型を手に入れ，身体的な自尊心を充実させることにより，社会における自分に対する評価を得ることで全体的な自尊心の低さを補おうと働くことが食行動の異常傾向へとつながる。

　したがって，自尊心を高める教育を行うことにより，効果的に食行動の異常傾向を改善することができる[14]。自尊心は社会的規範や風潮を参照にし，他者との関係の中で築かれていく。特に重要な他者との関係は自尊心の形成に強く関与している。つまり重要な他者を含む家族のあり方が食行動を支える心的過程に及ぼす影響は大きい。

　自尊心は人の行動を支える核となるものであり自尊心を高めることは建設的な行動の動機づけに有効である。しかし自尊心は自己概念に対する評価であり，自己概念やその評価である自尊心を修正することは容易ではない。そこで昨今カウンセリングで行動変容の指標とされているのが自己効力感である。自己効力感とはある結果を生み出すために必要な行動をどの程度うまく行うことができるかという予期をどの程度もっているかの認知である。具体的な行動に対する自己効力感は教育プログラムにより高めることができる。つまり少しの努力で達成可能な目標を設定することで，やればできるという自己効力感を高める。そして成功体験を積み重ねることにより自己概念はポジティブに変容し，自己概念に対する評価である自尊心の高まりへも影響する。

　食行動の分野での自己効力感に関する研究は特に過食を伴う肥満に関するものが中心である[15]。過食を伴う肥満の人は，否定的なボディーイメージをもち[16]，

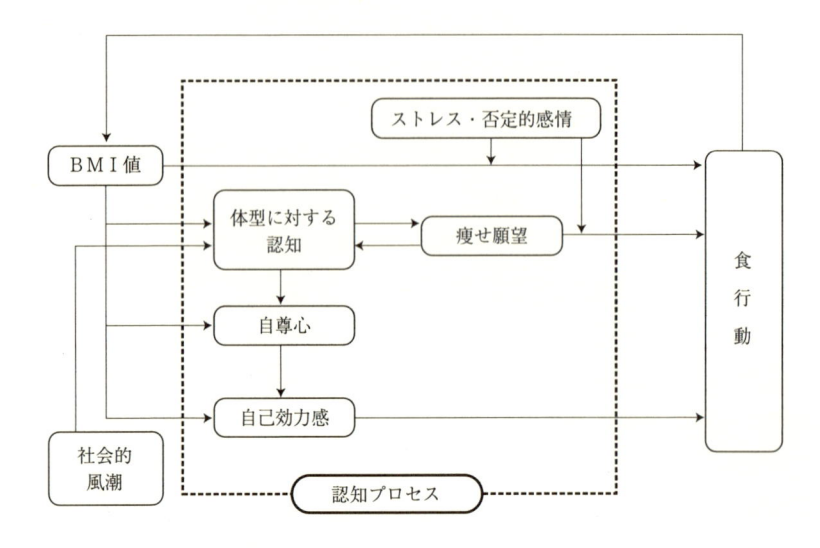

図9-3 食行動の自己制御システムの関係

低い自尊心[17]，低い自己効力感を示すこと[16]が報告されている。また摂食障害の治療において認知行動療法を取り入れることは効果的であることが明らかにされており，治療プログラムの中に過食，拒食の両側面に関して自己効力感を高めるような方法が導入されている[18]。食行動の異常傾向では食行動をうまく自己制御するには，過食にも拒食にも傾かないように食行動を制御できるようになることが重要である。よって食行動の自己制御を考える上では，過食抑制に対する自己効力感と拒食抑制に対する自己効力感の両方が重要となる。食べる量を自己制御できる自己効力感を身につけることは飽食の時代の重要な課題である。

4. 環境的支援の必要性

行動の形成過程で人と環境とのつながりが重要であることを考えると，食行動を健康的に変容させるためには個人の自己制御能力にのみゆだねるだけでは実現への道は遠い。そのため社会として個人が生活習慣を改善し保持することが

できるよう支援を行う必要がある。

　日本では超少子高齢化社会に備えた健康教育の一環として食教育への取り組みが始まっている。食生活を含めた生活習慣を改善し，なるべく元気で老後を過ごすことにより，医療費などの負担を若い世代にかけず超少子高齢化時代を乗り越えようとするものである。

　21世紀の新たな健康づくり施策として発表された「健康日本21」では，国民栄養調査などの調査に基づき，健康に関する問題を明らかにし，問題とされる項目についてライフステージを考慮し目標となる数値を設定した上で，マスメディア，企業，職場，学校，家庭など私たちを取り巻く環境を巻き込んだ取り組みが掲げられている。

　「健康日本21」の総論では発達段階の特徴を重視し，人生の各段階での課題や健康観に応じた対応の必要性を主張するとともに，特に健康観を形成する上での発達の臨界期ともなる時期を指摘し効果的，効率的な取り組みの見通しについて展開している。

　中でも幼年期と少年期は家族の中で基本的な健康観が受容，形成され生活習慣の礎が作られる時期である。この時期における家庭，学校の役割は大きい。また青年期前期から中期は思春期に当たり，家族からの影響が薄れ学校教育，友人関係，マスメディアによって行動は影響を受ける。反抗期とも重複し，社会に対する反発傾向が強く，生活習慣も乱れやすい。自分を制御していた他者からの自立心が強まる時期であると考えられる。そこで「健康日本21」では友人などのネットワークを介した働きかけが有効であると考えられている。つまり個人の食行動を含めた健康行動の変容をめざすためには，個人の健康観に基づいた努力に加えて個人を取り巻く環境の整備が重要である。これまで子どもの生活習慣の形成，維持，向上には家庭の教育力の改善が強調されてきた。しかし青年期には家族以外の社会的集団の個人への影響が強まる中，家族といった小さな閉じた集団への呼びかけだけではその効果に限界がある。個人がかかわる主な集団を視野に入れ施策を講じることにより行動を形成する一要因である環境への働きがなされ，認知的要因，行動要因へ変化がもたらされる。特に環境要因であるマスメディアのあり方は重要である。なぜならばマスメディアは健康に関する主要な情報源であり，食行動に強く影響を与える社会的な規範，風潮

(social norm) を作り出している．今日，マスメディアのかかわりなしには個人の食行動を変えることは困難である．しかし実際にはマスメディアや企業の追求する利益と国が守るべき個人の利益は必ずしも一致しておらず，個人にとって利益になると考えられる健康教育を根底とした動向にマスメディアや企業の動向を向かわせることは難しい．例えば当面健康に懸念の必要が少ない青年期では健康よりも美容が優先されている．マスメディアによるダイエット情報に翻弄され，痩せるために極端な食事制限やその他の非構造的ダイエット（嘔吐，下剤・利尿剤の利用によるダイエット）を行うような傾向もみられる．年齢が高くなると老化に伴い身体にさまざまな障害を感じ健康への懸念が高まり，健康的な食行動への動機づけも高まる．しかし青年期では健康上の懸念が小さいために生体内部から生じる内的な要因ではなく，マスメディアや企業の作り出した外的な要因から生じる表象やモデリングによって食行動は形成される．少子高齢化社会を見すえた取り組みにおいて，老後もより健康的に過ごすためには子どもの頃からの生活習慣のあり方が問われる．マスメディアがそれほど発達していない時代においては青年期の食行動の形成に影響を与える外的要因は子どもの健康を願う家族であった．それゆえ外的要因は美容への追求といった目の前の価値基準に拘束されるものではなく，年長者である家族の体験に基づいた，例えば健康といった将来を見すえた価値基準の上に立ったものであった．

　また青年期はアイデンティティの模索期でもあり，精神的な葛藤が身体への関心にも反映される．体型に関する情報を含めたマスメディアや企業が提供するファッションは青年期の身体に対する自己像を構築する上で基準となり，興味の対象となっている．マスメディアや企業の目的の1つは，より多くの人から注目されるセンセーショナルな内容を取り上げたり，商品化し利益を生み出すことである．それゆえ青年層を対象としたマスメディアや企業でも健康といった将来優先されるべき内容ではなく，現在，人をより刺激し注目を集める内容を取り上げることが重んじられる．マスメディアや企業のあり方の影響力の大きさは甚大であり，青年期の個人の食行動における態度の変容にはマスメディアや企業の変容が不可欠である．ここで言論の自由かマスメディアや企業の倫理への介入かを論ずるつもりはないが，青年層の健康に関する価値観の形成に関して，今日のマスメディアや企業のあり方に何の介入もないまま任せておくだけで

は青年期の食行動に影響を与える環境要因は問題を抱えたままであろう。

また不健康なマスメディア被曝による効果を抑制させるためには，青年層に対し将来を見すえた健康への価値観を高める取り組みが家族，学校，地域社会などより身近なコミュニティを通じて多方面から進められることが重要である。個人の健康や美容に対する認知的要因に変容がもたらされ，価値基準が向上し個人の優先されるべき対象が美容ではなく健康となれば，環境要因であるマスメディアや企業の動向も健康へ配慮したものへと向かうであろう。マスメディアや企業が巨大化している中，人と環境のどちらが先に変容を始めるかは極めて難しい問題であるが，心的な要因が食行動の形成要因として重要である今日においては，個人に対して教育的な支援を行うだけではなく，環境的な支援の充実も重要である。

以上のような立場から，環境要因として子どもにより身近で本質的な利益をもたらす家族や家庭のあり方を問い直し，家庭の教育力を取り戻すための支援がこれからの社会システムの構築においてなされるべきである。

5．今後の課題

人類はその歴史の大半を飢餓との戦いの中で過ごしており，今日生き残っている種は飢餓に強い種が淘汰されたものであると考えられる。そのためヒトは，体内に栄養を取り込もうとする生理的機構は備えているが，栄養の取り込みを抑制しようとする機構は備えていない[19]。食の量が満たされている状況を考慮すると，ヒトの飢餓に強い生体的特徴から，肥満の増加が危惧されることは当然である。しかし肥満だけではなく青年女子を中心として痩せの増加が問題視されている。肥満や痩せには前節で述べたような心理的な葛藤が存在し，食行動に影響を与えている。そのため食行動の形成過程は，複雑で多面的である。グリーン（Green, L.W.）とクロイター（Kreuter, M.W. 1991）は食行動も含めた健康行動の複雑さと多面性を考慮し介入プログラムの実践を重視したプリシード・プロシードモデルを開発した[20]。アメリカの「Healthy People 2000」や日本の「健康日本21」はこのモデルを骨子にしており，日本の食教育においてもプ

リシード・プロシードモデルを枠組みとした実践が今後，広く取り組まれるであろう。厚生省保健医療局では，「健康日本21」の中で，2010（平成22）年度を目途として栄養状態，栄養素（食物）摂取レベル，知識・態度・行動レベル，環境レベルの3段階に分けて目標を設定しており，わが国でもようやく低栄養時代の栄養素教育の実践を抜け出し，高栄養時代の実態に即した食教育の実践が国として示されつつあることがうかがえる。では学校教育でのこれからの食教育はどのように展開していくであろうか。

現在の学校教育におけるカリキュラムでは食に関する学習は，主に小・中・高の家庭科に位置づけられている。その他，健康教育との関連から保健体育，社会文化的，経済的背景との関係から社会科，身体での代謝や食物の性質との関係から理科そして各科目での学習を総合的にまとめ，生きるための力へとつなげていく科目として総合的な学習の時間がある。しかし子ども達の食生活の乱れが深刻化していることを受け，従来の家庭科中心の食教育では子どもの食習慣を改善するに至らないことが指摘されている。将来的には管理栄養士レベルの知識をもった栄養教諭の制度的な認定と配置が提案されている。管理栄養士による食教育は食物に関する内容に限るべきであるとの主張もあるが，管理栄養士の主な活躍領域が医療現場での食事の管理や教育であることから管理栄養士を中心とした研究活動や教育活動は行動理論にのっとった健康心理学との融合が進められており，人の食生活の複雑さ多面性を視野に入れたホリスティックな内容へと発展している。担当領域を食にとどめるとされながら，これから養成されてくる栄養教諭は食に関する知識のみではなく人間の行動様式についても深く理解したスペシャリストとなるであろう。また栄養教諭の制度が実現すれば栄養，調理，食品を中心とした食物に関する食教育の内容は栄養教諭の担当となり，現在の家庭科から食は消えてしまうことも考えられる。実際最近の大学の学部編成の状況を鑑みてもかつての家政科の影は薄れ，管理栄養士コースを前面に押し出している動きは明らかである。このような家庭科の食教育に対する逆風の中で注目したいのは家政科の総合性が大切に守られている点である。現代の個人の生活は家庭を離れたところで展開されており，家族がいながらその絆が弱く，家があっても家庭が存在しない。食生活では個食や孤食に代表される家庭の機能不全が特に成長期の子どもや高齢者に深刻な影響を与えている。現

代社会の歪みはより弱者に対して重くのしかかる。現代人の食行動は生理的な要因によってのみではなく，人と人とのかかわり合いを通じた心理的な要因によって形成される。つまり人の生活は，衣，食，住，保育などの専門領域の単なる集合体で構成されるものではなく，家族のダイナミクスの中で家庭が機能することでこれらの各領域が総合的に効果的に生活の中に取り入れられていく。よって家政科の総合性は，各専門領域で探求され，洗練された切れ味のよい虚学に魂をこめ，実学として息を吹きこむために学問として尊重されるべきであり，家庭を足場とした視点に立って食教育に携わることができるのは家庭科ならではある。家庭科においてもホリスティックな展望の下に研究が発展し，教育実践が取り組まれることを期待したい。

【引用・参考文献】
1) 砂田登志子「食育先進国，欧米諸国に学ぶもの」『食の科学』277　2001　pp.8-15.
2) 馬場安季・菅原健介「女子青年における痩身願望についての研究」『教育心理学研究』第48　2000　pp.267-274.
3) Pietrowsky, R., Straub, K., & Hachl, P., "Body dissatisfaction in female restrained eaters depends on food deprivation." *Appetite*, Vol.40., 2003, pp.285-290.
4) King, M.B., "Eating disorder in a general practice population. Prevalence characteristics and follow-up at 12 to 18 months." *Psychological Medicine*, Vol.12., 1989, pp.615-622.
5) Ghaderi, A., "Structural modeling analysis of prospective risk factors for eating disorder." *Eating Behaviors*, Vol.3., 2003, pp.387-396.
6) Harman, C.P. & Mack, D., "Restrained and unrestrained eating." *Journal of Personality*. Vol.43., 1975, pp.647-660.
7) Bittinger, J.N., & Smith, J.E., "Mediating and moderating effects of stress perception and situation type on coping responses in women with disordered eating." *Eating Behaviors*, Vol.4., 2003, pp.89-106.
8) Geliebter, A., & Aversa, A., "Emotional eating in overweight, normal weight, and underweight individuals." *Eating Behaviors*, Vol.3., 2003, pp.341-347.
9) Kaplan, H.I. & Kaplan, H.S., "The psychosomatic concept of obesity." *Journal of Nervous and Mental Disease*, Vol.125., 1957, pp.181-189.
10) バンデューラ, A.：原野広太郎（監訳）『社会学習理論―人間理解と教育の基礎―』金子書房　1979（原典は，Bandura, A., *Social Learning Theory*, Prentic-Hall, 1977.）
11) ポープ, A.W., ミッキヘイル, S.M., クレイヘッド, W.E.：高山巌（監訳）『自尊心の発達と認知行動療法―子どもの自信・自立・自主性を高める―』岩崎学術出版社　1988（原典は，

Pope, A.W., McHale, S.M., & Craighead, W.E., *Self-Esteem Enhancement with Children and Adolescents*, Pergamon Press, 1988.)

12) Taylor, C.B., Sharpe, T., Shisslak, C., Bryson, S., Estes, L.S., Gray, N., McKnight, M.K., Crago, M., Kraemer, C.H., & Killen, D.J., "Factors associated with weight concerns in adolescent girls." *International Journal of Eating Disorders*, Vol.24., 1998, pp.31-42.

13) Button, E., Loan, P., Davies, J., & Sonuga-Barke, E.I.S., "Self-esteem, eating problems, and psychological well-being in a cohort of schoolgirls aged 15-16: a questionnaire and interview study." *International Journal of Eating Disorders*, Vol.21., 1996, pp.39-47.

14) O'Dea, J.A., & Abraham, S., "Improveing the body image, eating attitudes, and behaviors of young male and female adolescents:a new educational approach that focuses on self esteem." *International Journal of Eating Disorders*, Vol.28., 2000, pp.43-57.

15) Wolff, G.E. & Clark, M.M. "Changes in eating self-efficacy and body image following cognitive-behavioral group therapy for binge eating disorder A clinical study." *Eating Behaviors*, Vol.2., 2001, pp.97-104.

16) Cargill, B.R., Clark, M.M., Pera, V., Noaura, R.S., & Abrams, D.A., "Binge eating, body image and depression and self-efficacy in an obese clinical population." *Obesity Reserch*, Vol.7., 1999, pp.379-386.

17) Telch, C.F. & Agras, W.S., "Obesity, binge eating and psychopathology:are they related?" *International Journal of Eating Disorders*, Vol.15., 1994, pp.53-61.

18) 坂野雄二・前田基成『セルフ・エフィカシーの臨床心理学』北大路書房 2002

19) Pinel.J.P.J., Assnaand, S. & Leman, D.R., "Hunger eating and ill health." *American Psychologist*, Vol.55., 2000, pp.1105-1116.

20) グリーン, L.W.・クロイター, M.W.：神馬雅峰・岩永俊博・松野朝之・鳩野洋子（訳）『ヘルスプロモーション―PRECEDE-PROCEEDモデルによる活動の展開―医学書院』1997（原典は，Green, L. W., & Kreuter, M.W., *Health Promotion Planning: An Educational and Environmental Approach*, Mayfield Publishing Company, 1991.）

21) 遠藤由美「個性化された評価基準からの自尊感情再考」遠藤辰雄・井上祥治・蘭千壽編『セルフ・エスティームの心理学』ナカニシヤ 1992 pp.57-70.

22) King, T.K., "Eating self-efficacy and weight cycling A prospective clinical study." *Eating Behaviors*, Vol.1., 2000, pp.47-52.

23) 祐宗省三 原野広太郎 柏原恵子 春木豊（編）『社会的学習理論の新展開』金子書房

24) ソレンセン, C.E.・マホーニィ, M.J.：上里一郎・木船憲幸・森本益守・落合潮・名島潤（訳）『セルフコントロール』福村出版 1978（原典は，Thorensen, C.E. and Mahoney, M. J., *Behavioral Self-Control*, Rinehart and Winston, 1974.）

第10章
生活課題を共同で探求する家庭科授業の創造
―― 現代生活を探求する視点としての「環境」を中心に ――

山田　綾

1. 家庭科授業の課題

　消費社会化やグローバリゼーションの著しい進行といった社会の変化の中で生じている生活の変容は，家庭科でどのような力を育成するのか，そのためにどのような学びが必要であるのかを問うものである。そればかりではなく，近年，地球規模での環境悪化やジェンダー，エスニシティなどの問題が発見され，環境と開発，人権の問題などの人類的課題が提起される中で，近代のあり方を問い直すべく，現代的・人類的課題を視野に入れ，「脱工業社会」「多文化共生」の視点などから教育のあり方を抜本的に見直す必要が提起されてきた[1]。

　とりわけ，日本の子どもや社会の状況を考えると，現代的課題を教科の学習の中に位置づけていくことは重要である[2]。というのも，日本の子ども達は進学競争のために勉強に駆り立てられ，偏差値や試験の点数と結びついてしか「学ぶ意味」を実感できなくなっているからである。高校中退率の増加や学習時間の減少など，競争の結果が明らかになるにつれ，学びをあきらめてしまう状況は，「日本的」雇用の転換が始まった1990年代後半に顕著になっている。また，偏差値の高い層においても，学校で獲得した知識が生活問題や生活知と結びつ

いていないことが指摘されてきた。そうした問題は子どもの問題であるというより，日本社会の課題であることが指摘されている。経済教育開発機構（OECD）が作成した1998年のレポートは，環境破壊といった現代的課題や科学上の新発見に対する日本のおとなたちの関心が極めて低い（14カ国中最下位）ことを示しており，日本社会全体がこうした学びから逃避している状況にあることが指摘されている[3]。

　家庭科は，理科や社会科などとともに，戦後総合的な教科として成立し，現代的課題にも取り組んできた。消費社会化やグローバル化に伴い，生活とそれを支え規定する社会システムが急激に変化する中で，家庭科の授業では見えにくくなった生活を子どもと一緒に体験しながら探求してみることが必要ではないだろうか。家庭の身近な現実から出発し，現代の課題を発見し，生活を問う学びをつくり出すとき，子ども達は，家庭科の授業から，学ぶ意味とリアリティを取り戻していくのではないだろうか。それはまた，家庭科の授業を通して，子ども達に「権利としての参加」に開かれた学びを保証していくことでもある。

　そうだとすれば，家庭科では，現実がどうなっており，どんな課題があるのか，どんな解決の方法や取り組みがあるのか，子ども達が共同で生活を問うこと，そして新たな生活のあり方を創造していけることが求められる。

　家庭科を，現代の生活を子どもとともに探求することを通して，子ども達が何を食べ，何を着て，どこに住み，誰とどのように暮らしたいのか，現実の生活を問い，未来を創造する教科であると考えるとき，現代的課題から現実のくらしを見直すことが必要になる。

　今日，家庭科の内容は，大きく2つの柱で構成されると考えられる。1つは，モノとコトからなる柱である。従来の衣食住・経済など，消費生活と生活文化が対象となる。もう1つは，ひととコトからなる柱であり，自己と他者の関係など従来の家族や保育，福祉などの領域にかかわる内容が対象となる。前者も，南北問題や世代間の平等など，人をめぐる「公正」の問題を含んでおり，一概に区別できるわけではないが，前者を消費生活にかかわる柱とすると，今日その内容は「環境」から問い直される必要がある。本稿では，消費生活に関する柱を例に取り上げ，現代的課題の1つである「環境」の視点でどのような学びをつくる必要があるのか，また，どのようにカリキュラムに位置づける必要がある

のか，家庭科の実践を取り上げて考察することとしたい。

2．家庭科と環境教育の関係

(1) 家庭科における「環境問題」の扱い

　家庭科は，環境問題と深くかかわって展開されてきた教科である。

　家庭科において，環境を取り上げる際の近年の注目すべき変化は，ゴミ問題や水・大気の汚染などを取り上げて環境問題を単元化するだけでなく，衣食住のくらしについて学ぶときに，環境の視点で従来の教科内容を全面的に見直し，位置づけ直していく実践が試みられ始めていることである。そこには，後述するように，資源の大量採取・大量生産・大量消費・大量廃棄という高度経済成長期につくり出された社会システムとくらしのあり方を問題にする視点がある。

　地球規模で環境悪化が進み，先進国を中心に具体的にCO_2の削減など環境保全のための目標達成が求められる中で，1990年代末に改訂された学習指導要領には衣食住などのくらしを環境の視点から問い直すことが明記された[4]。

　後述するように，学習指導要領における環境問題の取り扱いに問題がないわけではないが，環境保全のためのライフスタイルの見直しが課題とされていることは明らかであり，それはまた必要なことである。

　こうした動向はすでに実践にみられ，衣生活や食生活を学ぶときに，環境問題をつけ加えるだけでなく，従来の内容を環境と共生の視点で問う実践が試みられている。以下では，そうした実践の試みを取り上げて，家庭科において環境問題にどのように取り組む必要があるのか，また環境問題という生活課題を掲げることにより，家庭科の授業にどのような学びの世界が広がるのか，その可能性について検討したい。

(2) 家庭科における環境教育の変遷

　これまで，家庭科では，どのように環境問題が位置づけられてきたのであろうか[5]。

　1960年代に，産業化に伴い，新産業都市を中心に「公害」という形で地域の

環境汚染が広がる中で、家庭科では地域の課題が学ばれてきた。

例えば、1960年代に新産業都市の大気汚染を、子ども達が家庭生活の場から地域の課題として浮き彫りにしていく実践報告がみられる[6]。なぜなら、地域の問題と無関係に家庭生活は成り立ち得ないからである。工場の煤煙で大気が汚染されていれば、「洗濯」では洗濯物を「外に干す」わけにはいかない。「住居の換気」では「換気のために日中に窓を開ける」わけにいかない。「なぜ、洗濯物が外に干せないのか」「なぜ換気ができないのか」という事実に基づく問いが、地域の課題を発見する学びを生み出した。

その後、小学校の住居領域では「ごみのゆくえ」のように大量廃棄の問題が探求されたり、小学校や中学校の被服領域で行われた被服管理の「洗濯」学習では、湖や河川の汚染から合成洗剤の使用を検討する実践などが試みられてきた。1990年代には、大量廃棄というごみ問題の中での「プラスチック包装容器」に着目し、ライフスタイルとそれを規定している大量消費社会の問題を問う実践が試みられるようになる[7]。

また、合成洗剤に用いられるパーム油などの原料を調べる過程で、生産地である東南アジアのプランテーションにおける農薬による環境破壊が発見され問題にされたり[8]、食物領域では天ぷらうどんの材料の自給率調べから、エビの養殖による東南アジアの環境破壊が発見されるなど、南北の経済格差を背景に環境が破壊されていく現状を浮き彫りにする実践も行われてきた。そこでは、自らのライフスタイルを問い直し、地球規模で安全や環境保全が保証されるような自分と他者のくらしとそれを支え規定する社会システムのあり方を創造していくためのきっかけがつくられてきた。ところで、これらの実践では、現代的・人類的課題について、子ども達自身が現実を調査し解決の方向を議論することが試みられ始めていたが、教師からの問題提起で終わることも多かった。

1990年代の後半には、さらに子どもの権利としての学習参加・社会参加という視点から、子ども達にとってのリアリティや子ども達の議論・判断を重視して、対策を子ども達が批判的に検討し、評価する実践も生まれている。例えば、中学生が生徒会の「アルミ缶と牛乳パック回収運動」を取り上げて批判的に検討し、リサイクル運動の環境保全対策としての意義と限界を明らかにする授業である[9]。また、中学生が自分の住んでいる地域を環境の視点で調査し点検し

て，その結果や必要な取り組みを「宣言」としてまとめて社会にアピールしていく実践も試みられている[10]。企業や地方自治体に問い合わせて調査すること自体が，子ども達の社会への「参加」であるが，近年はさらに学んだことを直接発信することが試みられている。発信の方法も，学校で発表会を開催する，学園祭で展示するなどとともに，新聞に投書したり，市長に手紙を書くなど，さまざまな方法が考えられている。これらは，子ども達が自分たちの権利を世界に書き込んでいく「権利としての参加」に開かれた学びである。

家庭科では，掃除や洗濯，食器を洗うなどの生活行為とかかわる具体的な事実から環境問題が発見され，取り組まれてきた。そこでは家庭生活で行われる消費のあり方だけをみるのではなく，その前の「大量生産」や「資源の大量採取」の過程と，その後の「大量廃棄」の過程を探求してみることで，さまざまな環境問題が発見され，大量消費社会の仕組みと問題が明らかにできて初めて消費のあり方を検討することができるということが実感されつつある。

地域の「公害」から出発した環境教育は，地球環境問題へと視点を移行し，近年，ゴミ問題，水質・大気の汚染ととともに，エネルギー資源の枯渇とその利用の仕方や熱帯雨林の破壊などの問題が取り上げられるなど，内容が広がるとともに後述するように学習の仕方が検討されてきた。何より環境問題と生活の関係や構造を全体としてつかむための授業が試みられている[11]。そして，冒頭で述べたように，衣食住の生活について学ぶ際に，「環境負荷」の視点でこれまでの学習内容と方法を組み直す実践が試みられつつある。

(3) 家庭科における環境教育の2つの方向

家庭科や「総合的な学習の時間」などで行われてきた環境の視点から自分のライフスタイルを問い直す取り組みは，主に2つの方向で実践されてきた。

1つは，環境悪化を防ぐために自分や家族が家庭でできることを中心に体験学習を行う場合である。例えば，汚染を食い止めたり，ごみを減らすために，リサイクルの必要を知り，ペットボトルやトレー，空き缶を集めたり，牛乳パックによるはがき作りやいらなくなった衣服のリフォームを行ったり，ゴミの減量や省エネの工夫に取り組む活動などである。

もう1つは，そうした活動をするにしても，その意味と限界を明らかにするた

めに,自分にできる工夫だけにとどまることなく探求する場合である。つまり,環境問題の原因を追究し,原因を大量生産・大量消費型の社会システムとライフスタイルに見いだし,自分のくらしと,それを規定する社会のルール,すなわち国・地方自治体の規制や対策,企業の対策や取り組みを批判的に検討する方向である。特に,日本の場合,資源の大量採取と大量廃棄の過程の企業責任を問わない企業と行政の問題があり,体制の問い直しが求められる。

学習指導要領では,前者の取り組みが推奨されており,家庭科では後者の内容に「深入りしない」などの文言さえ見受けられる[12]。

しかし,前者の方向には,以下の問題がある。家庭内の工夫に重点をおき,問題の探求範囲を限定してしまうため,リアルに現状や問題,展望を把握できない。その結果,リサイクルが問題を解決するという幻想を前提にした自助努力型の工夫に陥ることになる。それは,リアルさの欠如をもたらし,子どもの環境保全への行動をうながさないばかりか,子どもを生活の判断主体にしていく「権利としての参加」に開かれた学びとならない。したがって,後者の方向で実践を構想していくことが求められる。

また,後者の方向で実践を構想する際に,問題の把握や解決策の検討においては地球規模でとらえ,「世代間公正」とともに,「南北の公正」など「環境的公正」の視点を組み込むことが必要である[13]。環境問題の解決には,社会的不平等を構造的に内包した社会システムの問題自体を問い直し,「環境的公正」を実現しつつ,「持続可能な社会」へと移行してくことが求められる[14]。グローバル化は格差の拡大を生む傾向にあり,環境破壊は社会的弱者(低所得の階層や第三世界,周辺におかれた人々など)と生物学的弱者(子どもや高齢者など)に重くのしかかってくることをふまえる必要があるからである[15]。

3. 参加に開かれた学びと家庭科授業

以上のことから,家庭科で環境問題を扱う際に,以下の点を課題とする必要がみえてくる。

1つは、探求の範囲を限定することなく、総合的に学びを展開させることである。とりわけ、家族や個人の家庭内の自助努力に終始するのではなく、社会システムの問題と地球規模での「共生」を視野に入れて解決を考えることができるようにすることである。そのためには、子ども達が総合的にリアルに現実を探究し、関係する世界を全体としてつかむことが必要になる。

もう1つは、子どもがリアルに実感し、行動を始める学びをつくることである。環境教育においては、知識の獲得にとどまることなく、子ども自身が（強制されるのではなく、学びを通して）態度や価値観を形成し、環境保全への行動を起こすことが求められてきた。一方で、それは「子どもの側」から世界に参加する「権利としての子どもの参加」でなければならない。そこで、国際教育運動においては、知識の獲得の仕方が問題とされてきた。子どもが現実に参加しつつ学ぶこと、その過程で参加と学習のスキルを駆使して批判的に知識を獲得することが重視されている[16]。というのも、批判的な学習を通して、「知る」ことと「行動・参加する」ことを統一的に行うことにより、（強制されることなく）自主的活動を通して態度や価値観が形成されると考えられているからである[17]。

1つ目の点は、2つ目の学習を保証する土台でもある。この2つの視点は、子どもを学びの過程において判断主体として位置づけ、そうすることで家庭科がめざす、生活の判断主体、あるいは主権者となりゆく学びを可能にする視点である。それは、子どもの権利条約で求められている「参加に開かれた学び」である。子ども達が現実を意識化していくために、子ども達が共同で現実世界をリアルに総合的に探究し、批判的に検討し、新たな世界を創造していくことが求められるのである。

なお、1つ目のとらえ方については、これまで「家庭科では家庭生活のことを」あるいは「家庭に戻す」という語られ方にみられるように、必ずしもそのようにとらえられてきたわけではない。それは、近代に家庭生活が公的領域（政治・経済）と区別して私的領域として認識され、それが前提とされてきたためである[18]。しかし、家庭生活が家庭の外、すなわち公的領域と無関係に自律的に存在できるわけではないことは近年常識となりつつある。

つまり、家庭生活は社会や自然に埋め込まれて存在しており、家庭生活のあり方を探求する際には衣食住、家庭の経営・経済、家族、保育などのあらゆる局

面において,社会政策・制度や慣習,自然環境とは無関係に検討することはできない。例えば,食生活も衣生活も輸入や自給をめぐる政策と無関係に考えられないし,誰とくらすかについても現行の異性愛主義・カップル単位制の結婚制度と無関係に考えることはできない。現実の制度には,国連・子どもの権利委員会で問題にされている「婚外子差別」などの差別的処遇が組み込まれている。

現実の生活をリアルに学ぼうとすれば,家庭生活はその外との関係でとらえねばならず,そこでの課題を見すえることなく,くらしを創造し語ることはできない。このことは,「ごみのゆくえ」などの環境問題を扱う実践の中ですでに確認されてきたことである。

近年の消費社会化,グローバル化の進行は,衣食住のあらゆる局面において南北格差を土台とした価格破壊をもたらし,周辺とされた地域において環境悪化が進み,低賃金労働が強いられているのは明白であり,「環境的公正」の視点は一層重要になっている。

よって,家庭科は,日々の生活の現実から,現代生活を全体として見通し,課題解決を判断し,自分と他者の生活とそれを支える社会システムを批判的に検討し創造的につくり変えていくための学びを行う教科として構想していくことが求められる。そして,カリキュラムにテーマや課題を位置づけていくことが必要になる。

4．家庭科において環境問題に取り組む方法
──衣生活を「環境」の視点から考える──

ここでは,衣生活の学習に「環境」の視点を入れて,学習内容を再構成している2つの実践を取り上げて検討したい。1つは,2000(平成12)年度に中学1年生を対象に実践された外山広美氏の実践(12時間)である[19]。もう1つは,2002(平成14)年度に同じく中学校1年生を対象に実践された沓名古乃氏の実践(26時間)である[20]。沓名実践は,外山実践の視点を踏まえ,それを土台に発展的に展開されたものである。

(1) 衣生活の学習に「環境」の視点を組み込む

　外山実践は，現代衣生活を探究する際の重要な点として，従来の衣生活の学習内容に大量生産・大量消費とその結果としての大量廃棄の問題，ならびにその過程で再生産されている南北格差の問題を組み込み，衣生活学習12時間のうち3時間をこの学習に充てている。

　授業では，こうした衣生活の現代的課題を生徒が大枠でリアルにとらえることができるように，3つのことが試みられている。1つは，自分の衣服調べである。生徒が持参した衣服の材料，すなわち繊維を調べ，資源と廃棄時の環境への影響を考えるものである。これまで着心地や管理上に有効な繊維の特徴を知ることが中心におかれてきた材料の学習と燃焼実験が，「環境負荷」という視点で問うことができるように組み替えられている。天然繊維である綿と合成繊維であるポリエステルの燃焼実験は，燃焼時の悪臭から環境への問題を実感させる体験として位置づけられている。

　2つには，衣料の大量廃棄という現代の問題を江戸時代と比較して「循環」という視点で検討することである。江戸時代には，布をめぐるリサイクルシステムが整っていた。現代と江戸時代を比較することで，現代のどこに問題があり，またどうしてそうなったのか，つまり合成繊維の普及と資源の枯渇や廃棄による環境の悪化などの問題を関連づけて理解することが容易になる。また，江戸時代の布の循環のサイクルを発見し確認するために，「人間コピーゲーム」[21]という方法が用いられた。これは，ゲーム的要素を取り入れ，グループで競い合いながら，参加者に図が表現しているテーマと各要素の関連を意識化させる活動である。

　3つには，リアルでインパクトのある「衣服と環境」に関する現状報告と問題提起が行われた点である。教師と生徒有志の調査隊が地元の衣服回収会社を視察し，そこでビデオ撮影やインタビューを行い，それをまとめて授業で報告している。報告を補足してもらうように，回収会社の方をゲストティーチャーとして教室に招き，衣料の大量廃棄の現状と衣料をめぐるリサイクル・システムの限界がリアルに伝えられている。

　しかし，環境から衣生活を考える活動は3時間に限定されており，それ以外の学習内容・学習活動は従来通りであった点が課題であるといえる。「環境」の視点を組み込むと，その後の被服の学習内容をとらえる視点や展開は変わって

いくと考えられるからである。また，教師の問題提起にとどまり，生徒自身による吟味が保証されていない可能性があるからである。

(2) 衣生活の学習に「環境」の視点を貫徹させる
　沓名実践で着目すべき点は，外山実践で試みられた取り組みを取り入れ，その考え方を発展させ，環境の視点から衣生活の現状が連続的に問われていく点である。学ぶなかで生じた疑問や課題が次の時間に整理され，検討されたり調査されたりして探究されていく。それゆえ，学びが連続的につながっているという意味で総合的に展開されており，実践にストーリーが生まれている。
　表10-1は，沓名実践26時間の流れを示したものである。
　表10-1をみると，学びのつながりが確認できる。生徒の疑問と発見の繰り返しで進められた授業の展開は，授業で配布された資料からも確認できる。沓名氏は，前の時間で発見したことや考え合ったこと，討論したことなど，授業で学んだことをプリントにまとめて次の時間に配布して子どもたちに返し，そこから次の授業が始められている。
　では，沓名実践では，どのような内容がどのような活動により学ばれたのであろうか。

1）沓名実践の学習目標・学習内容における「環境」の視点
　沓名実践では，衣生活の学習目標として以下の3点が掲げられている。
① 現代の衣生活の現状を知り，衣生活ににかかわる問題に気づくことができる。
② 衣生活の課題を見つけ，解決に向かって考えることができる。
③ 自分の衣生活を見つめ直し，衣服を大切にすることができる。
　目標には明記されていないが，沓名実践には現代の衣生活にかかわる問題および課題として，資料により，大量採取と大量廃棄と環境悪化が認識されている。それゆえ，この実践で扱われた学習内容は，衣服の機能，衣服の材料，布の成り立ち，衣服の消費される過程の概要（原材料の採取→生産→消費→リユース・リサイクル→廃棄），繊維の原材料としての石油の枯渇，綿の栽培と南の環境破壊，リユース・リサイクル・廃棄の現状と問題，環境保持のための解決

表10-1　授業実践の概要（25時間）

生徒の活動と発言	教師の働きかけ
<center>これがどんじゃ?! （1時間目）</center>	
小グループで「どんじゃ」連想クイズ ・ぼろぼろだ。 ・何枚もの布がつぎ合わせてある。 ・なぜこんなに古くなっても着ていたの？ ・昔は布は貴重で作るのも大変だった。 ・麻に綿を巻いて温かくなるように工夫したんだね。	・どんじゃの写真を提示し，グループで連想したことをカードに書かせ，全体で出し合い確認した。 （昔と今の衣服の違いに興味をもたせたい。） ◎衣服の機能
<center>今のパジャマと比べてみよう （2時間目）</center>	
パジャマについてインタビュー ・アピールポイントは肌ざわりがいいこと。 ・柄が気に入っているよ。 ・着なくなったらあげるよ。 ・妹がいないから捨てちゃう。 　衣服の市場調査（宿題） 　（価格・製造国・繊維の種類など）	・友達同士でパジャマについてインタビューさせた。（衣生活についてのいろいろな価値観にふれさせたかった。） ・どんじゃと比較することにより，現在の多種多様な衣服のデザインや繊維などに気づかせ，市場調査に取り組ませました。 ◎組成表示 ◎取り扱い絵表示
<center>どんじゃの追究！布作りを体験しよう （3〜6時間目，計2時間）</center>	
布を織る—しおりを作る— ・繊維がねじれて糸になるんだ。 ・間違えないよう交互に横糸を通すぞ。 ・こんな小さな布を作るのにも大変な手間がかかるんだ。	・糸を紡ぎ，布を織る歴史を知らせ，しおりを織る道具の作り方と使用方法を説明した。繊維から糸，糸から布をつくった人間の知恵に驚き，布を大切にし，立体的な衣服へと開発してきた人間の思いを想像させた。 ◎布の種類と特性
<center>今と昔，衣服のゆくえは？ （7・8時間目，計2時間）</center>	
人間コピーゲーム ・矢印が輪でつながって戻っている。 ・灰まで再利用していたなんてびっくり。 ・昔を見習わないといけないな。 ・重いよ。大きなゴミ袋2つもあるのか。 ・昔のようにリサイクルできないのかな。 ・リサイクルは10％だけしかできないの。 　鈴六見学（希望者） 　・ウエス 　・反毛材料 　・東南アジアへ輸出	・人間コピーゲームを説明する。ゲームの中で江戸時代の衣服リサイクルの流れと，現在の衣生活の流れを知らせ，両者を比較し，疑問や問題点を出させた。 ・いらなくなった衣服についてのアンケートの結果を知らせ，廃棄されている衣服の量や廃品回収に出された衣服のゆくえについて着目させた。 ◎衣服のリサイクル
<center>燃やした衣服のゆくえ〜衣服から環境を考える〜 （9・10時間目，計2時間）</center>	
・現在は，たくさんの服が捨てられ，燃やされている。 ・昔みたいに灰を肥料に使えないのか。 ・市場調査で調べたけど，綿麻以外にもたくさんの繊維の種類がある。	・地球温暖化の原因が化石燃料の大量消費であることを知らせ，衣服の消費が環境とかかわっていることを考えさせた。 ◎地球温暖化の原因と問題点 ◎繊維の種類と特徴

実験：繊維を燃やす ・化学繊維は、石油や石炭で作るんだ。 ・化学繊維は強い、軽い、乾きやすいいろいろ便利な性質があるな。 ・燃やすとすごくくさい。環境に影響ないのかな。	・高度経済成長から繊維の消費量が増え続けていること、化学繊維が急増していることを知らせた。 ◎繊維の消費量

なぜ10％しかリサイクルできないのか〜資源を考える〜
（11・12時間目，計2時間）

ビデオを見てクイズに答えよう ・鈴六ではこんなにたくさんリサイクルしているのに、リサイクル率が低いのかな。 ・人手が足りないのかな。 ・お金がかかるからだと思う。 ・服が多すぎてリサイクルしきれないよ。 ・天然繊維と化学繊維とどちらがいいのかな。 ・消費者を増やすことより、リサイクルを考えていかないといけない。 ・環境にいい繊維を人工で作れないかな。 ・Tシャツ1枚500円、綿のお金が10円なんて安すぎる。 ・天然繊維を増やしていけばいいと思ったけど、ヤンワイ村をはげ山にしてまで増やしていくべきではない。	・見学のビデオと見学した生徒のクイズなどをもとに、リサイクルの現状を知らせ、衣服の量やリサイクルの方法に注目させた。 ・原料（化学繊維）だけでなく衣服を作るときにも石油や石炭が必要であることに気づかせ、資源について考えさせた。 ◎衣服と資源 ・綿花の大量生産の問題点を資料から読み取り、天然繊維も資源であることや環境とのかかわりについても考えさせた。

解決策を調べて発表しよう
（13〜26時間，計13時間）

環境問題の解決策をみつけよう ・リサイクルできない理由から問題点を考えよう。 ・どんな解決策が考えられるかな。 ・どこで調べたらいいかな。 ・分かりやすく発表するにはどうしたらいいかな。 1分間アピールポイント（中間発表） ・本当に解決策になっているかな？ ・このグループのポスターセッションに行きたいな。 ポスターセッション ・やっぱり、日本は資源を使いすぎているから環境のことも考えないといけない。 ・衣服が多すぎる。リサイクルだけでは解決できないな。	・リサイクルされない理由や個々に考えた解決策の発表から調べ学習の課題を設定させた。 ・インターネットや本だけでなく、電話、実験、インタビューなどにより体験的な調査ができるようにした。 ◎ポスターセッションの方法 ・時間を半分にわけ、発表する人、聞く人をつくり自由にグループの発表が聞けるようにした。 ・キーワードを使って自分達が調べたことを要点としてまとめさせた。 ・批判的に検討できるように、疑問点や反論を考えながら聞くように指示した。 ・発表を聞き、考えを出し合う中で、衣生活の問題点に迫った。

衣服と人権を考える
（26時間目）

ポスターセッションの振り返り ・大量生産と衣生活の関係を図にまとめる。 ・フェアトレードのよさについて話し合う。 ・エネルギーや食糧が国によってひどく偏っているな。	・フェアトレードショップで借りたポスター（公正な賃金で働く労働者が笑顔で刺繍をしている）を見せた。 ・『世界がもしも100人の村だったら』を準備した。 ・フェアトレードに込められた願いを知り消費者として責任ある行動に気づかせた。

（沓名古乃氏が作成した資料を基に、筆者が加筆・修正した）

策である。

　最後の解決策をめぐっては，以下の項目がグループにより調査・検討され，ポスターセッションという形でその成果が発表され，生徒の調査を土台に意見が交流され，検討されている。
　①　とうもろこし繊維は環境にやさしいか？
　②　オーガニックコットンを世界に広げることはできるか？
　③　作っている人の苦労を知ることはよりよい衣生活につながるか？
　④　流行にとらわれない着こなしができれば環境がよくなるか？
　⑤　手入れの方法が分かると環境はよくなるか？
　⑥　リフォームは地球環境を守れるか？
　⑦　安城市の衣服のリサイクルは環境をよくするか？
　　―環境によい政策を考える―
　⑧　リサイクルより，リユース・リデュースか？
　①～③は「資源の採取」の段階での改善を試みる提案であり，④と⑤と⑧のリデュースは「消費」の段階を改善する取り組みであり，⑥～⑧は消費後の「リユース・リサイクル，廃棄」の段階の問題を明らかにして改善する報告である。

　外山氏が提起した環境の視点を入れることにより，従来の被服の学習内容が組み替えられ，先に述べたように資源の大量採取→大量生産→大量消費→大量廃棄という一連のシステムの中で，これまで扱われず，責任を問われない「見えない過程」であった最初の資源採取の段階と最後の廃棄の段階が検討対象として位置づけられていったといえよう。

　特に，沓名氏により「どんじゃとパジャマの比較」や「布を織る」活動が加えられ，江戸時代との比較や繊維の学習が実感を伴うものになったと推察される。「どんじゃ」は，まだ布が貴重な時代に日本各地で使われていた夜着である[22]。

　また，被服管理（衣服のケア）や流行，機能と構成などの内容が，環境問題とかかわって，一定の文脈の中で扱われることが可能になっている。

　沓名氏は3年の選択で「被服製作」を行う予定であるが，環境の視点から衣生活を考え合った後の「被服製作」では，「繊維の燃焼実験」がそうであったように製作の過程で生徒が発見する世界は異なってくるだろうと指摘する。実用的な意味を失った被服製作において，つくる過程で何を探究して学ぶのかが問

われているが、その1つとして「環境負荷」を考えていくことは重要である。
　子ども達は、「環境負荷」の視点をもつことで衣服から現実世界がどうなっており、自分達の生活がどのような問題に直面しているのか、現実世界に批判的に参加しつつ学ぶことが可能になっていると考えられる。
　また、「環境的公正」については「もめんは地球にやさしいか」というテーマで「南」の綿花栽培とそれによる環境悪化の現状について知らせたり、グループ調査では「③作っている人の苦労を知ることはよりよい衣生活につながるか？」において「南」のプランテーションにおける低賃金労働の現状が発見され、ポスターセッションで報告されている。劣悪な労働条件と綿花の安さの衝撃は強く、生徒に強烈な印象を残したようである。ポスターセッション後に、大量生産・大量消費・大量廃棄と衣生活の関係を図式にするとともに、フェアトレードの意味について話し合われたり、『世界がもし100人の村だったら』[23]を用いて、エネルギーや食糧の供給状況は国により偏っている現実も確認されている。すでに述べてきたように、グローバル化に伴い、現在の日本のくらしを検討するには「南北問題」は不可欠な課題である。しかし、環境問題は因果関係が複雑であり、環境問題と南北問題の構造的な理解は難しくつかみにくい問題であり、中学生がこの問題をどこまで実感をもって構造的にとらえられたかは疑問である。今後、子ども達がこの問題を検討できるために、どのような具体的学びにしていくかが問われるであろう。

　2）参加に開かれた学び
　沓名氏は上述の一連の学習を授業を実践しながら構想していったわけであるが、その際にふまえた家庭科の単元構想に必要な基本的な視点として、次の3点を挙げている。
　1つは、家庭生活を支えている社会のしくみが見えてくることである。
　2つには、体験から子どもたちが具体的に学べることである。
　3つには、衣生活の課題を追究することにより、学習内容が総合的につながっていく授業にすることである。
　これらは、先に述べた家庭科の授業に必要な視点と重なるものであり、生徒を生活の判断主体とする学びをつくる上で重要であるといえる。

杳名実践には，先の2つ目の視点とかかわって，生徒の実感をつくり出し，また生徒が参加と学習のスキルを獲得する活動がさまざまに組み込まれている。ここでは，それらを抽出して，吟味しておこう。杳名実践では，主に8つの活動が組み込まれている。

a．江戸時代の夜着である「どんじゃ」と自分のパジャマを比較する
b．パジャマについてインタビュー
c．市場調査
d．布を織る
e．人間コピーゲームにより，江戸時代と現代の衣服のサイクルを比較して討論
f．繊維を燃やす実験
g．現場からの調査報告
h．調査・ポスターセッション・討論

これらの活動には，理解や価値観の基になる実感を引き出す活動，インタビュー・討論・発表など現状を調査して現実世界に参加するスキルと活動が含まれている。特に，教師による実践構想も，またポスターセッションに結実していくグループ調査も，批判的に学習できるように，疑問形でテーマが立てられている点に注目したい。hのグループ調査においては，多くのグループが実際に訪問したり，あるいは電話とファックスで調査するなど現実を自分の手で調査している。例えば，②「オーガニックコットンを世界に広げることはできるか？」のグループは，それを扱っている店の店長に聞き取りを行っている。また①「とうもろこし繊維は環境にやさしいか？」のグループはカネボウに，⑥「リフォームは地球環境を守れるか？」と⑧「リサイクルより，リユース・リデュースか？」のグループは衣服回収会社に，⑦「安城市の衣服リサイクルは環境をよくするか？」のグループは市役所の環境課に出向いたり，市のリサイクルセンターに電話とファックスで調査をしている。

体験と討論を土台にした批判的な学習を通して，生徒は「知る」にとどまらず，現実に参加しつつ学ぶことになり，態度や価値感を共同で形成していくことができると考えられる。

他方で，この一連の学習活動において，生徒にとってのリアリティがどこまで

担保されていたのか,また学びの中で生徒の間の関係がどのように営まれ,他者との関係が編み直されたのか,については明らかではない。学びが意味あるものとなるには,他者との関係や現実世界とのかかわり方が大きく影響すると考えられる[24]。学ぶ過程で,テーマとかかわって,誰と出会ったのか,また,クラスの誰とどのように出会い直したのか,生徒の関係性とその編み直しがどのように行われていったのかが気になるところである。そうした視点で実践をとらえ,記録していくこと自体が今後の課題であるといえる。

5. ストーリーが生まれる授業づくりのために
―― 環境の視点をどのように組み込むか ――

　家庭科では,家庭生活の具体的事実を取り上げて課題を探求していく中で,今,何が起こっており,どのような問題があるのかを,具体的に自分の生活の場から,地球規模で考えていく授業が試みられている。
　成長神話のもとに開発を進められた時代が終焉を告げたにもかかわらず,家庭科の授業で扱われてきた既存の教科内容が高度経済成長期に求められた成長神話に基づく一定の価値観やライフスタイルを踏襲するものであり,授業で行われてきたライフスタイルの検討の時代的制約が明らかになりつつある。沓名実践は,重要な現代的課題の1つである「環境」という視点で生活を追究し,従来の内容を子どもと問い直しつつ学ぶことを試みている。実践は,「環境」にかかわる課題を中核にすえ,あるいは生活を問う視点とする時,家庭科の知識や技術の構成が組み替えられ,実験やものつくりなどの体験活動に別の意味が付与され,学びがつながり,授業の中にストーリーが生まれ,子ども達に共有されていくことを示している。それは,学びを通して子どもと教師によりカリキュラムが再構成されていく過程でもある。
　グローバル化,情報化の進行は,既存の知識や技術の構成を「共生」「多文化主義」「情報化の問題」の視点で問うことを求めており,現実生活を探究する視点として,こうした現代的課題とそれを問うために必要な知識と技術,スキルをカリキュラムにすえて,実践をつくり出していく必要がある。「環境」は,家庭科

の内容に新たな文脈と意味を付与し，再構成していく課題あるいは視点である。こうした発想での授業づくりは，一見無縁に思われがちな数学教育においても取り組まれており，今後，教科と現代的課題との関係をどのように教育課程に位置づけるか，という問題構成により問うていく必要があると考えられる[23]）。

【引用・参考文献および注】

1) 堀尾輝久「地球時代とその教育」『岩波講座現代の教育第11巻』岩波書店　1998　pp.3-27　汐見稔幸「教育における科学主義と相対主義」唯物論研究協会編『唯物論研究年誌第2号』青木書店　1997　pp.168-203　汐見稔幸『教育からの脱皮』ひとなる書房　2000，鈴木聡「岐路に立つ国民共通教養」『学校とはなにか』柏書房　1995　pp.143-182．
2) 教科の再編については，以下を参照されたい。山田綾・高橋英児「教科再編の視点と総合学習の課題」岩垣攝・深沢広明編『教育方法の基礎と展開』1999　pp.133-151　ならびに拙稿「教科はどのように構成されるべきか―開かれた学びづくりと教科内容研究の課題―」『日本教科教育学会誌』2001　第24巻3号　pp.57-60．
3) 前掲書1)『教育からの脱皮』pp.31-37．
4) 『小学校学習指導要領』（文部省　1998）の「家庭」の内容には「近隣の人々との生活を考え，自分の家庭生活について環境を配慮した工夫ができるようにする」ことが設定されている。『中学校学習指導要領』（文部省　1998）「技術・家庭」の家庭領域には「自分の生活が環境に与える影響について考え，環境に配慮した消費生活を工夫すること」や「環境や資源に配慮した生活の工夫について，課題をもって実践できること」という項目が設定されている。『高等学校学習指導要領』（文部省　1999）では，科目「家庭総合」の内容の柱の1つに，「消費生活と資源・環境」が設定され，「家庭基礎」と「生活技術」には「消費生活と環境」が設定されている。なお，学習指導要領では，これらの視点が明記されただけでなく，従来の衣・食・住の領域が取り払われ，領域ごとに必要な知識と技術を得る学習から，課題解決学習へと組み替える提起も読み取れる。例えば，中学校では「生活の自立と衣食住」を学ぶ際に，「環境に配慮した消費生活の工夫」の視点で検討することが可能になると考えられる。
5) 実践の傾向と分析について詳しくは，以下を参照されたい。拙稿「環境問題から生活を問い直す家庭科教育」『アセットビジュアル家庭科教育実践講座　第1巻　21世紀を生きる子どもを育てる新しい時代の家庭科教育』ニチブン　1998　pp.212-219．
6) 実践報告としては，例えば，園部キヨ子「新産業都市における住宅不足と環境汚染に学ぶ」（家庭科教育研究者連盟編『家民連20年のあゆみ』ドメス出版　1998所収）がある。
7) 石田佳子「プラスチックごみから大量消費社会を問い直す」『月刊家庭科研究』1994　pp.25-28　ならびに前掲書5)「環境問題から生活を問い直す家庭科教育」．
8) 末永知恵美「天然やし油は本当に『地球にやさしい』？―東南アジア・プランテーションの現実から」桑畑美沙子編『女と男の未来学』農文協1994　pp.80-95．

9）山田綾・石田佳子「現代生活を探求する授業―生徒会の『アルミ缶と牛乳パックの回収』運動に提案する家庭科授業」『愛知教育大学家政学教室研究紀要』第29号　1998　pp.55-68.
10）例えば，家庭科と総合的な学習の時間を用いて地域の「宣言」をつくった石田佳子「今池エコ宣言」（寺本潔・山田綾編『エネルギーを軸にした総合学習』明治図書　2002　pp.131-139）がある。
11）天野稔子「つながりから環境を考えよう」同上書『エネルギーを軸にした総合学習』pp.92-104.
12）例えば，小学校では「使っていない物を家庭内で再利用するするなど物の活用について扱うこと」や「近隣の人々との生活を考え，自分の家庭生活について環境を配慮した工夫ができるようにする」と記されており，家庭内の工夫や再利用に限定されている。中学校でも資源や環境に配慮した消費生活の工夫が強調されており，さらに高等学校では留意事項の中に明確に「環境負荷の少ない生活の工夫に重点を置くこととし，地球環境問題に深入りしないこと」が記されている（前掲書4）『小学校学習指導要領』『中学校学習指導要領』『高等学校学習指導要領』）。
13）山田綾「暮らしを見つめ直す総合学習」前掲書10）『エネルギーを軸にした総合学習』pp.30-36.
14）「環境問題から生活を問い直す家庭科教育」前掲書5）pp.213-214。実際に，南北の経済格差や環境破壊の要因を生み出してきた「北」の経済成長を背景に，環境に関する世界会議ではいつも自然保護のために開発の抑制を主張する先進国と経済発展を望む発展途上国でかみ合わず，調整を必要としてきた。
15）戸田清『環境的公正を求めて』新曜社　1994
16）「環境問題から生活を問い直す家庭科教育」前掲書5）pp.214-215.
17）竹内常一『日本の学校のゆくえ』太郎次郎社　1993　p.205.
18）ここで詳述するゆとりはないが，近代学校の教育課程においては，家庭生活という私的領域が軽視され，家庭科のみに限定されて対象とされてきたところにそもそも問題があることを指摘しておきたい。
19）外山広美「衣服から自分の暮らしを考える」『家庭科研究』2003.7　pp.46-53　山田綾・外山広美「現代生活を探求する授業―循環型社会から大量消費の衣生活を問い直す家庭科授業―」『愛知教育大学家政教育講座研究紀要』第32号　2001　pp.13-27.
20）沓名古乃「『どんじゃ』から探る衣生活の現状」『家庭科研究』2003.8　pp.50-55「同(2)」『家庭科研究』2003.9　pp.50-55「同(3)」『家庭科研究』2003.10　pp.52-59. 以下では，沓名実践については，これらの実践記録とともに，愛知教育大学の講義で配布された沓名氏作成の資料（2000年11月）を参考にした。
21）人間コピーゲームとは，「江戸時代の衣服の流れ」や「環境問題の関係図」などの複雑な関連図を，つながり関係を意識化させながら，全体として把握してみることを可能にするためのゲームである。5〜6人程度のグループをつくり，グループ対抗で行う。移動式黒板の裏など，子ども達からは見えない場所に1枚の関連図（例えば，「江戸時代の衣服の流れ」）を

貼っておき，それを各グループの1名だけが見に行き，覚えて帰ってメンバーに知らせ，同じ関連図を別の紙に書いて完成させる。先述の天野稔子実践「つながりから環境を考えよう」などでも，子どもたちが構造や関係を発見したりとらえたりするために授業で用いられている。

22)「カラー写真でみると，綿や麻の藍染めの布が，上から上へと継ぎ足され，その大きさ重さから，家長に受け継がれ着られてきたこと」が分かり，また江戸時代は慶安のお触書に見られるように身分により衣服の材料が規制されており，農民が綿か麻の織物しか着用できなかったことも見えてくる。(前掲書20)「『どんじゃ』から探る衣生活の現状」p.51　国立歴史民族博物館『布のちから・布のわざ』国立歴史民族博物館振興会　1998)

23)『世界がもし100人の村だったら』マガジンハウス　2001

24) 拙稿「テーマを紡ぎ出す」久田敏彦・湯浅恭正・住野好久編『新しい授業づくりの物語を織る』フォーラム・A　2002　pp.96-98.

25) 同上書　pp.109-110　ならびに小寺隆幸「東海村臨界事故を数学で学ぶ」数学教育研究協議会編『研究と実践』2000.5　pp.52-61.

　付記　本稿は、「現代生活を探求する視点としての『環境』―家庭科と環境教育の関係―」(『国際理解・情報教育・環境教育と各教科の関わりに関する研究』平成14年度教育研究改革・改善プロジェクトB．学長発信プロジェクト研究成果報告書)を加筆・修正したものである。

第Ⅲ部　家庭科の学びを再考する

第11章
知識と技能と理解の関係

赤﨑 眞弓

1. 未来の人間像

　夏の早朝，朝靄の中を下の畑へ行く。柔らかい空気を胸一杯吸った。棘だったきゅうり，真っ赤なトマト。6人分の材料を畑から頂戴する。サラダを作ろう。台所に戻ると，そこにもおばあちゃんが作ったじゃがいも，人参，玉葱があった。どれも土の匂いがする。
　人間は猿から分化して自然に適応し，生活の変化に対応して進化してきた。最近の日本若者の身体的特徴として，小顔で，身幅が狭く，座高は低く，足が長くなっている。固い物を食べなくなって顎の骨が小さくなり，小顔になった。家事労働の社会化や電化によって肉体労働が少なくなって身幅が狭くなり，女性のバストが前に突出して大きく見えるようになった。欧米化された食事のため長い腸を必要とした穀類の摂取が少なくなり胴が短く，足が長くなった。
　また，人間はこれまでに獲得してきた技能を簡単な道具を使って最大限に伸ばしてきたが，現代の生活の変化から，私は人間の進化として2つの道を考えるに至った。1つは利便さを十分に享受して進化した球になった人間である。もう1つはこれまでに獲得した能力を保持した現在の人間である。

このままとても便利な現代の生活を続けていった場合，人間はダルマになるのではないかと思ったのは，1981（昭和56）年のことであった。ダルマではなく，球（アメーバー）になるんだと思ったのはそれから1年後のことである。人間の進化は2極化する。私は，今後も人間は知識や技能を最大限使いこなせる人間であってほしいと思った。そのためにはどうすればよいのだろうか。家庭科教育と家庭科の教員養成に携わりながら考えていきたいと思った。

2．家庭科における実用性と非実用性

家庭科の教員は児童や生徒に家庭科の知識や技能を身につけさせることを目標にして授業を行っている。その中で児童・生徒がどの程度の知識や技能を獲得したのか評価する。さらに，教員は児童・生徒たちが身につけた知識や技能を家庭生活に活用してくれることを望んでいる。私たちは，このことを実践につなげるとか，実践にうつすといい，実生活に役に立てるという実用性を重視し，一般にもそのことは重視されていると考えている。

しかし，現在のようにパソコンやEメールや携帯電話が普及し，児童・生徒が使いこなす時代では，家庭科以外の各教科においても学んだ知識や技能が役に立つ度合いは減ってきているといえる。それなのに家庭科で学ぶ知識や技能に対してだけは大人も子ども達も実用性を要求しているように思える。

その原因として，乗本秀樹氏は家庭科発足時の学習指導要領から，生活に役立つことが家庭科の存在理由の多くを占めていることと，文化観と教育観の伝統によって役に立つことをめざす教科と役に立たなくてもよい教科に教科が2分され，家庭科は役に立たなければならない教科とされているためである[1]と述べている。

さらに続けて，乗本氏は実用と非実用の2元論に立つのではなく，家庭科に含まれる非実用性を吟味しておくことが大切であると述べ，非実用については次の3点を指摘している[2]。「第1に，非実用性にかかわることがらは，ただちに言語表現されるとはかぎらない。むしろ，驚き，不思議などとして無文節のまま心に宿る。したがって，教師にできることは，子どもたちの表情をていねい

に観察することぐらいである。せいぜい，1，2の質問（「どう不思議なの」「どんなところに驚いたかな」など）をしてみる程度にとどめざるをえない。第2に，人間再発見に通じる驚きや不思議は，軽い興奮をともないつつも，ある真摯で謙虚な気分状態の中でのみ体験できる。したがって，そのような気分状態が続くように注意を払うことを怠ってはなるまい。第3に，驚きや不思議を通した人間と生活世界の再発見は，必然といえば必然である。教師がそうなるように見越し仕組んだことの結果でもあるのだから。とはいえ，教科書や学習指導要領などにあらかじめ内容を明記できるようなことがらではない。その意味では，蓋然性というほどの確かさにとどまる」

はたして乗本氏が指摘しているような実用性と非実用性を含んだ授業を私は行っているのであろうか。

3．大学生の食生活に関する授業

小学校，中学校，高等学校で家庭科の授業を履修してきた大学1年生88人に対して食生活に関する授業を行った。

2003（平成15）年10月27日に行った授業は，ある一食の食生活実態を記述させ，その問題点と解決方法を見つけるという授業展開である。一食の食生活実態として，日曜日の昼（または晩）ごはんを「いつ」「どこで」「誰と」「何を」「どのくらいの量」「どのくらいの時間をかけて」「どんな状況で」食べたか，また「食べた後の後片付けは」どうしたかという内容である。次に，その食事の問題点を自分で見つけ，解決すべき問題点を選び，その問題を解決するための方法を長所と短所を添えて考える。その解決方法の中から1つ選んで実践してみようという内容である。

「いつ」「どこで」「誰と」「何を」「どのくらいの量」「どのくらいの時間をかけて」「どんな状況で」食べたか，また「食べた後の後片付けは」どうしたかについては，一人ひとりの学生の生活が見えるほど詳しく書いてあった。

解決すべき問題点として学生たちが挙げたことがらは表11-1の通りであった。これらの問題は，栄養に関するもの（栄養的バランスが悪い，野菜不足），時

間に関するもの（食事時刻が不規則，食事時間が短い），食事量に関するもの，その他に分けられ，栄養に関する問題が62.5％と最も多かった。次に時間に関するもの20.5％，食事量に関するもの7.9％であった。その他として，味つけが濃い，コンビニ弁当，経済的でない，添加物が入っている，片付けなどが挙げられていた。解決すべき問題点はないとした学生はいなかった。

　各学生の食事摂取の状況から抽出された解決すべき問題点は，解決可能な問題であり妥当な問題であった。学生達がこれまでに家庭科で学んできた知識や技能を活用すれば，これらの問題点は解決することができるはずである。しかし，栄養に関する問題点については，各人の食生活状況にそった，より細かな具体的な知識や技能が必要とされるようだった。全員に対して一般的な栄養摂取に関する内容の授業を展開し，プリントへ追加記入をしてもらった。別紙資料を配布して簡単に作れる献立や作り方も示した。また，時間については，体内時計や生活リズムの作り方などについても事例を挙げて説明した。

　学生達が選んだ解決方法（表11-2）は実施可能な内容ばかりであったが，実行する際の短所として次のようなことが挙げられていた。

　時間がかかる，面倒，手間がかかる，お金がかかる，ゴミが出る，克服できそうにない，調理が大変，洗い物が増える，無駄が出る，長続きしない，準備が大変，早起きはつらい，寝不足，眠い，自由時間が減る，欲求を満たせない，効率が悪い，腹が減る，太る，食べ飽きる，栄養不足。

　学生達が選んだ問題解決方法にはこのような短所もあるけれど，とりあえず実践してみようということで授業を終了した。学生が提出したプリントには，役

表11-1　解決すべき問題点

問題点	人数	％
栄養的バランスが悪い	30	34.1
野菜不足	25	28.4
食事時刻が不規則	14	15.9
食事量が不適切	7	7.9
食事時間が短い	4	4.6
その他	8	9.1
計	88	100

表11-2 選んだ解決方法

選んだ解決方法	人数	選んだ解決方法	人数
<栄養バランスが悪い> 料理数，食材数を増やす 自炊する 栄養知識を身につける 好き嫌いをなくす	22 4 3 1	<野菜不足> 野菜を使った品を加える 献立変更 野菜を一緒に加える 自炊する 家で野菜を栽培する	16 4 3 1 1
選んだ解決方法	人数	選んだ解決方法	人数
<食事時刻> 早起きする ゆっくり時間をかける 規則正しい生活 食事準備を早くする	5 4 2 2	<食事時間> よくかんで食べる 左手で食べる もっと簡単にすませる	2 1 1
選んだ解決方法	人数		
<食事量> 最初から量を決める たくさん食べる ゆっくりよくかむ 自分で作る 間食をしない	2 2 2 1 1		

に立った，料理を作ってみたい，行動を改めよう，というような意欲や決意を示すものが多く，授業をやってよかったと手応えを感じ，満足感を覚えた。

ところが，2週間後の11月10日の授業で，実際にやってみた人がいるか尋ねたところ，誰も手を挙げなかった。かなりショックだった。皆さんが書いてくれたプリントを見てとてもうれしかったことを伝え，あれはうそだったのかと聞いてみた。笑いととまどいの表情が見て取れた。

2週間前の私の授業は無駄だったのだろうか。

4．知識と技能と理解

先の問いに対しては，無駄ではないといいたい。学生の笑いととまどいの表情を見て取れたことがそれを表しているといえる。私にできたことは，学生たちの表情をていねいに観察することぐらいであったのだが。

これらの大学生が食生活に関する知識はどのくらいもっているのか，食事を整える技能はどの程度身につけているのかを計るために授業をしたのではない。彼らが現在もっている知識と技能とを活用して，柔軟に行動する能力はどれほどあるのか，その能力を伸ばしたいと考えて行った授業である。新しい状況の中で，もっている知識や技能や経験を結びつけ，新たな問題を解くような授業を展開したかったのである。学生の笑いととまどいの表情の中にその能力は含まれていると感じた。つまり，学生達は自己再発見に通じる驚きを感じ，軽い興奮を伴いつつも，それは真摯で謙虚な気分状態の中で体験され，その驚きを通して人間と生活世界の再発見をしたからである。

　ただ，このような授業を展開する場合，88人の学生数では多すぎる。少人数の学生で，ある程度の時間をかけて，実践的な活動を確保した授業を展開したいものである。

　ところで，本のタイトルに惹かれて澤口俊之氏の「平然と車内で化粧する脳」を読んだ。「ネオテニー」（幼形成熟）ということばは以前から知っており，人間がなぜ生理的に早産で生まれるのか，人間にとって教育は最も重要であることなどを納得させられた概念である。ネオテニー化したモンゴロイドである日本人においては，脳のそれぞれの知性を発達させるのに適した適齢期に適切な環境を与えることが大切であり，同様に適切な環境を与えることによって前頭連合野が担っている人間らしさをつくる知性も発達する[3]といわれている。

　先の私の食生活に関する授業において，私の「あれはうそだったのか」という問いに対して，学生達は怒らずに，笑いととまどいの表情を私に返したのである。このことを，私は澤口氏のいう「結晶的な知性」の表れとして受け取った。「結晶的な知性」について澤口氏は次のように述べている[4]。

　「大人になっても伸びる知性とは「結晶的な知性」，英語でクリスタライズド・インテリジェンスと呼ばれるものです。この知性は，経験や知識をうまく融合して使いこなすための知性です。簡単にいうと，大人としての判断力，思考力と言い換えてもかまいません」「クリスタライズド・インテリジェンスの発達には，経験や知識を積み重ねること，また実際にそれらを使う場が必要です。だから幼年期には発達させようがない。幼年期に体験できる経験など限られていますし，判断を迫られる場面も少ないわけですから。大人になっても伸ばせるという

よりも,むしろ大人にならないと伸ばせないんです」「クリスタライズド・インテリジェンスの重要な働きの1つは,経験に基づいた"適切な状況判断"です」

先の学生達は,栄養に関する知識や食事を整えるための技能の習得においてはまだまだ不十分であり,今後はこれまでに習得した知識や技能に不足する部分を付け加えていかなければ健康な生活は望めない。授業をそのきっかけにして,経験に基づいた適切な状況判断の能力を伸ばしてほしいと思う。このような適切な状況判断の能力を身につけることが理解するということである。彼らが現在持っている知識と技能とを活用して,柔軟に行動できる能力を伸ばすために,家庭科教育と教員養成について考え続けようと思った。

5．おわりに

朝食の材料はそろった。スープとサラダをを作ろう。パンを焼いてバターをたっぷり。スープとサラダの作り方は知っているし,家族のために作れば作るほど上手に作れるようになる。おいしいといって食べてくれるだろうか。子ども達は学校で元気に勉強したり,遊べるだろうか。お腹はお昼までもつかなあ。新鮮な野菜サラダができ上がった。こんがりトーストも焼き上がった。栄養たっぷりのスープもできた。さあ,みんな,朝ご飯ですよー！

約30年前に私が居候させていただいていたF家での大切な思い出である。

【引用・参考文献】
1）乗本秀樹『家庭科に学ぶ生活論と教育論─生きる力の周辺─』家政教育社 2002 pp.96-97.
2）同上書 pp.104-105.
3）澤口俊之・南伸坊『平然と車内で化粧する脳』扶桑社 2000 pp.200-202.
4）同上書 p.186, p.188.

第12章
食事行為にかかわる実践知の形成過程

中村喜久江

1. 食環境の変化

近年,ファミリーレストランやファーストフードなどの外食産業が発展し家庭外で食事をとることが容易となった。また,デパートの地下や総菜店で多様な総菜が提供されるようになり,それらを購入し家庭内で食事を摂ること(中食)が可能となった。多様な食事のあり方を選択できる食環境が展開している。

一方,共働きの家庭の増加,塾通いの子どもの増加等子どもを取り巻く生活活状況が著しく変化している。

このような社会的変化と食事に対する簡便性・利便性志向,食の外部依存に対する意識の変化があいまって,母親が食品を購入し,家庭で調理し,家族揃って食事を摂るといった食事スタイルが崩れてきている[1)2)]。

さらに,コンビニエンスストアーに見られる販売方法の変化等に伴い,時間,場所の制約を受けることなく自分の欲しい食べ物が容易に手に入る状況も加わり,個食(好きなものを好きなときに食べる),孤食といった食事の摂り方が進み,子どもの責任で食事を摂らなければならない状況が増加している。

このような変化の中で,子どもの食事内容は,エネルギーの過剰摂取あるい

は、栄養素の摂取に偏りが見られ、健康面では、肥満化傾向の増加、生活習慣病の罹患率の増加や低年齢化等の問題が生起している[3]。

国家レベルでは、このような現代的課題に対応するために、食生活指針が改訂され厚生労働省主唱で「健康日本21」による健康増進のための具体的方策が既に実施されている[4]。

一方、文部科学省は、2001（平成13）年7月に学校健康教育において「食に関する指導の充実のための取り組み体制の整備について（第1次報告）」を出し、「学校栄養教員が、栄養及び教育の専門家として児童生徒に食に関する教育指導を担うことができるよう食に関する指導体制の整備を行うことが必要である。」と提言している[5]。そして、既に、食に関する指導の一層の充実を図るために、「食生活学習教材」（2002年度から使用）を作成し、小学校及び中学校に配布している[6]。2003（平成15）年12月には中央教育審議会から、栄養教諭制度の創設を柱とする「食に関する指導体制の整備について」答申が出されている[7]。

家庭科では、これまでに主体的に健康な食生活を創造する能力の育成をめざし、食に関する指導を行ってきた。1998（平成10）年に告示された小・中・高等学校の学習指導要領においても家庭科における食教育は明確に位置づけられており、今後も主体的に健康な食生活を創造できる子どもの育成を行おうとしている[8] [9] [10]。しかし、これまでの教育の成果は社会的に認められておらず、先に述べた施策の現状は、家庭科における食教育について再度検討する必要に迫られていることを示唆している。

主体的に健康な食生活を創造することのできる子どもの育成は、生活を総合的にとらえ学習していく家庭科教育においてこそ行う意義が非常に大きいと考える。

2. 食教育の現状と課題

家庭科における学習内容は、家政学に基づいて構成されている。食に関する学習内容について言えば、栄養学、食品学、調理学といった学問的に体系づけられた科学的知識を内容として、科学的論理に従って系統立てて理解させる学習展開である。例えば、図12-1に示すような学習が展開される。栄養的バラン

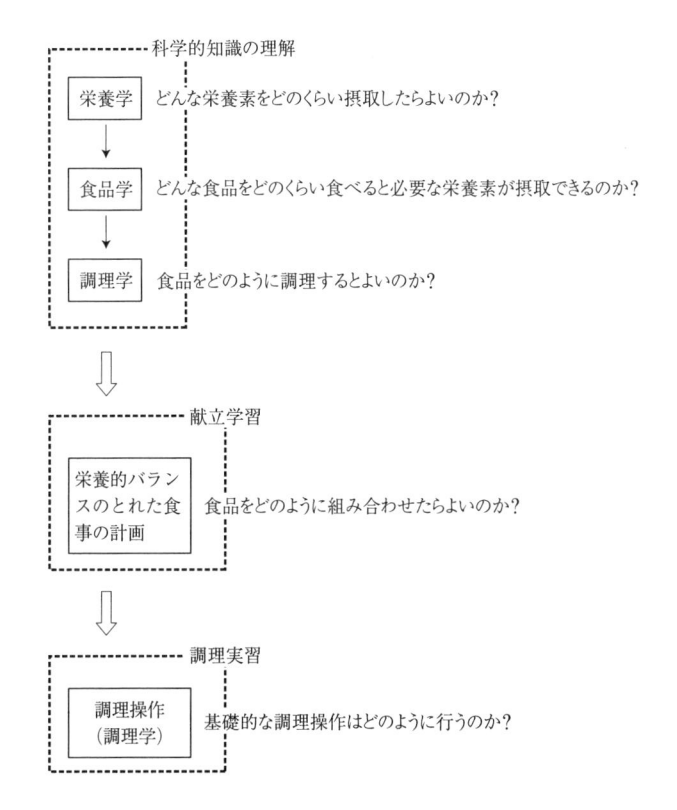

```
┌──────── 科学的知識の理解
│  ┌─────┐
│  │栄養学│  どんな栄養素をどのくらい摂取したらよいのか？
│  └──┬──┘
│     ↓
│  ┌─────┐
│  │食品学│  どんな食品をどのくらい食べると必要な栄養素が摂取できるのか？
│  └──┬──┘
│     ↓
│  ┌─────┐
│  │調理学│  食品をどのように調理するとよいのか？
│  └─────┘
└────────
         ⇩
┌──────── 献立学習
│  ┌─────────┐
│  │栄養的バラン│
│  │スのとれた食│  食品をどのように組み合わせたらよいのか？
│  │事の計画    │
│  └─────────┘
└────────
         ⇩
┌──────── 調理実習
│  ┌─────────┐
│  │調理操作    │
│  │（調理学）  │  基礎的な調理操作はどのように行うのか？
│  └─────────┘
└────────
```

図12-1　栄養的バランスのとれた食事を整える能力の育成にかかわる学習

スのとれた食事を整えるための科学的根拠としてこれらの知識が確実に理解されているならば，個々の子どもの生活場面で応用することが出来，子どもの行為に変容をもたらすことができるという論理に立つ学習構成である。

　その中で，栄養的バランスのとれた食事を整える学習——いわゆる献立学習は，それまでに学習した栄養学や食品学等の知識を統合する学習として位置づけられ，専門家（栄養士等）が行う献立作成をモデルに学習が構成されている。実際の献立学習では，献立のそれぞれの料理に使用されている食品の概量を食品群毎に調べ，栄養所要量に基づいた食品群別摂取量の目安を満たすべく食品を適量組み合わせるのに苦労している子どもの姿が認められる。しかし，武藤八重子氏が「学習内容が家庭へ反映されていないことが一因と考えられる」[11]と指摘しているように，学習内容は実生活と結びついておらず，献立学習の成果

はあがっていない。

筆者は、例えばカルシウム不足の献立をたてる原因はカルシウムを多く含む食品の把握との関連がないことを指摘している[12]。このことは、栄養学、食品学、調理学といった知識を獲得していても栄養的バランスのとれた食事を日常的に選択できる能力が育成されているとは限らないことを示唆している。

外食や中食といった多様な食事スタイルが可能となり、一方で、食品購入の経験、調理の経験等家庭で食事の準備に携わることのほとんどない現在の子どもたちにとって、これまでのような学習では、学校で獲得した知識が実生活において生きて働くことが難しいと考える。

栄養学、食品学といった諸科学に基づいた正解を教え込み、正解に子どもの実生活を当てはめ応用していくといった知の育成ではなく、子どもの現実の生活の中の食事場面で具体化される知として育成されなければならないのではないだろうか。そのためには、生活場面で出会う食事行為を支える知、あるいは制御できる知を形成する学習という視座が必要であると考える。

そこで、次に栄養的バランスのとれた食事行為に関わる知のとらえ方ついて検討する。

3．食事行為にかかわる知のとらえ方

食事行為にかかわる知とはどのような知であろうか？

近年、知の様相をとらえる言説として学校知と生活知とか理論知と実践知あるいは、宣言的知識と手続き的知識等の分化が見られるようになってきた。

また、学校現場においても、新たな知の枠組みの研究が始められている。例えば、方法知、科学知、自分知といったとらえ方で知を育成する研究[13]、「知識」「原理・方法」の両者をまとめて知ととらえる考え方[14] などである。

その中で実践知については次のような諸説がある。

まず、「人間の行為を可能にする判断力は古くは古代ギリシャの実践知（フロネシス）に遡る」[15] とし、実践知を「実践に関わる状況判断の知」とする鈴木晶子氏による考え方がある。

同様の考え方として岡本英明氏は,「フロネーシス（ラテン語prudentia）は人間が行為ないし実践する際の思慮能力ないし判断力であり，実践的分別を意味している」16) と述べている。

また，中井孝章氏は,「主体が実践的参与によって，同じ習慣的なルールに従いながらも自己の目的に即応した様式の文脈において実践する知であるといえる」17),「実践知が本来，客観的なものとして定位される類の知ではなく，行為を通じて漸次生成される目標に応じて解釈する知に他ならない」17) とし，実践知を「解釈する知」としてとらえている。そして，それは「教授知のように，共通の目的の下に個々人のあらゆる行動を一義的に制御してしまう（合理的行動に還元し尽くす）類の知ではない」17) と述べている。

子どもが日常生活で出会う食事行為にかかわるのはまさにこの実践知であるといえよう。自分の日常の文脈の中で食事の栄養的意味や機能を解釈し，体調や活動等の自分の状況から具体的に何をどのように決定するのかを思考し，判断するための知である。

例えば，食事を決定するとき，図12-2に示すような思考プロセスが考えられる。図に示すように，自分の欲求やその場の状況を踏まえ，昼食ではハンバーグを食べたいといったことから思考がスタートする。これまでの子どもの食習慣などの経験，価値，信念を総合的に思考しながら昼食はハンバーグとごはんを組み合わせる。ハンバーグを食べるとたんぱく質が摂取できるといった栄養学の知識を手がかりに，栄養的バランスを判断し，再度自分の状況に立ち返り，嗜好や費用などを考え，グリーンサラダと豆腐とわかめのみそ汁を加える。

このように，科学的知識を手がかりに食事の栄養的意味を解釈し，価値基準に照らし思考し判断する手続き的思考を経て意思決定したものを実行する。そこに働く知は鈴木氏や岡本氏のいうフロネーシスであり，中井氏のいう「解釈する知」とのとらえ方が適切である。

実際の食事場面で，食事を解釈し，状況を判断し，栄養的バランスのとれた食事について思考する時，解釈や判断の1つの拠り所となる栄養素や食品と栄養素の関係といったいわゆる科学的知識は手続き化された知識としての科学知であることが必要となる。

以上のように，食事行為にかかわる実践知は，手続き化された科学知を手が

イメージ

欲求　「お昼は、ハンバーグを食べたい！」

経験
価値、信念　「じゃあ、お昼はごはんとハンバーグだ！」

科学的知識　「なんか物足りない？栄養素は？ハンバーグを食べるとタンパク質、ご飯を食べるとエネルギーがとれる。あれ？ビタミンやカルシウムがない？」

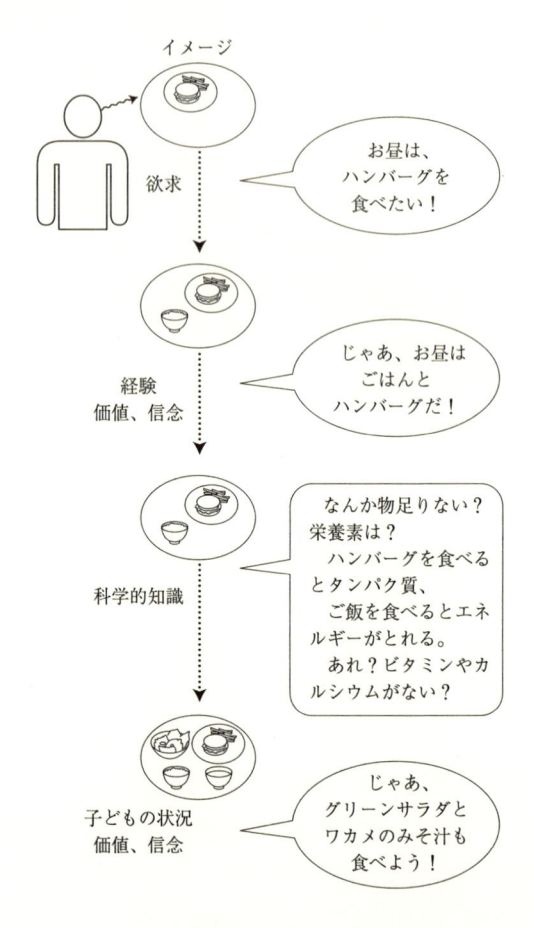

子どもの状況
価値、信念　「じゃあ、グリーンサラダとワカメのみそ汁も食べよう！」

図12-2　日常の食事行為にかかわる思考プロセス

かりに，経験知，価値，信念等の知の関係構造の中で総合的に思考し，解釈，判断，推論し意思決定する知と考えられる。それはまた，科学知等の新たな知を認知体系に取り込み，自分の中に既にある経験知，価値，信念等と新たな関係構造を形成する知，知の関係構造を日常で使って思考していくことのできる知であると考えることができる。

4．食事行為にかかわる実践知の形成過程

　寺西和子氏が指摘する個人の内に形成される内的システムとしての「内的系統」は重要な示唆を含んでいる。寺西氏は，「個人の内に形成される内的システムとは，『論理的系統』に対して，その個人固有の『価値判断』，『諸技能』，『諸知識』が一体化される関係的構造から成り立つ。教科の系統や知識，及びその客観的構造に依拠する『論理的系統』とは異なり，（中略）それは『冷たい』知識・技能ではなく，その子の感情，好悪，価値が入り交じり，五感の伴ったもので，技能もその子なりのスタイルとして一体化された『内的系統』を形成すると考える」[18]と見解を述べている。そして，このようにして形成された知は「行為や実践指向性をもつ」と指摘している。

　一方，林未和子氏によれば，ブラウンは「行為は認識の思考過程から分離することはできない。知識は認識主体としての学習者の内面で統合されることによってはじめて実際に役立つ能力となる」[19]ととらえているという。

　以上のことから，行為に関わる実践知の形成は，寺西氏のいう「内的システム（内的系統）」により，あるいは新たな「内的システム（内的系統）」を形成しそれにより，行為する中で状況を解釈し，推論し，選択肢を吟味し意思決定を行うという思考過程を通して形成されていくという考え方ができる。

　食事行為に関わる実践知の形成について言えば，栄養的バランスのとれた食事を整えるという実践課題を遂行する中で，子どもがこれまでに経験してきた食習慣（食事の摂り方），給食，あるいは病気等の経験的要因（経験知），既に学校や家庭，メディア等を通して形成されている栄養素の種類等に関する科学的知識（科学知），健康等に関する価値観，信念，これらが相互に関係する構造（知の関係構造）により，日常の食事を解釈し，どのように栄養的バランスのとれた食事を整えるのかを思考しあるいは推論し，さらに，感性，技能も含めて判断し栄養的バランスのとれた食事に対する意思決定を行う。この時，子どもは自分にとって意味のある栄養的バランスのとれた食事を整えることにかかわる実践知を形成すると仮説できる。

　そこで子どもが自分の内に持つ「知の関係構造（内的系統）」により思考し，意思決定を下すための思考のシステム化が重要となる。

食事の栄養的バランスを評価する根拠となる科学的知識（科学知）をどのように子どもの認知体系に組み込み，「知の関係構造」を再構築するのか。実際の食事場面において食事の栄養的バランスを評価するとき，その「知の関係構造」の適切な系から，適切な知識を取り出し，それを手がかりに思考し，経験知等の「知の関係構造」により結果を推論し，決定を下すという思考過程が1つのシステムとして機能することが必要となる。この思考過程において，子どもは栄養的バランスを判断する根拠となる科学的知識（科学知），経験知等の情報を処理する。

子どもは，適切な情報処理を繰り返し，意思決定を行うことにより，その子どもなりの手続き的思考ができるようになる。そして，個々の状況の中で個別的レベルで食事の解釈，推論，判断を行うようになると考えられる。このように考えるならば，栄養的バランスのとれた食事を選択することにかかわる実践知の形成は，解釈し，推論するといった思考の仕方自体を育成する（思考的スキルの育成）という視点から学習を組み立てることが可能である。

5．食事行為にかかわる実践知形成の具体化

(1) 思考的スキルの育成のための学習

武藤八重子氏は，外食，中食等多様な食事形態が可能となり，一方で子どもの家事への参加が減少するという状況の中で，料理名や調理方法等の先行知識や技能に依存している献立学習が難しくなってきていることを指摘している[20]。料理に使用されている食品の概量（例えば，茶碗1杯のご飯はお米を60g使用等々）を把握している子どもは少ない。このような実態を踏まえ，筆者は既に，食品群別摂取量の目安に基づいて食品を適量組み合わせて調理する過程を経る学習ではなく，調理を行う場合はもとより，行わない場合においても，栄養的バランスのとれた食事を整える能力を育成する学習を構想している[21]。すなわち，現行の献立学習を分節化した，「食べ物―食品」「料理―栄養」「栄養―食品―調理」学習である。それは，図12-3に示すとおり料理一皿の栄養価に注目し，子どもの発達段階と食事の実態に適した方法で料理の栄養価から食事の栄養的

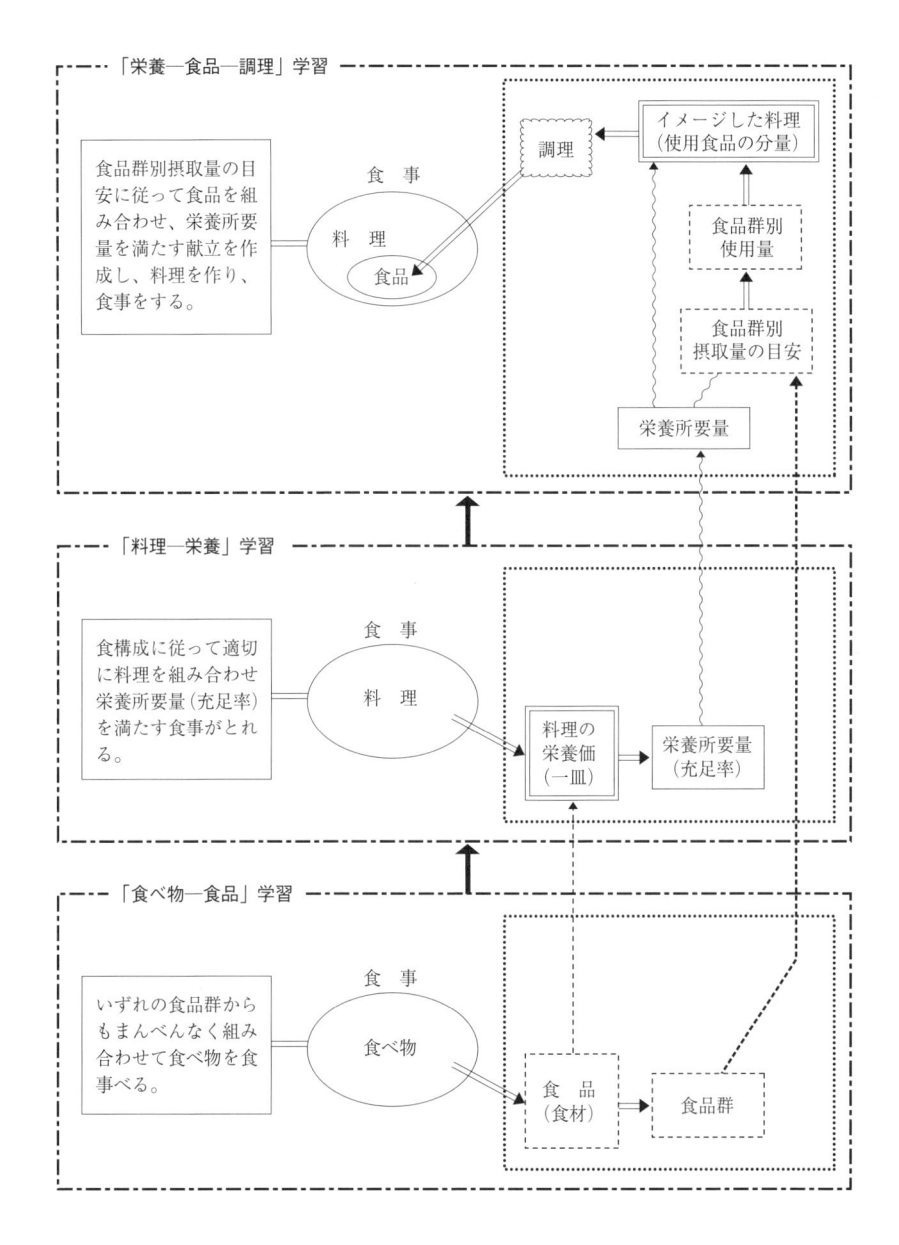

図12-3 発達段階に適合した献立学習の構造

バランスが判断できる能力を育成する学習として考えられている。図に示す「料理—栄養」学習において，基準となる料理の栄養価を手がかりに思考し，判断をするその思考のシステム化に注目して食事行為にかかわる実践知を形成する学習を考えることが可能である。

　食事の栄養的バランスについて推論するために，食事を構成する料理の栄養価を用いて思考を進める方法が考えられる。具体的には，概念や法則性を見いだせる基本となる料理を理解させ，それを用い料理の栄養価を弁別し，一般化し，演繹的に目の前にある料理に当てはめ，食事の栄養的バランスを判断していく学習の組み立てが有効であろう。このような学習により，栄養的バランスのよい食事は，どのように料理を組み合わせればよいのか，栄養素が不足しているならばどんな料理を加えるとよいのか，といった手続き的思考が可能となる。そして，経験を踏まえ，価値の重み付けをし，個々の状況の中でその子どもなりの食事の解釈，推論，判断がなされていくと考える。そして，栄養的バランスのとれた食事のイメージが子どもの日常生活の文脈の中で確かなものとして形成され，そのような食事モデルを基本として新たな食事の栄養価について関連する知識を適切に処理し，推論するための思考がシステム化されていくと考える。

　このような学習を行う中で子どもは，「知の関係構造」を新たに形成し，それを使い思考し栄養的バランスのとれた食事を整えるための思考をシステム化し，結果として実践知が形成されると考える。

(2) 思考的スキル育成のための教材

　実際に食事を選択するときの手続き的思考の手がかりとなる，すなわち，概念や法則性を見いだせる基本となる料理教材が重要である。言い換えるならば，食事の栄養的解釈をする判断基準として手続き化された科学的知識（科学知）としての料理の栄養価をどのように認知させるかが課題となる。

　一皿分の料理に含まれる栄養素を栄養所要量に対する充足率として表し，視覚的に操作を可能にする教材が考えられる。

　例えば，図12-4に示すような料理の写真とその栄養価を表すシールからなる「料理—栄養価充足率カード（ハンバーグ）」として具体化できる。

　図に示すように，料理の栄養価は，栄養所要量に対する充足率で表し，1回の

第12章 食事行為にかかわる実践知の形成過程　215

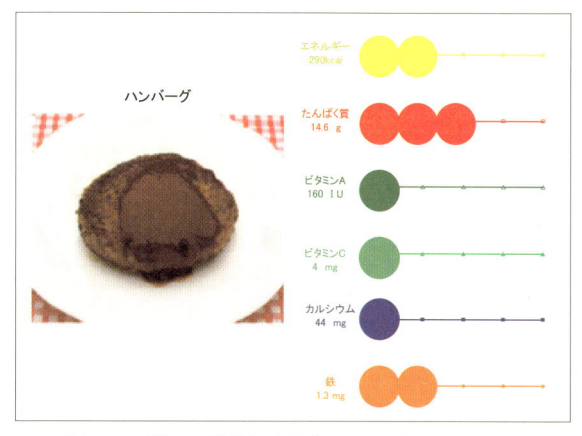

図12-4　料理—栄養価充足率カード（ハンバーグ）

食事に必要な量をシール5個で認知させる。なお，図に示す料理の栄養価は，表12-1に示すように生活活動強度Ⅲ（適度），13歳男女の平均の栄養所要量に対する充足率として算出している。栄養素の種類は，たんぱく質（赤色），ビタミンA（緑色），ビタミンC（黄緑色），カルシウム（紺色），鉄（橙色），それにエネルギー（黄色）を取り上げ，栄養素毎にシールを色分けした。

このような処理により，栄養価を用いて食事の栄養的バランスを思考する際，視覚的に手続き化された知識を操作することができるようになる。すなわち，シールの数により栄養素の量が少ない（シール1個），少し少ない（シール2から3個），ほぼ揃っている（シール4個から6個），多い（シール7個以上）といっ

表12-1　栄養所要量と○の数

	○＝15コ	○＝5コ	○＝1コ
	栄養所要量 13歳男女平均 生活活動強度Ⅲ（適度）	1回の食事の目安量 栄養所要量の3分の1	1回の食事の目安量の 5分の1 栄養所要量の15分の1
エネルギー	2425kcal	808.3kcal	㊩＝161.7kcal
たんぱく質	77.5g	25.8g	㊤＝5.2g
ビタミンA	1900IU（570μg）	633.3IU（190μg）	㊨＝126.7IU（38μg）
ビタミンC	80mg	26.7mg	㊩＝5.3mg
カルシウム	800mg	266.7mg	㊧＝53.3mg
鉄	12mg	4mg	㊥＝0.8mg

た認知の仕方で，少ない料理にはほぼ揃っている料理を組み合わせるといった推論，あるいはこの料理にはこの栄養素はほとんど含まれていないといった解釈が可能となると考える。

また，料理に含まれる栄養価をシールにより比較し，主菜と副菜では栄養的特徴が違うというように料理を弁別する。さらに，例えば主菜のハンバーグの材料は肉が中心であり，1回の食事で必要なたんぱく質摂取量をほぼ充足するといった料理の栄養的特徴を理解し，ハンバーグと同じように肉を使用している料理はミンチカツ，ビーフステーキ，というようにイメージしていく。肉からさらに魚へと思考を進め，例えば，魚のフライ，魚のムニエルの料理の栄養的特徴が推論され，肉や魚の料理一皿分は1回の食事で必要なたんぱく質摂取量をほぼ充足するといった一般化が行われる。そして，それを手がかりとして次の新しい料理の栄養価が推論され，料理を組み合わせる方法で，栄養的バランスの取れた食事を判断できるのではないかと考える。

このように，作成した「料理—栄養価充足率カード」は，食構成に基づき，料理の栄養的特徴を整理し，弁別し，一般化しそれを手がかりとして新しい料理の栄養価を判断し，さらに食事の栄養的バランスを推論するといった流れで手続き的思考を行う学習で用いる教材として位置づけている。カードに記載されているシールの数を調べ，組み合わせた料理のシールの数を合計し，5つそろえて食事を整えるという操作を行う学習のための教材ではない。

以上の位置づけで，本教材を用い料理の栄養価に注目して，食事の栄養的バランスを判断する思考のシステム化を行う（思考的スキルを育成する）学習を組み立てることができると考える。

小学校，および中学校において授業を具体化しているが，授業実践については他の機会に譲ることとする。

【引用・参考文献】
1）澤田寿々太郎他『食生活論』科学同人　1996　pp.54-57.
2）日本子どもを守る会編『子ども白書1996年版』草土文化　1996　pp.74-75, pp.86-87, pp.90-91.
3）厚生省『厚生白書』ぎょうせい　1996　pp.55-56.
4）健康・体力づくり事業財団『健康日本21（21世紀のおける国民健康づくり運動について）』

健康日本21企画検討会　健康日本21計画策定検討会報告書　2000
5）文部科学省（ホームページ）
　　URL；http://www.mext.go.jp/b_menu/shingi/chousa/sports/004/toushin/010701.htm（2002年10月3日現在）
6）文部科学省（ホームページ）
　URL；http://www.mext.go.jp/b_menu/houdou/14/05/020215a.htm（2002年11月27日現在）
7）文部科学省（ホームページ）URL；http：//www.mext.go.jp/b_menu/shingi/chukyo/chukyo0/toushin/04011502.htm（2004年3月29日現在）
8）文部省『小学校学習指導要領解説　家庭編』1999
9）文部省『中学校学習指導要領（平成10年12月）解説　技術・家庭編』1999
10）文部省『高等学校学習指導要領解説　家庭編』2000
11）武藤八重子『食物の授業』家政教育社　1991
12）中村喜久江「献立学習における学習過程及び学習内容の改善」『岡山大学教育学部研究集録』第98号　1995　pp.161-164.
13）広島大学附属小学校『教科がめざす知と学び』第90回研究発表協議会発表要項　学校教育研究会36　2003　pp.6-7.
14）小迫勝他「小中高の系統性と教科間の連携を視野に入れた中学校教科教育のあり方」『岡山大学教育学部附属中学校 研究紀要』第35号　2002　pp.3-16.
15）鈴木晶子「─学理論の視点から─「行為の知」への道を探る」教育哲学会『教育哲学研究』第67号　1993　p.9.
16）岡本英明「解釈学的教育学の実践哲学的考察」教育哲学会『教育哲学研究』第60号　1989　p.6.
17）中井孝章「生活世界の教育理論の射程」教育哲学会『教育哲学研究』第60号　1989　pp.59-61.
18）寺西和子「カリキュラム統合の再検討─相互関係的視点からの学習経験の統合をめざして─」『カリキュラム研究』第7号　1998　p.100.
19）林未和子「1960年代以降のアメリカにおける家庭科カリキュラム類型」『カリキュラム研究』第3号　1994　p.72.
20）武藤八恵子『食物の授業』家政教育社　1991　p.96.
21）中村喜久江「栄養バランスのとれた食事を整える能力の育成─「料理─栄養」学習の構想─」『日本教科教育学会』第23巻第4号　2001
22）中村喜久江「栄養バランスを考えた食行為に関わる実践知の形成」『日本教科教育学会全国大会論文集』2001　pp.109-110.
23）中村喜久江・白井和歌子「食事行為に関わる実践知を育成する学習」『日本教科教育学会全国大会論文集』2002　pp.250-251.

第13章
家庭科における学びの過程
──ホンネに寄り添い,"わかった"つもりを問い直す家庭科──

伊波　富久美

　次のような子どもの声を前にすると,子どもにとっての,家庭科を学ぶ意味を考えざるを得なくなる。子どもにとって,家庭科を学ぶことは,どのような意味があるのだろうか。

> ○家庭科でやっていることなんて,家の人にでも教えてもらえばいいことじゃない。わざわざ学校でする必要はない。
> ○家庭生活に関する情報は,本や雑誌,テレビやインターネット等で十分に得ることができるのだから,家庭科でことさら取り上げて勉強しなくていい。
> ○自分は結婚するつもりも,子どもを持つつもりもないから,家庭科なんて関係ない。

1. "わかった" つもり

　家庭科が対象とする「生活に関わる内容」について,学習者は日々身近に接し,ごく当たり前のこととしか感じていない。そのため,子ども達は「そんな

と，家でいつもやってる。もう知っている」とか「他の家の家族もうちと似たようなものでしょ。わかっているよ」などと口にする。しかし，本当に"知っている"，"わかっている"のであろうか。次の例で考えてみたい。

　家族紹介のプリントなどに家族欄が設けてあると，多くの子ども達はほとんど迷うことなく，そこに家族の名前を書き込んでいく。ところが，図13-1を子ども達に示し，「さと子さんの家族を，線で囲んでください」と告げ，各々が書いたものを互いに発表させていくと，う～んと困った顔をし始める。同居に主眼を置いているものあれば，戸籍にこだわるもの，ペットを家族に入れたいものもいる。義姉を家族に入れる入れないで口論するものもいる。父方も母方も同じ祖母であるのに，一緒に住んでいるか否かで意識が異なり，家族に入れる場合と

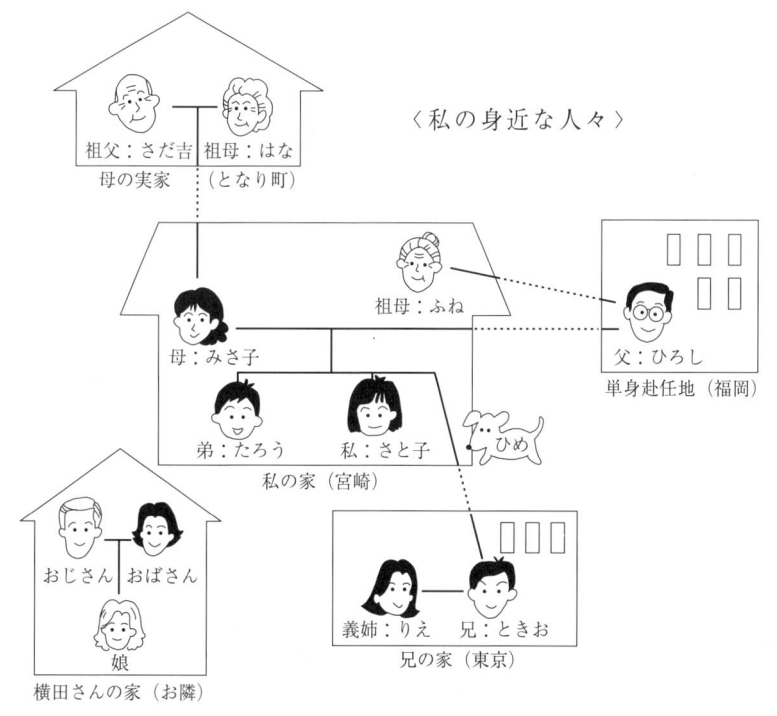

〈私の身近な人々〉

祖父：さだ吉　祖母：はな
母の実家（となり町）

祖母：ふね
母：みさ子
父：ひろし
単身赴任地（福岡）

弟：たろう　私：さと子
ひめ
私の家（宮崎）

おじさん　おばさん
娘
横田さんの家（お隣）

義姉：りえ　兄：ときお
兄の家（東京）

・兄は結婚・独立し，東京で暮らしている。遠く離れているので，家に帰ってくることはほとんどなく，年に数回，電話で連絡し合うぐらいである。
・母の実家はとなり町にあり，母は体の弱い祖母のために週2，3日看病に行っている。
・山田家とお隣の横田家はとても親しく付き合っている。一緒に食事や旅行をすることも多いし，日頃お互いに困ったことがあれば，助け合っている。さと子やたろうも，小さい頃からお世話になっている。

図13-1　家族の範囲

そうでない場合など多様な囲みができ上がっている。時として、考えるのは面倒くさそうにすべてを囲むものもいるが、その時は、尋ねてみる。「じゃあ、あなたは、先ほど記入した家族欄にその全部の人の名前を書いたのね」そこまできて、さて家族ってどんな人々のことをいうのだろうと考え込んでいる。自分にとって、家族はこの人達と無意識のうちに名前を書き込み、"わかっている"と思っていたのが、実は、家族の範囲も自分の中で曖昧で定まらないことに当惑しているのである。

このように"知っている"、"わかっている"という意識は、あくまで"知っている"つもり、"わかっている"つもりに過ぎないといえよう。そこに焦点を合わせることで、家庭科における学びの特質が見えてくる。

ここではまず、学びの過程について考えてみよう。

2．学びの過程
――繰り返される"わかった"と"わからなくなった"――

学びの過程を個人の意識レベルで考えると図13-2のようなモデル化が可能である。

例えば、外界に興味をもち始めた幼児は、散歩の途中に足を止め、道ばたに咲く花を指さし、「これは何？」と盛んに問うてくる。周囲の大人がそれに応えたり、自分で絵本を見たりすることなどによって、ある段階で、幼児はこれが花

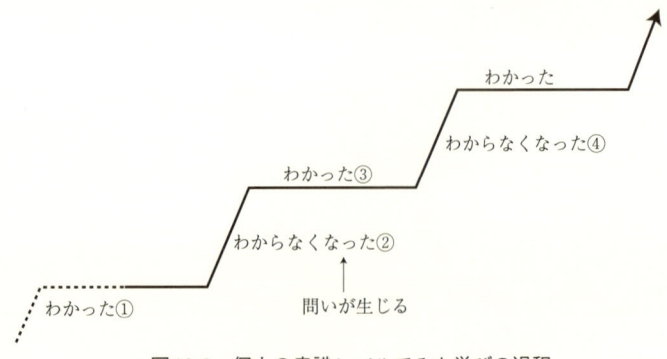

図13-2 個人の意識レベルでみた学びの過程

(例えばスミレ)であると"わかった"①と思う。しかし，それで完結するわけではない。幼児は，他者の基準に関係なく，自らが外界に対して興味・関心を抱き，花はきれいだと感じたり，もっと知りたいという思いが高まると，「じゃあこっちに咲いている黄色の丸い花は何というのだろう」と次の問いが生まれてくるのである。

　この段階で初めて，「花についてわかったと思っていたが，実は自分はわかっていない，まだまだわからないことが沢山ある」②と気づき，自分の"わかった"①が，"わかった"つもりであったことを意識することができる。

　その後，この花がタンポポとわかり，自分はタンポポについて"わかった"③と思うであろう。しかし興味をもち続けているならば，またしばらくすると，"わかった"と思ったタンポポについて「どうしてタンポポの花はあんなにふわふわの綿毛になるのだろう」とまたわからなくなる④。

　このように，"わかった"という状態は暫定的であり，"わかった"と思っていた段階から，さらにさまざまな問いが生じ，"わからなくなった"の段階（意識的にも無意識的にも）を経て，次の"わかった"と思う段階に進んでいく。その"わかった"と"わからなくなった"を繰り返すことで，学びが深まっていくとみることができる。

　先ほどの「家族」の例でこれを考えると，図13-3のようになる。授業前の段階では，自分の家のことを中心に考え，例えば，「家族とは血がつながっている

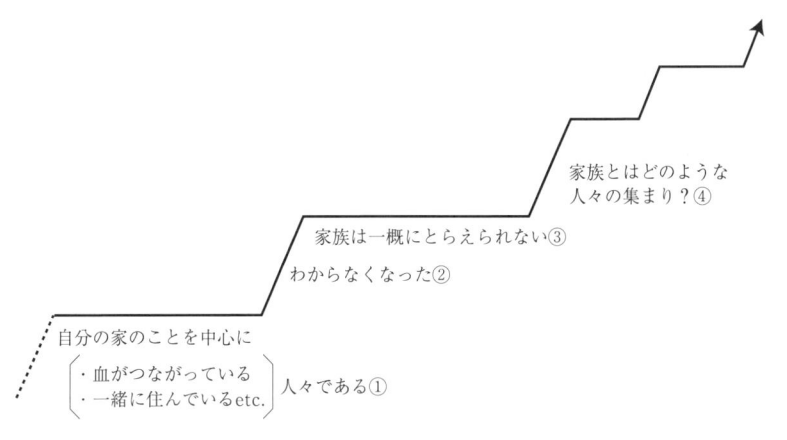

図13-3　家族についての意識の変化（例）

人々」あるいは「一緒に住んでいる人々である」①と,"わかっている"つもりであった。それが,友達や教師とのやり取りの中で,自分の家族のとらえ方に疑問が生じ,わからなくなってきた②とみることができる。そこで初めて自分が"わかった"つもりであったことに気づいたであろう。そして,「家族を血縁関係などで一概にとらえることはできない」③ことが"わかった"という段階に至ったとみることができる。「それでは,家族とはどのような人々の集まりといえるのか,家族とは何であろうか」④という問いがその後生まれるのではなかろうか。テレビや新聞でステップファミリーや生殖医療のことなどを扱っているとそこに目がいくようになる,あるいは関連図書を読み始めるかもしれない。そうなると,そこでは問いが生まれ続け,子どもは学び続けていくであろう。「これがわかれば,親に誉められる」や「これがわかれば,試験に合格する」など,学ぶ意欲が自らの興味から生じていない場合には,ある時点での"わかった"の段階で満足し,それに甘んじてしまうことも多いだろう。しかし,"わかりたい"という気持ちが自己内部から生じている場合には,学びは継続されていくと考える。

　幼児期の子ども達は,外界をわかり続けたいと願って,「これは何？」,「どうして？」と盛んに問い,問い直してくる。これは,幼児だけに限らない。大人である研究者も外界に強い関心をもち,対象をより深く理解しようと,さまざまな自己の認知活動によって,絶え間なく問いを生み出している。最先端の研究であるか否かの違いはあるにせよ,幼児も研究者も同様に真理を求め続ける存在であり,そのような学びは,子どもから大人まで,あらゆる人々に生じ得るといえよう。

3. "わかった"つもりを問い直す

　"わかった"つもりのことは,本人にとっては,当たり前のことであり,意識していないことも多い。子どもは"わかっている"と思っていることについて,今さら問い直す必要性を感じられず,もう学びたくないと思っている。子ども達のホンネもそれを反映している。だからこそ,"わかった"が"わかった"つもりであることに,子ども達自身が目を向けられるようになっていないと,いくら

授業をしても学びは始まらない。

(1) アタリマエを問う

　自分の家族について，子ども達は生まれた時からずっと一緒に暮らしているため，よくわかっていると思っている。そのため，普段は家族とどのように暮らしているのか，かかわっているのか，ほとんど注意を払っていない。そこで，自分の家族について生年月日や職場の名前，趣味や長所など，10問テストと称してクイズ形式で答えさせてみると，子ども達は意外に答えられないことに気づく。その中でも「昨日，家族が家に帰ってきた順番を言えますか？」という問題では，多くの子ども達がたじたじになっている。

　そのような教師の問いかけによって，初めて「そういえば，最近，家族のことに無頓着だった」と自分を振り返るかもしれないし，「家族のことをもっと気に留めてみる必要があるな」と思うかもしれない。そこから，家族について自分に引き寄せた学びが始まる可能性が生じるのである。

　一方，その視点で，被服実習や調理実習をとらえ直すこともできる。例えば，オリジナルのドレッシング作りをすると，「ドレッシングは，買うものだと思っていたが，こんなに簡単に作れるので驚いた」といった感想を多く子ども達が寄せてくる。この背景には，ドレッシングは自分の家では作らず，いつも買ってきている現実の生活があり，実習を通して，そこに目を向けさせるのである。これまでそのことに何の違和感ももっていなかった自分を見つめることができよう。同時に，対象に働きかけ得る自分，状況を自らの手で変え得る自分を発見することもできる。具体的な子どもの変化としては，それを契機にドレッシング以外のものも自分で作ってみようとする姿が見られるかもしれない。その意欲を支え，実際に作れるようになるための下支えとして，技術の指導を位置づけることができる。

　エプロンやハーフパンツなどの製作でも同様である。買うのが当たり前，誰かに繕ってもらうことがアタリマエであったことに対し，「何だ，これまで買っていたエプロンや服も，作ろうと思えば自分にも作れるんだ」，「今まで，お母さんの機嫌のいい時をねらって，裾のほつれをなおしておいてと頼んでいたけれど，人に頼らなくても，自分で簡単に繕うことができるんだ」と気づく。このような

認識を実習を通してもてることが重要である。他者に依存する存在であった自分が，自らの衣生活の主体となれることに気づくわけであり，衣生活に働きかけようとする意欲と行動力に変化を生むと考える。技術の習得や達成感，満足感も重要であるが，自分が暮らしに対して働きかけられる範囲が広がったこと，すなわち自分の可能世界が広がったことを実感できる場として実習もとらえたい。

(2) 無意識を問う

人は自分のおかれた環境の中で，無意識のうちにアタリマエを形づくっていることが少なくない。例えば，自分の家の例にならって「家族は一緒に住むものだ」と，いつの間にか思うようになっていることがある。こたつを囲んで楽しそうに団らんしている家族の様子を教科書の挿し絵やテレビで目にするたびにそれは増幅されていく。意識しないうちに，「家族＝一緒に住むもの」と思い込んでいるかもしれない。しかし，家族の関係は，同居しているか否かだけでは語れない。家族を図13-4のAのように，1つのまとまりとして語ろうとすると，離婚などで同居しない人が生じた場合，一部が欠けたという意識になってしまう。しかし，子どもがどのような家族形態や養育環境にあっても，自分と自分以外の他者である家族（それがたとえ1人であっても，何人であっても）との関係性は存在する。その関係は，同居といった時間的空間的共有の問題だけでなく，血縁関係や法的関係，経済的関係，精神的関係などさまざまである。「ひとまとまりの家族」とのとらえ方ではなく，「自己と家族員一人ひとりとの関係性の総体」

A：「ひとまとまりの家族」　　B：「自己と家族員一人ひとりとの関係性の総体」

家族

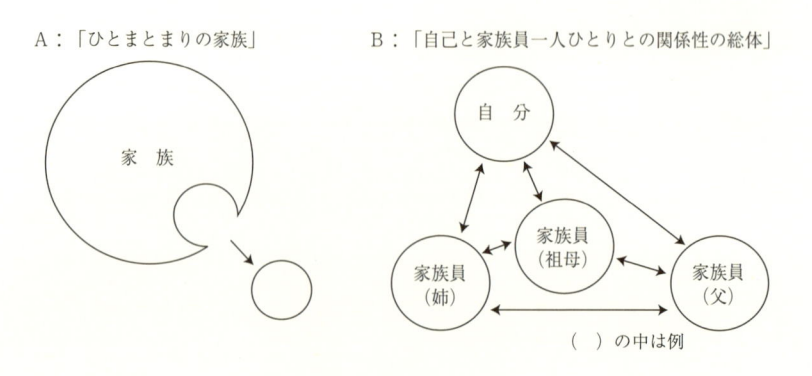

自分
家族員（祖母）
家族員（姉）
家族員（父）

（　）の中は例

図13-4　家族のとらえ方

として図13-4Bのように家族を捉えられるようになれば，無意識のうちに「家族は一緒に住むものだ」と自分が"わかった"つもりになっていたことに目を向けるであろう。そこから，「たとえ一緒に住んでいなくても，他の関係性，例えば精神的つながりがあればそれでよい」という発想もできるようになり，子どもはより生きやすくなるであろう。

　自分の暮らしの中では無意識のうちにアタリマエになっていることが，自分自身をも生き苦しく縛っていることは少なくない。因習の中でもがいている自分に気づかないことさえあるかもしれない。例えば「女は結婚して子どもを産むもの」といった言説もそうである。

　時にはそれらが自己の中に偏見を生み，他者を生きづらくしていることもあるだろう。日々の生活の中で習慣化して意識されない側面（アタリマエ）にこそ，家庭科の授業は焦点を合わせ，その実態を凝視する場として機能することが重要と考える。それが，自分の暮らしだけでなく，自他ともによりよい，より生きやすい暮らしを創り出すことにつながっていく。

4．他者とのかかわりの中で問い直す
―家庭科の特質―

　それでは，"わかった"つもりに気づき，学びを深めていく場を創っていく上で，何が重要になるのであろうか。もう一度，図13-2のモデルに戻って考えてみたい。幼児が花に興味を抱き問いが生じた背景には，親が花壇の手入れをするのをいつも傍らで見ていたことがあったかもしれない。花に水をやりながら，その美しさや香りを共有し，会話していたことがあったかもしれない。大人でも幼児と散歩をするようになって初めて，それまで気にも留めていなかった花に目がいき，厳しい環境にもかかわらず咲いている生命力の不思議さを意識することもある。研究者であっても，一見，自ら問いを発し学び続けているようであるが，実際は他者とのやり取りの中で問いを発見していることも多い。ともに研究していた大学院生の実験の失敗が，プラスチックは電気を通さないという常識に対する問いを生み，ノーベル賞につながった例もある。このように，問いが生じる

過程に，他者は間接的であれ，直接的であれ大いにかかわっている。

特に，アタリマエに思っている，無意識にしている"わかった"に対して自ら揺さぶりをかけることは困難である。したがって，それらを多大に含む家庭生活を対象とする家庭科では，他者が一層，重要な意味をもつ。

ところで，家庭科が取り上げる「生活に関わる内容」は，時代によって評価が変わるものや，地域や各家庭の状況によって左右されるものが多い。

例えば，母乳に対する評価も40年前には，母乳に比べ粉ミルクの方が栄養バランスがとれているといわれていたが，その後，母乳の免疫機能やスキンシップの重要性が明らかになると，母乳で育てることが勧められた。しかし，現在では，母乳中のダイオキシンが問題視され，母乳で育てるか否かで悩む親も少なくない。また，ミシンも足踏みから，電動，電子ミシンへと移り，それに伴って操作も変化してきた。

他方，他教科で取り扱う内容も本来は，現時点での"わかっている"ことである。試験で正解とされるか否かの基準で言えば，ある知識について"わかった"としてもよいかもしれないが，それは，あくまで暫定的な"わかった"の段階であることを子どもは意識する必要がある。しかし，その内容が家庭科ほど変化や多様性に富むものではないため，それらが試験で出題され採点されてしまうと，あたかも"疑いようのない真実"と一般にはとらえられてしまいがちである。"わかった"つもりを問うこと自体が困難であり，授業でも，教科書に記載された内容は所与のものとして位置づけた授業が大半で，例えば，数学のある定理を子ども達自身が吟味したり，発見したりするような授業[1]は，これまでほとんど試みられてこなかった。

これに対し家庭科の授業では，学習対象自体が，これが唯一と断定できないものを多分に含んでいるため，子どもがそれに対する問いを生じさせやすい。また，子ども自身が各々の暮らしや価値観を背負って授業に臨んでいるのであり，授業において相互にその現実をふまえ，交流し，ともに学習対象を吟味することが可能である。そこでは，子ども一人ひとりが，授業において意味のある存在となることができる。確かに，家庭生活に関するあらゆる情報は，本や雑誌，インターネット等で得ることができるが，子ども一人ひとりの，加えて教師の家庭生活の多様性を持ち寄り，生かすことができることが家庭科の強みであり，特

質である。家庭科ほど，学校の授業という場で他者とともに学ぶ意義が大きい教科はないといえよう。

そのような家庭科の授業を有効に機能させていくためには，学習対象を自分の問題としてとらえ，自分に引き寄せた学びの場にしていかなければならない。その際にも，子どものホンネに寄り添うことが重要である。

5．ホンネに寄り添い授業を創る

(1) タテマエで語らない

家庭科はよりよい生活を創造する能力と実践的な態度を育てる教科とされている。それがゆえに，勢い，家庭科の授業で，家族や家庭生活の理想像を押しつけていることはないだろうか。教師の話すことはもっともであり，子ども自身もそれがよいと頭の中では"わかって"いる。そのため，例えば，ゴミの分別が環境問題では大切であることを資料などを基に説明されると，子どもは「よくわかった。牛乳パックのリサイクルの方法もわかった。だけど現実には，面倒くさいから，牛乳パックを捨てるのは止められそうにないな」とつぶやいているかもしれない。しかし，その声を表立ってはあげにくいし，授業の中でそれが中心的に扱われることはまずない。特に，リサイクルの達人みたいなビデオを見せられてしまうと，かえって子どもは自分にはできないと引いてしまうのではなかろうか。

現実に子どもが暮らしの中で動き出すようになるか否かは，教師がそのようなホンネを子どもが出しやすい雰囲気を保障し，教師もそれに付き合えるかどうかにかかっている。パックを洗って回収してもらえば資源になると"わかって"い

表13-1　牛乳パックをゴミとして捨てる理由

・解体したり，洗ったりするのが面倒。
・忙しくて分類する暇がない。
・1つくらいならいいだろう。
・誰も見ていない。
・回収回数が少なく，家で保管するのがいや。
・回収ボックスが近くにない。

ても，自分の生活の中での「面倒くさい」という思いが解消されない限り，現実とのギャップを感じるだけである。牛乳パックをゴミとして子どもや家族が出してしまうのには，表13-1のような理由があった。教師だって，雑事に忙殺されそうな時や旅先で，ポイ捨てをしていないだろうか。それらのホンネに向き合い，ゴミとして出さなくなる具体的な方法を教師も一緒になって考える場が，家庭科の授業でありたい。

例えば，表13-1で挙げられた「解体したり，洗ったりするのが面倒」というホンネに付き合ってその解決策を考えてみるのである。具体的なレベルの話になると，子ども達は「乾いたら色が変わる紙パックだったら，おもしろい」や「点線を入れて解体しやすくすればいい」など次々にアイディアを出してくる。その1つに，「牛乳パックにクイズを描き，それを解体しないと，パックの内側にある正解がわからないようにする」というものがあった。これなら解体自体が楽しくなるだろう。どんなクイズやデザインにすればいいか，みんなでいろいろなアイディアを出し合って考えてみる。そのうちに，教室でわいわい言っていても現実の生活は変わらないから，牛乳パック製造会社にアイディアを売りに行こう，ということになるかもしれない。表13-1の他の理由に対しても，例えば，「回収回数が少なく，家で保管するのがいや」や「回収ボックスが近くにない」に対しては「市役所にかけあって，収集回数を増やしてもらおう」とか「回収ボックスを置くのに最適な場所を考え，町内会に働きかけよう」などということになるかもしれない。

そうなれば，学びは教室の中だけの話ではなくなっていく。子どもが現実に生きている実践的共同体[2]とのつながりが子どもにも見えてきて，その一員としての自己を実感できるようになる。内容的にも，環境問題が消費者だけでなく生産者や行政の問題でもあることを，具体的な暮らしの中からつかんでいくことができるであろう。

このような取り組みは，「総合的な学習」とどこが違うのかと問われるかもしれない。学びが自分の暮らしを見つめるところから始まり，最終的にまたそこに戻って，自分及び人々の現実の生活をよりよくするという視点を失わない限り，それは家庭科の授業といえよう。

それらはまた，一見無駄な時間のようであるかもしれない。しかし，このよう

な自分が具体的にかかわれそうな1つのことに，じっくり取り組むことこそ必要ではなかろうか。切れ切れの情報を提供するだけなら，本や雑誌，インターネット等でも十分である。家庭科の授業時間は削減される傾向にある。だからこそ，取り上げる内容は，浅く広くではなく，メリハリをつけ，1つのことを深く掘り下げ，そこで身につけたものの見方やとらえ方を他の領域でも生かしていける力を培いたい。

(2) 無関係を越えて

　人の興味は限定的なものであり，自分とは関係ないと思っていることには興味をもたない。したがって家庭科の授業では，自分および家族ひいてはそれ以外の他者の暮らしに，自分がどのようにかかわっているのか，子どもが見えるようになる場を設けることが必要である。

　日々，行っているにもかかわらず，ほとんど目を向けることのない事例で考えてみたい。

　子どもたちに「あなたはくつ下をどのようにたたみますか」と尋ねてみる。「はあ？それがどうした」とばかりに初めは怪訝な顔をしているが，一人，二人と発表するうちに，「一緒いっしょ，私もそのやり方！」とか「うちでは，こうやっている」などと，教室がざわめいてくる。くつ下のたたみ方など，小学校の家庭科でさえ取り上げることはほとんどなく，自分のうちのやり方しか知らないまま，それを気にも留めず繰り返している。1人では，自分の家のやり方しか思いつかないが，1クラス40人もいれば，違ったやり方が4，5通りは軽く出てくる。時には，たたまずに干してあるくつ下をそのまま穿いてくるという子どももいたりする。図13-5に子ども達が発表したさまざまなたたみ方を示した。くつ下をたたむという行為は，何気なくしている些細なことであるが，自分または家族が日々やっていることであるので，発表されると他の人のやり方が少なからず気にかかる。そのうち，Gのような自分では考えてみなかった方法が出され，目を見張っていることもしばしばである。

　しかし，それらの紹介だけでは，いろいろな方法が並んでいるだけである。一般論としてたたみ方を示されても，子どもは対象との間に隔たりを感じてしまう。もう一歩踏み込んで，現実の生活に照らして，各々のやり方はどのような

A：口を折り返す　　　　　　　B：結ぶ

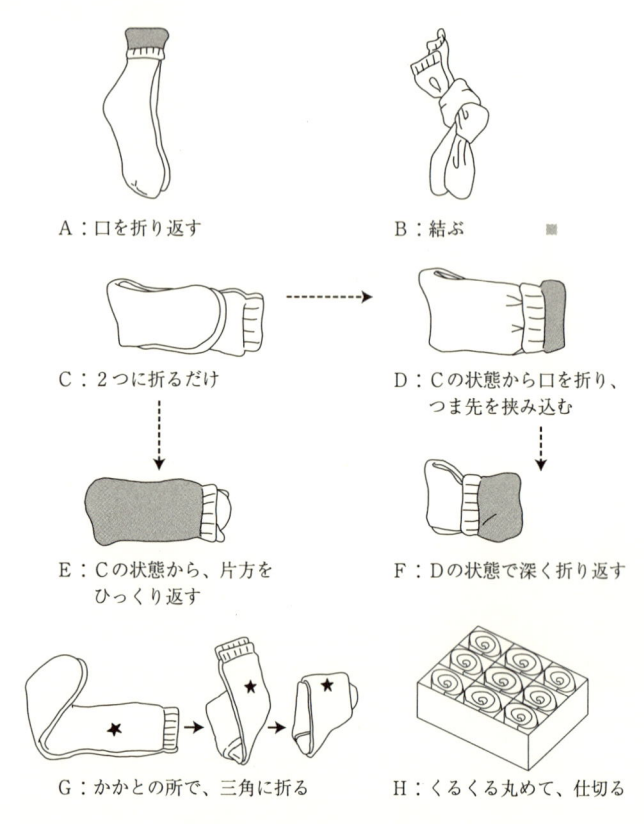

C：2つに折るだけ　　　　　　D：Cの状態から口を折り、
　　　　　　　　　　　　　　　　つま先を挟み込む

E：Cの状態から、片方を　　　　F：Dの状態で深く折り返す
　　ひっくり返す

G：かかとの所で、三角に折る　　H：くるくる丸めて、仕切る

図13-5　くつ下のたたみ方

長所・短所があるのか考えてみるのである。例えば、「Aの方法では、くつ下がバラバラになることはないが、持っているくつ下が、ほとんどルーズソックスだからできない」とか、「CやHの方法は、すぐに取り出せて穿けるからいいけれど、幼い子がいると、ひっくり返されてバラバラになるからやめたほうがいい」、「一人暮らしで誰にも迷惑をかけるわけでないなら、干してあるのをそのまま穿いたっていいんじゃない」、「口のゴムがゆるむから、Aの方法は良くないと思っていたけど、Gの方法ならワンポイントの刺繍がよくわかるし、ゴムも伸びなくていい」など、やり方だけでなく、その背後にある個々の家族の暮らしぶりや持っているくつ下の種類、くつ下の状態など、さまざまな他者の状況に身をおいて、それぞれのやり方を吟味してみる。その上で、「じゃあ、自分の生活実態に

照らしてみたら，自分にはどの方法がいいだろう」と考えてみるのである。それらの過程を経ることによって，他人事であった対象が自分にも関係あることとして，引き寄せられるであろう。

　この時，教師はくつ下のたたみ方の色々な方法を教えているのでも，くつ下の正しいたたみ方を教えているのでもない。さまざまな状況の中でよりよい方法は何かと，子どもとともに対象に向かっているといえよう。くつ下のたたみ方自体は取るに足らないことであり，ここではそれを教えることを目的としていない。現実の多様な営みを具体的に，それを各々背負った他者とともに吟味しているのである。それによって，自分の暮らしだけを見ていたのでは見過ごしていた"わかった"つもりに向き合える場をつくっているといえる。自分で洗濯物をたたんでいない子どもが，「あれっ，そういえばお母さんはくつ下をどのようにたたんでいるのだろう」，「わが家にはどのやり方が一番いいだろう」といった問いを発し，さらに「〇〇さんのやり方はいいなあ，帰って自分もやってみよう」と思ったり，「ねえ，知っていた？こんなやり方があるんだよ」と，得意げに家族の前でやってみせるといった実践へとつながっていくかもしれない。それは衣生活，ひいては生活全般に自ら働きかけていく可能性を含んでいる。

　そして，それらの授業では，これまで知らなかった他者の一面を理解し，他者の暮らしぶりを共感を持ってとらえる可能性も有しているのである。

　以上のように，他者とのかかわりの中に"わかった"つもりに気づく機会が豊富にあり，学びを深めていく上で他者はとても重要である。また，子どものホンネに寄り添うことは，子どもの家庭科や生活に対する意識に根ざすことであり，子どもの暮らしの現実に根ざすことである。そこに寄り添いながら，家庭科の授業が，身近であるがゆえに"わかった"つもりにしていることを，他者とともに問い直し，自らの暮らしを見つめ直す場として展開するのであれば，子ども達は自らの学びを深め始めるであろう。

【引用・参考文献】
1）佐伯　胖『「学ぶ」ということの意味』岩波書店　1995　pp.22-36.
2）ジーン・レイヴ他『状況に埋め込まれた学習—正統的周辺参加—』産業図書　1993

第14章
子どもの学びを方向づける直接体験
―― 布を素材とした製作実習から ――

鈴木 明子

1．被服製作実習のとらえ方の反省と転機

　これまでに被服製作実習の意義，教材や授業の工夫について，試論を展開してきた[1][2]。しかしながらそれらは被服学関連の方法論や，視覚的にとらえられる技能習得を意識しすぎていた。そこでは一人ひとりの子どもの生活，価値観，技能習得に対する意識や経験の差といったものを表面的にしか扱っていなかったように思う。それは実習授業の要素の一部を教材として追究したといえるかもしれないが子ども不在であった。授業を「子ども」「教材」「教師」という要素の単純な相互関係で画一的にとらえ，教材だけを都合よく切り取ってとらえていたと言ってもよいだろう。
　「体験や実践を通して学ぶ」という家庭科の独自性についても，何を学ぶのかという対象の把握が曖昧であり，「通して学ぶ」ということの意味さえ追究していなかった。また，生活を総合的にとらえる視点が必要と言いながら，教材の価値を衣生活に限定して問うことの矛盾に気づかぬふりをしていたように思う。
　被服学の要素に限定してこだわることは，謙虚にみえて一方では家庭科の教材を探求する上で障壁になっていたことを改めて痛感している。教科内容学と

いう立場から教材追究するならば，その中では先述した「一人ひとりの子どもの生活，価値観，技能習得に対する意識や経験の差」を本来無視できず，むしろ科学的アプローチの重要な要素として取り扱うべきであった。

このような考えに至ったのは，数年前から家庭科授業の展開を指導案上で具体的に検討する多くの機会を得たからに他ならない。授業にしろカリキュラムにしろ，子どもたちに相対する環境の中で認識し，現実的に実施可能か否か検討する機会を得なければ，真の教材追究の視点をもつことは不可能である。

かつて「一人ひとりの子どもの生活，価値観，技能習得に対する意識や経験の差」を，科学的アプローチには不適なものとして扱ったことを反省し，授業や教材を子どもの学びの視点から再構成することの大切さに気づくに至った過程を振り返りたいと思う。

以下，小学校家庭科授業「生活に役立つ物をつくろう」，中学校家庭科授業「ショートパンツを作ってみよう」，高等学校家庭一般の授業「乳幼児服の製作」の観察，指導，授業分析等を通して，さらに大学生を対象とした「身近な人へのプレゼント計画」「浴衣製作」といった筆者の実習授業の改善を通して，考えたこと，実践してきたことを述べ，これらの実習が学習者に学びの場を提供できる環境として如何に作用したか，あるいは作用するためには何が必要であったのかを考えてみる。

2．不自然な学習意欲の喚起

小学校6年生42名対象の家庭科授業「生活に役立つ物をつくろう」を継続的に観察，記録，分析する機会を得た。子どもたちの表情，言動，しぐさを記録し，変化を経時的にとらえた。自由に作るものを決め，自分で課題を認識し，計画を立てて作業を行うという授業であった。

この授業では，一人ひとりの子どもの計画を当人の関心や技能と照合して助言するという教師の行為はほとんど見られなかった。もし教師によるそのようなかかわりが，作業を始める前ばかりでなく作業途中でも行われ，子どもも納得の上で計画修正が行われていたならば，時間を経るにしたがって子どもたちの作

業への積極性と達成感は高まったであろう。

　作業を始める前の計画が具体的で綿密であった子どもは，作業に積極的に取り組み，作業過程のどこかで達成感を感じていたことがこのことを裏付けている。作業途中で目標を見失ってしまった子どもは，教師にそれを伝えることさえできない状況にあった。

　また，「生活に役立つ物をつくる」ための基礎・基本的な知識および技能が身についていない実態が見られた。これらが身についていれば，さらなる主体的な工夫ができるだろうにと思う場面に多数遭遇した。象徴的であったのは，ミシンのトラブルへの対応やどのような技能を用いればよいかが判断できず，右往左往して授業を終えてしまう教師と子どもの姿であった。

　子どもの主体性を重視するということの意味を考えさせられた実習授業であった。それは自由な発想を尊重し，当人の課題を自覚させ，解決方法を自ら模索して判断し，工夫，実践できるよう援助することであり，試行錯誤や失敗も重要なプロセスとなる。このような真の主体性を発揮する活動の中でこそ，真の学びを得られるであろう。このような活動を実践するためには，教師が一人ひとりの子どもの活動プロセスに添い，必要あるいは重要だと思われる時点で意味のある意図的な刺激あるいは助言を行うことが必要である。また，その助言がいわゆる「やり方」の指導や情緒的な叱咤激励に終始せず，その行為，発想，考え方自体を子どもが問い直すような働きかけとしたい。

　佐藤学氏は，具体的な道具や素材および人と出会う活動的で協同的な「学び」の必要性を主張する。そしてこのような学習の実践は，教育内容と自分自身とのかかわり，未知と既知とのかかわり，知識間の意味の関係を構成するとしている[3]。実習授業でこのような学びを促すためには，強引に方向づけを行わない「待ち」の姿勢も大切であるが，そこには教師の授業意図が反映されていることが不可欠である。

　また，そのためには技能習得の必要性を子ども自身が認め，作業を始める前の動機づけが真にかれらの生活実態と結びついた強いものでなければならない。そして教師の援助により自分にもできるという自信をもつことが求められる。このような条件がそろったとき初めてこのような形態（個々に課題を設定し自分のペースで作業を進める）の実習は「授業」として成立するのではないだろう

か。

　構成主義のアプローチにおいては，子どもたちは，自分の経験に関する個人的な理解を作り，構成する能動的な行為者として，環境との中で相互作用することによって学ぶ[4]。そこでは知識とは個人の頭の中にためこむものではなく，自分の回りにある人やモノや状況と「対話」「共同」しつつ構築していく[5]。学習を触発し促進するモノや道具や人の関係を再構成する実践の必要性が提起される背景にはこの学習理論がある。

　さらにこの理論においては，子どもたちがもっている今までの学習経験や生活経験といった既知なるものの確認，この既知なるものと未知なるものとが子どもたちの中にどのような葛藤を引き起こしているのかを具体的に把握することが大切であり，このような既知と未知の往還のプロセスについて，またどのような納得の仕方で知の組み換えを行ったのかについての子どもたち自らの判断が評価対象となる[6]。

　個人作業である製作実習において，一人ひとりの中でどのような既知と未知の葛藤が起こっているのか，どのように知の組み換えを行っているのかを教師が詳細に確認することは困難である。真の学びを促す製作実習を行うためには，子どもたちが自分で自分の学習状態を評価し，それによって自分の状況を確認し，今後の学習や行動を調整するというメタ認知が必ず必要である。その傍らで教師は，指導的立場で必要に応じて環境を計画，組織し，評価し，修正する設計者にもなりうる。「一方的な指導」をきらって情緒的な指導によってのみ作業を促していては，学びの場としての製作実習の状況づくりはできない。

　子どもたちの心に響かない，真の学習意欲の喚起に結びつかないような主体性重視と表面的な学習意欲の喚起は，家庭科実習の不自然さを強調し，「家に何でもあるもん。つくったら邪魔になるよ。もうつくるのばっかりであきたよ」と子どもに言われても仕方のない時間をつくるだけである。

3．技能習得や完成へのこだわりと学びとの隔たり

　中学校2年生約40名対象の家庭科授業「ショートパンツを作ってみよう」という一連の題材を教育実習生3名が行った。1人が複数回授業を行ったが、その中で「すそのしまつ」は3人に共通の題材であり、別々のクラスで異なる指導法を採った。
　実習生Aは、まつりぬいの方法を紙（布の代わり）と毛糸（糸の代わり）を使う示範によって、拡大版の見本として提示した。実習生Bは、絵カードを用いてまつりぬいの糸の渡し方をわかりやすく説明した。実習生Cは、「身の回りの衣服のすそはどのような方法で始末されているだろう？」と問いかけ、いろいろなすそのしまつの方法があること、それには理由があることに気づかせ、まつりぬいに関心をもたせる導入を行い、絵カードと示範によって説明した。
　これらの授業は、「まつりぬい」を確実に身につけさせる工夫、あるいはその手続きの意味を考えさせる工夫、実生活に結びつけた技能の位置づけによって実践に結びつける態度を養わせようとする工夫がみられ、いずれも評価できる。しかし、これらの切り取られた授業場面は評価できても、50分通しての実習授業は完成に向けて作業が強要され、時間を全うしたことだけが満足といった授業に終始した。教師は生徒の進度差に翻弄されるばかりであった。
　実習生たちの行ったこれらの実習授業の光景はよくみられるものであり、生徒たちも個人差はあるものの、基本的なことをたくさん学べたであろう。しかしながら、このような実習授業の膨大な積み重ねが、家庭科の顔をつくり、矛盾と誤解を生じてきたのではないか。教師たちの努力にもかかわらず、子どもたちの努力にもかかわらず、あまりにもむなしさが残る。
　子どもたちの時間的精神的ゆとりを確認し、技能習得への興味・関心や適性を見極めた上でこのような実習授業を行えば、成果も期待できるかもしれない。しかし、時間をかけて出来映えと完成に対して達成感をもつことを期待するような授業は、ますます生徒の実態に合わなくなっており、貴重な時間の無駄遣いと言わざるをえない。かつてある教師が「完成させないとお金を払って布を買わせた意味を問われる。それは親から預かった貴重なものなのだ」と言ったことを思い出した。この思いも状況によって理解できないではないが、そこまで完成

することにこだわって，子どもが得た学びとは何だろうか。忍耐力を養うことも必要だが，本来，学びとはもっとわくわくする楽しいものであるはずである。子どもの実態を考慮して教材設定やその扱い方を転換する時期がきていると感じる。

　授業の従来型モデルである「三者関係のモデル」[7]や「IRE連鎖モデル」[8]のもつ課題を解消するためにエンゲストローム（Engeström, Y.）は「活動システムモデル」を提案した。このモデルは授業という人間の集団的活動をシステムとしてとらえ，そのシステムの構成要素とその間の媒介関係を図式化している[9]。

　佐藤氏が「学びの三位一体論」と名づけた学び（学習）と授業のとらえ方は，「学習者と対象世界との関係，学習者と他者との関係，学習者と自己との関係という3つの関係を編み直すこと」であった。この場合の「学習者（自己）」「対象世界」「他者」は，活動システムモデルでは，それぞれ「主体」「対象」「共同体」として表現されており，さらにその三者の媒介項として「道具」「分業」「ルール」を挙げているととらえる。すなわち，佐藤氏や構成主義の立場における学びや授業のとらえ方でこの授業モデルを矛盾なく解釈することができる[9]。

　中学校でのこれらの実習授業では，学習者が「対象」や「共同体」との関係を編み直すことによって学びを得る場面はみられない。3つの媒介項も明確ではない。それは特に題材の選び方と作業時間というルールの設定に原因があると思われる。学びの「対象」や「道具」を内包している題材を時間の制約を考慮して選ぶことが実習授業において鍵となる。

　カリキュラムの中で，選んだ題材をどのように生かすか，そのために子どもたちにさせたい活動は何か，限定された貴重な時間を最大限に生かす工夫をしなければ，「被服で何を作らせたらいいの？」という，学びの核心からはずれた問いが発せられることになるだろう。子どもたちが「対象」と向き合うエネルギーは作業を進めることのみに使うのではなく，「対象」としての教材にかかわって行われる知の組み換えやそのプロセスにおける葛藤や変化にこそ注いでほしい。

4．一連の流れに位置づけた製作実習の効果と課題

　高等学校2年生対象家庭一般の実習授業「乳幼児服の製作」をティームティーチングの一員として指導させてもらった。この高等学校では「乳幼児ふれあい体験実習」を家庭科授業の核として位置づけており，それと関連づけて乳幼児服の製作を行い，ふれあったそれぞれの子どもたちにプレゼントして，家族や乳幼児と交流を図る媒介としている。その位置づけが効を奏して，高校生たちは概して意欲的に実習に取り組んでいるように思われた。

　その製作の動機づけが成功していると感じるのは，ふれあい体験実習の導入で，製作予定の衣服を着装した幼児に対する生徒たちの反応をみる時である。製作活動途中では作り方指導に終始している感もあったが，意欲に支えられ目的を明確に意識している高校生たちは，主体的に出来映えも気にし，様々な点で成果がみられた。このことは，筆者一人の感想ではないであろう。

　このふれあい体験実習と乳幼児服の製作にかける家庭科教師たちの意気込みと努力は並大抵のものではない。できるだけ複数の家庭科教師が授業に入り丁寧な指導をする，製作途中で進度を確認し，完成後の各自の評価表と感想に対してコメントをする等，一人ひとりの生徒に向き合おうとする真摯な態度も評価できる。

　何よりこの実習授業を成功させているのは，乳幼児服の色柄やデザインを数種そろえ自由に選ばせながらも，作業工程を減らし（縫い代の始末等），可能な限り簡便かつ見映えも評価できるように教材と作り方を工夫した点にある。

　先述した小学校，中学校の例にみられた課題，「子どもの主体的意欲の喚起につながる目標の設定」，「基礎・基本的な技能の必要性の明示と習得」，「適切な教材の選択および工夫」，「生徒と教師の作業計画と進度の確認」は，ここで「一人ひとりの作業進度や技能に添った指導」，「実習を一連の流れの中に位置づけたこと」によって，何らかの効果がみられ，相乗的に個性的で多様な学びを生み出しているように思われた。しかし一方で教師の負担があまりにも大きいのではないかとも思う。

　学習指導要領の内容を漏らさず学習させることが求められるが，断片的な知識が生徒の生活に役立つとは思えない。実践や体験を通して得た関心や意欲と

結びつく知識こそ、生活に生かされる知識になるのではないだろうか。生徒たち一人ひとりのふれあい体験や乳幼児服の製作で得た思い、気づき、考えが他の学習内容とつながり、それらが家庭生活や社会生活における、一つひとつの状況に対応するための活動の推進力になれば理想的である。

5．実習という場における環境との相互作用

　武藤氏は、家庭科の実習授業の意義について、「現代の子供や授業に欠けやすい問題に対応し、家庭科の目標と合致し、佐藤氏らの提唱する新しい学習観とも適合し、人間形成へ大きく関与する授業の形」であると推進する立場をとりながら、その問題点について、以下のように述べている。
　まず、実習という授業形態は、「伝承されてきた効率的な技」を「基礎的技術」として模倣や反復練習により習得することに重点を置くという性格を本来もっている。そのことによって探究学習や課題解決学習を取り入れにくいという問題点である。第2に、子どもの巧緻性の低下という現実の中で実習題材の設定をする困難さ、第3に、受験や成績評価によるストレスを持つ子どもたちへの対応、第4に、家庭科の実習における指導観、学習観をいかにとらえるかという問題である[10]。
　このことをふまえて、「生活探究の過程としての実習の授業」であるために、次の4つの改善の方向を提示している。①技術と知識の結びつきを図ること、②学習体験を確保すること、③技術のハウ・ツウでなくその法則性を指導すること、④意思決定できる生活観に迫ること。これらは、先述した佐藤氏の学びのとらえ方に対応したものである。具体的な展開として、実習先行型授業によって、疑問や問題を自覚し、実験あるいは調査を行い、仲間と共に検討し、確認するという流れを提案している[10]。
　このことに類似して、「知識」の獲得と「体験」「直接経験」を二項対立的にとらえることを批判する論がある。藤岡氏は、「直接経験」によって得る「瑣末な知識」こそが重要な認識を支える[11]とする。また、寺西氏は、「体験」や「直接経験」はさまざまな情動（関心、感動、共鳴、成就感など）を呼び起こしな

がら，多面的な知識表現と結合しつつ，「身体に組み込まれた知」としての価値的立場を形成していく[12]とする。

筆者は行為，行動，活動を起こすことによってつくられる環境，あるいは変化する環境がさらなる意味ある思考，認識や行為，より活動性の高い行動を引き起こす契機になるのではないかということに，体験上あるいは実習指導の上で気づいた。「思考・行動促進力」と名づけたこの力は，「体験」によって新しい「思考」が生まれ，そのことが内的外的環境の見方を変え，次の「体験」への動機づけや「学び」の方向づけにもなる力であるととらえている。

このことは，ギブソン (Gibson, J.) の提案した「アフォーダンス (affordance)」すなわち「生体の活動を誘発し方向づける性質」が外界や環境の中に存在するという考え方と通じているのではないかと興味深い[13]。また，ギブソンとレイダー (Gibson, E., Rader, N.) は，経験や練習は人間を機械的にするのではなく，情報利用の効率と特定性を向上させることができ，そこから機械的な自動性の見かけが生じるとする。それは同時に自動的な行為遂行の大きな特徴である活動への柔軟な介入および再組織化も可能にする。言い換えれば，経験がもたらす成果には，探索的活動を組織化・再組織化してより効率のよいものにしていく能力がある[14]。

武藤氏が提案している実習のあり方への提案は，今後の家庭科を変革していく上で重要であり効果的であると思う。ここでさらに「活動」や「経験」や「練習」が，「学習者と環境（状況）との相互作用を促す」あるいは「探索的活動の組織化への道作りをする」ものであるというとらえ方を意図的に実習授業に応用して製作実習が展開できないものだろうか。環境（状況）から学ぶということが，子どもの無意識において行われ，意識的なものに変わるような実習である。「伝承されてきた効率的な技」をそのまま「基礎的技術」として模倣，反復させるだけではなく，一人ひとりの探索的活動を意図的にそこにつくらせるような教材や授業の展開を考えてみたい。

6．教師からの刺激の与え方を工夫する

　これまでに述べたような「学び」や「授業」のとらえ方にもとづいて，直接体験の中で，子どもが教育内容と自分自身とのかかわり，未知と既知とのかかわり，知識間の意味の関係を構成でき，それを自覚できるような製作実習を志向して，教師からの刺激の与え方を試行錯誤しながら工夫，改善を試みた筆者自身の授業を振り返りたい。

　教員を目指す大学生を対象に，初等家庭科教育法の講義において，「身近な人へのプレゼント計画」と題して，条件を提示した上で布を素材とした自由な製作を行わせている。当人の時間的ゆとりや技能に合わせた計画を立てさせ，小学校教師として家庭科で布を用いた製作を指導する際に必要な知識と技能を習得させ，目的（相手）を意識させながら，教える立場に立つ者の視点で探索的活動をさせたいという意図がある。

　100名を越える履修者全員に各々興味をもたせるために，はぎれ（綿ブロード2柄），フエルト（4色）（いずれも約10cm×10cm）と糸（30番程度2色，1本50cm程度）が入った筆者手作りのキッドを用意し，格安で提供し，他にもマグネットやカラーワイヤー，刺繍糸などを用意して自由に使わせた。具体的な素材が目前にあることが刺激になって，かれらの作業への意欲は喚起され，イメージも膨らんでいることを確信した。

　しかし，この活動への取り組みは個人差が大きいことがわかった。より強い興味と技能に対する自信を持っている学生は，このように素材を限定してしまうことによって，成果を頭打ちしてしまっているようにも思えた。そこで，これまでどおりキッドも用意するが，他にも自由に素材を組み合わせてもよいこと，すべての材料を自分でそろえてもよいことにした。

　さらに，技能が定着していない学生が一部にみられ，特に玉結び，玉留め，糸，針，布の基本的な扱い方に自信をもっていない学生が多いことへの対応として，技能を学生相互に確認し合って違いを確認，間違いを指摘し，基礎縫い布で練習させた。これは技能習得に効果があったばかりではなく，指導方法への関心にもつながった。

　経験の中で可能な限り多様な方向へ興味関心を広げ，自分の指導観や教材観

を豊かにしてほしいと願って,教師の立場を意識させながら,教材や授業展開が弾力的になるように努力している。また,作業計画,目的,技能の定着,作業プロセスとその中で気づいたことや学んだこと等,可能な限り丁寧に記述させ,学生相互に評価を行わせるとともに,次の体験へつながるような示唆を筆者からコメントしている。多人数ではあるが,学生の変化や反応を確認できるだけにやりがいのある作業である。

　もうひとつ,中学校および高等学校家庭科教員免許に必須の「被服構成学実習Ⅰ」では,浴衣製作を行っている。被服実習がⅠ,Ⅱ,Ⅲと3単位設けられていた時は,Ⅰ,Ⅱでは中学校,高等学校の教材を扱いながら立体構成の基礎を習得させ,Ⅲで平面構成である浴衣製作を行っていた。しかし,2単位に減じてからは,思案の末,実習Ⅰで「浴衣」を教材にすることにした。

　今回「4回目」の実習を終えた。指導の大変さはあるが,かれらの「作りたい」「着たい」という意欲に勇気づけられて続けている。自分の身体(手)と簡単な道具を用いて主体的な意欲をもつことができる大作を作ることによって,自信と興味をもつことができれば,他の技能は積極的に学び,応用できるだろうという少々楽観的な思いもある。

　しかしやめられないでいる一番の理由は次のような学生の一面をみることによる。「始めは完成した浴衣をイメージしてわくわくしながら作業をしていたが,作業を進めるにつれて逃げ出したい気分になった。最初はイメージだけで作業を甘く考えていたことを実感しました」という段階を経て,「作り上げて,部分的には完璧ではないけれど,その作業一つひとつが思い出されて,その思い出と一緒にこの浴衣は一生大切に着ると思います」。

　先に,完成至上型の実習を批判したが,このように見えているようで見えていなかったモノの価値に気づく体験と一着の衣服というモノに対するかかわりの実感が伴うのであれば多くのエネルギーをかける意味があるかもしれない。もちろん,興味や技能レベルが同程度の少人数の大学生を対象とした時間的なゆとりがある場合のことである。布が浴衣へ変わること,自分の技能が上達すること,浴衣を見る目が変わることは,作業自体の環境が変わることでもあり,それによって自己をみつめるという新たな活動が誘発されていると思うのである。

　この浴衣製作でも教師からの刺激の与え方を工夫した。ほとんど経験のない

大学生にとっては，かなり高度な教材であるために，学生も教師も「できればいい」という「完成」だけを目指す時間になってしまうことを危惧し，授業プロンプトの提示という教授方法を採った。

ここで使用した授業プロンプトとは，各授業の学習者の学びを方向づける教師のメッセージである。プロンプトという言葉は，現在障害児教育において，オペラント条件づけの原理に基づく行動分析および行動形成の領域で用いられることが多い[15]。一方，教師から学習者に流れるメッセージの伝達を分析する際の要素のひとつとしてもとらえられている[16]。

これらの研究においては，プロンプトについて，"言語的な手がかり""手がかりとなる質問""反応の督促""子どもの思考や活動を促す刺激"といった教師から学習者へのメッセージという用い方がなされている。ここでは，各授業毎に提示する授業プロンプトを"授業内容に対応する学びを促すことを意図したことば"と定義して使用した。

ひとつの課題に長時間向き合う過程は，各授業の作業として分断される。学習者と教師がともに同じ授業プロンプトを意識することによって，学習者の思考活動を促進するとともに教師がそれを確認することもできるのではないかと考えたのである。

大学3年生28名を対象に，90分12回の実習授業の中で，各工程毎に学習者の関心や意欲のもち方あるいは理解のしにくさや技術の難易度を予測し，全工程を通じて完成までに学んでほしいと考えたいくつかの事柄（教師の意図した目標）を設定した。

各授業の開始時に授業プロンプトを記載した文字カードを読み上げながら黒板に貼り，「今日はこのことについて考えながら作業をしてみよう」と提案する形で示した。どの授業プロンプトも，個々の学習者の興味に応じて多様な学びにつながるよう表現の工夫を行った。また作業を進めながら，既に学習したこととの関連性を追求したり，反復学習であることを意識させている部分もある。

28名一人ひとりの「授業プロンプトの意味」についての記述を授業別に分析した結果，12回の授業のどこかで，「問題意識の発現」や「主体的関与」を見せていた。

各学習者の視点には差異があり，多様な方向に関心が向いていることが読み

とれた。例を示すと,授業3(身頃裁断,背縫い)の授業プロンプト「ハサミがこわい・針がうらめしい……」では,学生Jは「日頃,ハサミで布を裁つことや針を使うことが少ないと思う。使い慣れないので,危険に注意して,慎重に布を裁ち,針を使おうという意味である」と記述し,ハサミや針という道具の使い方に注目している。

一方で学生Eは「初めての和裁は緊張と不安がある。慣れない縫い方や反物の扱いにくさに苦労するということを示しているが,だからこそ克服してやりがいもある」と記述し,慣れない和裁作業全体の象徴としてハサミや針の扱いをとらえている。

さらに,授業プロンプトの提示によって,改めて「問題意識」をもち,「主体的関与」をみせた者もみられた。

学習者が授業プロンプトをみて学ぼうとした事柄は,「和服の構成・機能」「技能」「染織」「縫い目」「着装」「文化」という項目に分けることができた。授業内容によって偏りはあるものの,複数の授業で,各々の項目を意識していることが明らかになった。特に「構成・機能」と「技能」については,毎回多くの者が異なる視点からとらえており,当該の授業目標ばかりでなく,前回までの目標が持続的に意識されていることも明らかになった。

これらの記述が示す「学ぼうとした事柄」のすべてが,授業プロンプトを意識することによって生じた思いであるとは言えないであろう。しかしながら,教師が作業課題のみを授業目標として示したり,作業方法の説明に終始する実習では,学習者がこのように多くの事柄を意識する授業にはなりにくい。実際にこの方法をとらなかった実習と比較して,その効果の差は顕著であった。

毎回の授業で異なる授業プロンプトを意識しながら作業を行うことによって,教師の教授意図に含まれる概念のいくつかが,具体的あるいは抽象的な形で学習者の探索的活動に反映していることが確認できた。また,授業プロンプトが刺激となって作業中の思考活動が促され,それが契機となって新しい思考が生まれていた。

さらに,教師が授業成果を確認する上で有効な情報を得られ,学習者の学びのプロセスを経時的にとらえて指導や評価に生かすことができる点でも効果的であった[17]。

7．教師が意図的につくる学びの場としての実習授業

　限られた時間で主体的で豊かな生活実践につながる学びの場を提供するための教師の姿勢と，教材開発や授業設計上の工夫について探ってきた。子どもの活動，経験，練習自体が，既知と未知の世界をすり合わせて新たな知の形成を行う場となり，新しい思考や活動を方向づけ，促進する環境として作用するならば，そこでは自己塑成的な営みである学びが得られると考える。

　「実習」という学習方法については，直接体験が知識や情動を引き起こし，認識や価値を支え形成させるということから，実践知を大切にする家庭科におけるその意義や価値は誰しも認めるところである。しかしながら，「被服構成実習」の意義や価値となると，学びのための最適な環境を整えようとする立場では，普遍的なものとして語られるべきものではない。なぜならば，それは実習で対象とする被服教材（技能あるいは題材）の意義や価値を問うているにすぎないからである。

　そもそも教材とは，授業の「活動システム」における学びの「対象」であり，システムの各構成要素は互いに連動しあっているのであるから，よりよいシステムの構築のためには，教材も柔軟に変化するべきである。また，要素が内包する環境やシステムの外部環境との相互作用によってシステムは絶えず変化している[18]。システム自体が有機的に変化し，質的な転換を迫られている今日，授業システムの一要素としての「対象」も柔軟にとらえ直す必要がある。

　武藤氏の指摘した4つの問題点，①教師の被服構成実習に対する教育価値への疑問，②巧緻性の低下を考慮した実習題材の設定の困難さ，③評価によるストレスを持つ子どもたちへの対応，④家庭科の実習における指導観，学習観のうち，①②③についてはこれまでの教材観にとらわれず，子ども自身の実態や生活の実態，社会の実態に応じて，内容の転換を図って対応しなければならないのではないだろうか。④の問題に対しては，一人ひとりの教師の学びや授業の問い直しが求められている。

　指導観や学習観の問い直しを行うことによって，教師は子どもの学びを促す実習授業の状況をつくりだすために，最適な「対象」となる教材や環境を模索することができるであろう。その「対象」（教材）とは学習者と対象世界との関

係，学習者と他者との関係，学習者と自己との関係という3つの関係を編み直すことを可能にするものである。また，その環境とは，手で扱う道具や言語，あるいは概念・手続きなどさまざまな「道具」，教師によって吟味された意図的な「分業」や「ルール」が有効な媒介として働く環境である。

　このような最適な教材と授業環境が用意されることによって，子どもたちは真に主体的な活動を始めるだろう。どのような教材を選択し，どのような実習を行っても，そこに若干でも子どもの直接体験というものがあることによって，家庭科の製作実習は，学びに有効に働いてきたのである。しかし，そのような無意図的な環境ではなく，教師は実習において意図的に学びの場をつくる必要がある。そして子どもはそのような環境に促されて活動を起こすことによって，さらに自分で新しい環境をつくり環境を変化させる。この環境がさらなる意味ある思考，認識や行為，行動を引き起こす契機になり，そこにこそ実習授業の意義があることを教師は認識しなければならない。

　環境から自己の活動を方向づけられ，そのような探索的活動を組織化・再組織化してより効率のよいものにしていく経験を得た子どもたちは，そのやり方を日常生活の中でも同様の体験として求めることができるだろう。さらに，子どもと教師がともに，目標に照らしてその活動と自己の変化を継続的に評価することによって，子どもたちの環境への対処能力はさらに高まるのではないだろうか。

【引用・参考文献および注】
1）鈴木明子・古田幸子「家庭科衣生活領域における被服製作の取り扱いの現状と展望（第2報）―高等学校普通科の実態の考察―」『広島大学教育学部紀要第2部』第42号　1994　pp.167-172.
2）鈴木明子「高等学校家庭科における創作活動の教育的意義に関する一考察」『長崎大学教育学部　教科教育学研究報告』第29号　1997　pp.75-88.
3）佐藤学『教育方法学』岩波書店　1999　p.68.
4）Shaklee, B.D./田中耕治監訳『ポートフォリオをデザインする』ミネルヴァ書房　2001　p.11.
5）片上宗二・田中耕治『学びの創造と学校の再生』ミネルヴァ書房　2002　p.30.
6）前掲書4）p.137.
7）「三者関係のモデル」：授業研究の分野で授業の構造を示す「教師」「教材」「子ども」の

三者関係のモデルである。「教材」は教師と子どもの《教える―学ぶ》関係を媒介する。「教師」は子どもが教材の世界に向かうのを仲立ちする。子どもは教師が教材を選択・構成するときの重要な規定要因になる。教師の指導技術の工夫によるだけでなく，教材そのものを変えることで授業を変えるという方向を打ち出したモデルである。

8)「IRE連鎖モデル」：教育社会学者ミーハン（Mehan, H.）によって提案されたモデルであり，授業の過程を「IRE連鎖（IRE sequence）」を単位とする教師と生徒間の相互行為としてとらえるものである。「IRE連鎖」とは，I=Initation（開始：例えば発問・指示など），R=Reply（応答），E=Evaluation（評価）からなる会話のパターンのことである。

9) 前掲書5) pp.50-55.
10) 武藤八重子『家庭科教育再考』家政教育社　1998　pp.156-161.
11) 藤岡信勝「直接経験による学習（上）（下）」『歴史地理教育』1983　4月号　pp.76-79. 5月号　pp.76-79.
12) 寺西和子「身体を媒介にした学習の〈知〉的可能性」日本教育方法学会編『教育方法23 新しい学力観と教育実践』明治図書　1994　pp.87-99.
13) 佐伯胖・佐々木正人『アクティブ・マインド　人間は動きの中で考える』東京大学出版会　1999　pp.10-12.
14) Reed, E.S./ 細田直哉訳　佐々木正人監修『アフォーダンスの心理学　生体心理学への道』針曜社　2003　pp.367-368.
15) 松岡勝彦・菅野千晶「発達障害児におけるレジ並び行動の形成と般化」『行動療法研究』第25巻第2号　1999　pp.25-35.
16) Ormond, T.C., "The Prompt/Feedback Package in Physical Education," *Journal of Physical Education*, Recreation and Dance, Vol.63, No.1, 1992 pp.64-67.
17) 鈴木明子「被服製作実習における授業プロンプトの有効性の検討―浴衣製作実習における学生の記述分析を通して―」『日本教科教育学会誌』第26巻第3号　2004　pp.33-40.
18) 前掲書5) p.58.

第15章

学びの深化をめざした家庭科教師教育
――「ニワトリを育てて食べる」授業の是非をめぐって――

川邊 淳子

1. 家庭科教師をめざす学生の学び

2002（平成14）年度から小・中学校で、2003（平成15）年度からは高等学校でも新教育課程の完全実施が始まった。中学校「技術・家庭」においては、問題解決的な学習の充実、ならびに実践的・体験的な学習活動を中心とした、指導への配慮が挙げられている。しかし、児童・生徒自らの生活に結びつけられるような深い学びを問題解決的な学習として展開させるためには、問題の本質を見抜き、それらを解決するための情報を選択し、批判的思考を繰り返す中で培われる、自らの価値判断に基づく意思決定能力の育成は不可欠である。特に、指導する教師にとって、家庭生活を中心とした多種多様な生活課題の中から題材を選択・吟味し、授業構成を行っていく家庭科教育の場合、教師自身の価値観ならびにそれに基づく意思決定が、授業の方向性を決定する大きな要因になることも予想される。

将来家庭科教師を目指す学生達に、自らが受けた小・中・高等学校での家庭科の授業で、自分の価値観をがらりと変えるだけの授業と出合ったことがあるかという問いをすると、必ずといってよいほどなかったという答えが返ってく

る。家庭科ほど，他の教科と比べて教師自らのライフスタイルや価値観が，授業観や授業構成に反映される教科はない。簡単に答えの出ない優れた命題と出会い，さまざまな立場に立って，多くの価値観に触れること，それこそが教師自身の豊かな価値観や授業観を育んでいく。またそれは，授業を通して子ども達との共通課題としてとらえることによって，よりよい家庭生活，社会生活を創造できる原動力となるものと考える。

　そこで本章では，学びの深化をめざした家庭科教師教育に関して，「ニワトリを育てて食べる」という授業の是非を，家庭科教育としてどのようにとらえるのか，また，そこから児童・生徒に何を伝えていくのかという視点から，さまざまな意思決定場面を設定しながら，将来家庭科教師をめざす大学生の価値判断に基づく意思決定の過程を追いながら，検討を行うことを目的とした。

2．研究方法

　北海道教育大学旭川校2・3年生を対象に，2002（平成14）年度後期，筆者が行った中学校家庭科教育研究Ⅱの講義の前半部分の一部を研究対象とした。受講者は，男性2名，女性10名の計12名であるが，うち2年生は1週間の大学附属園・校の参観実習を，一方3年生は，5週間の教育実習を履修済みであった。学生には前述の講義の中で，5つの意思決定場面を設定し，価値判断の場面ごとに意思決定カード（プリント）に記入してもらい，「ニワトリを育てて食べる」の授業の是非を「賛成」「どちらかというと賛成」「どちらともいえない」「どちらかというと反対」「反対」の5段階で意思決定を行ってもらい，あわせてその価値判断の根拠となった考え方などを記してもらった。

3．意思決定の場面と過程 —学びの深化—

(1) 意思決定の場面設定
　① 新聞記事や関連資料などを読む

「ニワトリ育て食べる」授業中止という，朝日新聞〈2001（平成13）年11月13日〉に載った，秋田県の雄物川北小学校5年生での出来事を，まず課題として提示した。実践にかかわった教師ならびにその授業中止に声をあげた人々の意見およびそれを新聞紙上で受けた形で投稿されたさらなる意見を読み込ませた。さらにそれらに関連する動物の生と死を食の観点から扱った関連資料などもあわせて，自らが有する既存の価値観などをもとに意思決定を行った。

② 教育現場で実際に行われた同様の授業についてのビデオ視聴

福岡県立久留米筑水高等学校で行われた「ニワトリからの贈り物」という卵の頃から育てたニワトリを，最後は自分の手でさばいて食べるという実践を取り扱ったドキュメンタリー番組〈2002（平成14）年5月8日放送〉を視聴し，自らの未知なる経験をより身近なものとする中で，そこにかかわる教師や生徒の心の動きや考えなどを擬似体験することによって意思決定を行った。

③ 自らの考えの主張と他者の考えを聞く

①・②を通して揺さぶりをかけられ，価値判断に至った自らの考えを他者に対して明らかにすることで，自らの価値観の再認識を行い，さらに他者の考えを聞くことによって，自らの価値観の確実性・不確実性を再認識することによって価値観の再構成を行った。

④ 賛成・どちらともいえない・反対の3つの主張に分かれて教室ディベートを行う

③と同様ではあるが，自らの意思決定を裏づけている背景をより深く認知することで，問題の本質をとらえ直した上で意思決定を再度行った。

⑤ 最終的な判断を下す

①から④までのさまざまな意思決定場面における価値判断とその過程をふまえた上で，自らの判断を最終的に下した。

(2) 意思決定の過程

① 「新聞記事や関連資料などを読む」における意思決定

ここでは特に，新聞記事や関連資料ということで，広く社会一般的に行われている事例や見解を目にすることからの意思決定となる。ゆえに，自らがそれまでにもっていた既成の価値観に大きく由来する意思決定であると考えられる。

「賛成」「どちらともいえない」「反対」の意見にほぼ同数で分かれており，「賛成」を支持する価値判断として，「貴重な体験」「命の大切さ」などがあげられていたが，「反対」を支持する価値判断としては，「かわいがっているものを殺す罪悪感」「育てるだけで十分」などが挙げられていた。この時点では，実践の表面的に見える部分のみの言及にとどまっており，この実践の本質や抱える問題点などについて深く言及しているものは少なかった。

表15-1 ①「新聞記事や関連資料などを読む」における意思決定と
その判断の根拠となった考え方

賛成・どちらかというと賛成

* 子どもに自分がいつも何気なく口にするものにも命があることを気づかせることができる。「食と命」について考える良い機会になると思う。〈賛成〉
* 鶏を殺す現場を見ることや行うこと，食することを嫌がる児童はいると思う。その様な児童に強制する必要はない。しかし，その様な生徒にも，しっかりとなぜそのようなことをするのかといった意味を理解させなくてはならない。〈賛成〉
* 食や命をおろそかにする子が多い中で，命について考え，その素晴らしさを学ぶという貴重な体験になる。〈賛成〉
* 生徒が愛情を持って育てるがゆえに残酷となるが，ニワトリを育てる目的は，実際に食べることだから，愛を持っていただくことで，食に対する考えが本当に変わると思う。「ニワトリを食べる」だけでなく「育てて食べる」というところで賛成。〈条件つきで賛成〉

どちらともいえない

* 生き物を大切に育てることと，食べ物を粗末にしないということは，別に指導するべきではないかと思う。
* 動物に触れ合う機会が少なくなってきた今，ニワトリを育てるだけでも，子どもにとって貴重な体験になると思うので，それをわざわざ殺す必要はないと思う。解体はやめた方がいい。
* 生きたニワトリを解体・調理するのは，確かに刺激は強いけれど，経験としては大切だと思う。ただ，飼育していくうちに愛着を持ってしまう子もいるだろうし，育てるところからやる必要があるのかどうかは疑問。食と命の尊さも大切だけれど，生き物を大事にすることも大切なのではないかと思う。
* 題だけを見ると残酷でとんでもないと思ったが，全体を通して読んでみると，良いのかもしれないと思った。命の大切さという点で，非常に重要だと思う。無駄に捨てたりしなくなるのではないでしょうか。骨まで使うとか…。ただ，小学校では早すぎると思う。

反対・どちらかというと反対

* 新聞の意見にもあったけれど，飼っているものには愛着がわくし，殺せない。殺される所を見たくない。〈反対〉
* 子どもたちは動物好きな子が多いと思う。そこまでやらなくとも，売りに出される，それが食べられるのだ，の場を見られるだけでも分かると思う。〈条件つきで

反対〉
*自分が抵抗があるのに，それを児童・生徒に体験させても結論が出せない。〈反対〉
*ニワトリをうまく育てて観察するというだけでも，現代の子どもにとっては十分な刺激になる！最後に殺す必要はない！解体はニワトリがかわいそう。自然からは離れている子どもたちがいる。〈反対〉

② 「教育現場で実際に行われた同様の授業についてのビデオ視聴」における意思決定

　最近の学生は，自分にとっての身近な存在の人々の死はもちろん，犬や猫などのペットの死にも，実際に立ち会ったことが少ないかもしくはないという現状にある。その中で，ニワトリを家畜として，卵から育ててその命をいただくまでの過程を，VTRとはいえビジュアル的なものとして見ることは，よりリアルな現実として伝えられる。また，①の新聞記事や関連資料のように，結果として切り取られた部分の背景をも知ることにより，その結果にいたる過程を通して考えてもらうこともめざした。ここでは，①の段階の既成概念としての考え方に，大きなゆさぶりをかけられた価値判断による意思決定が一番あらわれると考えられる。

　その結果，自らの考えをよりマイナス方向またはプラス方向に変更する傾向がみられた。多くの学生が支持したマイナス方向への価値判断としては，「残酷さが印象的」「刺激が強すぎる」「他の授業方法があるかもしれない」などがあげられた。これは大学生と年齢も大きく変わらない高校生が，VTRの中でも，例年になくニワトリをペットとしてみる傾向が強かったこと，さらに最後の命を絶つ瞬間の慟哭の様子が描かれていたことにも由来すると思われる。しかし，命をいただくことを，この方法以外にも伝える方法があるだろうか，と新たな方向性を示した考え方には注目したい。

表15-2　②「教育現場で実際に行われた同様の授業についてのビデオ視聴」における意思決定とその判断の根拠となった考え方

賛成・どちらかというと賛成
*残酷かなとも思う。生徒にこの授業が「残酷なだけ」とならないようにすることが大切。命について考えて欲しい。学ぶ事は大きいが，他の授業方法もあるかもしれない。〈条件つきで賛成〉

＊自分が教師として行うだけの心構えが…。やはり残酷です。〈条件つきで賛成〉

どちらともいえない
＊生徒の反応（その場の感情に流されているだけで本当に理解している？）を見て，このやり方で命の大切さが生徒に伝わっているのかどうか分からなくなった。
＊生徒たちの反応を見て，特に素直な生徒たちには，衝撃や刺激が強すぎるのでないかと思う。
＊VTRの中の大声で泣きじゃくる生徒たちとニワトリの料理をみんなが残さず食べたことを見て，どちらが良いのか分からなくなった。先生が「子どもたちは私を悪魔のような目で見る」と言っていたのを聞いて，そこまでしてこの授業をするべきなのか，しかし授業の後の生徒の表情を見て分からなくなってしまった。

反対・どちらかというと反対
＊飼育と解体を同じ動物で一度に行ってしまうのはやはり残酷なので反対である。飼育のみで後はVTRで見るとか，逆に解体のみであるとか，愛着のわいたものを殺すのは残酷すぎる。VTRの中の泣きじゃくる生徒を見ると残酷すぎるのだと思った。簡単に「命の大切さ」ということで押しつけるのは良くないと思った。教師の立場で何のために行うのか説明しきれないからできない。〈条件つきで反対〉
＊高校生も泣き叫び，本当にショックを受けているようだ。その後の心のケアをもっとするべき。この授業では心のダメージができるだけで，命の大切さは教えられないのでは？〈条件つきで反対〉
＊汁を食べる前に先生が言った言葉は理にかなっていてもっともだと思ったが，私にはどうしても納得できなかった。生徒のいやがる姿とか泣いている姿から，何か別の方法で命の尊さを教えることができるのではないかと思った。〈反対〉

③「自らの考えの主張と他者の考えを聞く」における意思決定

　自らの考えを変えずより強い主張となった学生も若干いたが，多くの学生が賛成・反対にかかわらず，プラス方向へ変更する傾向が見られた。それは，他者の考えを自らが柔軟に受け入れ，自らの考えにゆさぶりをかけたためではないかと推察された。また，他者の考えに触れることで，自らの考えの確実性・不確実性を再確認することも，同時に行っているのではないかと思われた。経験の大切さを認めながらも，自らが行うということには自信が持てない気がするという考えも挙げられていた。さらに，教材そのものにしか意義を見いだそうとしていなかった学生が，たとえVTRであったとしても，②で実際の授業を疑似体験したことによって，子ども達の「心のケア」の必要性を挙げていたことは興味深かった。

表15-3 ③「自らの考えの主張と他者の考えを聞く」における意思決定と
その判断の根拠となった考え方

賛成・どちらかというと賛成

*命を食べることで生きている。他者に支えられて生きている。他者への思いやりをもって欲しい。〈賛成〉
*残酷ですが…。〈条件つきで賛成〉
*ニワトリ解体前後の生徒の気持ちを配慮することが大切である。前後の心のケアをしっかりするとよい。殺す＝残酷？〈条件つきで賛成〉

どちらともいえない

*賛成や反対の人の意見を聞き，どちらの意見も分かる部分があるし，ヒヨコからニワトリまで責任を持って育てることの意義 ⇔ 現在の分業という世の中のしくみという2つの理由によってどちらともいえないのである。
*命の大切さを教えるにはすごく良い題材なのかもしれない。しかし，自分は授業でこれを取り入れようとは思わないし，この授業はできない（かわいそう）。他に命の大切さを教えられるもっと良い方法はあるのか？
*ヒヨコから育てる是非はあるのかと思う。本当にこのやり方で，命の大切さが生徒に伝わっているのかどうか分からなくなった。

反対・どちらかというと反対

*経験という意味では大切かなとも思ったが，やっぱり自分だったら殺せないと思ってしまう。みんなの意見はとても分かるのですが…。私自身の中でつながっていないのだと思った。〈条件つきで反対〉
*命の尊さを教えるために殺すことはいらないと思う。死ぬと殺すは違う。食べ物のための殺すと，教材としての殺すでは話が違う。飼っているメダカが死んだ時にどう思うことでも，十分な死についての教育になるので。年齢ややり方に考慮が必要。〈条件つきで反対〉
*自分でできない，やりたくないというのが強い。賛成の意見を聞いていると，「まわりにある命をもらって食べている」のを分かることなど，分からないでもないことがあった。でも命の尊さということで，どこまで教えたいのか，そこまでする必要性があるのか疑問に思う。〈条件つきで反対〉

---

④「賛成・どちらともいえない・反対の3つの主張に分かれて教室ディベート」における意思決定

教室ディベートとは，本来のディベートと形式は似ているが，肯定派と否定派に分かれてルールに従って議論し，論理構築や論述，反対尋問の巧みさなどをもとに，最終的には審判団が勝敗を判定することなどはしない。ここでは，さまざまな立場に立ち，自らの考えや対極にある考え方をじっくり吟味することで，新たな価値観形成へと導いていくことをめざしている。

その結果，③よりもさらにプラス方向へ動く傾向が見られた。教室ディベートという形式の中で，批判的思考の難しさと大切さ，自らが実際に行っていないことの自信の欠如などが，特に自らの意思決定における価値判断に大きな影響を及ぼしていることが推察された。

表15-4 ④「賛成・どちらともいえない・反対の3つの主張に分かれて教室ディベート」における意思決定とその判断の根拠となった考え方

賛成・どちらかというと賛成
* 導入の仕方が重要。昔の人。の話を聞いたり，外国の話をビデオで見せるなどして，子どもに考えさせる時間が大切。あせらず生徒が納得した上で行う。〈賛成〉
* 何気なく口にするものにも命がある。大変だけどどうしても教えたい。〈賛成〉
* 賛成派の意見を聞き，「殺す」という言い方をするから悪いのであって，食べることを前提にして，命を知るためには良い授業なのかも…と思った。〈条件つきで賛成〉
* 生徒の精神的ケアはできているか？分業の行き届いた日本において，自分で育てた動物を食べるのは残酷である。〈条件つきで賛成〉

どちらともいえない
* 「食べ物と生き物についての一番良い授業である」について，ビデオやディベートを通し，とても効果的であると身にしみて分かった。その反面，影響力の大きいこの授業は，自分ではできないし，一歩引いてしまう自分がいるため，どちらともいえない。
* 頭では分かっていても，「殺す」という感覚が抜けないので嫌悪感がある。他に方法があるのではとも思うが，実際に行うのがいいのかも…。

反対・どちらかというと反対
* 学年やクラスなどによって絶対分かってくれる，という確信があるなら，つまり，やる価値が持てるならやってもいいと思うけど，私はやれないし，やりたくないし，別の方法でも分かることができると思った。昔の人のビデオやウルンを見せながらやるという意見もあったが，それだけで十分だと思った。経験・時間・雰囲気にもよる。〈条件つきで反対〉
* 実際にやるとなると厳しい。賛成の人は良い点しか見ていないのではないか。保護者の方々に説明を求められた時に，きちんと自分の確固たる理由を言うことができない。〈反対〉〈条件つきで反対〉

---

⑤「最終的な判断を下す」における意思決定

　最終的な価値判断の根拠となるキーワードとしては，「教材としての重要性」「教師として実践するための自信」「命の大切さは何を真の教育目標としているのか」「育てて食べる≠殺す」などが挙げられた。

最初の意思決定場面においては，その価値判断に由来するものに，自らがまさにこの実践の体験者であったならという側面からの考え方が多かったが，意思決定の過程を経ていく中で，その実践そのものが伝えようとしている本質とは何か，また教師として自分がこの実践を行うならどんな壁にぶつかるのか，命をいただくことは他にどのような形で子ども達に伝えるのかといった，価値判断そのものに深まりが見られ，「どちらともいえない」が少なくなり，「賛成」「反対」のいずれかに自らの意思決定が傾いていったことからも，それは，自らの意思決定の自信と確信へつながっているのではないかということが推察された。

表15-5 ⑤「最終的な判断を下す」における意思決定と
その判断の根拠となった考え方

賛成・どちらかというと賛成

* 反対の人たちの意見も理解はすることができるが，この授業を機に，"食べる・生きる"ことについて深く考えるようになればよいと思う。体験することによって，自分自身のものとしてとらえやすい。〈賛成〉
* 命の大切さ，命をもらって生きているということ，一人では生きられないということ，を感じてもらいたい。5年・10年後，やって良かったと生徒が思えることが大切。今だけでなく，子どもたちの未来を考えよう。〈賛成〉
* 残酷であるがゆえ，目をそむけたい，避けたい，子どもに動物を殺させたくない，動物を殺すような子どもになって欲しくない…確かにこのような門はくぐらなくても生活はできるが，自分たちが生きる中で，他から命をいただいている事をやはり知らなくてはならない。〈賛成〉
* 話を聞いていると，自分が教師の側でやれるか，やれないかというより，自分が生徒の立場でどのように感じるのかやってみたいと思った。その授業を行う前の指導（話し合いなど）をしっかりし，納得の上で行うのであれば，これは意味のあるものだと思う。〈条件つきで賛成〉
* 小学生にこの授業をやらせるのは，まだ未熟なので，自分の中で処理できないかもしれないという理由で反対である。しかし，高校生くらいになると，命を知るという意見で，大切な授業なのではないかと思う。これは，命について考えるきっかけになり，命の大切さを教えるには一番の授業であるし，命→リスクは仕方がないと思う。〈条件つきで賛成〉

どちらともいえない

* この授業はどんな授業よりも，子どもたちに大きな心に残るメッセージを伝えるほど影響力を持ち，素晴らしい授業ということは本当によく分かったが，現在の昔とは違う分業という世の中のしくみと，自分ではこの授業をできる自信がないという点から，どちらともいえない。

反対・どちらかというと反対

* 成功すると，とても子どもにとっても大人にとっても良い経験にはなると思うが，

実際にやるとなると、自分ができるのかどうか、これが命の大切さの授業になるのか、小学校では厳しい…などと引っかかる点が多い。〈条件つきで反対〉
＊様々な意見を聞いて、とても勉強になったし、なるほどなと思うこともたくさんあったが、私はやっぱりそこまでやらなくても、もっと別の方法で教えることができるのでは？という考えである。覆い隠す、つながらないなど、実際そうだと思うことがたくさんあった。昔の人は当たり前にやっていたかもしれないが、今はあたり前じゃない。ディベートを通しての意見交換でも、私自身は命の大切さを考える良い機会になった。だからディベートでもいいなと思った。〈反対〉

なお、意思決定場面ごとにおける学生の実践に対する考え方の変化については、図15-1に示した通りである。

ここでまず注目したいのは、②ビデオ視聴後におけるマイナス方向への考え方の大きな変化である。既存の価値観に基づく自らの考え方では、①新聞記事に見られるように、考え方もほぼ均等に分かれていたが、たとえ実際に自らが行わなくとも、高校生が体験するという状況を、ビデオを通してではあるが疑似体験することによって、当初の無機質な事実が、感情を揺れ動かす事実として、学生に伝わった結果ではないかと考えられる。またマイナス方向として変化したのは、ビデオでのテーマの取り上げられ方に大きく左右されたものと思われる。

しかしその考え方も、その後の③自分と他者の考えや、④教室ディベートを通して最終判断に至る過程で、プラス方向へと変化していった。自らの考えの主張を行ったり他者の考えを聞いたり、ある考えに至ったその根拠を自らが追究していくことで、自らのあいまいな価値観にゆらぎが生じ、その上で再構築が行われたからであると思われる。さらに、ビデオ視聴直後は、体験そのものにしか目のいっていなかった学生が、その後の意思決定場面において、その裏側にある重要な意味やさまざまな条件下における多様な価値観を、汲み取ろうとしていることもその要因であったと思われる。

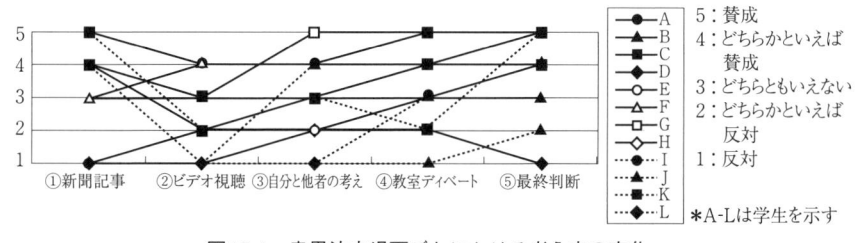

図15-1 意思決定場面ごとにおける考え方の変化

4．まとめ

　今回取り扱った「ニワトリを育てて食べる」ということや動物の命をいただくことは，世界では今日でも日常であり，生きていくために不可欠という現実という国もある。しかし，わが国においては，文化の違いや時代の移り変わりによって，食の生産者と消費者との距離は遠くなる中で，私達は命を絶つ瞬間には一切立ち会わなくとも，パックに入った新鮮なお肉を手に入れることができる。その便利さと引きかえに，食べ物への慈しみや命をささげてくれたことへの感謝，さらにはいただくという本来の意味が薄れてきてしまった。どのようにすれば，食の大切さや重要さが，また，命をいただくことによって私達が生きているという現実を伝えられるのか，家庭科教師として，常に授業において子ども達と深い学びの共有をめざしていくことに今後も期待したい。

　基礎・基本的な教育内容が中心となった現行学習指導要領のもと，授業時間数も削減される中で，何をどこまで教育現場で教えるべきなのかは，さらに今後も検討および精選が必要である。特に今回取り上げたテーマのようなオープンエンド的な授業展開は，何をゴールとするのか議論が分かれるところもあり，そこまで追究する必要はないという考えもあるかもしれない。しかし，多様な価値観の中で，バーチャルな知識先行の社会で生きている子ども達だからこそ，自らの行動・行為の裏側にある，深くて強いつながりやかかわりについて考え，確かな価値観の構築・再構成は不可欠なのである。また最終的に，子ども達をそこまで導いていけるかは，指導する家庭科教師の力量にかかっているところもあり，教師自身の価値観や授業観が大きな影響を及ぼすとも考えられる。だからこそ，学びの深化をめざした家庭科教師教育について，今後もさらなる検討を行っていきたい。

【引用・参考文献】
1）村井淳志『「いのち」を食べる私たち』教育史料出版会　2001
2）武藤八重子・松岡博厚・鶴田敦子『消費者教育を導入した家庭科の授業』家政教育社　1992
3）山上善久『そだててあそぼう[20]ニワトリの絵本』農山漁村文化協会　2000
4）小泉和子『和食の力』平凡社　2003

資料15-1

「ニワトリ育て食べる」授業中止

「残酷」父母ら反対
秋田の小学校　児童も賛否

鶏を飼育したあと、食肉として処分、その肉で子どもがカレーを作って食べる——。秋田県雄物川町の雄物川北小学校で5年生のクラスが、こんな授業を進めた。「残酷だ」と保護者から反対の声があがり、解体、調理を目前にした13日、中止になった。「食と命の尊さを教えたかった」と担任、地元では、子どもたちも含め賛否両論がある。

同校によると、担任の女性教諭(33)は6月、食用鶏の「比内鶏」6羽を飼育。1羽が死んだが、5羽は成長した。13日は廃鶏高校で、子どもの目前で解体処理し、学校に持ち帰ってカレーとしてもらった。子どもには当初から飼育し、解体して食べることを説明。保護者にも授業を伝えた。

ところが、直前になって一部の保護者から、批判的な声が県南教育事務所などに匿名で届いた。一部の保護者は「自分が子どものころは、さばいて食べるのは、ふつうだった」。一つの勉強ではないか」。町教育委員会もストップをかけた。同小の校

長らは新学習指導要領で導入される「総合的な学習の時間」(総合学習)を先取りして取り組んだ。テーマ選びは学校側に任されている。子どもたちは、校内で

田紀子校長は「保護者との意見交換が不十分だった。ただ今回のことに関してマイナスではなく、いいチャレンジだったと思う」と話した。担任は「反対なら声を出してもらって一緒に考えたかった」と残念がる。

ある保護者は「愛情あって育てたニワトリなので食べ

殺された命を絶ち、食するとを教えることの内容はは、良いとしても、手段が間違っている」と批判。別の保護者の声は「自分で食べるのは、さばいて食べる。一生懸命育てたからといって、最初から食べるために飼ったニワトリなので食べる。

に意見を聞き、学級通信で紹介した。賛否は分かれていた。
●かわいそうだけど、殺さなきゃ、食べられない。
●生き物にはかわいそうだけど、生きるために必要。育てて食べるのは必要。
●人間は生きていくに、別の生き物を食べなくては生きていけない。

朝日新聞・朝刊
2001(平成13)年11月13日(火)

資料15-2

ニワトリを解体処理する海内千里さん(右) 調理

解体、異臭…内臓「温かい」

命を奪って知る大切さ

三羽は調理室に運ばれ、ほかの院生や学生も加わり解体と調理が進められた。最初は、さっとゆでて一気に羽をむしる。言いようのない異臭に、学生たちは顔をしかめた。次に包丁を使って気道や腸、心臓などを取り出していく。砂肝を手にした女子学生は「あっ、にぎやかだった」と漏らした。

広場でかたずをのんだ学生たちも、この段階に入ると、にぎやかだった。四時間後にはシチューや空揚げ、焼き鳥などが出来上がった。「おいしい」。料理を囲んだ学生らの声が弾んだ。

村井助教授は「現代の子どもは死から隔離されている」と言う。象徴的なのは、病院のベッドで死を迎える人が増え、家庭で飼われるニワトリが減ったことだ。

小学校の教師を目指す海内さんは、その肉を口にすることも含めて、ニワトリにいとおしさを感じた。「以前は残酷に思っていたけど、自分に力が付きたけど、自分に力が付いていたら、やってみたいなり、村井助教授は「ほれだした。「生きるって話し、生と死を自然にかの生き物の命を奪ってすごいんだな」と思った。

生きていると頭では分かっていても、感覚としてついては日がたってから考えるもの」と、まだ距離を置いている。一方で中学社会科教師を志望する山本さんは「生と死に付いていけない」と指摘する。

リを食べるものの、死に一度も立ち会わなくなり、村井助教授は「ほとんど話し、生と死を自然に伝えさせる手法として受け取った。

研究者を志す加瀬さんは、率直に振り返る。「命を奪うことに過剰な反応を示してきたが、食べること自体は、むしろ自然だった」。その中で消費される側の命が積み重ねられていることを実感できた」

「命は大切」と、口にするのはたやすい。今回の経験を、どう受け止めていくか。三人は、それぞれの答えを見いだそうとしている。

「前回のビデオを見ていたので何も考えなかった」とは、最後になった大学院修士一年の山本哲徳さん(三)。ニワトリの体温が少しずつ下がるのを肌で感じた。

でいるようで、無意識に顔をなでた。すると、暴れだした。「生きるって、すごいんだな」と思った。

中日新聞・朝刊
2001（平成13）年11月13日（火）

生と死 どう考える

ニワトリ殺し食べる教師の卵たちが挑戦

金沢大

金沢大で、教育を学ぶ学生たちが、ある実習に臨んだ。「ニワトリを殺して食べる」――。腰を引きそうなテーマにあえて取り組んだ教師の卵たちは、自らの行為から生と死に思いをめぐらせた。（北陸本社報道部・後藤隆行）

スタート

村井淳志助教授（右）の指導で実習に取り組む加瀬正太郎さん＝金沢市角間町の金沢大で

試食

出来上がった料理を食べる学生たち。笑顔もこぼれる

今月初め、キャンパスの隅にある芝生広場。三羽のブロイラーがたたずみ、その周りに約三十人の学生や教官が次々と集まった。

「では、これから始めます」。大学院修士一年の加瀬正太郎さん（二六）が音頭を取った。

「ニワトリを殺して食べる」という実習には、命の意味を考える目的がある。約二十年前に東京の小学校で実践され、教育学部の村井淳志助教授（社会科教育）が、ずっと注目してきた。昨年のゼミで初めてやってみると学生の関心は高く、今年は加瀬さんら三人が進んで志願した。ニワトリは朝、一羽千五百円で買い付けてきた。

加瀬さんは、竹ざおにくくった縄でニワトリの両足を縛り、逆さにつるした。頭部をぎこちなく押さえると、折り畳み式ナイフで、頸（けい）動脈を刺した。「思ったより、あっさりできた」と言うが、その瞬間の表情はこわばっていた。

二番手は、さっきまでニワトリをいつくしむようになでていた学部四年の海内千里さん（二二）。血抜きを終えるまで五分かかり、自分の手に血が付いた。「途中で手放したくなった」。ピクピク動く姿が苦しん

苦しむ姿に『生きるってすごい』

資料15-3

鶏飼育・処分授業を中止

「命」教える難しさ

昔は家でさばいた／心のケア理念欠く
父母も評価分かれる
リアルな生死と隔離でいびつに

児童が育てた鶏を、児童の目の前で解体し、食材にする――。雄物川町立雄物川北小が12日に中止を決めた試みは、児童や保護者、教育関係者らに様々な波紋を投げ掛けた。

雄物川北小で飼育されている鶏＝雄物川町沼

父母の間でも、評価は割れた。

ある男児の母親は「目でもらいろ話し合っていた。一方、授業に反対した父親は「この授業は単に生物学的営みを学ばせるだけで、子供たちへの『心のケア』の理念がない。うちの子供は『嫌だ』と反対している」と批判する。

別の男児の父親は「自分が子供の時、わが家で育てたから情がわくのも分かるが、こういう授業を通していて食べるのは普通だった」と話した。

女児の父親は「授業は良い試み。ペットのように飼ってしまったのが問題ではないか」と授業の狙いに賛意を示した。

とにかく、子供たちの解体を見せるのも、一つの勉強」と授業の狙いに賛意を示した。「イヌやネコならいざ知らず、さばいて食べるのは普通だっ た」と話した。

教委に連絡し、橋本尚志教育長（70）が急きょ小学校に授業の取りやめを求める電話をかけた。同事務所はファクスで授業概要などを記した教委に12日朝、授業概要などを記したファクスが届いた。同事務所は「それぞれの家庭の中でならともかく、クラスで一斉にとめるのはおかしい。『昔は自分たちもやっていたから』というのは、教育上の効果とは違う」と話した。クラスで反対していたという女児の母親は「長い間育ててきたのだからかわいそうだし、最初から『食』ことを前提として生

き物を飼うのと同じことは、町の基本的には進められていくのでは」と、ふえ

もとかく、まだ学年も低いし、中止となってほっとしている」と語った。

ある女児の祖母は「昔はさばくために鶏を飼っていたのは普通だった。ただ今はいろいろと子供が絡んだ事件が起きているので、あまりこういう授業はよくないかもしれませんね」と困惑気味に話した。

うちの子供は育てた動物を殺すのとでは訳が違うだろう」と困惑した様子で語った。

県教委は「県としてはコメントする立場にはない」とした。

しかし、児童がその肉を実行されれば、児童の心にトラウマ（精神的外傷）を残し、影響は計り知れない。果物を育てて食べるのと、育てた動物を殺すのとでは訳が違う」

授業の趣旨は評価すべき面があるとしても「もし実行されれば、児童の心にトラウマ（精神的外傷）を残し、影響は計り知れない。

「いのち」を食べる私たち―ニワトリを殺して食べる授業『死』からの隔離を解く』を出版した村井淳志・金沢大学教育学部助教授の話

子どもたちが生や死のリアルな現場から過度に隔

「生きていく上必要と思った」
担任教諭

この問題で、担任教諭は、6月の授業参観の際に保護者に計画を説明、その後の学級通信で目的やの友達たちとクラスの様子を伝えている。中止になった点については「ペットとしてのかわいい生き物もある一方で、食べられる命もある」などと語った。

「生きていく上で必要だということを知ってもらいたかった。これまでの学習で子どもたちはこの子どもなら、100羽の鶏がその子に埋め込まれている。鶏の死を一度も身近に経験しないことが異様だ。鶏の解体が突然ではなく、残酷な殺し方でなければ、子どもにショックを残すことはないはずだ。子どもが参加いやだ、基本的には自由で構わないと思う。

って命の感覚がいびつになっている。年間15億羽の鶏が消費されており月に1羽、概算だが10歳の子どもなら、100羽の

朝日新聞・朝刊
2001（平成13）年11月13日（火）

第Ⅳ部　家庭科の授業実践から

第16章
食生活実践力を育む授業づくり
――小学校「1食分の食事をととのえよう」の実践から――

西　敦子

1．授業の構想

　かつて，家庭の食卓を準備し家族の食事や健康管理に心を配るのは主婦の役目であり，母親がその役を担うことが多かった。「好き嫌いをしないこと」「どの食べ物がどんな成長や病気の予防に役立つか」「調理の仕方」「行儀よく食べること」などの食行為にかかわる知恵や長い歴史の中で育まれてきた食文化も，家族が食卓を囲み食事をする中で，主婦を中心に大人から子どもへと家庭の中で伝えられてきたように思う。現在の食生活状況では，失われつつある光景といえよう。

　飽食の時代である今，私達はいろいろな食べ物を簡単に手に入れることができるようになった。深夜まで営業するコンビニも数多く，お金さえ払えば食べたいときに食べたいものを食べたいだけ口にすることができる。小さな子ども達がコンビニを利用する姿も珍しくはない。一人ひとりの生活リズムも多様になって，家族がそろって食事をする機会は自然と減り，家庭で食事について学ぶことが少なくなってしまった。

　こうした現実であるから，子どもが自分の力で食べ物を選び，健康な食生活

をととのえていく力を身につけることが早急に求められているのである。何をどれだけ食べればよいのか，食べることと自分の身体がどう関係しているのか，子ども達にもっと関心をもってほしい。家庭の教育力の低下が叫ばれる今，学校教育に寄せられる期待は大きいと考える。

(1) 題材「1食分の食事をととのえよう」の内容編成

これまでの栄養学習は，小・中・高等学校を通じて，次のような内容および手順で編成されている。

まず，栄養バランスを評価する際に最も基準となるのが，栄養所要量である。栄養所要量とは，健康な生活を営むために，毎日どの栄養素をどれだけとったらよいかという栄養成分の標準量を，年齢，性，活動強度の違いなどに応じて示したものである。しかしながら，我々が食べたものの栄養量についてどれだけ過不足があるか，栄養所要量と照らし合わせて検討することは，専門的な知識をもたない者にとっては大変な困難である。なぜなら，食品に含まれる栄養素とその分量は，食品を見ただけではわからないからである。そこで，栄養評価を容易に行うために栄養所要量を基準として作成されたのが，食品群別摂取量の目安である。これは，食品を10の食品群に分類し，どの食品群に属する食品を何gとればよいかを示したもので，摂取した食品群とその重量さえわかれば，栄養バランスを評価できる仕組みになっている。

小学校段階ではこの10の食品群を統合して，6つの基礎食品群（炭水化物を多く含む食品，脂肪を多く含む食品，たんぱく質を多く含む食品，無機質を多く含む食品，カロチンを多く含む食品，ビタミンCを多く含む食品）とし，分量に関係なく，6つの食品群に偏りなく分類されれば，概ねバランスのよい食事と評価される。2002（平成14）年度からは，栄養素の働きに応じてさらに統合され，3つの食品群に分けられればよいこととなっている。

こうした資料を用いながら，家庭科では，バランスのよい1食分の食事がどのようなものであるかを理解させるとともに，健康な食生活を送る能力の育成をめざして，食にかかわる指導を行ってきた。しかし，子どもを取り巻く食状況の著しい変化や，それに伴う個（孤）食化や欠食・過食，生活習慣病の罹患率の増加などの問題が顕在化しており，栄養学習のあり方の再検討を求められている。

(2) これまでの家庭科授業実践（問題の所在）

従来よりなされている一般的な栄養指導はどのようであるか。

教科書や実践事例の分析から推察すると，これまでの学習では，料理に入っていた食品をすべて書き出し，それぞれの食品が体の中でどのように働くか3つに分類（黄の食品，赤の食品，緑の食品）しながら，入っていた食品の数だけ色をぬるとか，それらの食品が6つの基礎食品群のどこに入るか○を付け，○の位置と数によって栄養評価をするという方法がとられていることがわかった。こうした手法を用いると，「食品の栄養的価値がわかる」とか「食品を食品群に分類する」「○の数を確認してそこに示した献立の栄養バランスを評価する」という分析の能力は育成されるであろう。しかし，もし，それらのおかずの一品を食べられないとしたら代わりに何を食べればよいかとか，ごはんを茶碗に半分しか食べない時はどうなるのかといった，現実場面において応用的に対処する能力は期待できない。○の数を合わせた献立はできても，それは単なる机上の操作にとどまり，現実世界における行為に結びつきにくいと考えられる。科学的な認識が形成されればそれは即実践に結びつくと考えた結果が，このような指導を繰り返させているのではないか。科学知を獲得しても，それを実践で使えるような手立てをしなければ，生活実践力の育成につながらないというのが，筆者の意見である。

(3) 授業改善の視点

これまでの栄養学習における問題を解決するために，次のような視点で授業改善を試みる。

本題材での栄養学習は，料理に含まれる食品を抽出し食品ごとの栄養素を分析して栄養の過不足を調整するのではなく，1回に食べる1皿の料理の栄養量（充足度）を認識する方法をとる。その料理1皿を食べると，必要な栄養量がどれだけとれたことになるかを認識させ，その後料理の組み合わせを考えさせるというものである。このような思考過程を教材を用いて操作し，繰り返すことによって思考スキルを獲得し，栄養バランスを考えて料理を選ぶ能力が育成されると考えた。つまり，子ども自身が1食分の料理の栄養バランスを考えて選択し，自分の食事をととのえることができる生活実践力を育成することをめざす。

資料16-1　料理カードの例（表）　　資料16-2　料理カードの例（裏）

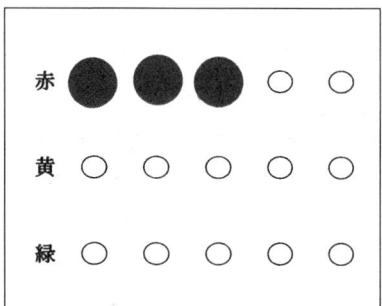

チキンケチャップ

　教材は，中村喜久江氏の開発した料理カードを基本に，小学生用に作成して用いた。

　カードの表には，児童が給食で繰り返し食べている料理の写真を貼り，裏面にはその料理に含まれる栄養量を赤，黄，緑の食品群のシールで示した。

　本校の給食は，広島市学校給食会の示す栄養量に基づいて本校独自の献立を作成し実施している。それによると，9～11歳の児童が1食に必要な食品は，赤の食品群から77.5g，黄の食品群から131g，緑の食品群から131gである。これをシール5つ分とすると，赤のシール1つは15.5g，黄は26.2g，緑は26.2gということになる。料理に使われている食材を3つの食品群に分けてそれぞれ分量を計算し，シールの数に換算してカードに貼り付けた。同色のシールが5つそろえば，その色の1食分の栄養がとれたことになる。

　使い方は，まずシールの数を予想して1皿の料理を選ばせる。1皿の栄養が認識できるようになったところで，料理の組み合わせについて考えさせる。児童はカードを何枚か選び出した後，カードを裏返してシールの数を合計し，自分の選んだ献立の栄養バランスを診断したりカードを交換して適切な献立に作りかえたりするという仕組みである。

　題材構成は以下のように考えた。

第1時　食品が含む栄養とその働きを知る。

　栄養バランスのよい食事をとる必要性について考えるとともに，バランスよく食べるためには，食品に含まれる栄養について知ることが前提となることに気づ

かせる。食品シールを用いて，食品を赤，黄，緑の3群に分類できるようにさせる。

> 第2，3時　給食で食べる料理の栄養量を認識する。

料理カードを用い，給食で食べている料理の栄養量を認識させるとともに，給食は栄養バランスのよい食事モデルであることを確認する。料理を組み合わせるときの考え方は，主食，主菜，副菜という日本型食事の様式を示して，給食と子どもの日常的な食事とのつながりを意識させる。また，操作活動に慣れさせ，料理とシールを同時認識を促す。

> 第4時　新しい食事パターン作り。

料理カードを自由に操作し，何枚かを組み合わせて1食分の食事をととのえていく。操作活動を繰り返した結果として，食事のととのえ方のポイントがまとめられるようにする。

2．児童の実態

児童の実態を知るために，プレテスト行った。内容は，1皿ずつに盛りつけた料理の写真24枚の中から，昼食1食分を組み合わせて選ぶものである。

選んだ料理の数は，少ない児童で3皿，多い児童で6皿であった。選んだ理由を問うたところ，78名中68名は選んだ料理が3群を満たしていた。また，41名が「栄養バランス」に留意したと回答した。このことから，日常知によってバランスのよい食事モデルのイメージはとらえているものの，栄養を意識して食事を選ぼうとしている児童は約半数であると推察された。分量については，適量を回答したものは37名で，36名が多すぎたことから，栄養量についての知識が不十分であると推察された。

3. 授　業

(1) 題　材　　１食分の食事をととのえよう
(2) 日　時　　2003（平成15）年１月～２月
(3) 対　象　　広島大学附属小学校5年生78名
(4) 指導目標
　○日常の食事に関心をもち，分量や栄養のバランスを考えて食事をしようとする。
　○料理の栄養の充足度を推測し，１食分の食事をととのえることができる。
　○食事の際に，栄養的に足りないものを補うことができる。
　○食品の栄養的な特徴を知り，体内での主な働きによって３つの食品群に分類することができるとともに，栄養のバランスを考えて食事をすることの大切さがわかる。
(5) 指導計画
　１食分の食事をととのえよう（全４時間）
　　・バランスよく食べよう ……………………………………………… ３時間
　　・１食分の食事をととのえよう ……………………………………… １時間
(6) 学習過程（２時間目）

表16-1　指導展開

＜目標＞・1皿分の料理を見て，栄養の充足度（シールの数）を推測することができる。
　　　　・栄養のバランスを考えた1食分の料理の取り合わせを考えることができる。

学習活動	指導の意図と手だて	評価の観点
1　本時の学習課題を確認する。	○栄養バランスのよい食事をととのえるために，何をどれだけ食べればよいか，見通しをもった学習をさせる。	○課題を把握したか。
2　既知の料理の栄養充足度をシールの色と数に対応させる。	○1皿分の料理を示したカードを用いて，料理の栄養充足度をシールの個数でとらえさせる。 ○給食は最も身近な栄養バランスのよい食事モデルであるため，給食メニューを基に料理カードを作成しておく。 ○初めに赤のシールが多い料理を認識させ，同じ赤シールが多い料理を推測させる活動を繰り返す。ついで黄，緑も同様に繰り返し，1皿の料理，分量，栄養充足度を同時に認識させる。 ○食事は主食，主菜，副菜の組み合わせからなり，シールの色と関係があることをつかませる。	○料理カードに関心を示しているか。 ○料理カードの使い方がわかったか。 ○シールの数を予測して料理を選ぼうとしているか。
3　栄養バランスのよい食事について話し合う。	○赤，黄，緑の3色のシールが同じ数になるように選ぶと，栄養バランスがよいことに気づかせる。 ○いろいろな組み合わせを考えることにより，代替えの料理を想起する力を養う。	○栄養バランスを考えて料理を組み合わせているか。
4　1食分の分量について話し合う。	○給食の分量を確認することにより，適当な1食分の分量をとらえさせた上で，シールの数との関係を認識させる。 　　3つ………少し足りない 　　4～5つ……ちょうどよい 　　6つ…………少し多い	○1食分として適当な料理，分量，シールの数がわかったか。
5　次時への課題をもつ。	○わかったことや疑問に思うこと，次の時間に確かめたいことなどを記述させる。	○わかったことを自覚しているか。 ○次時への課題がもてたか。

4．結果と考察

(1) 授業後の感想

2時間目の授業後には，次のような記述がみられた。いずれも，料理カードの操作に興味を示すとともに，栄養バランスのよい食事を摂ることに意欲的であ

る。野菜が予想以上に摂取しにくく，不足がちである問題点も，多くの児童に意識づけられた。

> 栄養は多すぎても少なすぎてもいけなくて，栄養もバランスよく含んでいることが大事だとわかった。私がいつも食べ合わせているものは，栄養のバランスが本当はよくなかったということもわかった。おいしさだけでなく，バランスのよい食事を気をつけるのは大切だとわかった。（A子）

> バランスのよい食事というのは，赤と黄と緑のシールがバランスを左右するのだとわかった。そして，赤のシールのもの（肉や魚）は全部主菜だと思っていたけれど，副菜にもなるんだなあと思った。私は，カードを組み合わせて1食分を作ってみたかったけど，意外に緑（野菜）をとりにくいということを感じた。（S子）

> シールの数によって食事のバランスがとれることがわかった。次の時間は，自分たちでそのことを考えながら食事を考えたい。自分が思ったシールの数より多かったり少なかったりしてびっくりした。（T男）

(2) プレテストとポストテストの比較

ポストテストは，プレテストと同じものを授業8週間後に行った。

表16-2 プレテストとポストテストの比較（調査対象：78名）

		プレテスト	ポストテスト
栄養バランスに留意した記述あり		41名（52％）	73名（94％）
3つの食品群から摂取できている		68名（87％）	78名（100％）
分量	少し多い	36名（46％）	20名（26％）
	適当	37名（47％）	57名（73％）
	少し足りない	2名（ 2％）	1名（ 1％）

授業前に比べ，授業後はいずれの児童も栄養バランスについての意識は非常に高まったといえる。料理を選択した理由に栄養のバランスについての記述がみられない児童が5名みられるが，5名とも1食分の取り合わせはよく，栄養的にバランスのよい料理を選択できている。

しかしながら，分量については，児童は1食では食べきれない多くの料理を

選択する傾向にある。その最も大きな理由として，テストに用いた料理が給食以外の写真であったため，1皿の分量についての把握が困難であったと考えられる。

(3) I男の変容

　プレテストで選んだ料理について，栄養バランスについての記述がなく，かつ3群を満たさなかった児童は6名みられた。そのうちI男について変容を追った。授業前のI男は嗜好を中心に料理を選んでいたが，授業後は，料理を選択する際に1皿ずつシールの数を予想して，栄養のバランスを第一に考えたことが推察される。

資料16-3　プレテスト　　　　　　資料16-4　ポストテスト

(4) まとめ

　児童の料理カードに対する興味は高く，カード操作には非常に積極的であった。また，2時間目に初めて料理カードを手にして操作したが，カードの意味や操作の仕方については，1時間の授業で十分習得できたと感じた。カードの使い方のルールを児童はよく守り，写真を見ながらシールの数を予想していった。こ

のことは授業の初めに行った赤3つ,黄3つ,緑3つの料理を探させ,料理とシールの色・数の関係を同時に認識させる活動が有効に働いたためと推察される。3時間目の授業ではすでにほとんどの子どもがシールの数を言い当てることができていたし,4時間目に教師が提示した新しい料理カードについても,ほぼ正しくシールの数を言い当てられた。これらのことから,本題材で用いた料理カードが栄養学習の教材として適当であったことが示唆された。

今後の学習では,カードがなくても栄養量の概量が判断できるレベルにまで到達し,実生活の場面で栄養バランスのよい料理を選んで食事をするという実践力に高めるために,機会あるごとにカードを使った活動やゲームなどを取り入れて,螺旋的な学習を行うことが望まれる。

第17章
家庭科授業の再考察
―― 中学校「1時間で行う調理実習」を通して ――

住田　佳奈美

1．1時間の実習

　現行中学校学習指導要領において1,2年時は週に技術系列1時間,家庭系列1時間の履修形態である。しかし,調理実習だけは2時間続きで実施する学校がほとんどである。現在の教育課程では,その時間を確保することはなかなか困難であり,「前時の説明が不徹底で定着しにくい」「クラスごとの進度の差が生じやすい」などの問題点が出てくる。筆者はこのような実習時間の削減の流れを予測し,数年前から調理実習そのものを見直し,1時間でできないかという研究を進めてきている。以下,どうのようにして現在まで至ったのかについて述べ,これからの課題について考察を進めたい。

2．実習の見直しと考察

(1) 実習題材について
　研究に着手した当初は,「時間が2時間から1時間に減少する」という条件が

すべてを決定する大きな要因ととらえた。実習時間が減少するということは，「簡単なものしか作れない」ということであり，簡単＝「おやつ」という図式が頭にできあがった。そこで，まずは実習題材を「おやつ」に設定した。

ところが，「おやつ」は簡単にできあがらなかった。「わらびもち」「ホットビスケット」「ホットケーキ」など試してみたが，時間内に終了しないことが多かったのである。

(2) 見えてきた問題点

なぜ終了しないのか，題材の設定のみから追究することには限界があるように思われた。そこで今度は，実習中の生徒の動きに着目することにした。するとそこには「説明したことを何度も聞く」「実習中その場に立って見ているだけの生徒がいる」などの問題点が見えてきた。これらの問題は実習題材の設定にあるのではない。そこで，これらの問題点について考察を進めた。

1)「説明したことを何度も聞く」

これは，調理実習の流れにどんな影響を及ぼすのであろうか。質問をするたび，解答が得られるまで作業の流れが止まってしまう。質問の回数が増せば増すほど，作業はコマ切れになる。これは時間の無駄である。また，前時に十分説明したことを質問されてしまう，これは説明が理解されていないという事実を物語っている。

質問が出ないようにするにはどうしたらよいであろうか。まず，説明をいかに定着させるか，この課題を考えた。どんなに丁寧に説明されてもそれが何日も前に聞かされたことであれば忘れてしまう。そこで実習直前に説明を行ってみた。ところが，またここで問題が生じた。調理室で実習材料を前に長々説明をしても，早く作りたい気持ちを生徒は抱いており，かえって聞けない状態を生み出す結果に終わってしまった。

この問題は，説明の全面見直しを迫られた。前時の説明とはいったい何をしてきたのであろうか。おもに「作り方」である。その日の調理作業を初めから終わりまで言う，それを説明と称していた。これを聞いておけば，頭でまず理解して，実習がスムーズに行われるはずだった。しかし，実際，生徒は机上のプリン

トを読みながら作業を行っている。説明を聞いていれば，プリントに頼らなくても実習が進むはずだったが，現実はそれとは大きく違っていた。

そこで，直前の説明をやめる方向で考察を進めてみた。生徒側の実態を明確にしてみると「家庭での調理経験がほとんどない」といえる。経験が乏しい生徒達は，一度説明を聞いたくらいでは，何をどうしたらよいのかまったくわからないのではないだろうか。では，その生徒達でも動けるようにするためにはどうしたらよいだろうか。狙いをしぼり，「経験がなくてもわかる」プリント作りを行った。ポイントは以下の通りである。

① 調理作業はすべて箇条書きにし，1番から始まる通し番号にする
② 1つの番号には1つの作業しか書かない（例 じゃがいもは短冊切りにし，水につける→1. じゃがいもの皮をむく 2.1を短冊切りにする 3. ボールに水を3分の2入れる 4.3にじゃがいもを全部入れる）
③ できるだけ具体的に指示する（例 肉を油でいためる→1. フライパンを用意する 2. サラダ油を大さじ1入れる 3. 強火にかける 4. 肉を全部入れる 5.30秒いためる）
④ ここまで書くのかというくらい丁寧に書く（例 ほうれん草をゆでる→1. 両手ナベを用意する 2. 水をナベの3分の2ほど入れる 3. 強火にかける 4. 沸騰するまで待つ 5. 塩をひとつまみ入れる 6. ほうれん草を全部入れる。お湯を沸かすようにと言われても経験不足の生徒にはどのくらいお湯を沸かせばよいのかわからない）

この取り組みの結果，作業中の質問はなくなり，さらには，まったく前時に説明をしなくとも，当日に見せられたプリントで混乱なく作業が流れるようになった。

2)「実習中，その場に立って見ているだけの生徒がいる」

この問題を考察するにあたり，それまで事前準備の実態を述べる。実習当日朝，材料係に各班ごとの材料を計量させ，予め調理台にその日使用する調理用具をすべて用意させていた。作ることに集中するためには，できるだけその他の雑事を事前にやっておく必要があると考えていた。しかし，これだけ用意しても生徒の動きは決して速くはならず，見ているだけの生徒を生み出してしまってい

た。これはいったいどういうことであろうか。観察してみると，決してやる気がないのではなく，何をどう動いたらよいのかわからない様相を呈していた。

そこで，あえてたくさんの作業を残してみた。材料は示範台の上に各班ごとに仕分けなどせず置き，調理器具も同様に事前の準備をやめ，必要に応じ自分たちで取りに行くようにした。何をしてよいかわからない生徒は「材料を取りに行く」「調理器具を準備する」「食器を運んでくる」などの作業で実習に参加できるようにした。

3．授業の構築

(1) 実習に至るまでの授業の構築

実習を開始するためにどのような授業を展開したらよいのであろうか。生徒の気持ちを高める働きかけはどのようにしたらよいのか考えた。

1) 意識を高める働きかけ

生徒の多くが体験してきた小学校での調理実習は，2時間続きの実習であり，材料を自分たちで購入するところから始まり，1食分の献立というよりは「会食」を主旨とするものが多い。実習に対し「お楽しみ」的感覚を持つ生徒達にまず実習は「50分でしか行わない」と明言する。「たとえ4時間目の授業であっても昼休みには絶対くいこまない」とも言う。「時間内にすべて終了すれば次回も実習を行うが，もしできなければ学級会を行い，なぜできないのかについて徹底的に話し合ってもらう」このような言葉も効果的である。さらには「今まで失敗した学年はない」「この実習はあまり他校ではなされていない」「神戸市1番，日本で1番の実習である」など，ことあるごとに言い続けることも必要である。

2) 流れを明確にする

50分で何をどうしたら終了なのか，これを生徒に認識させる。プリントを用意し，記入させながら説明を行う。

実習の流れ

① 説明を聞く（3分以内）
　　↓
② 班ごとの作戦会議（1分）
　　↓
③ 作る
　　↓
④ 食べる
　　↓
⑤ 片づける
　　↓
⑥ 床をみがく（残り8分で開始するのが望ましい）
　　↓
⑦アンケート記入（残り5分で開始するのが望ましい）

①「説明を聞く」……調理室での長々とした説明は難しいので、その日の実習のうち、どうしてもここだけは聞いてほしいことのみしゃべる。例えば、缶詰を用いる実習の場合、「生ゴミの中にカンを捨てず、必ず先生に返すこと」や名前を聞いただけでは理解できない調味料（ナツメグ、片栗粉など）を提示する。

②「作戦会議」……前もって説明することをやめるのと同時に、係分担もやめた。係を決めると自分の係以外の作業をしなくなる傾向がある。手の空いたものが、自分で作業を見つけて行えるようになるためには、係は決めないほうが良い。では、この作戦会議とはなにか。それは、「はじめ」と言われた時それぞれがまずなにをするのかだけを決める話し合いである。回を重ねるとこの会議の必要はなくなってくる。

④「食べる」……これに関しては、早くできあがった班から班全員そろっていただきますをする。他の班が全部でき上がるまで待つ必要はない。

⑦「アンケート記入」……最後に簡単なアンケートに答えさせる。質問項目は「今日うまくいったとあなたが思ったことは何ですか」「今日うまくいかなかったとあなたが思ったことは何ですか」などである。時にはアンケートまで書けない班もあるが、たいていは記入して帰ることができる。

3）約束事
1時間の流がわかったところで約束事を徹底する。
① 「前の時間が終わったら，すぐに調理室に来る」……これを徹底させれば開始を始業より前にでき，時間を稼ぐことができる。
② 「先生に質問しない」……その場にいれば，生徒はつい頼りたくなるものであるが，前記したように質問は全体の流れをまったく止めてしまう。ゆえに「班で少々のピンチは助け合うこと」「調味料が前の示範台に置いてなければ，どこかの班に持ち出されているのだから，声をかけて借りなさい」「ただし，命にかかわる緊急事態の時にはすぐに呼ぶこと」この違いをはっきりさせておけば，生徒はまったく質問しなくなる。
③ 「何が何でも終わらせる」……この意識をもたせることで行動に素早さが出てくる。
以上の3点をノートに記入させ，定着の徹底を行う。

(2) 実習を始めるに当たっての教師の準備と実際
初めに実習を実際に行う為にどんな準備が必要かについて述べてみる。

1）調理室における工夫
① 「収納について」……調理室においての一番のポイントは調理器具や食器がどこにあるのか，すぐにわかることである。各班の調理台には調理器具の収納スペースがあるが，毎回実習後に点検するのも大変である。そこで，すべてを調理台から出し，壁面などを利用し，見ればわかるところに置いてみた。これはこちらの管理のしやすさと言う点から考えられたが，結果として「何をしたらよいのかわからない生徒」は道具を取りに行く作業ができることとなった。
② 「食器について」……食器棚はすべての扉をはずし，ただの棚とした。班ごとに食器をまとめず，食器の種類ごとに置き，その種類も必要最低限のもののみにしぼった。できるだけ食器は柄や色のあるものを用意，さらにはその色や柄も何種類，またはまったくないものを取りそろえ，自分たちでコーディネートできる楽しさや使いたくなり，洗いたくなる工夫をした。

③「調理器具について」……調理器具はすべて班の数の2倍用意する。特にフライパン、フライ返し、片手ナベは数が多いと便利である。計量に使うスプーンは「大さじ」のみを用意。調理経験のない生徒には「大さじ」「小さじ」の区別がつきにくい。そこで混乱を防ぐためすべてを「大さじ」で計量する。(実習の場合、「大さじ」で計量することの方が多い)包丁は3本用意。各班ごとに分けてケースに入れ、そのケースごと持っていき、ケースごと返却する。

④「調味料について」……調味料は示範台にすべて置いておき、それを必要に応じて取っていくシステムにした。しかし、調味料の数は、あえて班の数より2班分少なくする。調味料が示範台にない場合、他の班に借りに行かなくてはならない。その時「貸して」という声の掛け合いができるためである。ご近所付き合いの薄れてきた今、声を掛け合って生活するという機会が少なくなってきた。調味料の貸し借り一つでも他とつながり、クラス全体として集団力を高めたい、そのための試みである。

⑤「その他」……調理室には明るい彩りのものを置くようにした。例として40足のスリッパは全部種類の違うものにした。足元に置くマットも全調理台で色を変えた。時計はどこからでも時刻が読めるように四方八方に設置、さらには色をできるだけカラフルなものにした。この試みによって室内が明るく楽しい雰囲気になった。

2) 事前の準備

実習が開始される前の教師の準備について述べてみたい。現赴任中学校で実際に何をしているのかについて記す。

① 「スリッパを廊下に出す」……調理室内においてあるスリッパを廊下に出す(本校は土足のため、靴を入室時に履き替える)。
② 「調理のレシピをセットする」……レシピは各班2部用意。B4の大きさで必ず1枚で収まるように書く。それをビニールケースに入れる。
③ 「ゴミ袋をセット」……各班の流しの三角コーナーにビニールをセット。また各班調理台横にゴミ箱があるので、それにもビニールをかける。以前は大きなポリバケツまで捨てに来させていたが、ゴミをその場所まで持ってく

ると床に水がこぼれたりするので各班にゴミ箱をセットする。
④「米をとぐ」……調理実習の米の炊き方には工夫が必要であった。なぜなら米は洗ってといで吸水させる，この作業がある。しかし，1時間という制限時間の中では，これらの作業が加わると実習は不可能になる。そこで改良を加えた。まず，米は全員の分を一度に教師が洗って，といで吸水させておく。それをザルにとり，生徒は計量を行う。ただし，もはや吸水がすんだ米なので，水加減は少なめに指示をする。そして炊く。また，この時，水ではなく，お湯を用いるとさらに炊く時間が短縮される。
⑤「材料を分ける」……材料は示範台の上に，材料ごとに取りやすいように置いておく。

3）実習中の教師の動き

　実習が開始されると，まずは材料をすべての班が取りに来たのか，取りすぎていないかに注意する。教師はただそれを確認するだけで，その班の材料を代わりに持って行くことはしない。次にふきんを「食器ふき」用と「台ふき」用に分けてセットする。生徒は好きなだけふきんをカゴから持って行く。使い終わったふきんは種類に分けて洗濯用のカゴへ返却する。質問を禁止しているので，ほとんど話しかけてくる生徒はいないため，態度をよく観察できる。アンケートを班ごとの棚に入れてセットする。実習が軌道に乗ってきた頃，後のクラス（1時間の実習なので，3時間目，4時間目のクラスの入れ替わりが可能）の材料を用意する。
　以上の作業を終えたら，示範台からひたすら観察に徹する。机間巡視をすべきではと思うが，生徒の近くに寄ると質問禁止とはいえ，生徒もついつい頼るのでうろうろしない方がよい。

4）実習後の教師の動き

　実習終了後は後片づけのチェックを行い，流し台のゴミ，床のゴミ，コンロの汚れなどきちんと掃除ができた班から退室する。早い班で終業5分前，遅い班で休憩時間に5分くい込む程度で，極端に遅い班はない。生徒が退室すると同時に，ゴミをビニール袋にひとまとめにし，スリッパをしまい，電気を消して

教師も退室する。後で片づけのためにわざわざ生徒を呼ぶことはない。生徒の実習が終わった時には，教師の片づけも終了している状態にする。

5）実習教材
実習教材として以下のメニューが可能であった。
① ミートスパゲッティ
② 煮こみうどん，りんご
③ トンカツ，野菜，ごはん，豆腐のみそ汁
④ から揚げ，野菜，ごはん，豆腐のみそ汁
⑤ 麻婆豆腐，ごはん，卵スープ
⑥ 春巻き，ごはん，みそ汁
⑦ ドライカレー，スープ
⑧ 肉じゃが，ごはん，みそ汁
⑨ 炊きこみごはん，みそ汁
⑩ ハンバーグ，ごはん，みそ汁
⑪ オムライス，野菜，スープ
⑫ 豚キムチ，ごはん，みそ汁

4．生徒の意識を高めるために

(1) 実習に至るまでの準備
この実習を軌道に乗せるために重要なポイントは「聞く」である。これらを鍛えるために実習以外の授業で訓練を行う必要がある。以下，「聞く」を中心とした授業での実践を中心に記す。

1)「授業の流れ」
授業を前半，後半と2部構成にしているため，プリントは1時間B5で2枚。前半が終了したら，ノートにプリントを貼らせる。だいたい終了した頃に後半のプリントを配り授業を再開する。残り5分で後半のプリントを貼らせ，授業で

自分が「わかったこと」を簡単に記入し毎時間提出。

　2）「プリント」
　必ず手書き。プリントの1番初めは本時で何を勉強するのか題を書く。市販のワークは使い勝手が悪いので，プリントをオリジナルで作成しそれをノートに貼らせることで自分たちの「ワーク」を作る。

　3）「プリント記入の言葉かけ」
　どこに何を書くのか，混乱がないようにする。「1番上のカッコに」「〇〇〇と書いてある下に」と指示してもなかなかどこか分かりにくい生徒が多く，どこに書くのか質問攻めにあってしまう。それをなくすため「Aと書いてあるカッコに」と記入させたいところに記号をうった。次に，大事な言葉は「大きく目立たせるように記入」させる。カッコのサイズを大きくし「このプリントの中で1番目立つように書いてごらん」と指示。さらに「〇〇〇，この言葉しか，このカッコには入らない」「何色のペンを使ってもいい」「自分のノートだから後でもう一度見たくなるように工夫してごらん」などの言葉かけも必要である。また例えば「暑い」という言葉を記入させたい時「暑いって言葉を暑そうに書いてごらん」とも指示する。ただ書くだけではない自分のノートができあがる。

　4）「プリント記入における聞く」
　授業はほとんど板書をしない。生徒に書かせたい言葉は短い言葉が多いので口頭でくりかえし，ゆっくり伝え，聞いて書き取らせている。また，一人ずつ意見を聞く授業形式（例　あなたが好きな食べ物は何ですか）の場合，これも出てきた意見をすべて聞いて書き取らせる。

　5）「ノート提出後」
　ノートは毎時間提出させる。前記したように毎時間「本時のわかったこと」を書かせており，それによって授業の中で何を印象強く聞けたのか，何を考えているのかを理解することができる。さらにその感想に対し，一言書いて返すのを原則とする。

(2) 考察

　実習以外の授業でも，1時間で学習することは1つのことしかしない。時間が余ったから次に進むというのは週時間数の少ない本教科において内容の定着が悪いと思われる。1時間の実習に取り組むことで，すべての授業形態が1時間で完結するものに変容していった。

5．家庭科授業の見直し

　今までの調理実習の見直しからスタートした実践であるが，取り組むうちに実習そのものだけを改良するのではなく，すべての家庭科の授業の見直しになっていった。家庭科は「作業」学習を大きな教科の特徴としてもっている。「作業（ワーク）」と言うと「被服実習」「調理実習」などに代表されるが，普段の「座学」と呼ばれる授業でも「作業」は重要なポイントである。ノートの記入の工夫，文字の目立たせ方，聞いて書き取る，などたくさんの「作業」を行う。そして実習が1時間で終わることをめざすように「座学」も1時間で完結することをめざす。

　すべてが相互浸透しながら全体の学習レベルを上げていると思われる。今回は授業の内容について具体的に述べることはしないが，どのような内容をどのように展開しているのかについてはいずれどこかで述べてみたい。

第18章
家庭生活物語を利用した「里の小包式」授業
――高等学校「家族・消費生活」――

國本　洋美

1. 家庭総合の課題

　現行の高等学校学習指導要領における普通教科としての家庭科では「生活を創造する力の育成」[1]が主な目標とされた。個人の発達や生活の向上に加えて，社会と個人のつながりに目を向けて，家族・家庭・社会とのかかわりを学ぶという関係性の拡大と，体験的な学習を通しての具体的な学びが提示されている。そして，学習内容は，相互に関連を図ることが示唆されている。授業時間数からも学習内容の統合化は避けることができず，この視点から学習内容と授業開発をすることが必要であると考えられる。

　一方，家庭科の学習に関する問題点として，生徒が「学校で教えられる知識は，生活との関係を感じない」ことや，「"将来役立つであろう"という形式的で観念的なとらえ方」をしており，「生活実感・実態を伴わない心構えの段階で学習は停滞している」と指摘されている[2]。

　家庭科の，実験・実習などの具体的な作業によって生徒が達成感を得にくい内容である家族・家庭生活に関する内容では，指摘そのものを課題として抱えている。「家族」領域学習で困難を感じている生徒の実態に関する調査[3]による

と,「とても感じる」「かなり感じる」を合わせた回答を見ると,①自分と家族に関することとして,「家事を分担していない」(75.6%),「家族員とのコミュニケーション不足」(71.6%),「家族の意義・役割を認識していない」(68.3%),「家族に無関心」(65.5%)が多く挙げられており,現代の子ども達の家族・家庭生活に関する学びには,出発点から困難な要因を内包しているといえる。

また,同調査において,②プライバシーに関する問題として,「家族の実態の差が大きい」(54.4%),「家族について聞かれるのをいやがる」(54.0%),「家族問題に直面し悩んでいる」(50.0%),「家族問題解決に非力感をもっている」(44.8%)が挙げられている[4]。このプライバシーの問題は,「家族」教育でもっとも留意しなければならない問題である。

これらの生徒の家族とのかかわりとプライバシーの諸課題の解決を前提にし,学習内容が自分の生活とどのように関連するのかという視点をもった状態で学習参加できる学習のスタイルを考えることが求められる。「家庭総合」における,「人の一生と家族・家庭」「高齢者の生活と福祉」「消費生活と資源・環境」の3つの項目は,生活の営みを総合的にとらえ,生活者としての視点を育てる観点からも重要であるにもかかわらず,生徒の興味・関心が乏しい領域である。ここでは,「家庭総合」における家族や家庭を扱うこれらの3つの項目を「家族・消費生活」として一括してとらえるための具体的な題材の設定と授業展開の方法の開発,および授業実践を紹介する。

2.「家族・消費生活」の具体的題材と授業展開の方法

生徒自身に自らの家庭生活を家庭科の学びの中に引き出させ,意識化させ,自らの存在と家族・家庭を問い直させるような授業はできないだろうかと常々考えてきた。高等学校家庭科の学習内容は,従来,1つの題材ごと,1つの項目ごとというように,文節ごとに個別に授業が展開されており,生活の営みそのものを総合的にとらえようとする試みは少ない。この点に関しては,「生活を面として総合的にとらえる視点が不十分であった」[5]との指摘もされている。ここで,家庭生活全般を統合した題材によって,家庭生活場面を想定して学習内容を構

成すると，内容が個別に扱われるのではなく，家庭生活の実践課題として生徒がとらえることが可能であると考えた。また，生徒のプライバシーに配慮しつつ，家族のモデルを利用することとして，その家族モデルの物語を中心においた授業展開を行うことにした。

(1) 題材「けん's TOWN」物語について

「家族・消費生活」の具体的題材となる家族のモデルは，家族の形態の多様性も考慮して，核家族と拡大家族を含む4家族を設定し，高齢者から生徒と同世代の高校生，さらに，これから出産をひかえた若い夫婦など異年齢・異世代の構成員とした。家族同士は地域のコミュニティを形成している。これにより，世代の異なった人の生活課題を取り上げたり，家族内の個人と個人，異なる家族の個人と個人，地域と個人などの，人間同士のかかわりも題材として扱うことが可能となる家族のモデルを設定した。登場人物は生徒の実生活と対応して，佐々木さん，山本さん，中橋さん，長居さんの4家族として，高校1年生の男女，佐々木けんと山本みさ子を主人公とした。生徒と同世代の主人公の視点を，最初は高校生として家庭生活を見るように意図して組み込み，徐々に生活者の視点をもたせる物語の展開が可能となる。また，高齢者や初めての子どもが誕生する夫婦や，子どもが独立した夫婦などの登場人物によって，各ライフステ

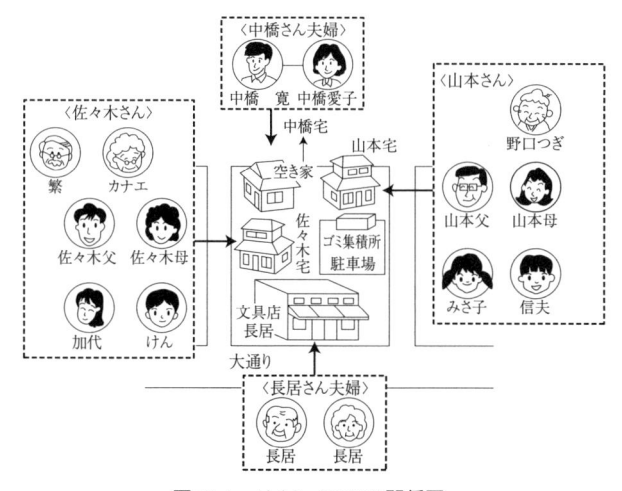

図18-1 けん's TOWN関係図

資料18-1 「けん's TOWN」紹介プリント

けん's TOWN 紹介

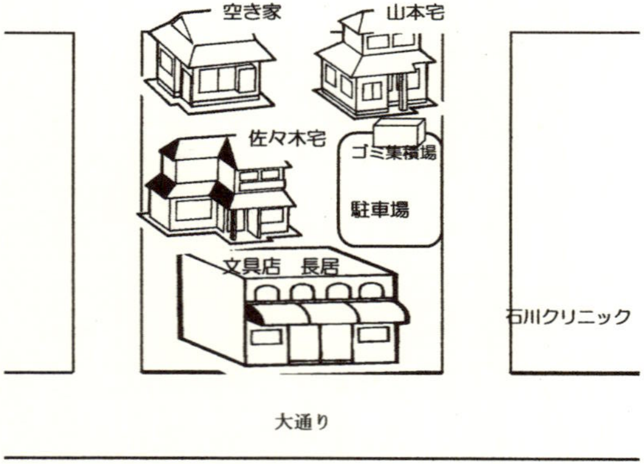

<佐々木 けん 自己紹介>
僕の名前は、佐々木 けん といいます。高校1年生で、この間16歳になったばかりです。僕には姉がいて、加代といいます。大学2年生の20歳です。父は48歳になりますが、2年前から会社の都合で単身赴任で東京に住んでいます。母は、45歳で、毎日パートタイムで近くの会社のスーパーの事務をしています。ですから、お昼に僕の家にいるのは、73歳になった父の父であるおじいちゃん（集といいます）と、68歳になるおばあちゃん（カナエといいます）です。おじいちゃんは、楠木の手入れをしたり、おばあちゃんは、町内会のサークル活動で忙しそうです。

<山本 みさ子 自己紹介>
私の名前は、山本 みさ子 といいます。裏に住んでいる佐々木 けん君とは、同じ高校に通う同級生です。弟の信夫は中学2年生の13歳で、サッカー部で頑張っています。父（43歳）は家からバスで30分ほどのところにある会社で働いています。母（4

1. けん's TOWN 紹介　　ー1ー

3歳）は、結婚する前は、銀行で働いていたようですが、それ以後は仕事に就いていません。

<ご近所紹介>
大通りに面したところに、文具店 長居 があります。ここは、53歳になるおじさんと、50歳になるおばさんが二人でずっと古くからお店をしています。おじさんが、いますが、今は結婚されておじさんたちとは離れて暮らしています。場の向かいにあるゴミの集積場の管理も気よく引き受けていただいています。駐車場の向かいには、石川クリニックという病院があります。ちなみに、裏の駐車場の人たちの多くは、風邪などひいたときには、気軽に診察してもらっています。

【TRY1】
教科書p7の図2を参考にして、佐々木さんと山本さんの家族の形態を図に表してみよう。

<佐々木さんの家族>　　　　　　　<山本さんの家族>

[　　家族　]　　　　　　　　　　[　　家族　]

1. けん's TOWN 紹介　　ー2ー

ージの生活課題を物語に組み込むこともできる。

(2)「けん's TOWN」を用いた「里の小包式」授業
1)「けん's TOWN」を用いた授業
　授業は，コミュニティにおける家族モデルの物語により，そこに起こった出来事を実践課題としてワークシートにして，それに沿って生徒が問題解決をしていくという展開で進行する。
　家庭生活物語を展開する方法として，説明をできるだけ省略し，登場人物の会話でストーリーを進めるという，ロールプレイングの手法を取り入れた。そこで，生徒の日常的な生活に現れる実践問題を取り上げる。すなわち，その家庭生活物語の登場人物の会話の中に学習内容にかかわる疑問や問題点などを，ワークシートで取り上げるという形式をとる。ワークは，物語を例として，生徒自身の身の回りにある同様な出来事を思い起こさせて学習内容と関連させるように作成されている。ストーリーによっては，知識の理解や技能の習得を促す課題や，理解を促すための知識や新たな視点が与えられ，最後にまとめとしての作業や活動を行い，そこで起きた問題を生徒と物語の登場人物が解決していくことになる。
　家族のモデルを登場人物とした家庭生活物語は，登場人物同士の対話形式で進む。この対話形式を用いたのは説明を用いた場合と比較して，次のような効果があると考えられるからである。それは，対話形式の物語の進行によって，登場人物同士が日常生活で生起した問題に関して，問題にかかわる主体者として

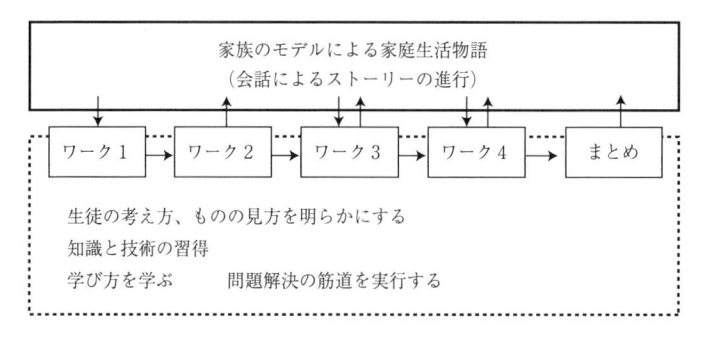

図18-2　各授業における家庭生活物語とワークとのかかわり

の受け止め方や，何を問題としたのか，問題の解決へどのような方策を取ったのかを，生徒に伝えることができるという点である。家庭生活において問題が生起したときの，問題とのかかわり方や解決への進め方のモデルを提示しているのである。また，日常生活の文脈において，自らの生活を生徒の思考の中で主題化させ，個々人が家族のモデルに自己を投影することができる。

次に，物語から離れて，この対話から起こる問題の所在を明らかにするための実践的課題をワークシートに設定する。無意識化している日常知を意識化することや，問題を推察すること，問題を科学的知識や法則を用いて理解することなどが，ワークシートに課題として提示される。

ワークシートに提示された課題を明らかにしたところで，家庭生活物語は再び進行して，家族のモデルがその問題に対して解決を図ることや，新たな問題の所在に気づく展開となる。それに合わせて，ワークシートに知識の理解や技能の習得やグループ討議が設定されている。ここで，家庭生活に起こる問題と家庭科で扱う内容が深くかかわりをもっていることが理解できると考えられる。

次に，このワークシートを終了して，家庭生活物語の中で登場人物が行動を起こそうとする。その追体験として，生徒の日常生活で実践するための作業や課題解決を図るために手がかりとなるようなワークシートが用意される。

これらが1時間ごとの流れとして構成され，家族・家庭生活に関する学習内容を展開していく。

2）授業展開としての「里の小包式」

「けん's TOWN」を用いた授業展開はさまざまな課題を提示しながら進行される。しかし，それは流れがあり，順序がある。ここで，この授業展開全体を称して「里の小包式」授業とする。これは小包全体をひとまとまりの授業とみなして，授業の流れ全体が表されるものと考えたからである。

里からの小包は，目の前に届くと中身に期待をする（これから始まる授業へ期待感をもつ）。入っている荷物は届けられた人に対しての荷物である（課題が設定されている）。同封されている手紙には，荷物の説明や使い方についての説明がなされており（授業の中での課題の取り組みの説明とその順序が示されている），送られた小包の荷物や手紙を読むことによって送り手の生活を想像する

(家族モデルによる物語を自分の中に取り組むことができる)。そして，手紙の中に書かれてあることをやってみようと思う（自分の生活に授業を通して行った課題解決の方法を取り入れてみようとする）。

この「里の小包式」と名づけた一連の授業は，家族モデルの利用や課題の発見などを含めた課題解決へのひとまとまりとした授業展開の方法をとっているのである。

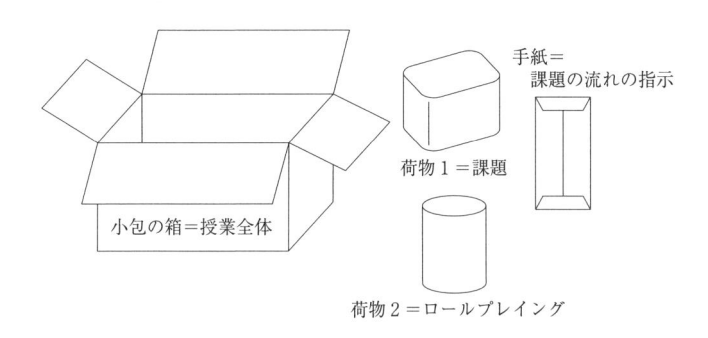

図18-3 「里の小包式」授業方法

(3)「里の小包式」授業方法に必要な生徒同士のかかわりの創出

「けん's TOWN」ではロールプレイングが冒頭にあるなど，「里の小包式」授業では生徒同士が相互に役割を担うことや，意見を出し合う過程を設定している。この過程において，生徒が自己表現することの大切さや他人のことばを聞くことの意義を実感できることが大切であり，「里の小包式」授業の初めに，グループによるトレーニング「一流への道」を設定している。可能な限り高校生活の最初に設定することがより高い効果をもたらすと考えられる。実際の授業の展開を資料18-2に示す。

資料18-2 「一流への道」の授業展開

目標
(1) 自分自身を見つめて、よいところを発見する。
(2) 自分の長所を理解してくれている人から支援を受けることができる。

過程	学習活動	支援事項・留意点	評価項目
	<宿題の指示> 自分の誇れることを10個挙げ、プリントに記入する。	・自分自身を見つめ、必ず10個書くように指示する。 ・自分のことをよく知っている人にアドバイスを得てもよい。 ・他の人と結果を比較するのではなく、あくまでも自分自身で誇れるものを挙げるように指示する。	・自分の長所を知っている人にアドバイスを得ることができたか。 ・自分自身を見つめてよいところを発見できたか。

目標
(1) 自分の誇れることを他の人に示すことができる。
(2) 他の人の誇れることに対して興味をもつことができる。
(3) 他の人に質問をすることで体験を想像することができる。
(4) 聞き手と語り手が協力してより正しく、より多くの情報を伝え合うことができる。
(5) 誇れることを発表したとき、肯定的に受け止めることができる。
(6) 誇りと自信をもつための方法を発見する。
(7) 誇りをもつことができる「一流への道」は、家庭科の今後の学習に生かす方法であることを知る。

過程	学習活動	支援事項・留意点	評価項目
導入	2～4人程度で、お互いの誇れること10個の中から聞いてみたいことを各自1つずつ選び出す。	・聞き手は、興味をもったもの、是非聞いてみたいものをそれぞれ挙げるように指示する。	・自分の誇れることを他の人に示すことができたか。 ・他の人の誇れることに対して興味をもつことができたか。
展開	2人一組になって、相互に質問して、その誇れるようになった秘訣を聞き出す。	・聞く人は、できるだけその人の体験を想像し、理解できるように質問すること。聞かれる人は、聞かれたことだけではなく周辺の情報も一緒に答えるようにすることを指示する。 ・本人が自覚していない秘訣を聞き手が引き出すよう質問をするように指示する。	・他の人に質問をすることで体験を想像することができたか。 ・聞き手と語り手が協力してより正しく、より多くの情報を伝え合うことができたか。
	聞き手は、質問した内容を相手のプリント上にメモする。 語り手と聞き手を交代する。	・2人一組になった時点でプリントを相互に交換させる。 ・時間内に相互に質問し合うように時間調整をするように指示する。	

	聞かれた人は，調査メモを見ながら「誇れることとその秘訣」（「一流への道」）をまとめてプリントに記入する。	・10人程度で発表し合うので，簡潔にまとめるように指示する。	・自分の長所を簡潔かつ豊かな表現でまとめることができたか。
	10人程度のグループに分かれて，それぞれの「一流への道」を発表する。	・発表された内容を興味をもって聞くように指示する。	・誇れることを発表したとき，肯定的に受け止める態度を示すことができたか。 ・誇りと自信をもつための方法を見つけることができたか。
まとめ	教師から，家庭科学習の「一流への道」を聞く。	・家庭科の学習にも成功の秘訣があることを伝え，今後の学習の指針とするように伝える。	・家庭科の「一流への道」を理解することができたか。
	感想をまとめる。		

3．「里の小包式」授業の進め方（基本編）

　「けん's　TOWN」物語を題材とした「里の小包式」授業は8話25時間のものである。ここでは，その授業展開の一覧を示し，3話と4話について授業計画案と使用したプリントの一部を紹介する。

294 第Ⅳ部　家庭科の授業実践から

表18-2　「けん's TOWN」物語を題材とした「里の小包式」授業展開一覧

話	話題と時間	ストーリーの内容	教師の説明と生徒の課題やワークシート等
	一流への道 （2時間）	家庭科の学習のオリエンテーション。くらしや人々などのかかわりを考えることを目的に、クラス10こ集まるそのうちの一つのグループの平均を出す過程で、お互いに発表を聴きあう中で自分のくらしを見つめ、また、自分を見つめ、自分を支える家庭科の授業で学ぶことの意味を感じ、同様に家庭用品を納める家庭用品と同じ視点をもつ。	自分の周りにあるものを手がかりする話し合い、聞き合いで身の回りのものをまとめる発表、家庭科の授業で利用する4つの視点
1	「けん's TOWN」紹介 （2時間） 昔の家庭用品を調べよう （2時間）	〔けん〕が自分の家族、近所の人達（山本、長岡、石川マンニック）、さちこ、けんの祖父母（佐々木、カナエ）等の家庭労働について、家族・家事労働について紹介する。けんの母は納得家にあるケトルを見せる。使い方に興味をもつ。	家族と世代、家族構成の変化の歴史、家族の存在、家事、家事労働の間を考える古い家庭用品を取り扱う現代の家庭生活の考察
2	中嶋夫妻 登場 （2時間）	中嶋敦と愛子の隣の中嶋さきこに話し出てきた。愛子の教師が妊娠7ヶ月であること。出産の際支援してくれている話し方について、この度はみれも中嶋さんの姉のさきこのことを中嶋さんは引き受けてくれているが、自身も長い間保母をしていることを話し合う。	民法や結婚に関する法律　ゴミの出し方　環境ポスター作り
3	プロジェクトを運営せよ （4時間）	ホームプロジェクトテーマの授業で取り上げ、家庭生活から問題を見出し、問題解決をはかる。けんはコーヒーを飲んでチーズをつまみ、コーヒーを飲む。2週間の活動とその反省をまとめて、発表する。	各家庭の環境への取り組み実態調査プロジェクトの活動内容、方法の決定、計画の策定、プロジェクトのまとめ方
4	佐々木さん 生活設計を たてる （2時間）	佐々木母は疲れていた。けんは家事の社会化で楽になるのではないかと言う。家族みんなの協力が得られないか。困医で仕事を辞めても仕事を続けながら、家事労働を楽にする方法。けんは話す中で、生活を経済的な面を考えることの重要性に気づく。けんは母に質問する。	生活時間調査　ライフコース　年金ライフサイクル計画
5	野口つぎさん 山本さん 宅にやってくる （2時間）	独り暮らしをしていた野口つぎは、甥の野口家で同居を決意した。叔父夫婦の都合である。しかし、ほかの同居先の祖母もすぐにいなくなり、しばらく経ち、野口つぎは長い間の夢だった一人暮らしを決意する。最近近所の佐々木カナエの手伝いをしていたこともあり、地域にもつながりがあるため孤独ではない。野口つぎは、さきこを友だちと紹介してくれた。さきこは年金について母に質問する。	高齢者理解　家庭内老齢介護社会にある高齢者自身の生き甲斐　身近にある福祉サービス　高齢者サービス
6	佐々木おとうさん SOS 発信する （4時間）	けんと姉の加計は世身を任せていた父親からプレゼントをしようと相談する。財布は見つからない。残額は300円。母親は見つけられないと言う。家計簿を見つけた。母は代々と加計に提案する。母には300円。母親は見つけられないと言う。次の休日の日、父親はその朝、父親に言うのが難しい。ケーキの代金を出す。次の休日と父親は。父親が買い物機のチラシを買う事を思い、父親にチラシを渡す。買い物機のチラシが、父親の手に作りが少なくなっているため、父親に負担がかかっている。父親はそのメッセージを送る。	購入と支払い財布の中に見える各経済活動家庭の収入を支えて消費者信用　家計簿メッセージカード
7	中嶋夫妻 電気製品を買 いに行く （2時間）	中嶋さんの冷蔵庫が壊れた。家電店を訪ねた「どのような商品を買ったらよいか」など背が高く情報を調べたいとしたという新聞記事を読んだ。2人はネットを見ながらアドバイスを受けて、チェックボックスに必要事項を書き込んでCMをよくみたが、歴史商品だった53万円の冷蔵庫を買うことに決めた。それは特定のケータイで生活していると説明された。さらに、4人では業務的にも実際業務内容、業務活動にもつかうと、商品の購買選択がで買うと、企業との間で中ということで、消費者の購買活動に変化があることを、2人は思うこと商品の選び方について友達にもアドバイスをする。中嶋さんは家電機の加計に話す。	カタログ　クレジット　ビロー「AIDMA」　色彩　架空商品
8	野口つぎ 生活セン ターへ行く （2時間）	みきこは自身のトラブルに関連してどの新聞記事を読んだ。みきこは雑誌で相談する。契約、クーリングオフ、契約について学んだ。そして野口つぎさんを訪ねた。みきこは祖父に話す。2人は生活センターへ来た。その記事を見て、生活センターへ相談に行った時、専門に働いている職員の様々な対応をし、センターの仕事の内容。多重契約、業務内容の紹介を聞き、適切にどう対応するかを話し合い、さきこは業者とに工夫するのか、愛子は入院休みに商品内容の確認の仕方を教わるなどを見学する。	生活センター　契約　悪質商法返済金額算出　クーリングオフ　多重債務
	けん'sTOWNの夏休み （1時間）	今までの学習に関連する施設に関係する深い関わりの場人物がそれぞれ登場し、学習する。	生活センター　廃棄物処理センター　見学など

第18章　家族生活物語を利用した「里の小包式」授業　295

資料18-3　第3話「佐々木さん　生活設計をたてる」授業プリント1（一部抜粋）

佐々木さん　生活設計をたてる

佐々木さん宅にて

お母さん　「はぁ、どうして1日は24時間しかないんだろう、せめて30時間くらいあるといいのに……」

けん　　　「お母さん、どうしたの。ため息なんかついちゃって」

お母さん　「仕事で帰ってきてから、急いでみんなの食事の準備でしょう。食事が済んだら、後片付けと風呂の用意をしなくちゃ。次の日の弁当の準備もあるし。やっと一息つこうと思ったら、けんや加代が急に用事を頼もんでくるし。おじいちゃんやお母あちゃんともゆっくり話しをする時間もなくて……。①家事の内容もずいぶん、家庭外ででき上がるようになったから、楽なんじゃないの？」

けん　　　「でも、②家事さえなかったら、クリーニングにしたって、仕分けをして、店まで持っていき、できあがったものを持って帰ることは、しなくちゃいけないもの、けんや加代が父さんののんびりテレビを見ているから、手伝ってはというって言っているのはそのせいだよ。」

お母さん　「③……。そんなこと言いていないかったかな……」
　　　　　「今度の金曜日、④広島交響楽団の定期演奏会のチケットをいただいたんだけど、その時間があったら⑤歯医者にも行きたいし、少し寝ていたいし、どうしょう？」

けん　　　「これをいったい何と言うでしょうか。（復習ですよ）」

【TRY1】
3．佐々木さん　生活設計をたてる　p1

【TRY2】
自分の平日と休日の生活時間を書いてみよう。

平日
6　8　10　12　14　16　18　20　22　24　2　4　6

休日
6　8　10　12　14　16　18　20　22　24　2　4　6

【TRY3】
教科書p18の表1を参考にして、コンサート、歯医者、睡眠はそれぞれどの生活時間に分類されるだろうか、考えなさい

例	生活時間の分類
コンサートに行く	
歯医者に行く	
睡眠をとる	

【TRY4】
TRY2で作った平日と休日の生活時間を

区　分	色
職業労働生活時間	赤
家事労働生活時間	青
生理的生活時間	緑
社会的・文化的生活時間	黄

で色分けし、考察を書きなさい

考察

3．佐々木さん　生活設計をたてる　p2

296 第Ⅳ部 家庭科の授業実践から

資料18-4 第3話「佐々木さん 生活設計をたてる」授業プリント2 (一部抜粋)

けん 「ところでおかあさん、仕事をやめたら、時間に余裕ができるんじゃないの？」

お母さん 「お母さんは、仕事をしていることに生き甲斐を持っているの。結婚を機会にどちらの仕事を辞めたでしょ。子供たちが成長してきたら、もう一度仕事に就こうと考えていたの。」

けん 「じゃ、生き甲斐のためにってこと？」

お母さん 「それだけじゃないのよ。お父さんと結婚したとき、大まかな生活設計をたててみたの。お父さんだけれど、予定外の出費がかさんでね、少しでも家計の足しにでもなればと思って。」

けん 「なんだか、僕たち家族の一員としての役割をもっと果たさないといけないとは思ったよ。」

お母さん 「そうね、期待しているわ。ところで、この雑誌の記事を見て、また、ため息が出そうないの。頑張って働かないと……」

資料集p27の「老後の生活費はどれだけ必要か」参照

けん 「でも、お父さんの定年後は、年金があるでしょ。」

お母さん 「たぶん、年金だけでは十分に生活するには苦しくなると思うわ。」

[TRY 5]
言葉の整理をしましょう。

ライフサイクル

ライフステージ

ライフコース

[TRY 6]
佐々木さんのライフコースを、教科書p23を参考にして考えてみよう。

学校卒業 → 就職する／就職しない → 結婚する／結婚しない → 仕事を続ける／仕事をやめる → 子どもあり／子どもなし → 退職／再就職 → 再就職しない → 定年 → 再就職 → 老後の生活

[TRY 9]
年金の体系を佐々木さんのお父さん、山本さんのお母さん、中橋 愛子さん、長居さんご夫婦を例にとって考えてみよう。

例	年金体系分類
佐々木さんのお父さん	
山本さんのお母さん	
中橋 愛子さん	
長居さんご夫婦	

[TRY10]
佐々木さんのお母さんの老後の生活を支える年金は、どれになるか、考えてみよう。
(いろいろな場合が考えられます)

3. 佐々木さん 生活設計をたてる p3

3. 佐々木さん 生活設計をたてる p4

資料18-5 第4話「野口つぎさん 山本さん宅にやってくる」授業プリント1 (一部抜粋)

野口つぎさん 山本さん宅にやってくる

野口つぎ
みさ子
けん

通学途中にて
けん 「みさ子、君の家に、おばあちゃんが来るんだって?」
みさ子 「そうなの。お母さんのお母さんなんだけど。来週泊まりに来るって連絡があったわ」
けん 「たしか、お母さんのお兄さんのところで一緒に暮らしているって聞いたような気がするけれど…」
みさ子 「うん。そうなの。おばあちゃん、昨年末にそのお家の敷居でつまずいて手の骨を折ってから、おじさんのところへ同居しているの」
けん 「それがどうして、みさ子のところへ来ることになったの?」
みさ子 「おじさんの娘、私のいとこが今年から東京にある大学に行くことになったんだけど、先週盲腸になっちゃったのよ。おばさん、急に東京にいるいとこの看病に行くことになったわけ。おじさんは、まだひとりでは自分のことが十分にはできないから、うちに来ることになったの」
けん 「そうなんだ…」

[TRY1]
あなたは、「高齢者」という言葉は何歳ぐらいからの人を指すと思いますか。

[TRY2]
どうしておばあちゃん(野口つぎさん)は、自分の家の敷居につまずいたのでしょうか。

4. 野口つぎさん 山本さん宅にやってくる p1

考察

参考資料

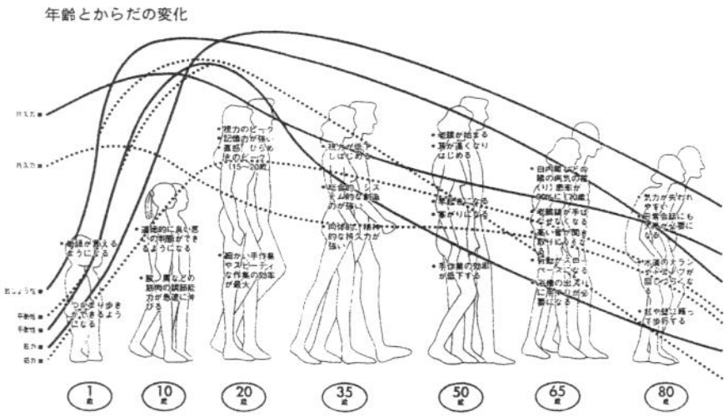

年齢とからだの変化

[TRY3]
TRY2で考えたことを参考に、家庭での危険箇所をチェックしてみよう。

4. 野口つぎさん 山本さん宅にやってくる p2

298　第Ⅳ部　家庭科の授業実践から

資料18-6　第4話「野口つぎさん　山本さん宅にやってくる」授業プリント2（一部抜粋）

みさ子「おばあちゃん、手の具合はどう？」
つぎさん「ああ、少し痛いおばさんがないけど、痛みを怖がって、後で動かなくなるのが怖いから頑張ってリハビリしてるよ。」
みさ子「ねえ、おばあちゃん、前の家で事故に遭ってからおばさんの家に引っ越したけど、それまでどうしておじさんのところに住んでいなかったの？」
つぎさん「やっぱり…住み慣れたところがいいよ。近所には以前からの友達も大勢いるからね。毎日声を掛け合っていたし、寂しくなかったしね。」
みさ子「そういえば、おばあちゃんの住んでいたところには、同じくらいの年の人がたくさんいたよね。」
つぎさん「この近所も、いらっしゃるけど、少ないよねえ…」
みさ子「日本全体では、お年寄りは多いんだろうか？」

みさ子「おばあちゃん、今、話し相手がいなくて寂しくない？」
つぎさん「実は、夏の佐々木さんのおばあちゃんと昨日偶然に会って、それから意気投合…今日も佐々木さんのお宅におじゃまをしてたんだよ。」
みさ子「おばあちゃん、積極的だね。ところでどんな話をしてたの？」
つぎさん「そりゃ、若い頃の話とか、そうそう、お互いの趣味の話もしたよ。あそこのおじいちゃんも、今、大工仕事とかの興味が高じてボランティア活動しているそうだよ。」
みさ子「へえ、知らなかった。」
つぎさん「新聞の記事が取材にきたそうだけど、たまたまその日活動に参加していなくて、新聞に載らなかったのが相当悔しかったそうだよ。」
みさ子「どんな記事なんだろう。調べてみましょう。」

資料1参照

みさ子「おばあちゃんは、どうしてそんなに積極的なの？」
つぎさん「そうだねえ、どうしてだろう、腕を骨折ったりしたのもとてうだし、おじさんに同居することになったのもきっかけだったんだけど、いろんな人との出会いがあったからかもしれないね。」
みさ子「どんな出会いがあったの？」
つぎさん「おじさんの家が病院の近くということでは、福祉サービスが充実していて、あそこでは、デイサービスなんか1週間に1度、利用できるからね。そうそう、高校生がランティア活動してくれていたのも、3ヶ月に1度くらい訪問してくれていたものね。」
みさ子「そんな福祉サービスがあるの、知らなかったよ。」
つぎさん「おそうがい、実は、おばさんが東京に行っている間、私をほとんど出かけないと言うことで、そのデイサービスの施設のすぐ横で催されているこのショートステイを利用しようとしたんだよ。だけど、利用者がいっぱいで、今回はここにやってきたというわけだよ。」
みさ子「いまとまとまがらないサービスがあるようだね、うちの街にもあるのかしら？」

[TRY 4]
あなたは、高齢になったとき、誰とどのように、何を生き甲斐にしていたいと思いますか。

[TRY 5]
日本全体の高齢化の傾向を資料を参考にまとめてみよう。

高齢社会とは

高齢化の原因は？

高齢化のスピードを諸外国と比較すると

4. 野口つぎさん　山本さん宅にやってくる　p3

4. 野口つぎさん　山本さん宅にやってくる　p4

4．「里の小包式」の授業の感想と分析

(1) 授業後の感想の解析

　生徒の自由記述の感想をKJ法を用いて解析した。全体を概略したKJ図を図18-4として示す。

　このKJ図によると，物語形式によって進む授業がわかりやすくて楽しいことや，その物語が授業内容と深く関わりながら登場人物同士の会話で進行しており授業に興味をもって取り組んでいる。生徒は，従来の家庭科の学習と比較しながら，本授業で用いられてきた授業の方法や教材に着目しており，物語の中の登場人物に関しても，人物相互のかかわり合いが，教材をより印象深いものとして受け止めている。授業内容は難しいが，知ることへの喜びを感じており，この授業に対しても，否定的な意見としてではなく，改善すべき点を挙げ，より興味をもてる授業への希望を持っている。

　また，授業を受ける立場として，自らの立場を理解し，無理解の克服の重要性に気づき，現実を知ることでより理解が深まるなど，受動的な今までの授業への態度から，意欲的な学びを志向しようとしている。特にプロジェクト学習において意欲的に取り組むことで，理解の深まりと学習にかかわる活動が広がりがもてたことを実感している。

　家庭科の授業は主体的な参加によって，新たな発見がある。例えば，今までもっていた家庭科へのイメージの転換や，当たり前と考えていたことが授業を通して視点を変えて見ることで，根拠のないことであるという気づき，さらに，他者のみならず自己も再発見する対象であることを発見している。

　授業で題材となっている物語は，ものを見る視点が多様に機能している。登場人物の視点をそのまま自分に置き換えることで，物語の文脈から問題に対処する行動や解決法を学ぶことができている。また，自分の身の回りに置き換えたり重ね合わせる視点をもつことで，物語の文脈というフィルターを通して自分の生活そのものを考えている。物語で起こったことを自分の問題として受け止めるための考え方や視点に気づくことや，意欲的な理解や実践は，それ自体が学び方である。これらから，授業を活用しながら学び方を学んでいることを示していると考えられる。

300　第Ⅳ部　家庭科の授業実践から

図18-4　「けん's TOWN」物語を利用した「里の小包式」の授業の感想（全体概略図）

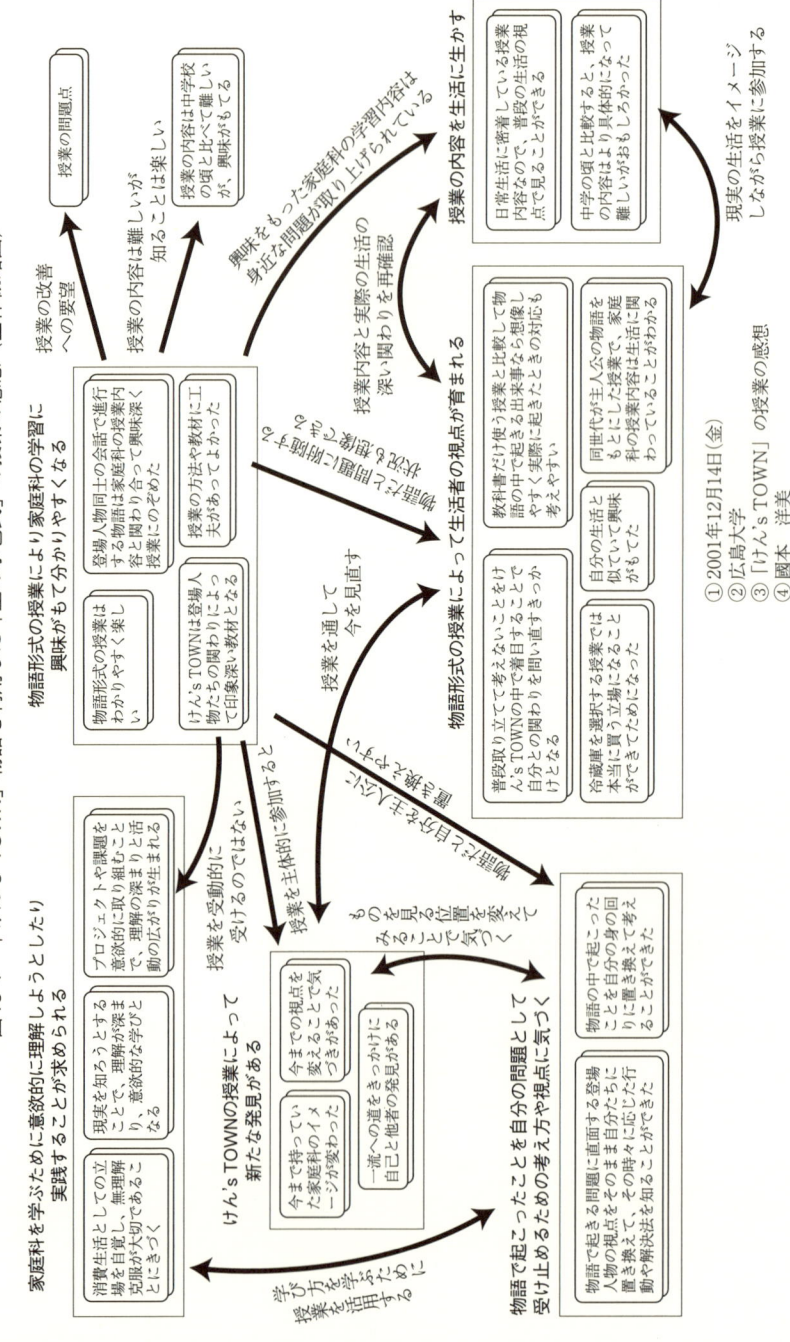

家庭科を学ぶために意欲的に理解しようとしたり実践することが大切であることに気づく

物語形式の授業により家庭科の学習に興味がもてて分かりやすくなる

- 授業の問題点
- 授業の内容は難しいが知ることは楽しい
- 授業の内容は中学校の頃と比べて難しいが、興味がもてる

授業の改善への要望

興味をもって家庭科の取り上げられている身近な問題が取り上げられている

- 物語形式の授業はわかりやすくて楽しい
- 登場人物同士の会話で進行する物語は家庭科の授業内容と関わり合って興味深く授業にのぞめた
- けん'sTOWNは登場人物たちの関わりによって印象深い教材となる
- 授業の方法や教材に工夫があってよかった

授業の内容を生活に生かす

- 日常生活に密着している内容なので、普段の生活の視点から見ることができる
- 中学生の頃と比較すると、授業の内容はより具体的になって難しいがおもしろかった

授業内容と実際の生活と深い関わりを再確認

授業を通して今を見直す

物語形式の授業によって生活者の視点が育まれる

- 教科書だけでなくけん'sTOWNの中で起きる出来事から想像して物語の中で実際に起きたときの対応も考えやすい
- 自分の生活と似ていて興味がもてた
- 同世代の主人公の使うことを授業のもとにした授業で、家庭科の授業は生活に関わっていることがわかる

① 2001年12月14日（金）
② 広島大学
③ 「けん'sTOWN」の授業の感想
④ 國本　洋美

現実の生活をイメージしながら授業に参加する

授業を受動的に受けるのではない

授業を主体的に参加する

物語形式の授業では
- 普段取り立てて考えることはないけん'sTOWNの中で着目することで自分の関わりを問い直すことができる
- 冷蔵庫を選択することで本当に買う立場になることができてためになった

ものを見る位置を変えてもっと気づく

けん'sTOWNの授業によって新たな発見がある

- プロジェクトや課題を意欲的に取り組むことで、理解の深まりと活動の広がりが生まれる
- 現実を知ろうとする立場を自覚し、無理解や不認識を大切であることに気づく

- 今まで知っていた家庭科のイメージが変わった
- 一流の道を学ぶことで自己と他者の発見がある
- 今までの視点を変えることで気づきがあった
- 物語の中で起こったことを自分の身の回りに置き換えて考えることができた

学び方や授業法を学ぶために用するとき

物語で起こったことを自分の問題として受け止めるための考え方や視点に気づく

- 物語で起きる問題に直面する登場人物の視点をそのまま自分たちに置き換えて、その時々に応じた行動による解決法を知ることができた

授業では，自分と似たような生活の物語の進行で，取り組むワークが実際の生活の1コマだという実感を得たり，普段はとりたてて考えないことに着目する機会を得て，自分とのかかわりの問い直しをしている。また，授業の内容は生活にかかわっていることを実感し，物語で起きた出来事の実際の生活への転用を考えている。このように，物語形式の授業によって，生活をする主体としての生活者の視点が育まれている。また，普段の生活に生かそうという意欲をもち，自分自身の生活を家庭科で学んだ知識の活用の場として考えている。

(2) 大学生や教師の感想

2001年8月に大学生や教師に「けん's TOWN」物語を題材とした「里の小包式」授業を受講してもらい，その後の感想を尋ねた。一部を紹介する。
＜大学生＞＊国立M大学，2・3年生21名受講
・「けん's TOWN」に関しては，こんなおもしろい授業の展開の仕方があるということを知ることができました。この教材は子ども達はとても楽しく取り組めると思うし，実際私もやってみて楽しかったです。1つのストーリーから成っているので，同じ内容でただ授業を進めていくよりも，楽しく取り組めるものだと思いました。大切なことは，自分で調べたり考えたりしながら，ちゃんと自分で書いてまとめることができるので，いいと思います。「けん's TOWN」はとてもおもしろかったです。
・おもしろい内容の中にきちんと学ぶべき内容が入っていて，とても参考になります。「けん's TOWN」を模擬体験し，けん達の生活を考えるうちに，自分の生活と照らし合わせて考えることができて，問題意識をもって学習できる内容だったので，これから，このような授業展開を活用していけるといいなあと思います。
・けん君の存在を無意識のうちに自分と置き換えてしまっていました。抵抗なく授業に入り込めるのでストーリーのような授業はおもしろいと思いました。友だちと話し合うチャンスもあるし，家族のことを考えるチャンスもありました。自分を見つめ直すことができるようになっているんだなあと思いました。私もアイデアを出しておもしろい授業がやれるようになりたいです。
・まるで，本当に私達が考えそうなことを会話文として表現しており，身近に

感じることができ，取り組みやすい教材でした。最初から問題を提示するのではなく，文章の中から，問題点を見つけ，その解決策を見いだしていくという方法をとっており，今の子ども達に不足しがちな「自ら考え自ら行動する力」を養う上で，大きな意味をもつのではないかと思いました。

＜教師＞＊島根県家庭科高等学校教師18人

・長いストーリーでかつ生徒に伝えたいテーマを盛り込んであるのがとにかくすごい。特に教科書の中の広い内容にわたり，組み立てられているのに感心させられた。プリント学習を試みてはいるが，物語のような連続性がなかったので，今回紹介していただいたものは生徒の興味も持続できて，学習に流れがあって楽しく感じた。

・このような形で授業を進められたら，生徒たちも毎時間忙しいけれど楽しみにしながら授業を受けられるのだろうなと感じました。「けん's TOWN」というモデルをもって話を展開していけば，個人的な話に入らず，一般論的な話も無理なくできるかなあと思いました。

・家庭経営は自分が苦手だったというのも影響していたかもしれませんが，内容が途切れ途切れで，ただ教科書の内容を押しつけているという感じを自分でも感じ，お互いにつらいなあと思っていました。が，今回，この講座で紹介していただいた教材は，1つのストーリーの中にすべてが盛り込まれていて，教員の私ですら引き込まれてしまいました。生徒もきっとわくわくして取り組めると思いますし，何よりも自分だったらどうかということが，けんなどの登場人物を通して表すことができるのがいいなあと思いました。

5．「けん's TOWN」物語の応用編

　本研究では，「家族・消費生活」の内容の統合化を図り，授業開発とその効果について考察を行った。しかし，実際に行った授業実践では，この「家族・消費生活」の授業で用いた題材「けん's TOWN」物語の利用や生徒自身が授業の登場人物となって活動を行う授業をその他の学習内容の導入として展開した。「家族・消費生活」以外の内容に関しては，生活に密接に関連する内容の学習で

あるという意義づけを主な目的としている。ここでは食生活・保育・住生活に関する授業の簡単な紹介とロールプレイングによる家族の問題解決を行う授業を報告する。

(1) 食生活・住生活・保育に関する授業の紹介
　1）食生活に関する授業の実践
　この授業は，食生活の学習につなげるためのもので，単身赴任中の佐々木父が体調を崩した原因は食生活にあるのではないかと考えるストーリーである。生徒は佐々木父の食生活を，栄養という視点から分析する。その際，必要な栄養素や，食品中の栄養素量を知るために食品成分表が役立つことを知り，食品成分表の活用法を知ることができる。

　2）保育に関する授業の実践
　保育に関する学習への導入から発展への授業である。1年で「けん's TOWN」を学習して1年以上経過した時期に，この保育に関する授業が計画されている。中橋夫妻の赤ちゃんが8月に誕生して，1歳の誕生日を過ぎて，成長のアルバムをまとめようとしていたときに，順番に並べておいた写真がバラバラになったので，その写真を順番に並べ，なおかつ中橋夫妻の子どもへの愛情あふれるアルバムに仕上げる。また，課題として子どもの生活のエピソードの聞き取り調査を行い，それらと資料を利用して，子どもの成長をグループごとに観点を設定してレポートにまとめ，発表する発展の授業を実践である。

　3）住生活に関する授業の実践
　ここでは，「けん's TOWN」の設定から離れて，社会人1年生となった設定で，予算の範囲内で，一人で暮らすための住まいを選び，賃貸契約をして，必要な家具や生活用品を買いそろえる授業実践である。

(2) 課題「グループによる話し合い」
　ここでは，グループに分かれてそれぞれ「けん's TOWN」の各配役となってロールプレイをしながら，家族が直面した課題を解決することを目的とした授業

である。家族が直面する課題として3題を用意した。

3つの課題は,専業主婦だった山本母が旧友からパートタイムで働くように頼まれた「山本さん働き始める」,いつも行っているスーパーマーケットを観察して環境問題にどのように取り組んでいるのかを調べ,自分たちがしなければならない環境問題解決のための実践を挙げていく「繁さんスーパーマーケットを考える」,佐々木父の知り合いの千夏さんを自宅に4泊5日の間ホームステイさせ,家族全員でもてなす「佐々木さん宅にホームステイ」である。今回は,「山本さん働き始める」という課題におけるグループでの話し合いの資料18-7とその結果の資料18-8を紹介する。

資料18-7 「山本さん働き始める」授業プリント

山本さん 働き始める

山本父　みさ子　山本母　信夫　新日つ生

山本さんの家庭で今、話し合いがもたれています。

山本父「どこで働くってはなしになっているんだい？」
山本母「高校時代の同級生がこの近所の団地の中で塾業を開くんだけど、できるだけ近い人件費をおさえたいんだって。簿記関係をやってくれる人をさがしてるのよ。」
みさ子「で、お母さんに声がかかったの？」
山本母「そうなのよ。一応、簿記関係は建築関係の時に勉強したのを彼女知ってて、家からも近いからどうかしらってきいてきたのよ。」
信夫「じゃあ、母さんが仕事を始めたら、朝は僕たちと同じくらいの時間に働きに出て、父さんが帰ってくるくらいに戻ってくるの？」
山本母「うん、そうじゃないみたい。朝10時から午後3時までぐらいでいいんですってよ。」
信夫「じゃあ、母さんが働きに出ても、僕たちには今まで通りでいいってことじゃないか？お小遣いも上がるかな？」
つぎさん「いやいや、働き始めたら時間通りって訳にはいかないんだよ。だけど、母さんが家でやっていたことを今まで通りにってことには行かないだろうし、母さんが家でやっていたことを今まで通りにってことには行かないだろうし」
みさ子「そうなのよね。だけど、おばあちゃんが一人になっちゃうじゃない？」
山本母「そうなのよね。だけど、おばあちゃんはこっちの生活に慣れてきたから、おじさんの所に戻ってくれるより、私としてはこっちで私を助けてもらいたいんだけど・・・」
山本父「となりの佐々木さんたらも、働きに出られているんだよなあ。」

【TRY1】配役を決めて、その役の人がどう考えているか考えよう！
5人グループになって、山本父、山本母、みさ子、信夫、つぎさん役にそれぞれなって、この家族の話し合いの時の、それぞれの役の人の思いを考えて、書いてみよう。

<配役：　　　　　　　　　　　　　　＞の思い

【TRY2】【TRY1】で考えた各配役の人になったつもりで、この話し合いがそれからどうなるかのかグループで考えてみよう。(話し合いがどのように行われたか、展開を書いてみよう！)

資料18-8 「山本さん働き始める」授業の生徒の記述

＜ストーリー展開＞

つぎさん	「そうだねえ，佐々木さんのお母さんもがんばっているよねえ。」
山本母	「私も働きたいわ」
信夫	「じゃあ，頑張って」
つぎさん	「でも，家事と仕事を両立するのは難しいわよ」
みさ子	「おばちゃんの言う通りよ。」
山本父	「共働きしている家庭に聞いた方がいいと思うけどなあ」
山本母	「そういえば，今日聞いてみたんだけど，うまくいっているらしいわよ。子どもが手伝ってるんだって。」

＜各配役の思いの設定＞

山本母 (生徒A)	自分も相手もよく知っている仲だし，家も近いので家族を説得して仕事を始めようとしている。
山本父 (生徒B)	まだ詳しいことをよく知らない。まだ賛成でもなければ反対でもない。とにかくいろいろな情報を知りたい。
みさ子 (生徒C)	お母さんが働きに出ると，その間の時間は家事ができないし，おばあちゃんにやってもらうのもいいけど，おばあちゃん一人では心細いわね……
信夫 (生徒D)	考えが浅い。まだまだ子ども。お小遣いのことしか頭にない。
つぎさん (生徒E)	お母さんのことを考え'家のことまで考えて言っている。家族思いのおばあさん。
ナレーター (生徒F)	母が仕事に就くということについて家族で話し合っている。

＜各配役の思いの設定＞

山本母 (生徒A)	大切な問題	家事と仕事の両立のこと。日中おばあちゃん一人だけになってしまうこと。＊話し合いで出てこなかった理由……話しがなかなか発展しなかったこと。おばあちゃんは日中一人になってもかまわなかったのか?!
	感想	初めの方はなかなか意見がまとまってなくて，話しがバラバラだったが終わりの方になると，山本母が仕事ができるような話しの流れになっているので，なかなかよい感じになっている。しかし，グループの話し合いになってから，だいたい母に対して攻撃的になっているのが気になる。
山本父 (生徒B)	大切な問題	共働きにより家事がおろそかになること。また，その場合，おろそかになった家事は誰がやるのか。
	感想	よくある家庭の問題だと思う。この場合家族全員で助け合っていけばよいと思う。それで，家事は何とかなると思う。2回目のつぎさんの発言はよくあるものだけど，最大の問題をついたい意見だと思う。
みさ子 (生徒C)	大切な問題	母が働くにあたっての問題点と解決方法。
	感想	母も働けば経済的にはよくなるが，家事が大変だし母も疲れる。
信夫 (生徒D)	大切な問題	慣れない仕事をいきなりやっていけるのだろうか？
	感想	信夫君が積極的に自分の意見を言っていた。かなり家族が悩みこんでいた。家族全員で相談に乗ってあげることはなかなかいいことだと思った。
つぎさん (生徒E)	大切な問題	みんなで助け合うこと。時間が足りなくて，そこまで行くことができなかったから。
	感想	このような話し合いの場というものは家の中であまりないから，たまにはこうしてみんなが意見を出し合う場があってもいいと思います。山本父の「他の人に聞いてみよう」という提案はよかったと思います。他人の意見を聞くことも大切なことだと思います。
ナレーター (生徒F)	大切な問題	おかあさんが働くことによって，今までお母さんだけがやっていた家の仕事をみんなで協力して手伝うこと。
	感想	お母さんは，家の中での仕事が一番多いから，仕事に出ると家事と仕事を両立するのは難しいから，家族がお母さんに協力して手伝えばいいと思いました。山本父とつぎさんの意見がよかった。

6．まとめ

　ここで紹介した「けん's TOWN」物語を題材とした「里の小包式」授業は，モデルを利用したロールプレイングや問題の発見や課題解決への道すじの提示など多くの手法を統合させて，「家族・消費生活」の授業における問題解決を目的として開発をしたものである。これらの授業は授業後の感想などにより，「けん's TOWN」物語に自分の生活を反映させて思考することや，登場人物に自分の考える家庭生活を語らせる装置として十分に機能すると考えられる。しかし，社会情勢や地域性に合わせたこまめな授業計画と，学習を進める生徒同士の関係づくりが必要なことはいうまでもない。一連の授業の方法として命名した「里の小包」のごとく，一つひとつの授業という箱の到着にわくわくし，あれもこれも入っている中身がすべてある時期の1つの家族を想像させるように統合され，今の生活をよくしようとしている箱であることを生徒に常に訴えられる授業であり続けたいと思う。

【引用・参考文献および注】
1) 文部省『高等学校学習指導要領解説家庭編』開隆堂出版　2000　p.19．
2) 福田恵子「家庭科学習の意義認知と学習意欲（第1報）学習意欲論の概観と尺度の作成」『日本家庭科教育学会誌』第42巻第4号　2001　p.7．
3) 日本学術会議・家政学研究連絡委員会『家政学研究連絡委員会報告　現代における家族の問題と家族に関する教育』1997　p.16．
4) 同上　p.84．
5) 河野公子「高等学校家庭科の改善の方向(8)改善の具体的事項(4)『中等教育資料』10月号　1999　p.75．
6) 福岡県高等学校家庭科研究部会『家庭科学習ノート［家庭経営・衣生活・住生活］』啓隆社　p.122．
7) 積水ハウス生涯住宅研究所企画・製作「生涯住宅の本　玄関・浴室のくふう」SEKISUI HOUSE　pp.6－7．
注) 登場人物のイラストはすべてMPC編集部『学校のイラスト』壮光舎印刷　1998年より引用

第19章 被服製作実習の教育的意義と授業実践
—— 中・高等学校の実践から ——

小林　京子

1. 被服製作実習の状況

　学校教育の指針である学習指導要領の変遷から，時の世相を考慮し，児童生徒をどう教育してきたか，また育てようとしているかを知ることができる。戦後の家庭科教育も目標や内容・履修方法において紆余曲折していることがよくわかる。

　家庭科の目標は，歴史的変遷からみても大筋として，幸福な家庭生活を営み，よい家庭人となるための知識や技術を身につけることである。さらに，細部のねらいとしては，世相の状況を鑑み，家族のあり方や地域社会との連携，ボランティア活動，環境問題とのかかわり等々，重点のおき方および取り扱う内容が変化している。中でも大きく変化しているものに被服教育が挙げられる。学習指導要領の改訂とともに，中・高それぞれ家庭科の週当たりの時間数は削減されている。この削減の中で，家庭科の学習内容を検討し指導内容を編成する際，被服教育への配当時間が削減され，とりわけ被服製作の取り扱いが削減されることが多い。

　しかし，被服製作の実習を通して培われる力はほかでは得られないものがある

と考える。これまで，時間の削減に対して製作物を工夫しながら対応してきたが，このたびの指導要領の改訂では，中学3年生で105時間から35時間に，高等学校では4単位から2単位にそれぞれ削減され，被服製作で培える力を育成させるにはいっそう困難な状況である。

ここでは，本校での被服製作の実践の歴史過程を振り返るとともに，生徒が被服製作を通して得ている学習成果を取り上げ，被服製作実践の重要性を述べ，今後の教育全般を見直す際の提言としたい。

2．学習指導要領にみる被服教育の変遷

中学校で1972(昭和47)年，高等学校で1973(昭和48)年の実施から，筆者は授業をしてきている。この改訂ではそれまでと変わらず，家庭科は女子のみの学習であり，配当時間も中学校では1～3年まで週3時間，高等学校も4単位が当てられていた。したがって，被服教育に配当する時間が多く，製作物も中学校では，活動的な日常着，休養着，外出着，さらに手芸品の製作が行われていた。高等学校では，家庭一般4単位の中で被服製作の時間が確保されていた。

昭和56・57年度の実施では，中学校は，1・2年生は週当たり2時間，3年生は3時間で，全体として週当たり2時間の削減となった。学習内容は，男女相互乗り入れが行われ，表19-1に示す「技術系列」9領域，「家庭系列」8領域の計17領域から7領域以上を履修するように定められた。多くの場合男子は「食物1」を学習し，被服の学習は女子のみの学習であった。実施する教材は，時間数の削減や高等学校との調和と統一を考慮して，中学校で作業着（被服1），日常着（被服2），休養着・手芸（被服3）を，高等学校で特に教材の定めはないが外出着としてワンピースやジャンパースカートなどが取り入れられていた。

平成5・6年度からの実施では，男女を区別せず，一人の人としての立場で身につけたい学習内容の教科として位置づけられた。配当時間は，中学校では，1・2年生は週当たり2時間，3年生は2～3時間となり，学校によっては削減となった。学習内容は，中学校では表19-1に示すように，11の領域の中から7領域以上を履修するように定められ，そのうち，「木材加工」，「電気」，「家庭生

310　第Ⅳ部　家庭科の授業実践から

表19-1　被服教育の変遷（学習指導要領から）

	中　学　校	高　等　学　校
公示（施行）年月日	昭和47年4月1日から施行	昭和45年10月15日公示（昭和48年度第1学年より実施）
技術・家庭学習対象 配当時間（単位）数	男子向き──男子　女子向き──女子 1年（105時間）　2年（105時間）　3年（105時間）	家庭一般──女子必修 4単位
学習内容	〈男子向き〉 (1年) 製図，木材加工，金属加工 (2年) 木材加工，金属加工，機械，電気 (3年) 機械，電気，栽培 〈女子向き〉 (1年) 被服，食物，住居 (2年) 被服，食物，家庭機械 (3年) 被服，食物，保育，家庭電気	家庭一般の内容 (1) 家族と家庭経営 (2) 家族の生活時間と労力 (3) 家庭の経済生活 (4) 食生活の経営 (5) 衣生活の経営 (6) 住生活の経営 (7) 乳幼児の保育
被服教育の内容	(1年) 活動的な日常着の製作 　ア．製作計画の立て方　イ．被服材料の特徴 　ウ．被服製作用具の取り扱い・用具の製作方法 　エ．日常生活における被服材料と被服製作用具の選択 　オ．日常着の製作　カ．被服と生活との関係 (2年) 休養着の製作 　ア．被服計画の立て方　イ．被服材料の特徴 　ウ．被服製作用具の取り扱い　エ．休養着の取り扱い 　被服整理 　ア．被服整理用の用剤・用具の取り扱い 　イ．被服整理の方法 　手芸（ししゅう・編み物・染色） 　ア．手芸に関する材料と用具の取り扱い　イ．手芸の方法 (3年) 日常の外出着の製作 　ア．製作計画の立て方　イ．被服材料の特徴 　ウ．被服製作用具の取り扱い　エ．外出着の製作方法 　オ．日常生活における繊維製品の選択　カ．被服と生活との関係	衣生活の経営 　ア．被服の機能 　イ．被服材料とその選択　(ア) 被服材料の性能　(イ) 被服材料の購入 　ウ．家庭の被服管理　(ア) 被服費と被服計画　(イ) 被服整理 　　　　　　　　　　(イ) 既製服の選択と活用 　エ．被服製作　(ア) 被服の活用法　(ウ) 個性にあったデザイン 　　　　　　　　(イ) 型紙の活用法 　　　　　　　　(オ) 着装　(エ) 裁断と縫製

第19章　被服製作実習の教育的意義と授業実践　311

	中　学　校	高　等　学　校
公示(施行)年月日	昭和52年7月23日公示 (昭和53年度より実施)	昭和53年8月30日公示 (昭和57年度実施 〈昭和54~56年移行措置〉)
技術・家庭学習対象配当時間(単位)数	〈男子〉技術系列から5領域，家庭系列から1領域　計7領域以上 〈女子〉家庭系列から5領域，技術系列から1領域　計7領域以上 1年(70時間)　2年(70時間)　3年(105時間)	家庭一般・女子必修，男子選択履修 4単位
学習内容	〈技術系列〉 木材加工1,2 金属加工1,2 機械1,2 電気1,2 栽培 〈家庭系列〉 被服1,2,3 食物1,2,3 住居 保育	家庭一般の内容 (1) 家庭生活の設計・家族 (2) 衣生活の設計・被服製作 (3) 食生活の設計・調理 (4) 住生活の設計・住居の管理 (5) 母性の健康・乳幼児の保育 (6) ホームプロジェクト・学校家庭クラブ
被服教育の内容	(被服1)スモックの製作 ア．スモックの構成と製作計画の立て方 イ．スモックに適した被服材料の特徴とその選択 ウ．スモックの製作方法　エ．作業上の製作 (被服2)簡単な日常着の製作(スカートの製作) 被服整理(編み物製品の洗濯) ア．スカートの構成と製作計画の立て方 イ．スカートに適した被服材料の特徴とその選択 ウ．スカートの製作方法　エ．日常着の洗濯 (被服3)休養着の製作(パジャマの製作) 手芸(ししゅう，編み物，染色) ア．休養着の構成と製作計画の立て方 イ．パジャマに適した被服材料の特徴とその選択 ウ．パジャマの製作方法　エ．手芸 オ．休養着と製作方法及び洋服と和服の特徴	衣生活の設計・被服製作 ア．被服の機能と着用目的　イ．被服の性能 ア．被服の機能　　　ア．着用目的と着装 イ．日常着の着装　　イ．衛生的機能と着装 イ．被服材料の性能とその選択 ア．被服材料の種類と性能　ア．被服材料の種類 　　　　　　　　　　　　　　服用目的と被服材料の主な性能 イ．被服材料の選択と使用目的と被服計画　イ．既製服の 　　　　　　　　　　　　　購入 ウ．家族の被服管理 (ア)衣生活の計画　ア．被服費と被服計画 　　　　　　　　　　イ．選択と活用 (イ)家族の被服整理　ア．手入れと保管　イ．被服管理の合 　　　　　　　　　　　　　理化 エ．日常着の製作 (ア)被服の設計　ア．立体構成と平面構成 　　　　　　　　　イ．着用目的とデザイン (イ)製作の設計　ア．デザインの選定　イ．材料の選定 　　　　　　　　　ウ．採寸　　エ．型紙の活用 (ウ)縫製　ア．裁断　イ．仮縫い　ウ．本縫い　エ．仕上げ　オ．着装

	中 学 校	高 等 学 校
公示(施行)年月日	平成元年3月公示（平成5年度から実施）	平成元年12月公示（平成6年度から実施）
技術・家庭学習対象 配当時間(単位)数	男女同一の扱い　1年（70時間）　2年（70時間）　3年（70〜105時間）	家庭一般、生活技術、生活一般のいずれか　すべての生徒が選択履修 4単位
学習内容	A 木材加工　B 電気　C 金属加工　D 機械 E 栽培　F 情報基礎　G 家庭生活　H 食物 I 被服　J 住居　K 保育 ＊A、B、G、H（太字）はすべての生徒に履修させる領域である。 ＊11領域のうちから7領域以上履修。	家庭一般の内容 (1) 家族と家庭生活 (2) 家庭経済と消費 (3) 衣生活の設計と被服製作 (4) 食生活の設計と調理 (5) 住生活の設計と住居の管理 (6) 乳幼児の保育と親の役割 (7) ホームプロジェクトの実践と学校家庭クラブ活動
被服教育の内容	G「家庭生活」領域——家庭の仕事 ア、家庭の仕事の種類や内容について知り、計画を立てること が できること イ、簡単な食事を整えること ウ、被服計画を考え、適切な着用及び手入れができること エ、室内の整備と美化の工夫ができること I「被服」 (1) 簡単な被服の製作 ア、被服の構成を知り、被服計画を立てる イ、製作に適した被服材料の選択 ウ、採寸及び型紙の活用　エ、裁断、しるし付け、本縫い、仕上げができる オ、布地や目的に応じた縫い方、縫い代の始末ができる カ、裁縫用具の適切な取り扱いができる キ、ミシンとアイロンの安全で適切な取り扱い (2) 手芸 ア、日常生活と手芸品の関係　イ、簡単な手芸品の製作 (3) 生活と被服の関係	衣生活の設計と被服製作 ア、被服の機能と着装 　(ア) 被服の機能 　(イ) 日常着の着装 イ、被服材料と被服管理 　(ア) 被服材料の性能・選択 　(イ) 被服計画 　(ウ) 被服整理 ウ、被服製作 　(ア) 被服の構成 　(イ) 日常着の製作

第19章 被服製作実習の教育的意義と授業実践 313

	中 学 校	高 等 学 校
公示（施行）年月日	平成10年12月14日公示（平成14年度から実施）	平成12年3月公示（平成15年度から次進行）
技術・家庭学習対象 配当時間（単位）数	すべての男女 1年（70時間）　2年（70時間）　3年（35時間）	家庭基礎（2単位），家庭総合（4単位），生活技術（4単位）のいずれか すべての生徒が選択履修
学習内容	〈技術分野〉 A技術とものづくり (1)生活や産業の中での技術の役割 (2)製作品の設計 (3)工具や機器の使用方法及びそれらによる加工技術 (4)機器の仕組み及び保守 (5)エネルギーの変換を利用した製作品の設計・製作 (6)作物の栽培 B情報とコンピュータ (1)生活や産業の中で情報手段が果たしている役割 (2)コンピュータの基本的な構成と機能及び操作 (3)コンピュータの利用 (4)情報通信ネットワーク (5)コンピュータを利用したマルチメディアの活用 (6)プログラムと計測・制御 ＊各分野の(1)〜(4)はすべての生徒が履修。 (5),(6)は各分野の4項目のうち1または2項目選択して履修 〈家庭分野〉 A生活の自立と衣食住 (1)中学生の栄養と食事 (2)食品の選択と日常食の調理の基礎 (3)衣服の選択と手入れ (4)室内環境の整備と住まい方 (5)食生活の課題と調理の応用 (6)簡単な衣服の設計・製作 B家族と家庭生活 (1)自分の成長と家族や家庭生活との関わり (2)幼児の発達と家族 (3)家庭生活と家族関係 (4)家庭生活と消費 (5)幼児の生活と地域との関わり (6)家庭生活と地域との関わり	家庭基礎の内容 (1)人の一生と家族・福祉 (2)家族の生活と健康 (3)消費生活と環境 (4)ホームプロジェクトと学校家庭クラブ活動 家庭総合の内容 (1)人の一生と家族・家庭 (2)子どもの発達と保育・福祉 (3)高齢者の生活と福祉 (4)生活の科学と分化 (5)消費生活と資源・環境 (6)ホームプロジェクトと学校家庭クラブ活動 生活技術の内容 (1)人の一生と家族・福祉 (2)消費生活と環境 (3)家庭生活と技術革新 (4)食生活の設計と調理 (5)衣生活の設計と製作 (6)住生活の設計とインテリアデザイン (7)ホームプロジェクトと学校家庭クラブ活動
被服教育の内容	家庭分野 A生活の自立と衣食住 (3)衣服の選択と手入れ ア 衣服と社会生活との関わりを考え，目的に応じた着用や個性を生かす着用を工夫できること イ 衣服材料の活用方法を考え，適切な選択が出来ること ウ 衣服の計画的な活用に応じた日常着の適切な手入れが補修ができること (6)簡単な衣服の製作 ア 日常の衣服に関心をもち，身体を覆う衣服の基本的な構成を知ること イ 簡単な衣服の製作について課題をもち，計画を立てて製作できること	家庭基礎 (2)家族の生活と健康 イ 衣生活の管理と健康 (ア)被服の機能と着装 (イ)被服材料の特性と被服管理 (ウ)住生活の管理と健康 家庭総合 (4)生活の科学と分化 イ 衣生活の科学と分化 (ア)人間と被服 (イ)被服材料の性能と特徴 (ウ)被服の構成と製作と被服整理と衣生活の管理 (エ)被服整理と衣生活の管理 生活技術 (5)衣生活の設計と製作 ア 被服の機能と着装 (ア)被服の機能と着装 (イ)被服計画 イ 被服の構成と製作 (ア)体型別行動と被服 (イ)立体構成と平面構成 (ウ)被服の製作 ウ 衣生活の管理 (ア)被服材料の性能と加工 (イ)衣生活の健康・安全

活」,「食物」の4領域はすべての生徒に履修させる領域と定められた。「被服」は選択となり,学校によって扱わないところが多くなった。高等学校では,「家庭一般」の選択履修をしたとき,被服製作の学習がある。したがって,小学校以来の学習となるものが多く,しかも,小学校でミシンを扱っていない生徒もいる。さらに,中学校で「被服」を学習しているものなど履修状況にばらつきがあり,取り扱う教材を選定するのに困惑する場合が多かった。

　平成14・15年度からの実施では,男女すべての生徒が履修する教科として位置づけはできているが,配当時間数は,中学校1・2年生は週当たり2時間,3年生は1時間に削減されている。さらに,高等学校では,「家庭基礎」(2単位),「家庭総合」(4単位),「生活技術」(4単位)のいずれかを選択履修し,学校によっては「家庭基礎」の2単位の履修になる場合がある。その場合には,削減が大きく,今までの学習内容を中学校・高等学校通して見直し,何を主軸として系統立てていくか,熟慮を要する状況となった。

3．本校における被服製作のあゆみ

　昭和47・48年度実施の頃は,被服製作(物作り)のウエイトが大きく,さらに,週当たりの時間数も中学1年から3年生まで105時間確保され,被服製作にかなりの時間をかけることができた。

　本校では,表19-2に示すように中学1年生で袖付きのかっぽう着・スカート・手提げ袋〈スウェーデンししゅう〉を,2年生でパジャマ・編み物(棒針編み〈ミトン〉)を,3年生でワンピース・染色(ろうけつ染め・絞り染め〈小ふろしき〉)を,さらに,高等学校ではジャンパースカートの製作を実施した。なお,中学校では,デザインは基本的に設定して型紙を提示し,布地(染色を除く)・毛糸およびサイズは個人に応じて選択するものとした。染色では,布地は白色綿ブロード地を準備し,染め色・図案において個性を生かせるようにする。高等学校のジャンパースカートは,原型を提示し,デザイン・サイズによって個人に合わせて型紙を製図する。中学校同様,用布はデザイン・個性に応じて選択させる。当時は,このような製作物にかなりの生徒が意欲的に取り組み,完成

表19-2　本校の被服製作実習の内容

	中学1年生	中学2年生	中学3年生	高校1年生
昭和47・48年実施	かっぽう着（三角巾） スカート 手提げ袋〈スエーデンししゅう〉	パジャマ 編み物（ミトン） 〈棒針編み〉	ワンピース 染色（こふろしき） 〈ろうけつ染め・絞り染め〉	ジャンパースカート
昭和56・57年実施	エプロン （三角巾・腕カバー）	スカート	パジャマ 染色（小ふろしき） 〈ろうけつ染め〉	ワンピース パーカー
平成5・6年実施	家庭生活（衣生活にかかわる仕事） ・小物作り ・アクリルたわし		染色（小ふろしき） 〈ろうけつ染め〉	帽子の製作
平成14・15年実施	家庭分野 ・小物作り ・アクリルたわし			ミシンを使って小物作り （リフォームにより幼児・高齢者向けに）

したときの達成感・充実感を味わうとともに，製作後の試着鑑賞会も楽しく盛り上がっていた（写真19-1）。

やがて，世の中の風潮が大量生産・大量消費・使い捨ての様相を呈し，衣生活においてもファッション重視，新素材の開発等々により，家庭での物作りより既製品の利用が多くなってきた。昭和52・53年の改訂では，中学校技術・家庭科の時間が週2時間削減（1・2年生各1時間の削減）となる。また，先に述べた（表19-1）ように技術系列（9領域），家庭系列（8領域）の中から1領域の男女相互乗り入れ学習となり，本校でも「家庭系列」の中から「食物1」領域を実践し，被服領域の学習時間の削減となった。したがって，被服製作物は，表19-2で示したように，1年生で作業着〈エプロン〉（課題として三角巾・腕カバーの製作），2年生で日常着〈スカート〉の製作，3年生で休養着〈パジャマ〉の製作と染色（ろうけつ染め〈小ふろしき〉）となった。このことで以前より技術力の低下が現れ，高校生の教材も3年生で扱っていたワンピースやパーカーに変更した。しかし，中学校では今までと同じく，個性を生かせるようにした。

316　第Ⅳ部　家庭科の授業実践から

写真19-1

　高校でもやはり，基本的デザインは提示するが，意欲のある者には個に応じ創意工夫を生かす場を与えた（写真19-1）。
　さらに，平成5・6年度の実施では，世界的動向で男女差別撤廃の考えの後押しもあって，家庭科の学習は男女同一の扱いですべての生徒が学習することとなる。配当時間は中学校では，70～105時間と定められ，学校の事情により70

写真19-2

写真19-3

時間に削減されることとなる。本校では105時間の確保はできた。しかし、学習内容は、既述した通り11領域に整理され、被服1、2、3は1つの被服領域となる。このうち7領域以上を履修することになり、すべての生徒が履修するように定められた領域には該当していない。したがって、7領域以上履修するものの中に「被服」領域が入ることは少ない。また、「家庭生活」領域の〈家庭の仕事〉に関して、主に適切な着用と手入れができることをめざす内容があるが、被服製作としての物作りを扱っていない。高等学校では、「家庭一般」（4単位）の中で被服製作（製作物は特に指定はなく、各学校の実状に合わせて選定する）の実習はできる。しかし、高等学校での被服製作をする際、出身中学校での履修の差があることや、小学校での学習以来の者の多くはミシンの扱いを忘れており、足並みがそろわないことである。本校の場合、他の中学校から入学してくる生徒もいるため、以上の点が不安であった。

　本校では、多くの場合と同じく中学で「被服」領域の学習を指導計画に取り入れていない。そこで、少しでも物作りにかかわらせる意図をもって、中学校1

写真19-4

年生の夏休みに条件をつけて（・廃物を利用　・ミシンを使う　・室内装飾となるもの）小物作りを課題として課す。各自の力量に合わせ色々なものが作られていた（写真19-3）。ほかに，環境問題に関する学習をする際，かぎ針を使って"アクリルたわし"を作ることとした。

　高等学校では，限られた教室空間で一度に40人の生徒が安全に作業することを考慮して，「帽子作り」に取り組んだ（写真19-4）。やはり，中学校での履修状況に差があり，しかも中学校で「被服」を履修している者の方が少ない。また，若干名ではあるが小学校でミシンを扱っていない生徒もいて，基本的なミシンの操作においては個人指導での対応となる。何とかミシン操作に慣れ，実習後の生徒の感想（表19-4）からもうかがえるように，自力で作品を完成させたときの達成感，および自分でもやればできるものだと物作りへの自信を抱くものが多い。改めて，こうした物作りの体験の成果を手応えとして感じた。

　平成14・15年度から本校では，中学3年生は35時間，高等学校は2単位となり配当時間数は大幅に削減された。そこで，今まで以上に中・高一体として

表19-4 生徒の感想

帽子の製作を終えて，次の点についてまとめてみましょう。

事　項	まとめ内容
(1) 自力で完成させたよろこび，感動はどうですか。	自分でデザインから決めて，はじめは絶対無理だと思ってたけど，いい作品ができてとてもうれしかった。
(2) 色・柄・デザイン等，思い通り（イメージ通り）に仕上がりましたか。	くるみボタンがういているのが少し気になるけど，自分が思っていた通りにできたと思う。
(3) 製作を通して，物作りにはどんなことが大切だと思いましたか。	ていねいに心をこめてつくることが大切だと思う。あと，自分の好きながらや型でつくれるい既製品にはない味がでると思った。
(4) 製作を通して，学んだこと・自分にプラスになったこと・自信がついたことは何ですか。	私でもやってみたらこんな帽子がつくれるんだという自信がついた。グログランテープやクルミボタンのつけ方などはじめて知ることがたくさんあった
(5) その他，今後衣生活（衣服の選択・取り扱い方）においてどんなことに気を配ろうと思いますか。	目的に応じて服を選んだり，布の特性を理解した着方，扱い方をしようと思った。また，着なしたものもまだ他のものにつくりかえたりしようと思った。

　学習内容の系統化を図り極力内容の重複を避ける計画を立てた。特に高等学校では従来のような領域ごとの学習とせず，人の一生を時系列で考える，すなわちライフサイクルの各ステージを基に学習計画を立てた（表19-5）。今までの食生活に関しての学習でスパイラルに重複して学習していた点を整理し，中学1年生で食生活に関する学習時間を増やした。そこで，被服教育は，中学校の家庭分野の　A．生活の自立と衣食住〈(6)簡単な衣服の製作〉で取り扱われているが，本校の学習内容は表19-6に示すように従来通り夏休みの課題として小物作りを課したり，アクリルたわし作りとする。そして，高等学校において乳幼児期および高齢期の特徴についての学習後，こうした時期にふさわしい衣服の製作を計画してみた。しかも可能な限りリサイクル・リフォームを取り入れ，活用できる箇所（部分）を生かして短時間に製作可能なものとする。なおかつ，被服製作で培われる要素（被服の構成，縫製技術，完成後の充実感）やさらに，他者を思いやる気持ち，資源の有効利用等環境問題までも幅広い学習を目指してみる。

表19-5 学習計画（高等学校〈家庭基礎〉）

学期	題　材	時間	学習内容
1学期	家庭科の学習について １．人の一生と家族 　(1) 私の人生を築く 　(2) ライフコースと生活課題 　(3) 家族と自分とのかかわり	1 20	 ア，青年期の生き方を考える イ，進路選択をするに当たって ア，ライフサイクルとライフステージ イ，いろいろなライフコース ウ，ライフコースと生活課題 エ，ライフステージごとの発達課題 ア，家族・家庭とは，家族の機能，家族の形態 イ，1日の過ごし方（生活時間） ウ，家事労働（意義・自立度の把握） エ，食生活において 　＊食生活指針を基に 　＊実習を通して 　　（食材の特質・栄養診断・調理法・食事マナーなど） 　＊調理実習 　　①親子どんぶり・ほうれん草のごまあえ・わかめと豆腐のすまし汁 　　②酢豚・涼 半三糸・（中華風スープ） 　　③炊きおこわ・刺身・かぼちゃのそぼろ煮・（みそ汁）
2学期	２．子どもと高齢者の生活と福祉 　(1) 子どもの生活と保育・福祉 　(2) 高齢者の生活と福祉	25	 ア，子どもの心身の発達 イ，子どもの生活（遊び・生活習慣） ウ，子どもの栄養の特徴と食事 　（栄養の特徴・乳幼児の食事〈実習〉） 　＊調理実習 　　④ドリア・ミネストローネ・プディング・（幼児向けサラダ） エ，保育と福祉（少子社会と子ども・家庭保育と集団保育・子育ての社会的支援） ア，高齢社会と私たち イ，心身の変化・特徴 ウ，高齢者の食事 　＊調理実習 　　⑤雑炊・おろしあえ・煮魚 エ，経済生活 オ，豊かな生き方 カ，高齢者の福祉（ノーマライゼーションと自立支援・支援サービス・介護保険）
	３．消費生活と資源・環境 　(1) 安全な消費生活 　(2) 環境にやさしい消費生活	7	 ア，社会の変化と消費行動 イ，家計の管理 ア，自然との共生・共存 イ，省エネルギー（環境汚染・有限資源・地球温暖化）
3学期	４．家族と衣生活 　(1) 衣服の機能と着装 　(2) 衣服の手入れ 　(3) 小物作り	15	 ア，衣服の機能 イ，被服気候と着方 ア，衣服整理と管理（衣服材料の特性・表示の意味・手入れ） ア，小物作り（リフォームを生かす） 　＊ミシンを使って 　＊幼児・高齢者向け作品　など

ホームプロジェクト　2

表19-6　指導内容（中学校1・2年〈技術・家庭〉） 70時間（注）

学期	題材	学習内容	時間
1年 1・2学期 (2・3学期)	家庭生活 1．家族と家庭の生活 　(1) 家族とのかかわり 　(2) 家庭の生活 2．家庭の仕事 　(1) 家庭の仕事内容 　(2) 衣生活にかかわる仕事 3．家庭の経済 　(1) 商品の選択と購入 　(2) 消費生活と環境	 ア，家族とは イ，自分にとって家族とは ウ，家族とのかかわり ア，家庭での生活内容 イ，家庭の機能 ウ，家族の役割 ア，家庭の仕事の内容 イ，家庭の仕事の特徴 ア，衣服のはたらき イ，衣服の手入れ（衣類についている表示） ウ，洗たく（洗剤，洗温，洗剤濃度），漂白，しみ抜き エ，小物の製作 オ，アクリルたわしの製作 ア，選ぶときの条件 イ，さまざまな販売方法と支払い方法 ウ，トラブルの解決 ア，地域の人たちとのかかわり イ，生活とゴミ ウ，環境保全	25 (4) (16) (5)
1年 1・2学期 (2・3学期) ------ 2年 1・2学期 (2・3	食物の学習 1．青少年の栄養と日常食の献立 　(1) 青少年の栄養の特徴 　(2) 青少年向きの献立 2．食品の性質と選択 　(1) 生鮮食品 　(2) 貯蔵・加工食品 3．青少年向きの日常食の調理 　(1) 調理の基礎 　(2) 日常食の調理	 ア，栄養素の種類とはたらき イ，青少年期の栄養の特徴 ウ，青少年期の栄養所要量 ア，食品群の分け方 イ，各食品群の栄養的特質 ウ，食品群別摂取量のめやす エ，青少年向きの献立作成 ア，生鮮食品の特徴と鮮度の見分け方 イ，季節の食品の特徴 ウ，食品の流通経路 エ，食品の部位と調理 ア，貯蔵・加工食品の種類 イ，表示・マーク ウ，食品添加物 エ，上手な加工食品の利用 ア，調理の心構え イ，材料の準備（食品の可食部・廃棄部） ウ，用途に応じた調理用具の種類と扱い方 エ，後片づけ ア，食品の調理上の性質 イ，調理実習 実習例 ①ご飯・さつま汁・青菜のお浸し ②ちらしずし・潮汁 ③スパゲッティミートソース・牛乳かん・野菜サラダ ④ご飯・あじの塩焼き・きゅうりとわかめの酢の物・かき卵汁 ⑤炊き込み飯・だし巻卵・すまし汁 ⑥蒸しパン・ムニエル・ジュース ⑦トースト・ハンバーグステーキ・コンソメスープ・野菜サラダ	45 (8) (8) (29)

学期	(3) 食事作法	⑧ご飯・天ぷら・即席みそ汁・即席漬け・果汁ゼリー ア，配ぜん イ，食器の扱い方 ウ，食べるときの姿勢・マナー

注：技術・家庭として1・2学年各70時間（計140時間）であるが，技術科・家庭科を2分し，各科は70時間となる。そこで，学習する生徒をクラスごとに二分して半期交代で各科を学習する形態をとっている。

今年度この計画に従って取り組んでいる。この内容はまだ未実践であるが目標をめざして実践したい。そして，実践後の反省点を整理し，次年度には改善点に立ってさらに効果のある実践をしたい。

4．今後の被服教育のあり方

今日の衣生活は，生産技術の向上，新素材の開発等目まぐるしく新しい情報が飛び交っている。私達消費者も個性を生かした要求や着方，また，TPOに合わせた選択や着方を楽しんでいる。

被服教育はこうした被服機能に適合した選び方・着方や取り扱い方の教育に終始するものではない。被服製作という物作りを通して，ミシンの扱いや技術の向上のみならず，他の学習では得難いより多くのことを学習することができる。例えば，表19-4の生徒の感想からうかがえるように，平面的な布地から立体的な形に仕上げていく過程で，物の構成の様子，被服材料や目的に合わせた縫い方やしまつの仕方などが分かるようになる。そして何よりも大きな学習は，取りかかる前には自分にはできないと思い込んでいたことを，努力によって多少の困難を乗り越えて作品を仕上げたとき，成就感や達成感という大きな感動を味わえることである。また，このことは自分にもできるという自信にもつながってくる。さらに，こうして培われた力は，既製品の選び方にも変化を与えている。とかく，色・柄・デザイン・サイズで選びがちであった視点に，新たに縫製の丁寧さや，使途に合った素材であるかなども考慮するようになる。さらに，製作で苦労したことで物を大切にする姿勢が生まれている。

このたびの学習指導要領の改訂では，中学校の「技術・家庭」の年間授業時数および高等学校「家庭」の単位数の削減によって，被服教育に充当する時間数が大きく削減される状況にある。一方，市場社会では生産技術の進歩が目ま

ぐるしく，消費者の多様な要求にも対応できるほどである。そこで，被服教育は消費者としての選択の仕方や取り扱い方，また，被服機能に対応した着方等に終始しやすく，製作実習までは取り入れ難い状況になっている。

しかし，製作実習から得られる力は大きい。今日，環境問題や資源問題が社会的に取り沙汰され，生活のありようを考え直すことが国民的課題となっている。その取り組みの中にリフォーム・リサイクルがある。リフォームするには経験による製作技術が必要である。また，製作経験によってアイディア等工夫する力もつく。そこで，表19-5の学習計画で示したように他領域の学習と関連づけ，トータルな扱いの視点で計画してみた。製作に当たっては，死蔵となっている物，あるいは廃棄されそうな物をリフォームし，資源を有効活用するという視点とともに，利用できる箇所（部分）を活用して限られた少ない時間数のもとで製作できるものとする。さらに，幼児や高齢者向けに利用できる物などを考えている。

このように，少ない時間数でも被服製作実習の教育的意義を大切にした授業実践を提言したい。

【引用・参考文献】
1）文部省『高等学校学習指導要領解説』実教出版株式会社　1972
2）馬場信雄・鈴木寿雄・小笠原ゆり編集『改訂　中学校学習指導要領の展開』明治図書　1977
3）小笠原ゆり編集『改訂　高等学校学習指導要領の展開　家庭一般編』明治図書刊　1978
4）文部省『高等学校学習指導要領解説　家庭編』実教出版株式会社　1979
5）文部省『中学校指導書 技術・家庭編』開隆堂出版株式会社　1989
6）文部省『高等学校学習指導要領解説 家庭編』実教出版株式会社　1989
7）文部省『中学校学習指導要領(平成10年12月)解説―技術・家庭編―』東京書籍　1999
8）文部省『高等学校学習指導要領解説 家庭編』開隆堂出版株式会社　2000

第20章
着るという立場から布を比べる教材開発とその実践
―― 大学生による検証 ――

福田　典子

1. 衣生活教育の課題から

　近年，衣生活教育の教育的意義が食生活教育に比べて少ないように指摘される場合もある。しかしながら，児童生徒およびその教諭や親の衣生活に関する知識や技能の定着度が十分とは言い難い。衣生活教育の中でも，特に正しい着方指導の必要性が挙げられているが，教科書の記載は基本的な知識を身につけるための最もわかりやすい指導配列となっているのか不明な点も多い。また，授業者にとっても，初めて説明を受ける学習者を対象に，説明しやすい指導構成とは言えない場合もある。さらに，児童生徒の興味関心を引き，実体験を伴った教材も不足しているように思われる。
　そこで，本研究では，児童生徒自身が毎日着用している被服材料に興味関心を向け，その違いを観察したり，調べたりする動機づけを高め，さらに，授業内容での学びが生活に実践化されやすいような実験教材の開発を目的とした。

2. 教材開発のねらい

(1) 被服材料（素材）の取り扱いの現状

　現在，行われている被服材料に関する指導は，最初から，繊維の種類と性質の特徴を説明するものが多い。小・中・高の教科書や資料集（図説集）には，「繊維とは，」と始まり，主に繊維レベルの種類の違いについて，詳細な説明や電子顕微鏡図や燃焼性の図が示される場合が多い。これらは，学術研究上の繊維の比較には不可欠であるが，子ども達の生活とはやや距離があるように思われる。さらに，繊維特性の説明には，繊維製造者の立場・日常手入れをする人の立場・着心地等多様な観点からの内容が混在して盛り込まれており，児童生徒にとっては，大変わかりにくい。繊維比較の前に布を調べよう（観察）と示されている指導例の場合であっても，肉眼やルーペで布の成り立ちを比較観察させるものであり，依然として低年齢学習者のとらえやすさには疑問が残る。学習者の多くは紙・ビニールシート・布について，その違いすら認識されてない場合が多い実態を考えると，被服材料に関する基礎的事項を身近な内容として理解するには多くの時間や実物（多様な布地）を手に取り，比較する実験実習が必要であるように思われる。または，前段階としての何らかの導入的支援が必要ではないかと考えた。

(2) 着る立場と作る立場の違い

　繊維の特徴は，いろいろな立場から，重要度の異なった形で表現できる。生活者および消費者が着るという立場で，繊維を比較する時，最もわかりやすく，必要感の高い性質は，布地に接触した際の肌ざわりであり，ざらざら・すべすべ感の違いではなかろうか。一方，作る立場で，繊維を比較する時，最も重要度の高い性質は，天然繊維の場合，細さや光沢の違いであり，化学繊維の場合，熱可塑性や加工処理上の諸刺激に対する安定性等であろう。当然着る立場と作る立場で，類似の内容になる場合もあるが，明らかに表現方法や優先順位が異なるはずである。綿の特徴を例に示すと，着る立場では，「比較的柔らかく，汗を吸いやすい」と表現できるが，作る立場では，「アルカリに強く，形態安定性が低い」と表現できるだろう。ここで，着る立場に手入れの立場を含めるか否

かが問題となる。学習者の理解しやすさを考慮すると，低年齢児では含めない方が良いと考える。手入れの立場の内容は，作る立場に類似してくる。しかし，着る立場より大まかな繊維特徴を十分に理解させた後に，その学習内容を基礎として，手入れの立場からの性質へと学習を深めるべきであろう。綿を例に取ると，手入れの立場では，「洗濯により皺になりやすいが，家庭洗濯しやすい。アイロン温度は高温で可」と表現できるだろう。ポリエステルの特徴を例に示すと，着る立場では，「汗を吸いにくいが，比較的軽い」と表現できるが，作る立場では，「染色しにくいが，形態安定性が高い」と表現できる。手入れの立場では，「洗濯により皺になりにくく，乾きが早い」と表現できるだろう。

学びの容易さや必要感を考えるならば，着る立場→（手入れの立場）→作る立場の順に繊維の特徴を整理して指導すれば，学習効果は高まりやすいのではないかと予想される。そこで，ここでは，着る立場から，学習者自身が布に興味をもち，自然に比較観察したくなるような実験用教具を考案することをねらいとした。

3．実験教材

(1) 実験用教具

布地は長野市内の一般服地店より購入したものをそのまま使用した。皮膚刺激性には，繊維や糸の形状が大きな影響を及ぼす[1]ことが知られている。そこで，教具試料として表20-1に示す織糸太さ，毛羽，組成などの大きく異なる5種を選定した。実験用教具は布部5×10cmで，左右の短辺中央に約15cmの持ち紐（毛糸）をつけて作成した。布にABCDEと試料記号をつけ，5種類1組の実験用教具を7組作成した。6班分と予備1組である。

(2) 実験方法

実験方法は官能試験法[2]に準じた。官能試験法は①人間の五感を測定器としたもの，②評価しようとする要因が不鮮明なもの，③いくつかの物理量の総合評価が可能なもの等に多く利用される。そして，その評価方法には，a組み合わ

表20-1 教具試料

	主な組成	厚さ(mm)	織り糸の平均重量[1] (mg)	たてよこ平均の糸密度[2] (本)	けば
A	絹	0.16	4.6	38×42	なし
B	麻	0.22	10.2	27×32	なし
C	ポリエステル・綿	0.21	6.7	28×53	なし
D	綿	0.26	7.2	27×53	なし
E	毛	1.06	63.5	7×12	有り

1) 500mmの重量　2) 1cmあたりの織り糸の本数

せ法, b評点法, c分類法, d失点法, e順位法, f一対比較法などが知られる。本実験では，順位法に準じた官能試験方法を参考に方法を決定した。

　本実験では，各班に5種類1組の異なる布地を渡し，すべすべ～ざらざらの程度で各自判定させ，順序をつけて，結果をプリントに記入させた。最初に，閉眼であごの下に教具をあてて，左右に10回ずつ擦って，皮膚面に感じた感覚的違いから判定を行い，次に目で布部を肉眼で観察して，その違いから判定を行い，総合的に順位を決定させた。

4. 授業実践

(1) 学習者の実態

　大学生を対象として，2002(平成14)年2月，質問紙法によるアンケート調査を実施した。主な調査項目は被服着用中の不快経験，家庭科における被服の着方に関する学習経験，家族からの指導内容等であった。被服着用中の不快経験に関しては，「ほとんどない」「少しある」「ある」「かなりある」の4択より選択回答を得たところ，「ある」または「かなりある」と回答したものが，全体の半数を超える結果となった。また，家庭科における被服の着方に関する学習経験も同様に，「ほとんどない」「少しある」「ある」「かなりある」の4択より選択回答を得たところ，全体の31.4％が「ほとんどない」と回答した。さらに，家庭における家族からの指導内容については自由記述で回答を得た。結果を以下の表20-2にまとめた。回答されたものに限り，家族からの指導内容を項目別に分類すると，肌に優しい着方に関する事項が最も多い傾向にあることがうかがえ

る。このことから，着方に関して，最も重視され，注目度が高い項目は，肌に優しい着方である傾向が認められる。しかしながら，実際には，過去の被服着用中における不快内容や失敗経験を詳細に分析したところ，その多くが皮膚と被服との関係性が原因と思われるものが，多く挙げられた。

このことから，家族も重視し注目し，その重要性が高いにもかかわらず，実際には正しい知識が不足し，さまざまな着用場面でかなりの失敗経験を有する実態がうかがえる。以上のことから，本時の学習課題である「被服によるちくちく・ざらざらの原因は何だろうか」というテーマは学習者にとって，学習者自身の課題意識は少ないテーマであり，家庭での若干の指導はあるものの定着度が不足しているものとして，家庭科衣生活領域における指導項目としての必要

表20-2 被服の着方に関する家族からの指導内容

項　目	内　　容
安全な着方	特になし
肌に優しい着方	基本的には綿100％を選ぶ 毛糸類は絶対に肌にふれないよう，中に長袖下着を着る 綿を中心に着る 綿100％でないとかゆくなる 肌には綿が良い 自然素材のものが化学素材よりいい 肌に合わないものは着ないこと ウールの服は肌にあたると，ちくちくする アクリル系のセーターは下に肌着や綿のものを着て，首回りはスカーフで保護して着る
暖かい着方	清楚なものの方が保温効果は高い 暖かいものを中に着る 第1ボタンを締めるとよい 黒は光を吸収するからよい 毛糸の上にナイロン
涼しい着方	シャツの下に下着を着る 暑い時こそ，汗を吸うものを着た方がよい
個性的な着方	特になし
社会的な着方	TPOに合った服装 スーツの着方 和服の右前 服の着方が他者とのかかわり合いに影響する
その他	帯の締め方 ネクタイの締め方

度は高いものと思われた。

(2) 授業概要

大学2～4年生24名（男1名，女23名）を対象として，2002（平成14）年10月30日（水曜日）14：40～15：25の45分授業を行った。天候は晴れ，場所は5F被服実習室であった。3～4名で6班を作り，班単位で実験教具の配布を行い，比較判定，結果の記録は個人単位で行った。導入部では，被服着用中の皮膚刺激に関するトラブルの実態調査の結果を示し，その原因や快適性への関係について，知的好奇心がもてるように配慮した。展開部では，開発した実験教具を用いた実験を行った。総括部では，実験結果を実際の着衣選択や着方へとつなげ，各自の生活における実践への動機づけを高めるように配慮した。

5．学習者の反応

(1) 実験記録に記載された結果の例

1) 目を閉じて，あごの下に試料を擦りあててすべすべ（ざらざら）感を比べる。

学習者22名から得られた結果（回収率：91.7％）についての分析結果を示した。まず，実験記録のうち，触感による布地の観察結果の表現例を以下に示した。試料Aは，さらさら，つるつる，滑らか。試料Bは，硬い，肌に合わない，ぱりぱり，ざらざら，ごわごわ，丈夫。試料Cは，さらさら，つるつる。試料Dはさらさら，つるつる。試料Eはざらざら，ちくちく痛い，厚さがあって柔らかい，かゆい。

次に，実験結果のうち，すべすべ（ざらざら）感順位結果の傾向を以下に示した。5つの試料間の順位づけは，その一致度が高かった。異なる班においてもその類似性は高く，教具としては妥当性の高いものと確認できた。

記述結果をみると，試料Cと試料D間に差が少なく，順位づけが困難である様子がうかがえた。しかし，順位評定結果をみると，2名のみがざらざら感を試料C＜試料Dと逆の判定をしていたが，その他の学習者は試料C＞試料Dとしていた。よって，試料Cと試料Dの関係はおおむね判定可能であったといえよう。

2) 試料には触れないで，目で見て試料のすべすべ（ざらざら）感を比べる。

実験記録のうち，視感による布地の観察結果の表現例を以下に示した。

試料Aは，細かい，糸が密，薄い，光沢あり。試料Bは，丈夫そう，（目が粗いので隙間が多く）透けている，寒そう。試料Cは，細かい，気持ち良さそう，密度が高い。試料Dは細かい，丈夫そう，寒そう。試料Eは糸が太い，ふわふわしている，暖かそう。

(2) 学習カードに記述された授業の感想
 1) 実験教具に関して

実験前に実験結果や感想を記入する欄を設けた学習カードを学習者全員に配布し，授業後に回収した。以下には，学習カードに記載された内容について，特に実験操作や実際に実験を行ってみて感じた学習者の感想の主なものをまとめて示した。

・目で見て触っている以上に目をつぶると触り心地の違いがわかった。かゆくて感覚がおかしくなりそうになった時もあったけれど，実際に触れて感じることはとても良いことだと思う。実際に体験できるものが多くて，楽しかった。

・服の触り心地は学習したことがなかったので，楽しかった。布にざらざら感の程度で順序をつけるのは微妙な差でわかりづらかった。夏の場合には，汗が出るのでやりづらいのではないかと思った。アレルギーがある人は授業に参加しにくそうだった。

以上，学習者は実際に布に触れるという毎日経験していることを改めて実験として行い，その大変に身近で単純な活動に対して，新鮮な感動を覚えていることがうかがえた。また逆に，学習者にとって，いかに日常的に感じている衣服からの刺激が無意識なものであるかがうかがえた。以上，学習者の記述より，日常的にかかわっている布を意識的に抽出し，触覚で比較観察させることは，衣生活教育の基本的な指導方法として大変に有効であるものと推察できた。

 2) 授業内容に関して

授業後に授業を受けての感想を記入する欄を設けたカードを学習者全員に配布し，その場で記入してもらい回収した。以下には授業内容に関して，わかった

ことや考えたこと，生活への実践意欲などの主なものをまとめた。
- 着用中の不快感について，今まであまり考えることがなかったので，良いきっかけとなった。身近なことがわかるというのは，とても理解しやすいと思う。
- 普段あまり気にしていなかったけど，着心地はデザイン，値段とともに衣服の特徴の1つだと感じた。糸密度や糸重量の違いで心地良さにこんなにも違いがあるのかと驚いた。興味深いテーマであった。
- 今回の授業は自分のためにもなって良かったと思う。
- 学習課題がおもしろそうだと思った。実験をすることで，退屈な授業にならなくて良かった。
- わかりやすい授業だった。とても勉強になった。布の種類をよく知って着るべき。何気なく感じていることでも，奥が深いと思った。
- 実際に出回っている服の例まで挙げて説明してくれたので，わかりやすく（イメージしやすい）内容の濃いものになったと思う。
- 糸密度と糸の太さの関係は少し混乱したが，ちくちく，ざらざらする原因はよくわかった。刺激の少ないものを下に着て，アウターとしてニット等を着る（ことがわかった）。
- 肌触りの悪い素材は重ね着をする（べき）。うまく重ね着をして肌を守る（ことが大切）。今までは，適当に着ていて，不快感などは考えていなかった。きちんと考えながら，着用しなければならないと感じた。
- 今日学んだことを利用して，自分が不快感を感じないもので作られている組成を見て被服を購入したいと思う。
- 肌に一番触れる服は，最も肌に合う，柔らかで，さらさらして，違和感のないものにすること（が大切）。その布に合った使い方をすることが大切だと思った。

以上学習者の感想より，指導目標はおおむね到達されたことがうかがえた。また，布の触り心地の違いを確かめるという経験が布の種類による特性の違いに気づき，その使い分けの重要性へと発展していく様子もうかがえた。これまで，繊維の種類とその特徴の次に織物と編物の比較や織物の三原組織の比較といった内容が長い間指導されてきているが，基本的に学習者が耳から情報を聞いて，

さらに目で見て違いを実感させる指導に偏っていたのではないかと考える。衣服は見るものである前に、身体に直接まとうものである。したがって、今後は着心地という温熱的および触覚刺激の視点を重視した教材教具の開発研究および指導方法の研究が必要であろう。その意味において、本実践は試行ではあるが、意義深いものと考える。

6. 実験教具および指導法における課題

ちくちく・ごわごわの問題点に関する説明が不十分であったために、それらの原因を考えようという授業者の発問に対して、学習者の理解が追いつけない様子であった。せっかく、布を触覚で違いを比較したのに、ちくちくざらざらするとどのような不快感や疾病発生の原因となるのか、ちくちくざらざら感を感じないように着用するにはどのようにすれば良いのか、などの説明が不足していた。この説明があれば、もう少し容易に学習カードへ、各自の衣生活における経験等を振り返り、好ましい上手な着方への対策計画が記述できたものと思われる。

この発問に対してやや戸惑いを感じた学習者も観察され、授業者は説明不足を反省したが、学習カードの記述を見ると、おおむね、目標は達成されたと評価できた。また、本実践においては、指およびあごに触れる感じと目で見た感じの両方での比較をさせたが、学習者によっては皮膚の感覚による判別がだんだんと困難になって、あごに触れる感じの結果の記述がしづらい様子もうかがえた。試料数が5点と多かったことや、ざらざら感の大きすぎる試料が判別の困難さを助長したことなどが原因の一部と考えられる。適切な試料点数や選定試料の適切なざらざら度に関して、一層検討が必要であろう。また、本実践で用いた教具は作成時、布の表裏を考慮しなかったが、より統一的な教具としては表裏を確認して作成する方が望ましい。また、布に対する触診動作における性差[3]なども指摘されているので、今後は男子生徒の多い場合においても、実験結果の正答性との関係について、継続的な検討が必要であると考える。

7．まとめ

　以上，着るという立場から布を比べる教材開発を行い，大学生を対象としてその授業実践を試み，その評価を行った。本教材は被服材料学習の導入部に用いて，学習の動機づけを高める可能性があることが示唆された。また，学校教育の中で使用でき，安全で，安価で，操作が簡単で，教具の繰り返し利用も可能であり，判定の信頼性も高い教材を開発するという目標にはある程度到達できた。しかし，ちくちく・ざらざらの原因について，本実験教具を用いた実験で得られた結果とその他の測定値を関連づけて，短時間に明瞭な説明をすることはやや困難であった。今後は一層，説明しやすさの観点からも提供試料について，検討を重ねる必要がある。授業づくりに協力してくださった藤本この美さん，梅木夏子さんに感謝する。

【引用・参考文献】
1）日本産業皮膚衛生協会技術委員会第一分科会「繊維及び糸の要因と皮膚刺激性」『繊維製品消費科学』第37巻第6号　1996　pp.50-58.
2）山口正隆編『被服材料実験法』建帛社　1988　pp.182-194.
3）李受みん・上條正義・西松豊典・佐渡山亜兵・清水義雄「布判別時における手指の能動的触運動について―男女差について―」『繊維学会誌』第59巻第9号　2003　pp.57-62.

第21章
教員養成大学における家庭科授業の改善
―― 「テレビ会議」授業による「遠隔授業」の導入 ――

甲斐 純子

1. 大学と小・中学校の授業交流

 今日,大学改革による教員養成大学の組織替えや,長期にわたる教員採用率の低迷,さらに,栄養教諭制度の確立など,家庭科の教師教育にあっては,今まさに試練の時である。そして,一方で教師の力量が問われている。2002（平成14）年2月21日,中央教育審議会「今後の教員免許制度の在り方について」（答申）の中にも,教員の資質向上のための,免許制度の見直しを含めた抜本的改善の必要性が述べられている。
 教師の力量とは,授業実践力や教室経営能力だけでなく,生活指導能力,カリキュラム作成能力,学校経営能力など,学校教育現場を運営するために必要ないくつかの能力の複合力である。現在,教員養成を目的とする大学においては,これらの力量を,学部の4年間,あるいは修士課程を含めた6年間で,どのように組織的に養成していくかが最大の課題となっている。
 福岡教育大学では,上記のような状況を鑑み,今回の大学改革において,教育実習制度の重点的な見直しを行った。すなわち,学生達の教師としてのプロ意識や力量を,入学後早期から学年段階を追って高めていくことをめざしてい

る。従来の3年時の「本実習」の他に,「本実習」の基礎教育として,1年時に「体験実習(選択)」,2年時に「観察実習(必修)」と「基礎実習(必修)」を,また,本実習終了後の4年時に「研究実習(選択)」を新設した。特に,要となる「本実習」を有意義なものとするためには,「本実習」に至るまでのそれぞれの実習を大学の授業内容と連携させ,大学のカリキュラム全体の中で組織的に構想しなければならないと考える。

　そこで,一教科としての「家庭科」の授業を例に,大学での「家庭科教育法」の授業と,附属小,中学校の「家庭科」の授業とを有機的に結ぶことを試みた。まず,学生達を,本実習前にできるだけ学校現場の生の授業に触れさせること,さらに,その補足手段として,「テレビ会議」を通してリアルタイムで附属学校の教師や生徒達と交信させることにより,「本実習」に対する学生達の意欲と取り組みへの動機づけとなるよう考えた。

　「テレビ会議」授業を取り入れた理由は,本学の,それぞれ3校ずつある附属小・中学校がいずれも遠距離にあることと,附属小・中学校の「家庭科」が1人教科(担当教師が1人)であることである。そのため,学生の時間的,経済的な負担と附属教師の多忙さを考慮すると,学生達の附属学校への引率回数は現実には限度がある。幸い本学では,数年前に,附属学校との間に,専用回線が開通し,パーソナル・コンピュータやテレビ電話を用いた「遠隔授業」が可能になった。そこで,必要に迫られて,1999(平成11)年度から,大学の授業と附属小・中学校の「家庭科」の授業とを「テレビ会議」で結び,交信を試みてきた。「遠隔授業」は,欧米,オーストラリア等の教師教育の場でも「e-learning」の名で普及している。日本でも,光ケーブル時代の到来とともに,近年学校教育に活用され始めている。1999(平成11)年の交信開始時には,「実習(動画)」を送受信するには,かなり困難な状況が見られたが,ここ3〜4年で交信用ソフトの進歩と機器の容量拡充等により,動画画面と音声の送受信が極めて容易になりつつある。最近,教室に限らず,家庭生活の中で動画送信機能付き携帯電話やテレビ電話が日常用具として使用され始めた。パーソナル・コンピュータやスペース・コラボレーション・システムばかりでなく,今後考案されるであろうさまざまな通信機器によって,小・中・高等学校および教員養成大学の授業形態は大きく変わっていくと思われる。

本稿では，これからの教員養成大学家庭科の授業改善のための一方法としての「テレビ会議」授業による「遠隔授業」の意義と活用方法を考えていきたい。

2．「テレビ会議」授業実施の経緯

(1) 教育実習制度確立以前の教育ボランティア実施状況

将来教師をめざす学生に，大学入学後，早期から教育現場での経験を積ませることを重視し，制度確立以前から，附属小・中学校において，3年間で合計8人の学生に教育ボランティアの経験をさせてきた。その結果，学校現場での体験は，力のある学生にとっては，大いに有効であることがわかった。

表21-1 教育ボランティア実施状況
(甲斐研究室8人の卒業生と在学生および附属家庭科教師2人への聞き取りと実習日記より)

実施年度	学年	受け入れ校	頻度	内容	現就職校種
①1999年度	M1生	福岡中	週1, 10カ月	[授業の手伝い], [T.T], [パソコン]	高
②2000年度	M2生	小倉小	週1, 7カ月	[授業の手伝い], [教材, プリントづくり]	小
③④2000年度	4年生2名	小倉小	2カ月間に5回	[教材づくり], 卒論授業	小・小
⑤⑥2001年度	4年生2名	小倉小	4カ月間に4回	[授業撮り], 卒論調査, [集計]	小・高講予定
⑦⑧2001年度	3年生2名	小倉小	週1, 4週進行中	授業見学, 課外活動（紙芝居等）	(学生)

―― は，学生自身のため。　[ ] は，教師のための手伝い。

《ボランティア学生および附属家庭科教師の感想》
〈学　生〉
　（良かった点）
　　1）専門的な知識が身についた。①
　　2）学習プリントの作り方や指導方法が多種学べ，就職後大いに役立った。
　　　①②③
　　3）修論，卒論のデータ作りに協力してもらえた。①③④⑤⑥

4）家庭科以外の科目の先生方にも多大のご指導ご協力をいただけた。①②
　　⑤⑥
(要　望)
　1）交通費がかかった。(金銭)①②
　2）遠いので，丸一日つぶれた。(時間)①②③④

〈附属学校家庭科教師〉
(良かった点)
　1）授業，特に実習を手伝ってもらえたことが助かった。授業に余裕が出た。
　　①②(福，小)
　2）学習プリントなど手伝ってもらえたことが助かった。①②③④(福，小)
　3）パソコンを用いた授業がスムーズにできた。①(福)
　4）若い先生の教材や交流のおかげで児童によい影響があった。②③④⑦⑧
　　(小)
(要　望)
　1）専門的力量の高い学生を。(福)
　2）プリント程度作れるパソコン能力を。(福，小)
　3）1人教科なので，受け入れ人数は，1人にしてほしい。(福)
　4）実習があるので，てきぱき動く学生でないと務まらない。(福，小)

(2)　大学—附属学校間の距離の克服
　このように，附属学校での経験により，学生達は，教師としての資質を磨き，プロ意識を高め，特に就職後の授業実践において，授業の組み立てや，教材作り，学習プリント作りなどに直接役立ったと実感していた。そこで，学生達に，できるだけ若い学年から頻繁に附属学校での体験活動に参加させたいものである。しかし，本学のように附属学校が遠距離にある教員養成大学が全国には多々見られ，この距離が，学生にとって時間的，金銭的負担を大きくし，附属学校での体験活動の阻害要因になっている。
　1990年頃から，受験体制の中で高等学校から輪切りにされて入学してきたことや，教員採用率の低下，また，取得単位軽減による一般教養および専門知識不足による授業力の低下などが絡み合って，学生達の教職への意欲減退が顕著

になってきた。そして，この意欲減退は，3年生時の教育実習での挫折や不適応という形で表面化するようになった。

　学生達の教職への意欲を喚起するには，早期から児童・生徒にふれる機会が必要である。そのためには，前述したように，附属小・中学校との距離をいかに克服するか，また，大学のカリキュラムと教育実習とをいかに連動させるかが大きな課題であると考える。

(3) 研究の概要

　福岡教育大学，後期（10月～2月）開講科目中，教育実習本実習前の2年生を対象とする家庭科教育法関係必修科目（甲斐担当）の中から，初等は「家庭科教育研究」を，中等は「基礎実習」を選び，2000・2001（平成12・13）年度共通に，以下の①～⑤の手順で研究を進めた。

〔2000（平成12）年度　後期〕
「家庭科教育研究」……初等教育教員養成課程，自然コース専修学生，50名受講
「基礎実習」…………中等教育教員養成課程，家庭専攻学生，9名受講
〔2001（平成13）年度　後期〕
「家庭科教育研究」……初等教育教員養成課程，自然コース専修学生，53名受講
「基礎実習」…………中等教育教員養成課程，家庭専攻学生，13名受講

《手　順》
① 受講学生に対して，家庭科学習歴など，個人レベルの事前調査を行った。
② 上記2科目（各々30時間，15コマ）の授業計画後，初等については附属小倉小学校と，中等については附属福岡中学校家庭科教師と，テレビ会議の日程および大学側と小・中学校側それぞれの授業構成に関する綿密な打ち合わせを行った。
③ 大学側の授業計画に沿って，学生に，事前に20時間程度家庭科の指導内容や指導案について，教科教育学の視点から講義をした後，テレビ会議で取り扱う題材，初等学生には「新しい野菜の選び方」（人形劇を含む），中等学生には，食物「魚の栄養的特徴」（講義）と「キュウリの切り方」（技能）について，予め家庭科教科書を確認させ，教材研究を行わせた。

④　初等，中等それぞれの学生に，「テレビ会議」授業の前に，事前にビデオテープに収録された，附属教師による本単元の授業を視聴させる。その後，「テレビ会議」により，学生からの講義（人形劇含む）を行い，授業内容について児童，生徒との質疑応答と附属家庭科教師から本時指導上の工夫点と指導上の助言をいただいた。

テレビ会議実施日

〔平成12年度　後期〕

　平成13年1月22日(月)約2時間　　平成13年1月24日(水)約2時間

〔平成13年度　後期〕

　平成13年11月19日(月)約2時間　　平成13年10月18日(木)約2時間

⑤　班ごとに，授業についての批評，意見交換を行わせた後，各学生にレポートを提出させた。

(4) 福岡教育大学の新教育実習制度と教科教育関連科目

　文頭で紹介した福岡教育大学の新教育制度と家庭科教育関連科目を図示すると表21-2のようになる。2年生時の事前指導（観察参加）および基礎実習（1単位演習）と3年生の本実習が必修である。本実習は，6月と10月の2回に分けて実施される。初等は，本実習直前のⅣ期「家庭科教育研究」の中で，中等は同じくⅣ期の「基礎実習」の中で「テレビ会議」授業を行っている。

表21-2 福岡教育大学の教育実習(2001(平成13)年度実施)と初等・中等家庭教科教育関連授業科目

1. 教育実習
(期)

Ⅰ	Ⅱ	Ⅲ	Ⅳ	Ⅴ	Ⅵ	Ⅶ	Ⅷ
	体験実習	事前指導 (観察参加含む)	→ 基礎実習 [中等テレビ会議実施]	→	本実習 および事後指導 (6月または10月)		研究実習 (前期または後期) (合計15日間)
	(選択1単位)		(必須6単位)				(選択2単位)

2. 初等家庭教科教育関連授業科目

[必修科目]　　　　　「家庭科教育研究」(Ⅲ期)
(初等教科教育18単位中2単位)　【初等テレビ会議実施】
[選択科目]　　　　　＜4科目8単位＞
　　　　　　　　　　「小専家庭」(Ⅴ・Ⅵ期)「初等家庭科教材開発」(Ⅶ期)

※教養科目　基礎セミナー(Ⅰ期、選択)
※家庭領域　＜必修12単位、選択8単位＞

3. 中等家庭教科教育関連授業科目

[必修科目]　　　　　「家庭科教育研究A」(Ⅲ期)
＜4科目8単位＞　　　(一部、実地指導講師分担)
　　　　　　　　　　「家庭科教育研究B」(Ⅲ期)
　　　　　　　　　　「中等家庭科教材開発A」(Ⅵ期)
　　　　　　　　　　「中等家庭科教材開発B」(Ⅵ期)
[選択科目]　　　　　「家庭科授業論」(Ⅶ期)

※教養科目　基礎セミナー(Ⅰ期、選択)
※教科専門科目＜必修28単位、選択16単位＞

3. 「テレビ会議」授業に対する感想

(1) 初等「テレビ会議」授業

『買い物大作戦』の場合，布製人形の青虫「アオちゃん」が，画面を通して，「新鮮なキャベツの選び方」について，児童との問答形式でポイントをあげていく授業である。小学4年生へのアンケート結果は以下の通りであった。

小学生の場合，人形劇のおもしろさも加わって，1カ月後に同じ質問をした結果，約90％の児童に，「テレビ会議」授業で学習した内容が定着していた。

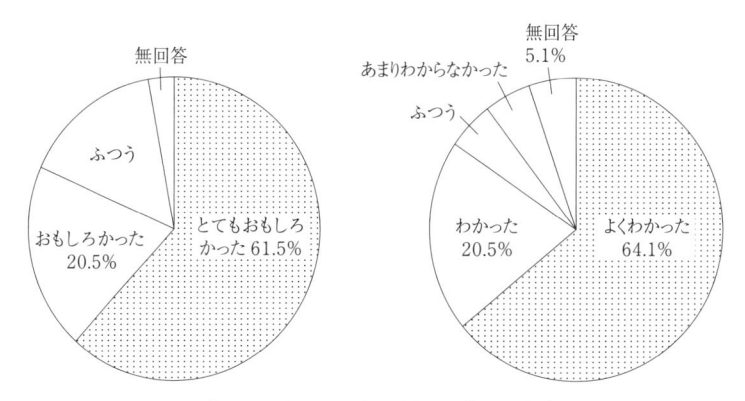

図21-1 「テレビ会議授業」に対する感想と内容の理解

(2) 中等「テレビ会議」授業

『魚の栄養的特徴』と『キュウリの切り方』についての理解度および「テレビ

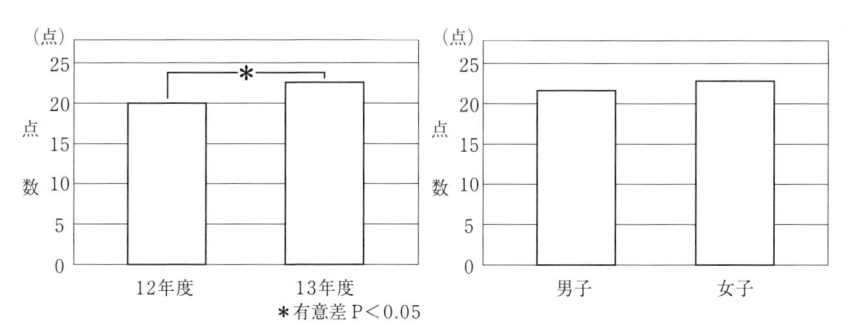

図21-2 講義内容についてのテスト
年度別平均
＊有意差 P＜0.05

図21-3 講義内容についてのテスト
男女別平均

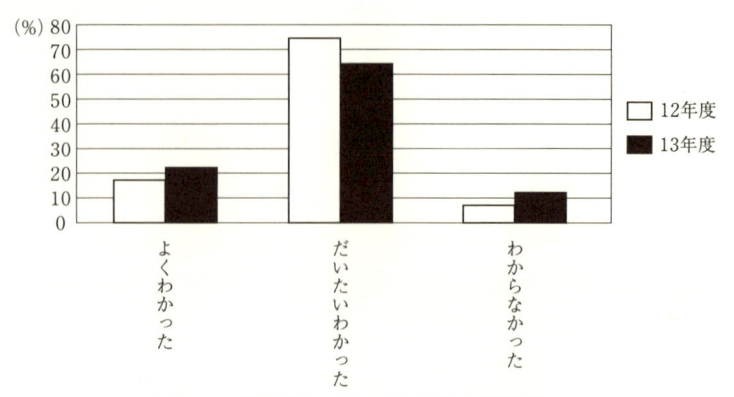

図21-4 技能（きゅうりの切り方）の理解度

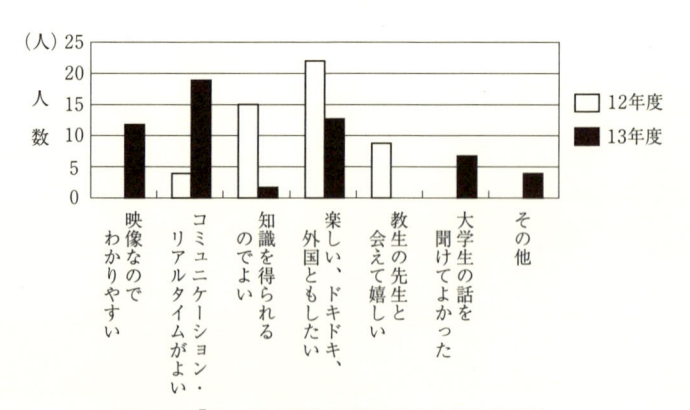

図21-5 「テレビ会議」授業に対する肯定的意見

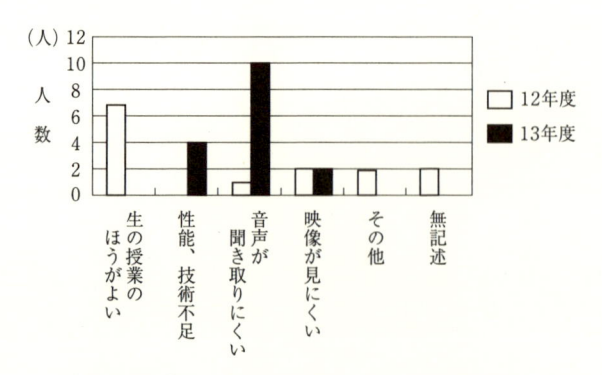

図21-6 「テレビ会議」授業に対する否定的意見

会議」授業に対する，中学2年生の意見，感想は図21-2〜6の通りであった。

年度別では，有意に平成13年度の平均点が高くなっていた。これは，ソフトの改善により，特に映像がきれいに送信できるようになったためと考えられる。性差はみられなかった。「キュウリの切り方」については，附属教師が日頃の授業の中で，「包丁の取り扱い」をしっかり学習させていたことにもよるが，ふつうの速度で切るならば，動画もほとんどそのまま動作が伝えられるため，95％以上の生徒が正しく理解していた。

(3)「テレビ会議」授業に対する大学生の感想

中学生は，「テレビ会議」に対して，映像や音声や取り扱いの技術面に問題を感じていたが，反面，リアルタイムで違う世界の人々と出会えることに対して，肯定的に，楽しさを感じていた。

大学生は，指導法の1つとして，「遠距離授業に便利」とか，「新鮮さ」を感じていることもあり，「将来自分も授業に取り入れたい方法である」という見方もあったが，最も多くの学生が痛感していたのは，自分の教師としての力不足であった。

専門科目や，パソコンの力をもっとつけなければ，生徒達の質問にも答えら

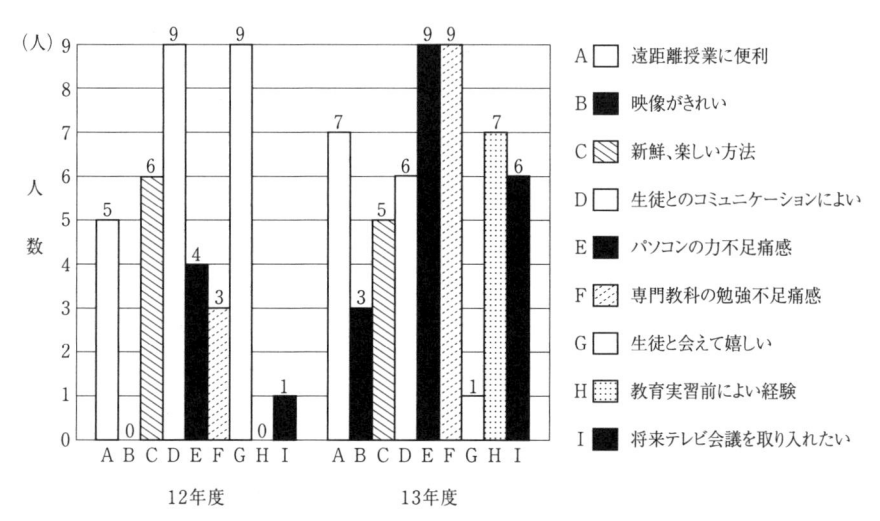

図21-7 「テレビ会議」授業に対する大学生の感想

れないし,次年度の附属中学校での本実習についていけないという,かなり強い衝撃を受けていた。このように,映像を通してではあるが,2年生の段階で生徒達と直接に質疑応答させることにより,教師としてのプロ意識を目覚めさせるきっかけとなる点で,「テレビ会議」授業には大きな利点があると考える。この衝撃は,以降の学生達の学習態度を大きく変えた。目的をもって,効率よく学習する学生が増えた。学生達の中には,時間を惜しんで教養や専門知識をつけようとするようになった者も多い。中等コースの学生にとって,専門的に深く,しかも楽しい授業ができるようになることは,共通の大きな目標である。また,「テレビ会議」によって,附属中学校の生徒と顔見知りになったことも動機づけとなり,学生達は,本実習の準備をすぐに開始した。翌年,学生達が本実習中も,仲間と厳しい授業論を交わす光景が多々見られた。さらに,2000(平成12)年度中等コースの学生達には,本実習終了後ただちに後輩の2年生の「基礎実習」に来てもらい,附属での経験談と来年度へのアドバイスをさせた。3年後期の「中等家庭科教材開発」の受講態度も真剣そのものであった。このように,教育実習を段階的に大学の授業と有機的に連動させながら,教育内容面ではカリキュラム確立をめざし,さらに,後輩達に伝え,助言させる活動を通して,学生達全体の授業力を育てていかなければならないと考える。

4.授業体験の効果

「テレビ会議」についての学生の感想(表21-3)を見ると,技術的な課題はあるが,授業の1つの方法としては,肯定的な感想が多かった。教育実習へ出かける前段階(2年生)で,小・中学校の生の授業および「テレビ会議」授業を可能な限り経験させた結果,学生達の教育実習に対する意欲は高まり,大学での授業,授業を行うのに必要な機器の操作,討論会の進行役や助言などに積極的に取り組む姿勢が見られた。特に,専門分野の学習に対して非常に熱心になり,周到に準備して本実習に望むようになった。「テレビ会議」で,学生達は,児童・生徒の質問に答えられなかったり,曖昧な答え方になったり,知識はあっても説明しきれなかったりといった自分の指導力のなさを痛感する経験を通し

第21章　教員養成大学における家庭科授業の改善　　345

←福岡教育大学
　家庭科教育教室

← 附属福岡中学校家庭科室
　↓

写真21-1　テレビ会議風景

表21-3 テレビ会議についての学生の感想

<初等家庭専修学生の場合>

肯定的な感想 (人)	否定的な感想 (人)
・遠距離授業を結ぶ点が便利である。(1)	・映像が見にくい。(1)
・附属小学校に負担をかけずに授業を観察することができるので大変良い。(2)	・声が聞き取りにくい。(15)
・教育実習前に映像を通して附属教官の話が聞けたのは良い。(18)	・パソコン操作に不慣れ(トラブルが生じる)。(13)
・映像を通して子どもたちの様子を見ることができたので良かった。(5)	・内容よりもテレビ会議の方に子どもの関心が向く。(1)
・リアルタイムで見られるところが良い。(1)	・映像を通してなので集中しづらい。(3)
・興味をもって取り組んでいた。(4)	・生の講義の方が良い。(3)
・子どもたちが声に敏感に反応していたので効率的に進んだ。(2)	
・情報機器を操作するという経験もできるため有効である。(2)	
・パソコンなどの情報機器に関して,もっと学習しようという意欲づけになった。(2)	

<中等家庭専攻学生の場合>

肯定的な感想 (人)	否定的な感想 (人)
・遠距離授業を結ぶ点が便利である。(7)	・音声が聞き取りにくい。(5)
・映像がきれいでわかりやすかった。(3)	・時間差がある。(1)
・教育実習前に映像を通して授業づくりに参加することができ,とてもよい経験ができた。(5)	・技能は映像よりも実際に行ったほうが良い。(1)
・生徒とのコミュニケーションができるので良い。(1)	
・パソコンなどの情報機器に関して,もっと勉強しようという意欲づけにつながった。(3)	

て，授業の難しさを身をもって知ったのである。
　「テレビ会議」授業は，高価な機器をそろえなければならないし，何よりも人手がかかる。教師にとっては，授業を公開するのであるから，作業を成功させるためには，メンバーの間に日頃からの深い信頼関係が不可欠となる。典型的なチーム・プレーなのである。
　今後，ますますパソコンを用いた授業は拡大されていくであろう。都市を中心に，市，町，村内や，外国とも「テレビ会議」・「テレビ電話」授業が珍しくなくなるであろう。人間の心をつなぐ道具として，画面を通した授業の有効性と限界とを見極めていかねばならないと考える。

　なお，本稿は，平成12・13年度文部科学省委嘱研究，「教職課程における教育内容・方法の開発研究」，「『テレビ会議』を導入した教育実習基礎教育の試み―家庭科の授業実践における大学と附属小・中学校との連携―」（福岡教育大学家庭科教師教育研究会，2002（平成14）年3月報告）を基に作成した。

【参考文献】
1）西村衛治「大学―高校間を結ぶ遠隔授業の科学教育における利用」『物理教育』Vol.46 No.4　1998
2）小西正恵『インターネットによる遠隔授業』海文堂出版　1999
3）日本教師教育学会編『教師教育の総括と21世紀の教師教育を展望する―教師の資質能力を問う―』学事出版　第10号　2001

第Ⅴ部　生活の自立を支える特別支援教育

第22章
「要教育支援者」を対象とした ライフスキルの形成

伊藤　圭子

1．ライフスキルとしての栄養教育

　ライフスキルは「日常生活で生じるさまざまな問題や要求に対して，健康的かつ効果的に対処するために必要な能力[1]」である。その習得には，さまざまな支援が必要となる。WHOはライフスキルの育成を推進し，その教育的支援として教育プログラムの開発と実行を促進している。そこで，本稿において「要教育支援者」とは，ライフスキル習得のための教育的支援を必要としている者を意味する。
　ライフスキルの中でもWHOは中核スキルの1つとして，意思決定スキルを位置づけている。私たちは，日常生活のあらゆる場で意識的に，無意識的に意思決定を行っている。特に，食にかかわる意思決定は1日に何度も，そして毎日繰り返し使っているスキルである。このように食生活の中でも栄養を認知して意思決定することが，ライフスキルの基礎的水準資質として必要であると考えられる。しかし，食環境の変化に伴い，食への欲求を制御できず，「健康と安全」を獲得するために「何を食べるのか」について意思決定し選択できるスキルを保持していない者が多く見られるようになってきている。「家庭におけるライフ

キル育成機能が大きく後退[2]」している状況下においては，その育成を家庭に依存することは困難な場合が多く，学校教育における授業において体系的に指導を行うことがライフスキルの習得に有効であると考える。

　ライフスキルの中でも食事選択・決定のライフスキルは発達年齢が低い者であっても，高齢者であっても，食に関心をもっていない者であっても，自立してより健康な生活を送る必要上重要である。食生活の意思決定にかかわる栄養教育は，健康な生活を保つためには不可欠である。

　そこで，「要教育支援者」の中でも軽度知的障害児を取り上げ，ライフスキル形成のあり方を検討したい。軽度知的障害児においては，偏食傾向や過食および食行動の偏りが特に問題となっており，それが発達阻害要因となり，機能発達の遅れや健康障害を誘発させている[3]。健常児であれば，学校で栄養に関する学習があり，その際にたとえ学習効果が認められなくとも，保護者を含むまわりの人の言動やマスメディアからの情報などによって，その後の生活において修復可能であるかもしれない。重度知的障害児の場合には，周囲の援助によって食生活管理がなされることが多い。ところが，軽度知的障害児の場合には，自立して社会生活を送ることが求められ，必ずしも保護者による食生活管理が行われているとは言い難い状況もみられる。そのため，軽度知的障害児の食生活指導においては，健康を考慮した自立的行動を可能にするような栄養教育が重要であり，さらに，日常生活に組み込んで活用できるライフスキルとしての栄養教育が急務の課題となっている。

　本稿では，この課題を解決するため，軽度知的障害児を対象に「摂取栄養素のバランスが良い1食分を自分で選択できる」というライフスキルの形成をめざした栄養教育の授業モデルを提案し実践した結果から，その有効性を実証的に検討した概略を紹介したい。この授業モデルには，応用行動分析学からのアプローチの中でも代表例教授法の理論を用いている。それを適用したライフスキル教育の可能性についても考察したい。

2. 軽度知的障害児を対象とした栄養教育の実態と課題

(1) 軽度知的障害児の食物選択行動の傾向

　軽度知的障害児は，どのように食物選択を行っているのであろうか。その傾向を把握するため，筆者は小・中学校の障害児学級在籍の軽度知的障害児童・生徒（46名）を対象に，インタビュー法によって，料理を写真で示したメニュー表から，1食分として3品の食物選択を行うシュミレーション調査を行った。表22-1にその結果を示しているが，約6割の者が主食，主菜，副菜，その他の料理をバランスよく組み合わせて選択できていなかった。そのほとんどが，主食や主菜を重複して選択する者であった。さらに，食物を選択した直後に料理の選択理由を問うと，栄養面に配慮した発言をする者は認められず，約7割の者が「好きだから」という嗜好を挙げ，その他の者は「いつもこれを食べる」とい

表22-1　1食分として選出した料理の組み合わせ

実数は人数・（　）内は%

分類	主食	主菜	副菜	汁物	その他	人数(%)	計
偏重なし	○	○	○			4 (8.7)	17 (37.0)
	○	○		○		4 (8.7)	
	○	○			○	5 (10.9)	
	○		○		○	1 (2.2)	
	○					1 (2.2)	
	○*		○			1 (2.2)	
	○*					1 (2.2)	
主食偏重	○○○					3 (6.5)	14 (30.4)
	○○	○				7 (15.2)	
	○○				○	4 (8.7)	
主菜偏重	○	○○				4 (8.7)	11 (23.9)
		○○				1 (2.2)	
		○○			○	3 (6.5)	
		○○○				3 (6.5)	
副菜偏重	○		○○			1 (2.2)	1 (2.2)
その他偏重	○				○○	3 (3.5)	3 (6.5)
計						46(100.0)	46(100.0)

＊主食のうち，一品で栄養的バランスがとれているもの。

う日常性,「おいしそう」という見た目の好感度を挙げていた。

(2) 栄養教育の実状

このような食物選択行動がみられる軽度知的障害児に対して,学校教育においてどのような栄養教育を行っているのであろうか。その実態を把握するため,筆者は障害児学級を有する小・中学校で軽度知的障害児に対する栄養教育の担当教師(78名)を対象に調査を実施した[4]。その結果,栄養教育に対して,約7割の教師が「生活の自立に結びつく学習」と考えているが,約6割の学校において軽度知的障害児に対する栄養教育は実施されていなかった。その理由として,「理論学習で教えにくい」「子どもが興味を示さない」「教え方が分からない」などが挙げられ,概念学習としての栄養教育の進め方に困難を生じている実状が明らかとなった。中には,家庭での食教育が十分に機能していない状況がみられるにもかかわらず,「栄養教育は家庭教育で実施すればよい」と考えている教師も存在した。

栄養教育を実施している教師によって,軽度知的障害児に有益な教材や指導方法が少数ながら開発されていた。しかし,ある教師が「子どもの障害の程度に応じて教材を変えていかなければならないが,どのような子どもにどのような方法が良いかがよく分からないままに日々の授業が進んでいる」と記述しているように,結局は各担当教師の経験的判断に任せているのが現状であった。

(3) 栄養教育実施上の課題

軽度知的障害者を対象として,調理実習などの料理スキル獲得のための訓練は具体的操作を伴い,子どもの興味・関心を引きやすく,障害児教育の場において必要とされる身辺自立等を実現するための学習内容として,多くの実践が試みられている。しかし,「栄養」に関する知識が乏しいままでは自分で調理することが可能となっても,自らの健康を考えた食品選択ができず,嗜好に偏った食生活を営み続けることとなり,生活的自立が確立したとは言い難い状況となる。

しかしながら,前項の調査結果から,学校において軽度知的障害児を対象とした栄養教育は,その重要性,必要性が認識されているものの,教師自身の栄

養教育に対する苦手意識や子どもの食生活に関するアセスメント不足が阻害要因となり，実施されていない状況が見られた。これでは，栄養的に偏った食物選択をする傾向がみられる軽度知的障害児は，生活の基盤となる栄養に関するライフスキル形成のための学習を保障することが困難となる。

したがって，生活者である軽度知的障害児にとって必要な栄養に関するライフスキルを形成するためには，栄養教育に苦手意識をもっている教師にも実施しやすい栄養教育の方法論を確立する必要がある。

では，どのような学習内容をどのように習得させる栄養教育が効果的であるのであろうか。

3．ライフスキル形成の考え方

(1) 障害児教育におけるライフスキル教育の動向

障害児教育においてもライフスキル教育は，特にアメリカにおいて"地域に根ざした教育"（"community-referenced"あるいは"community-based"）の一環として重要視されるようになっている[5]。これは，ノーマライゼーションの理念のもと，障害をもつ者も「可能な限り制約の少ない環境」で生活を営む機会が保障されたことに起因する。それに呼応して，知的障害の定義も「現在の機能が実質的に制約されていることをいう。すなわち，明らかに平均以下の知的機能であり，以下のような適応スキルの領域において2つ以上，知的機能と関連した制約を持つ。適応スキルの領域とは，コミュニケーション，身辺自立，家庭生活，社会的スキル，社会資源の利用，自己管理，健康と安全，実用的な知識，余暇，労働などの領域である。そして，精神遅滞が18歳以前に現れたものである[6]」（American Association on Mental Retardation）と知的機能と適応スキルとの関連でとらえられるようになっている。

(2) 代表例教授法[7]の理論

障害児のライフスキル教育は，応用行動分析学の流れをくむ実践が多くみられる。その方法論の中に，ホーナー（Horner）によって開発された代表例教授

法(General Case Instruction)がある[8]。これは，代表例を学習することにより未学習の課題についても正確で広範囲な応用(般化)が期待できる方法として開発され，成果を上げている[9]。具体的には，指導内容の応用が期待される行動の範囲を明らかにし，行動遂行に必要となる代表的な手がかり刺激や反応を抽出し，それら代表的な刺激・反応を含む指導事例を選択し指導することで，効率的に指導内容の習得と応用を促進する方法である。

これまでの研究では，生活場面で適用できるライフスキル，特にTシャツの着脱，自動販売機の使い方，横断歩道の渡り方など基本的な生活行動の指導が中心であったが，近年は教科学習，職業スキルの習得などにも用いられるようになってきている[10]。食生活では井上氏ら[11]による調理の指導，高畑氏ら[12]による低エネルギーの間食の指導に限られている。

4．代表例教授法を用いた栄養教育に関する授業開発と実践

(1) 栄養教育への代表例教授法の導入意義

これまでの栄養教育においては，教材や指導方法を教師が経験的に選択し実践することが多い。しかし，結果として学習効果が認められたとしても，それは特定の教師と特定の学習者の関係において有効であったのであり，その教材・指導方法が一般化できるかは不明であった。また一方で，栄養に関する知識の定着度が低いという報告も見られる[13]。

代表例教授法では，授業前における準備段階によってその学習効果が決まると考えられており，学習者の食環境のアセスメント結果に基づき計画的に指導例・教材の選択およびその提示方法などを設定する。そのため，学習内容の確実な習得と応用・定着が期待できる。

軽度知的障害児を対象とした栄養教育について，健常児においては容易な学習課題も軽度知的障害児においては，抽象的思考の困難性，刺激同士の関連づけの困難性，学習の構え形成の困難性，形成された構えの新たな事態への適合の困難性などから，特別の教材と指導法を必要とすることが指摘されている[14]。代表例教授法は元来重度障害者を対象に開発された方法であり，その後知的障

害児,自閉症児にも対象が拡大されてきている。よって,対象が軽度知的障害児であることから,栄養教育に代表例教授法を適用することは可能であると考えられる。

代表例教授法を用いた先行研究の多くは,刺激と反応による行動変容に限られており,認知的側面,情動的側面をも含む報告は少ない。そのため,軽度知的障害児に対する食に関する学習では,調理実習のように行動を中心とした作業的内容の授業実践はみられるものの,栄養教育のような認知的内容を組み込んだ授業開発の研究報告は少ない。

(2) 代表例教授法を用いた栄養教育に関する授業モデル開発の概要

筆者は,刺激と反応による行動変容だけにとどまらず,諸要因をふまえた意思決定を必要とする「摂取栄養素のバランスが良い1食分を自分で選択できる」という認知的・行動的到達目標を設定して,代表例教授法を適用した軽度知的障害児の栄養教育の授業モデルを提案したい。

本授業モデルは,ホーナーらによる代表例教授法の指導計画ステップ[15]（①指導領域を定義する,②指導領域における刺激と反応の変化の種類を決める,③指導領域から,訓練や試行テストに使用する指導例を選ぶ,④指導例を系列的に配置する,⑤指導例を用いて訓練を行う,⑥訓練していない例によって,般化を評定する）に基づいて,予め学習内容の正確な応用・定着が期待できるように構想した。

まず,代表例教授法に基づいて代表的刺激を抽出するため,食品の栄養的特徴,色,形,大きさなどを検討し,学習教材となる代表例として基本的食材を20品目（表22-2)とそれらの食材を用いた料理（表22-3）を選定した。代表的反応としては,1食分の料理として三色の食品群をそろえる行動反応連鎖（表22-4）を設定した。学習過程としては図22-1に示すように,代表例と三色の食品

表22-2 基本的食材群（刺激群）

(黄) ごはん,食パン,うどん,サツマイモ,ラーメン,バター	(赤) 肉,魚,卵,豆腐牛乳,わかめ	(緑) ピーマン,にんじん,かぼちゃ,キャベツ,トマト,りんご,メロン,ほうれん草

表22-3 基本的料理（刺激群）

（黄の料理）ごはん，ラーメン，ふかし芋，うどん，トースト	（赤の料理）ステーキ，焼き魚，ハンバーグ，卵焼き，わかめスープ，冷や奴	（緑の料理）かぼちゃの煮物，ほうれん草のお浸し，トマトのサラダ，ピーマンの炒め物，メロン

群（赤は血や肉を作るもの，黄は力や体温となるもの，緑はからだの調子を良くするもの）とを関連づける栄養概念（写真22-4 プリント①）の習得過程，1食分の料理として三色の食品群をそろえるという食物選択行動（写真22-5 プリント⑤）の習得過程，さらには，学習者の日常の食事においても三色の食品群をそろえた料理となっているかをモニタリングする過程から構成されている。

指導方法としては，学習者が興味・関心をもち，「楽しみ」として機能する視覚的・聴覚的教材（歌・ゲーム，劇など）を用い，その教材内容の手がかりとして判断できるような弁別刺激を習得できるように構想している。なお，弁別刺激としての学習教材の選定については，前節の調査結果をふまえて，子どもの興味を喚起する歌（写真22-1「ドラえもんの歌」の歌詞を基本的食材（料理）

表22-4 到達目標「摂取栄養素のバランスが良い1食分を選択できる」に至る反応行動連鎖の仮説

	献立作成の手順	一色の料理を最初に選ぶ	二色の料理を最初に選ぶ	三色の料理を最初に選ぶ
1	料理を一品選ぶ	○	○	○
2	選んだ料理の食材を把握する	○	○	○
3	1で選んだ料理の食材の色が何色であるか確認する	○	○	○
4	3以外の色で三色をそろえるのに必要な色を考える	○	○	
5	4の色の食材を使った料理を探す	○	○	
6	5で見つけた料理の中から，料理を一品選ぶ	○	○	
7	6で選んだ料理が何色であるか確認する	○	○	
8	三色をそろえるのに必要な料理を探す	○		
9	8の色の食材を使った料理を探す	○		
10	10で選んだ料理の中から，料理を一品選ぶ	○		
11	10で選んだ料理が何色であるか確認する	○		
12	赤・黄・緑がそろっているか確認する	○	○	○

プレテスト:プリント①

```
<授業0>(1時間)～歌で食材の色を覚えよう～
・「げんきもののうた」で食材の色を覚える。
・「のびたくんのいえ」を見て食材が赤,黄,緑の三色に分類されることを知る。
```

↓

朝の会などの時間に「げんきもののうた」を歌って,歌詞を覚える。

プレテスト:プリント①

```
<授業1>(2時間)～ゲームで食材の色を覚えよう～
・「げんきもののうた」を想起しながら「げんきものカード」で,食材の色を覚える。
```

授業後:プリント①

↓

プリント①が100%正解になるまで,カードで食材の色を覚える。

定着度:プリント①

```
<授業2>(1時間)～料理の色を覚えよう～
料理(写真)の食材の色を「げんきものカード」で確認する。
```

授業後:プリント⑩

↓

プリント⑩が100%正解になるまで料理の色を覚える。

定着度:プリント①

```
<授業3>(2時間)～のびたくんの食事のバランスを考えよう～
劇中ののびたくんの食事から,赤・黄・緑の食品群を組み合わせた献立について学ぶ。
```

↓

プリント③が正解するまで,積み木などを用いてバランスの良い献立の作り方を学ぶ。

定着度:プリント①

```
<授業4>(1時間)～自分の食事のバランスを考えよう～
「げんきもののうた」に出てくる食材を使った料理9品の中から3品を選んで,栄養的にバランスの良い献立を作ることができる。  プリント⑤
```

図22-1 授業計画と到達度測定

と三色の食品群とを関連づける内容に替えた歌），写真を用いたカードゲーム（写真22-2　カードの表には歌に出てきた食品の写真，裏にはその食品群の色画用紙を貼付し，神経衰弱ゲームなどのように遊ぶ），キャラクターを登場させる寸劇（写真22-3：ドラえもんのキャラクターをエプロンシアターで登場させた）とし，事前にそれを授業に用いた際の子ども達の反応を検討した。その結果を表22-5に示す。これらの視覚的・聴覚的教材は，学習内容に対する動機づけ，他の学習者とのかかわりの中での正・負の反応事例の習得，さらに日常的経験と学習内容との連動を可能とするような学習効果があることが示唆された。

　この授業モデルを，軽度知的障害児を対象（小・中学校9校の障害児学級に在籍する43名）に4回の授業として実践し，代表例の栄養概念・食物選択行動の習得過程およびそれらの般化・維持状況について，さらにそれらを促進する要因（学習者の嗜好，食にかかわる日常性，発達年齢や保護者の食生活に対する意識など）について検討した結果を次節で紹介したい。

(3) 授業実践による学習過程の分析と評価
1) 栄養概念習得の過程と維持

　栄養概念の習得過程を分析すると，授業終了時には約9割の者に学習効果が認められた。その習得過程は4類型化され，歌で効果がみられた者（類型1）が38.1％，カードゲームで効果がみられた者（類型2）が33.3％，授業3以降で効果がみられた者（類型3）が21.4％，授業終了時においても効果が認められなかった者（類型4）が7.1％みられ，学習者によって効果のみられる授業場面が異なっていることが特徴的であった。図22-2に各類型に属する対象者各1名の習得過程を示す。これは，歌，カードゲーム，寸劇という教材としての手がかりが，学習者の興味・関心に応じて選択されていることが影響していると推測される。このことは，学習内容を学習者にどのように提示するかが学習効果を左右する重要な要素であることを示している。

　さらに，授業終了後3カ月間にわたって栄養概念の維持状況を追跡調査した。その間，学校においては授業内容に関してはふれなかったにもかかわらず，約8割の者が維持できていた。その維持している者を分析すると，理解言語年齢が高い学習者，子どもに対して栄養に関する働きかけを行っている保護者をもつ

表22-5 軽度知的障害児の栄養学習教材に対する反応

開発教材	子どもたちの反応
 写真22-1 げんきもののうた	・歌を人前で歌わず、音楽の時間にも出席しないことが多い子どもが体を揺すりながら歌っていた。 ・歌を歌うことを教師に催促する子どもが多くみられた。 ・歌の録音テープをカセットレコーダーに積極的に準備してくれる子どもがみられた。 ・『えっピーマン』などの歌詞が子どもの興味・関心を喚起していた。 ・無意識のうちに鼻歌で歌う子どもが多くみられた。 ・だんご3兄弟やドラえもんの替え歌で、子どもになじみがあるためか遊びの中で学習していた。 ・食品と赤・黄・緑の食品群との関連を問う教師の発問やプリントに対して、自発的に「げんきもののうた」を歌いながら回答を出している様子が多くの子どもにみられた。
 写真22-2 げんきものカード	・カードの獲得枚数が少なかった子どもが、自発的に必死でカードで食材とその色との関連を覚えている姿がみられた。 ・教師がゲームをやめようとすると、教師に「もう1回しよう」と何度も懇願する子どもの姿がよくみられた。 ・授業対象外の生徒に「これは何色の食べ物だ？」と問いかけたり、説明する姿がみられた。 ・昼食時、カードに載っていた野菜や果物が弁当に入っていると、「カードと同じ」と言う子どもがみられた。 ・授業のたびに「ゲームしたい」「これしたら、ゲームしてくれる？」と教師に何度も問う姿がみられた。教師が「〜したら、ゲームをしようね」と言うと、その課題を猛スピードで行っていた。 ・「こうやっても遊べるよ」とカードを使ってのゲームを子ども達が自発的に考案し、遊んでいた。
 写真22-3 エプロンシアター	・ドラえもんのキャラクターを用いたエプロンシアターでの劇にとても喜び、キャラクターとの握手を全員が求めてくるほど大変好評であった。 ・3つの食品群がそろわなくて元気のないのびたくんの様子を身体表現させると喜んで受け入れ、中には「こうやったらいいよ」と別の身体表現を提案する子どももいた。 ・赤・黄・緑の三色食品群が不足するとどうなるかを積み木を使って表現して分かりやすかった。 ・担当教師の予想以上に子ども達は三色の食品群についての理解が可能であった。

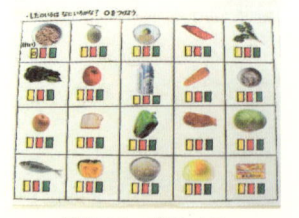

写真22-4 プリント①
基本的食材20品目と赤（体をつくるもの）、黄（力や体温となるもの）、緑（体の調子を良くするもの）の食品群との関連

写真22-5 プリント⑤
基本的食材20品目から作った料理で、赤・黄・緑の各品目からなる9品目のメニューであり、調理方法の違いにより8種類を用意した。

←歌→←カードゲーム→←料理写真→←劇→

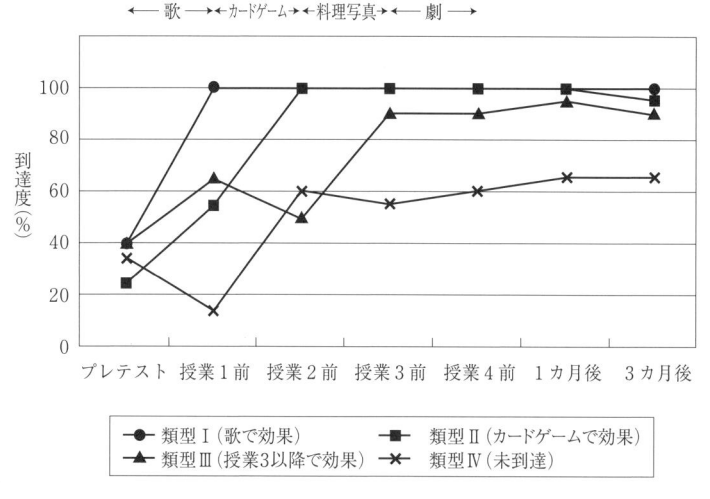

図22-2 栄養概念（プリント①）の習得過程

凡例：
- ●— 類型Ⅰ（歌で効果）
- ■— 類型Ⅱ（カードゲームで効果）
- ▲— 類型Ⅲ（授業3以降で効果）
- ×— 類型Ⅳ（未到達）

学習者の割合が多い傾向が見られた。

2）食物選択行動習得の過程と維持

食物選択行動の習得者を，自分の晩ご飯を料理で赤・黄・緑各3品目からなる9品目の料理メニュー（プリント⑤）の中から3品選ぶという食物選択シュミレーションによって，三色の食品群をそろえることが可能な者ととらえると，その結果，約8割の者が三色の食品群をそろえた食物選択を行うことが可能であった。

そして，3カ月後も自分の晩ご飯として赤・黄・緑の三色の食品群をそろえる課題が遂行できた者は約7割みられた。その維持できた者を分析すると，食生活を重視して，子どもに働きかけを行っている保護者をもつ学習者が多い傾向が見られた。

3）般化についての検討

次いで，授業において代表例が習得できた者について，未学習の内容にも応用する般化について検討した。食物選択行動の般化は，図22-3に示す2種類の般化の可能性について検討した。1つ目は，基本的な食物選択行動を身につけていれば，未学習の料理の中からも赤・黄・緑の食品群のそろった1食分を選出できるかという料理品目の般化である。2つ目は，写真を使った教材を用いて栄

基本的料理（写真）

```
ごはん，うどん，パン，肉ステー
キ，わかめスープ，牛乳，ピーマ
ン炒め，トマトサラダ，りんご
```

↓ 料理品目の般化

単純未学習料理（写真）

```
ごはん，そうめん，菓子パン，ソ
ーセージ，納豆，魚のムニエル，
ナスの含め煮，ボイルブロッコリ
ー，りんご
```

↓ 実物料理への般化

単純未学習料理（実物）

```
上記料理の実物
```

図22-3　食物選択行動の般化

養的にバランスの良い1食分を選出できれば，実物の料理でも同様に選出できるかという実物料理への般化である。その結果，基本的食物選択行動を習得した者のうち，料理品目の般化は約9割，実物料理への般化においては約7割の者が可能であった。これは，基本的な食物選択行動が不適切な条件には反応しないことを示している。さらに，般化可能者は，前項と同様に保護者が食生活を重視して，子どもに栄養に関する働きかけを行っている保護者をもつ学習者が多い傾向が見られた。それは，特に理解言語年齢が低い者に顕著であった。

5．代表例教授法を適用したライフスキル教育の可能性

本稿で紹介した授業モデルは，栄養という抽象的概念を学習者にとって弁別可能な赤・黄・緑に類別できる基本的教材に置き換えて，さらに歌やゲームなどで興味・関心を持続し繰り返すことによって，弁別刺激を習得し学習内容の拡大が可能となるように計画したものである。その授業実践の結果から，栄養概念および食物選択行動の習得，さらにその般化・維持において高い学習効果が認められた。これは，軽度知的障害児の認知的・情動的特性および生活的側

面の把握が十分に行われていたため，行動の予測が適切であったこと，代表例となる学習教材の選定が日常的で適切な手がかり刺激となったこと，および興味を持続できる学習場面を構成したことが有効であった要因であると考える。その結果，本稿で提案した栄養教育における授業モデルは，軽度知的障害児の栄養に関する学びを保障し，食生活におけるライフスキルの形成を可能にしたと考えられる。

　この代表例教授法は，各対象者の環境アセスメントに基づいた指導により，確実な行動変容を可能とする教育計画方法である。したがって，本稿においては軽度知的障害児を対象としたが，「摂取栄養素のバランスが良い1食分を自分で選択できる」というライフスキルが形成されていない者であれば，誰にでも適用可能であると推察される。さらに，この方法は栄養に関するライフスキル形成のみでなく，行動変容を期待する他のライフスキルにおいても適用できると考えられ，さらなる軽度知的障害児の自立的行動の拡大につながるであろう。また，WHOが推進しているライフスキルの育成と，その教育プログラムの開発と実行の促進にも寄与できると考えられる。

　一方，学校における授業において，ライフスキル形成に必要な基本的考え方やスキルが習得されたとしても，授業後の経過時間とともに消失してしまうことが多く，ライフスキル形成が困難となりやすい。しかし，本授業モデルの実践結果から，ライフスキルの習得過程においては，学習者の特性や保護者の食生活意識・行動が関与していることが明らかにされた。これは，ライフスキルの形成には，家族や地域を巻き込んで行動維持できる方策を考えることが有効であることを示唆している。今後は，学校での学習内容を生活の場において実践するために，保護者との協力体制をどのように構築するかが課題となる[16]。

　要するに，代表例教授法とは，学習者のおかれている現状を十分にふまえた上で，獲得すべきライフスキルおよびそれを活用する行動システムを想定し，そのライフスキル習得のための基本的内容を代表例として設定し，環境が変わっても学習者自身が対応できるようになる最適な指導方法を計画する技法である。この方法において重要であるのは，学習者のアセスメントである。本稿で提案した栄養教育の授業モデルを学習者のアセスメントに応じて修正を行うならば，栄養教育に苦手意識をもっていた教師も栄養教育が可能となるであろう。

【引用・参考文献および注】
1）WHO編　川端徹朗ほか監訳『WHO・ライフスキル教育プログラム』大修館　1999
2）中間美砂子『生活を創るライフスキル―生活経営論―』建帛社　44　2002
3）例えば，
　・宮崎とし子・服部成子・三谷美智子「栄養食事指導からとらえた発達障害児の問題点―栄養士の立場から―」『小児保健研究』第50巻第3号　1991　pp.409-414.
　・原美智子ほか「知的障害児と肥満」『発達障害研究』第23巻第1号　2001　pp.3-12.
4）伊藤圭子「軽度知的障害児を対象とした栄養教育の課題―ライフスキルの形成の視点から―」『日本教科教育学会』第27巻第2号
5）志賀利一「応用行動分析のもう1つの流れ―地域社会に根ざした教育方法―」『特殊教育学研究』第28巻1号　1990　pp.33.
6）アメリカ精神遅滞学会（AAMR）編　茂木俊彦監訳『精神遅滞(第9版)―定義・分類・サポートシステム―』学苑社　1999（本書の原典は，The American Association on Mental Retardation, *Mental Retardation (9th Edition) Definition Classification and Systems of supports*, Washington D.C., 1992.）
7）代表例教授法の原語は，general case instruction または general case programing である。この日本語訳については，「普遍的教示例計画法」，「普遍的な刺激に反応できるようにするための指導計画法」，「『ジェネラルケース（general case）』教授」などがみられるが，井上暁子，井上雅彦，小林重雄はこれらの日本語訳を検討した上で「代表例教授法」としており，筆者もこれを支持することとする。
8）Horner, R.H. Sprague, J. & Wilcox, B., "Design of high school programs for severely handicapped students" *Constructing general case programs for community activities,* Baitimore: Books, 1982, pp.61-98.
9）Albin Horner著・渡部匡隆訳「第5章　正確な般化―治療効果の適切な般化のために―」小林重雄・加藤哲文監訳『自閉症，発達障害者の社会参加をめざして　応用行動分析学からのアプローチ』二瓶社　1992　p99.（本書の原典は，Horner R.H. Dunlap.G. and Koege R.L., (Eds.) *Generalization and Maintenance: Life-style changes in applied settings*, Paul H.Brookes Publishing Co. Baltimore, 1988.）
10）小林重雄・加藤哲文監訳　前掲書9）
11）井上暁子・井上雅彦・小林重雄「自閉症生徒における代表例教授法（General case Instruction）を用いた料理指導―品目間般化の検討―」『特殊教育学研究』第34巻第1号　1996　pp.19-30.
12）高畑庄蔵・武蔵博文「知的障害者を対象とした食生活・運動習慣の形成と長期的維持：生活技能支援ツールによる日常場面での支援のあり方」『行動分析学研究』第13巻1号　1998　pp.2-16.
13）長島和子「小学校家庭科における食物学習の定着度」『日本家庭科教育学会誌』第25巻第1号　1982　pp.56-63.

14) 藤田継道「精神薄弱児の学習特性」松原隆二編著『精神薄弱児の学習指導』北大路書房 1991 pp.10-11.
15) 前掲書8)
16) 代表例教授法を用いた栄養教育に関する授業開発と実践の詳細は,「軽度知的障害児に対する代表例教授法を用いた栄養教育の開発(第1報)(第2報)(第3報)」『日本家庭科教育学会誌』(投稿中)および前掲書4)をご参照ください。

第23章
輝く笑顔と自信を育てる
―中学校個別支援学級における授業実践―

森下　育代

1．個別支援学級

　本学級は，横浜市立共進中学校の中にある個別支援学級である。個別支援学級という名称は，2002(平成14)年に特殊学級という名称から変更されたものである。横浜市内には，中学校145校中124校に個別支援学級が設置されている。
　本校の個別支援学級には，比較的軽度の知的障害をもつ生徒が多く在籍している。私が本校に着任した当初は生徒数が2～3人であったが，昨年1年生が8人入り，今年は3年3人，2年8人，1年2人の合計13人という市内でも大規模な学級となっている。

2．家庭科の授業について

　家庭科に関係する科目は，「技術・家庭」4時間，「作業」6時間である。生徒が増えて一斉に作業等を行うのが難しくなってきたので，「技術・家庭」は生徒を2グループに分け「技術」と「家庭」を隔週で行っている。「作業」では，「さ

をり織り」「刺し子」を中心にやるグループと，「印刷」「紙工」を中心にやるグループの2グループに分け1カ月交代で行っている。「技術・家庭」と「作業」を合わせた10時間のうちの約半分が家庭科的な内容となっている。

実は，「技術・家庭」という名称は今年度（2003年度）から使うようになったもので，昨年までは「生活」という名称であった。「生活」では，身辺自立を含めた生活の自立をめざした学習に加えて，学校行事や区・市の合同行事への取り組みなども行っていたが，「家庭」的な内容が中心であった。「技術」的な学習内容は教員の関係もあり，ほとんど位置づけていなかった。

題材の設定においては，中1から中3までの生徒が混在する授業形態であることと，生徒の実態も毎年違うことを考慮しつつ，3年間の見通しをもって，常に題材を検討していく必要がある。「技術・家庭」となったのを機に題材を整理し，家庭科で育てたい力は何なのかを考えていきたいと思っている。本稿では，今年度の実践を含め過去数年間に実践した題材について報告する。

家庭科の題材を選定するときに重視していることは，次のようなことである。
① 身近な事柄を取り上げ，生活的自立のための基本的な知識・技術を身につけることができるようにする。
② 技能的な面においては，段階を追った教材の用意や，必要な援助の場面を考慮する。
③「なぜ？」「どうして？」「不思議だな」という思いを大切にする。
④ 季節感のあるものを取り入れるなど，生活を豊かに楽しむことができるようにする。
⑤ 自分らしく表現することを大切にし，達成感を味わうことができるようにする。

「作業」については，将来の職業的な自立に向けての基礎を育てるという観点で指導しているので，家庭科的内容であっても目標とすることはやや異なっている。しかし，本稿では「技術・家庭」「生活」「作業」のいずれの時間に行われた取り組みであるかの区別なく報告させていただく。

3．食物の学習

　食生活にかかわる学習は家庭科の中で大きなウェイトを占めている。というのも，どんな生徒にも自分の食事を自分で整えることができる力を身につけさせたい，それが生活の自立につながる第一歩だと思うからである。また，調理をするに当たっては，材料の準備，買い物，身じたく，調理，試食，片づけ，という一連の仕事をていねいにこなす必要があるし，調理の科学など新しい発見もたくさんあるので，題材も無限にあると考えられる。また，最近では，朝食を食べない生徒や家族そろっての食事が難しい生徒も多く，栄養的な知識や自分の食生活を意識し改善できる力をつける必要性を強く感じている。

(1) 一人でできることをめざす調理実習

　「調理をするよ」というとみんな目を輝かせる。自分で作るということは何事にも変えがたいことのようである。家では食べないものでも，学校で自分が調理したものは食べるということはよくあることである。さらに，自分一人で作れるようになるということは大きな自信につながるようである。各家庭でも繰り返し取り組むことを課題にし，定着を図っている。

　1）朝食作り

　「朝ご飯は何を食べてきましたか？」との質問に，「ご飯，みそ汁，ミートボール，牛乳」と答えた生徒が1人，「(コンビニの) おにぎり」「おにぎりと清涼飲料水」が2人，「パンと飲み物（牛乳，コーヒー，清涼飲料水など）」5人，「ホットケーキとチョコ」1人，「カップラーメン」1人，「ドライカレー，清涼飲料水」1人，「清涼飲料水だけ」1人，「食べていない」が2人であった。

　朝ご飯の時に，調理したおかずを食べて来ていたのはたった1人，というのは驚きである。また，朝からペットボトル入りの清涼飲料水を飲んでいる生徒が多いのも驚くべき現実である。

　昨年までは朝食作りといえば「味噌汁」であったが，生徒の実態としてパン食が多いということもあり，今年は手軽にできる卵料理「ハムエッグ」から始めた。「サラダ」もレタス，プチトマト，コーンと包丁を使わないものとした。卵を割るのは初めてという生徒もいたが，大体うまく割ることができ，自分の分は

自分で作った。1回の実習だけでも，「家でも自分で作ったよ」とか，「朝ご飯にこんなものを食べてきた」という会話が聞かれるようになり，朝食を意識してきていることがうかがえた。

「味噌汁」では，昆布と煮干しでだしをとり，具は麩とわかめを入れるだけの包丁を使わない段階から始めて，長ねぎや大根など包丁を使うものを1つ入れるもの，豚汁などたくさんの材料を切らなくてはならないものといった具合に段階を追って一人で作る経験を積むようにしている。

2）ご飯炊き

「ご飯」については，炊飯器での炊飯ができるようになることを目標にしている。米を研ぐときは，ざるとボールをセットしお米を流さない工夫をした上で，米をこぼさないよう意識して取り組ませる。最近では無洗米というのも出ているのでそれを利用することも有効である。一番大事なことは，米の量に合わせた水加減ができることである。

ご飯が炊ければ，惣菜など買ってきたものやインスタントのものをおかずに食事を整えることができるし，家庭でも有用なお手伝いとなる。

3）昼食作り

家族が出かけていて一人のときなどに自分で作ることができるメニューがいくつかあると良いと思う。

「親子どんぶり」などのどんぶり物や「おにぎり」は，ご飯があれば手軽に作れるし，汁物を付ければバランスもとれる。「野菜炒め」は材料を工夫すると一品料理として成り立つ。「お好み焼き」も簡単にできて野菜をたっぷりとれるおすすめメニューである。「焼きそば」や「ラーメン」などは，袋に書いてある作り方を読んで作ることができるようになると手軽に利用できる。

4）カレー作り

区の合同行事で野外炊飯学習が2回あるので，その前に学校でも作っている。一人で作ることができる料理の定番である。

(2) みんなで楽しむ調理実習

一人で作るという技能習得を目標にしたものではなく，みんなで調理を楽しむということで，季節の料理やおやつ作りを行っている。また，畑で取れた野菜

を使った調理や味噌作りでは,その食べ物が何からどうやってできているのかよく分かり,興味もわくようである。

1) 季節感を味わう

生徒たちは,意外と季節の感覚を身につけていないことが多い。季節の行事や食材を意識して調理に取り入れるようにしている。

毎年必ず作るのは「よもぎ団子」である。教室の前の畑に生えているよもぎを摘んで作っている。そのほかにも,校庭の桜の葉をくるんで作る「桜もち」,「水ようかん」,畑で取れたさつまいもを使った「鬼まんじゅう」や「茶巾しぼり」,「そばボーロ」,「白玉ぜんざい」,「うぐいすもち」などを作っている。和菓子は季節を感じ取ることができるよい題材である。

また,学期末のお楽しみ会や卒業を祝う会などにはパーティメニューである。「サンドイッチ」,「お好み焼き」,「ホットケーキ」,「クリスマスケーキ」,「ぎょうざ」,「手巻きずし」など,みんなでわいわい楽しんで作っている。

2) 畑とのかかわり

自分が作ったものは「おいしい」と感じる場合が多いが,自分達が畑で作ったものを使って調理したものはなおさらである。幸い,わが校には小さいけれど畑があり,年間に2,3種類の作物を作っている。収穫したさつまいもで「大学芋」や「ふかし芋」を作ったり,じゃがいもでは「味噌汁」や「カレー」などを作る。今年はピーマンとナスを収穫し「夏野菜カレー」を作った。草取りや畑を耕すという農作業そのものが,心を豊かにするし,自分達が畑で作ったものを使って調理をするというのは,収穫の喜びを倍増させ,とても楽しいものである。

畑でできたから調理して食べる,ということはよくあることだが,その逆の場合もある。味噌汁を作るのに,味噌を自分達で作ろうということになった。味噌の材料の大豆についていろいろ調べ,夏に食べる枝豆は大豆の未熟なものだということが分かると,今度は「大豆を畑で作ってみよう」という声が上がった。そこで,昨年は大豆栽培にも挑戦した。夏には枝豆を食べ,秋の収穫後は,炒って「きな粉」にして団子にかけて食べた。

3) 手作りにこだわる

ここ数年「味噌」を手作りしている。「味噌汁」は一人で作るメニューとして

繰り返し実習しているが，安易に簡便なものを使わず昆布と煮干しでだしをとって作っている。そして味噌は手作りの「共進味噌」である。

「豆腐」も作った。水につけておいた大豆をミキサーで砕き，なべに移して火にかける。泡がたくさん出ることに驚く。さらしの袋に入れて絞ると豆乳とおからに分かれるが，「豆腐になるのはどっち？」と尋ねると，必ず意見が分かれるところがおもしろい。にがりを打って固まるところは，興味深く見ている。豆腐は白いものという常識があるが，黒豆も大豆だと知って，「黒豆で作ったらどうなるだろう？　今度作ってみようよ」と興味を膨らませる生徒もいた。

「うどん」や「そば」を打ったり，「ぎょうざ」や「中華まん」も皮から作る。いろいろなものを手作りにするのは，自分達の食べているものに関心をもってもらいたいからである。一から作ると，その食べ物が何からどうやってできているかよく分かる。また，実際に作ってみることにより，加工食品として売られているものとの違いを感じてほしいと思っている。

4）調理の科学を学ぶ

「うどん」，「お好み焼き」，「中華まん」，「ぎょうざ」など小麦粉を使った調理を積み重ねて行く中で，ねばりの元のグルテンについて学習した。そこで，「グルテンを取り出してみよう」ということで，小麦粉をこねて水の中で揉んでグルテンを取り出した。「白い水がいっぱい出てきた」「これは澱粉だね」「黄色っぽくなってきた」「ガムみたい」「これがグルテン，蛋白質なんだよ」などとわいわいやって，できたものをオーブントースターへ入れると，カリッと焼けた「麩」のでき上がり。思わぬ変身にみんなびっくりしていた。

じゃがいもを収穫したときには，じゃがいもに含まれる「澱粉」を取り出した。すり下ろしたじゃがいもをガーゼの袋に入れて水の中で揉み出し，底に沈んだのが「澱粉」である。上澄みを捨てて乾燥させると真っ白な粉になり，市販の片栗粉はじゃがいもの澱粉だということが分かる。片栗粉は調理でとろみをつけるのに使われるというのを実験してみようと，「団子のたれ」を作った。さらりとした汁が水で溶いたじゃがいもの澱粉を入れるとあっという間にとろりとなっていくのを見て納得していた。

「赤紫蘇ジュース」作りでは，クエン酸を入れると青紫からきれいな赤紫に変化するのを観察して，これは酸を加えたときの反応であり，梅干しの着色も同

じだということを知らせる。

　食物の学習では，ただ調理実習をするだけでなく，「なぜ？」「どうして？」「不思議だな」という思いを大切にしたいと考えている。雑学的であるが，生徒達はこのように実験したことはよく覚えていて，「これってこういうことなんだよね」と，得意気に話す姿を見ることがある。発見する喜びは，自信につながるようである。

(3) 栄養についての学習

　前にも述べたが，朝食を食べない生徒や家族そろっての食事が難しい生徒も多く，朝からペットボトル入りの清涼飲料水を飲んでいる生徒もいる。テレビのコマーシャルの影響も大きい。これは一般的な中学生の抱えている問題と同じであるが，情報を整理して判断する力の弱い本学級の生徒にとっては，より深刻な状況となる。栄養的な知識や自分の食生活を意識し改善できる力をつける学習が重要となっている。今年度は簡単なワークシートを作って学習を進めてみた。

　1）栄養について

　みんなの好きな食べ物を聞いてみる。ニコニコ顔で次から次に自分の好きなものを挙げてくれる。なぜその食べ物が好きかと聞くと，「おいしいから」「甘い（辛い）のが好きだから」「冷たいから（暑い日だった）」など色々答えてくれる。『あなたの好きな食べ物は，あなたの口が好きな食べ物です』という言葉を提示し，食べ物をおいしいと思うのは飲み込むまでであることを話す。さらに，体の中に入った食べ物が消化，吸収されて「栄養」となること，「栄養」は体を作ったり，活動したり，元気に暮らすために必要であることを話し，『あなたのからだは，「栄養」が大好きです』という言葉でまとめた。この言葉は，幼児向けの絵本の中の表現である。つまり，好きなものだけでなく，本当に体に必要なものは何か考えて食べようということである。「栄養」という言葉は耳にする機会も多くすんなり受け入れていたようである。ここでは栄養素の具体的な学習はしていない。

　2）食品の仲間分け

　3つの食品群（赤，黄，緑）について説明し，食品の仲間分けをした。最初は

食品そのものの色に惑わされていたが，食料品のチラシの写真を切り抜いて色別に分類して貼る作業を通して，だいたいイメージはできたようである。しかし，抽象的な概念の象徴としての赤，黄，緑の理解が難しい生徒もいた。この3つの食品群の分類は，一番初歩の段階の栄養学習によく使われるが，障害の特徴によっては混乱し，あまり有効ではないのかもしれない。

3）水と清涼飲料水

栄養の学習のときに，水分摂取の大切さも話しているが，現実の生徒の生活の中には，普通の水より清涼飲料水が深く入り込んでいる。

横浜市の中学校は学校給食がない。昼食は各自お弁当持参である。お茶は学校で用意されているが，本校では水筒の持参も許可されている。昨年からはペットボトルの持参も許可された。中身については指定がないので，一応自由である。生徒の持参するものを観察していると，昼食時の飲み物だというのにスポーツドリンクが多く，中には炭酸飲料もある。朝から清涼飲料水を飲んでいる生徒もいるので，かなりの量を飲んでいることになる。「ペットボトル症候群」という病名は社会的にも取り上げられているので，水分摂取と清涼飲料水について考えてもらうための授業を行った。

まず，偽ジュース作りを行い，500mlのペットボトルに角砂糖15個（約50g）が入っていることを示す。1週間でどれくらいの清涼飲料水を飲んでいるか聞くと，一番多い生徒で19本，平均で5本であった。砂糖の量を角砂糖の数で計算すると19本で285個，5本では75個とかなり多いことが分かる。砂糖の取りすぎの害について話し，昼食時の飲み物について考えるよう促した。

その他の飲み物や食べ物に入っている砂糖の量を知ってもらうために，横浜市消費生活センターの講師派遣制度を利用して，移動実験教室（糖度の測定）を行った。保護者にも参加を呼びかけ一緒に考えてもらった。スポーツドリンクにもかなりの量の砂糖が入っていることに驚いていた。

次に，「本物のジュースを作ろう」というテーマでジュース作りをした。この前の偽ジュースは砂糖水に色と匂いをつけただけのものであることを理解し，夏のおやつとしては本物のジュースは適していることが分かった。このときの「技術」のグループは畑仕事であり，仕事の後で一緒にいただいた。

これらの授業をしていく中で，「今日は甘くないものを持って来た」とか，「家

で作った麦茶を入れてきた」という声が聞かれるようになり，昼食時の飲み物について意識して行動できるようになっている。

4．被服の学習

　被服の学習は手芸品の製作を中心に行っている。針と糸を使った製作が主だが，紙（和紙）や皮を使った題材も取り上げている。これらの活動は目と手の協応を促し，手指の巧緻性を高めることになる。また，この体験が生活を豊かに楽しむ活動につながってほしいと思っている。

　被服の分野というより生活の技能の習得というべきであるが，衣服の着脱をスムーズに行うこと，脱いだものをたたむこと，靴紐結び，エプロンや三角巾を後ろで結ぶことなども時間を取って指導する必要がある。

(1) 生活の技能の習得

　衣服の着脱ができない生徒はほとんどいないが，かなり時間のかかる生徒はいる。横浜市のほとんどの学校は，小学校までは私服で中学校から標準服（制服）となる。それまでゴムベルトのズボンやスカートにTシャツで過ごしていたのに，標準服にはボタン，ホック，ファスナー，ベルトなどがあり，標準服を着るだけでかなり時間がかかるのである。さらに難関は靴紐結びである。新入生の半数は，体育館履きの靴紐の蝶結びができない。経験不足が原因のことが多く，一つひとつの動きを分析して提示し繰り返し練習することにより，できるようになってくる。紐結びができるようになったときの顔は達成感に満ちている。

(2) 針と糸を使った製作

　手縫いの作品としては，刺し子とスウェーデン刺しゅうに取り組んでいる。しかし，全員がすぐに刺し子やスウェーデン刺しゅうに取り組めるわけではない。特に，刺し子は針に糸を通したり，針目をそろえて縫うのは大変である。布をすくうという動きに慣れていない生徒もいる。そのため，段階を追って指導している。

まず，レースのカーテン生地に，針穴の大きい毛糸用綴じ針で糸を通していく作業を行う。最初のうちは，段がずれたり1目ずつすくうことができない生徒もいるが，針を入れるところと出すところがはっきりしているので，場所をガイドしてやるときちんとすくえるようになってくる。目が大きいので，左右の手の協応が十分でなくてもすくうという動作が可能になる。カラフルな糸を全面に通すと織物のように見え，巾着に仕立てると，とても手の込んだ作品のように仕上がるので，完成時の充実感も大きい。

　次の段階はスウェーデン刺しゅうである。スウェーデン刺しゅうも針を入れるところがはっきりしているので，自分で位置を確認しやすい。まっすぐに刺すだけでも，色を変えていくと素敵な模様になる。目のすくい方を変えるといろいろな模様になり，工夫する楽しさも味わえる。同じスウェーデン刺しゅうという題材でも，生徒の実態に応じて提示することができる。規則正しく目をすくっていくので，位置関係を把握する課題としても有効な題材である。

　刺し子は一番基本の縫い方で簡単と思われているが，正しい運針ができる生徒は少なく，1針1針すくって縫っていく方法をとっている。それでも，針目をそろえて縫うのは大変である。上記のようなステップを踏むことで，上手に縫うことができるようになってきた。好みの模様を選んで花ふきん作りに取り組んでいる。

(3) 生活を豊かに楽しむ

　食生活でも行事や季節に合わせた題材を取り入れるようにしているが，小物の製作でも行事に合わせた取り組みをいくつか行っている。

　母の日のカード作り，指編みのクリスマスリース作り，ちぎり絵の雛人形作りなどである。今年度の母の日には，丸くピンキングバサミで切った布の中央を縫い縮めてカーネーションを作った。クリスマスには大きさの違う丸い布の周りを縫ってお手玉状にしたものを重ねてクリスマスツリーを作った。ほとんどの生徒が一人で仕上げ，刺し子の取り組みが生かされていると感じた。言葉のない重度の生徒も，少し手を添えてやるとうまくすくって縫うことができた。自分で作ったという思いが強いのか，家に持って帰ると早速飾っており，「S君が作ったの？」と聞くとうれしそうにうなずいたそうである。

でき上がった作品を家庭に持ち帰らせると，家族からも「ありがとう」とか，「上手にできたね」と声をかけてもらうのがとてもうれしいようである。

5．さをり織りにかかわる学習

　さをり織りは，その織りそのものが生徒の心をのびのびととらえ，生徒自身が自由に自分を表現していくことができるすばらしい教材だと思う。というのも，織り方に関してこうでなければならないという制約がまったくないからである。自分の好きなように，好きなように織ったものが評価されるということは，ありのままの自分を認められたということで，大きな自信になっていくようである。織りという技法は同じであるが，表現には一つひとつのドラマがある。本校に着任して6年間の取り組みの中から報告する。

　1）1年目（生徒3人）

　新しく購入した織り機で，まず，最初に織ったのはTさんである。すぐにやり方を覚え，手足の動きもスムーズに織り始めた。実は彼女は「さおり」という名前だったので，「さおりちゃん，さをり織り上手だね」と，みんなに言われ，とてもうれしそうであった。みんなに誉められ，「私のさをり」という思いが強くなったのだと思う。こんなエピソードがある。その頃，Tさんは毎日のように遅刻をして登校していた。Mさんはいつも早く登校しており，Tさんが織っている途中のものを勝手に織ってしまったことがあった。そのときの「私，明日Mさんより早く来て織る！」というTさんの言葉は，自信と意欲に満ちていた。

　2）2年目（生徒3人）

　1年生が2人入ってきて，Tさんも先輩として後輩にいろいろ教えてあげる立場となった。ちょっと恥ずかしがりやのTさんは，口での説明はあまりないもののきちんと見本を見せてくれた。何より楽しんで織っている姿は，一番のお手本であった。1年生も少しずつ織り始めた。

　卒業前の学年お別れ会のとき，Tさんは一般学級の生徒の前で学芸会にやった踊りを踊ると言い出したのである。恥ずかしがりやのTさんの変身ぶりは，さをり織りを通してはもちろんであるが，いろいろな場面で自信をつけてきたこと

を物語っている。

3）3年目（生徒2人）
2年生になった2人は、縦糸を準備するところから「全部自分でやろう」という目標を立てて取り組むことにした。

「全部自分でやろう」という目標のもと、タペストリーを織った。G君は設計図（？）を描き、その通りに織っていた。交差織りできっちり半分に右と左の色を変えて織っていたのは、G君らしさがよく出ていた。次に、前に糸が垂れてくるのをとてもおもしろいと思ったようで、同じ方から同じ方から、糸をくぐらせて織り始めた。また、3色に色分けするにはどうしたらいいんだろうと新たに興味を広げていた。

Iさんは、まず、1色で整経を始めた。Iさんは、位置の把握が苦手なので、糸をかけていく順序をマスターするまでに時間がかかったが、「全部自分でやろう」「自分のタペストリーを作ろう」という目標を意識して頑張った。次の筬通しの作業は何度もやっているので、慣れてきて少し自信を持っているIさんである。最初は1本ずつ通していたが、途中から何本かまとめて通し始めた。片側は空いた感じで片側は重厚な感じになり、同じ糸でも変化が出た。こういう風にしなさいと言ったわけでもないのに、おもしろいことをしたなあと感心した。ただ、Iさんが早く終わらせたい一心でやったのかもしれないが、それも「よし」なのである。

さをり織りでは、「機械との違いを考えよう」「思い切って冒険しよう」ということを大切にしている。普通の作業学習だと「やり直し！」になってしまうかもしれないが、こちらも、それを楽しめるというのは素晴らしいことである。

Iさんが一気に織ったタペストリーは、野球のチームカラーを織り込んだ迫力あるものであった。彼女の好きなベイスターズカラーだけでなく色々なチームのカラーをどんどん挟み込んでいき、彼女の思いがあふれていた。糸は至るところではみ出しているし、垂れ下がっているところもあり、織り物の常識では、とても上手とは言えないかもしれないが、素晴らしい芸術作品となったのである。

4）4年目（生徒5人）
1年生が3人入ってきて、生徒は5人となった。この年の最初の取り組みは、ミニタペストリー作りであった。縦糸は3年生が用意してくれたもので皆同じな

のだが，15〜20cmくらいの中に，思い思いの織り糸，小枝や葉っぱ，綿などを織り込んで作ったので，5つがまったく違う表情をしている。仕上げにくくりつける木の枝も，ごつごつとしたものを選ぶ者，すらりとしたものを選ぶ者，枝分かれをしているものを選ぶ者と，これまたさまざまであった。初めて織った織り物でも，また，こんなに小さい作品の中にも，一人ひとりの感性が出てくるものだなあと改めて思う。

第2作目は横浜市の合同運動会に着るTシャツであった。共進中のみんなでおそろいのものを着る，それも自分が作ったものを着るというのはとても励みになるようである。1人約30cmずつ順番に織っていった。30cmの中でもいろいろ色を変える者，1色を基本にところどころに糸を挟み込んでいく者，ふわふわの変わり糸を使う者と，見ていてもとても楽しい。

さて，仕上げであるが，織った布に接着芯をつけ周りをミシンでかがったものを，Tシャツの裏から当ててしつけをかける。そして，自由にミシンをかけてから好きなところを切り抜くと，そこに織り柄が見えるというわけである。切り抜き方もまたそれぞれで，おそろいの中にも個性あふれるTシャツのでき上がりである。

Iさんはでき上がるとすぐに，職員室に行ってほかの先生に見せて回っていた。でき上がったのがよほどうれしかったのだと思う。それに，「素敵ね」とか，「上手ね」と言われることを期待していたのであろう。合同運動会当日も黒地に織り柄のあざやかなTシャツはとても目を引き，「素敵ね」「どうやって作ったの？」と声をかけられ，みんな得意顔であった。

次に，横浜市の合同学芸会に向けて取り組んだ。織物の授業を生かして「鶴の恩返し」の話を取り入れた。最後には，自分達が作ったものを身につけてのファッションショーで締めくくりとなる。

1年生も今度は縦糸を自分たちで準備した。Y君は，言葉は少ないが，視覚認知に優れていて手先も器用なので，すぐに糸のかけ方を覚え1人で半分以上かけてくれた。単純な作業のようであるが，作業工程がはっきり見え，見通しが立つのが良いようである。それに，Y君の器用なことは，みんなが認めていて，「Y君上手だね」「Y君速いよ」と声をかけられるのもうれしいのであろう。縦糸の準備ができると一番にY君が織り始めた。

Y君は金糸を混ぜてきらきらのマフラーに，Fさんは交差織りできれいな山形を作り，K君はきれいな色が好きで，色がだんだん変わっていくふわふわの糸を見つけ，その手触りを楽しんで織っていた。

　1年生はマフラーが完成したので，今度は帽子を作ることにした。帽子の仕立て方は，端にゴムを入れて先を絞ったベレー帽タイプを考えていたが，その通りに作ったのはY君だけで，Fさんは三角に折って雪ん子のようにしたいと言い，K君は頭にターバンのように巻きつけた形がいいというのである。その発想のおもしろさ，自由さには感心した。そうして，三人三様の帽子とマフラーが完成したのである。

　3年生はベストを作った。Ⅰさんは1年前の激しい織り方は嘘のように影をひそめ，淡い色で優しく織っていた。G君は交差織りを使って山形や斜めに帯のような形を浮き出すことに夢中になっていた。金糸も挟み込み，金糸のキラキラ光るところを前身ごろにしてベストに仕立てた。

　さて，合同学芸会の当日，劇の始まりである。舞台中央に，機織り機が置いてあり，「あれは何だろう」と生徒たちが集まってくる。織り機と分かると，「Y君は器用だから織ってみて！」と促し，織り始めたY君を見て，「鶴の恩返しに出てくる鶴みたい」といって暗転になる。

　1年生のナレーションで，鶴が機織りをしている姿を見てしまう場面の始まり始まり。鶴と若者の役を3年生が熱演した。

　最後は，自分達が作った作品を身につけてファッションショーである。3年生は舞台に慣れているせいもあり，とても堂々としていた。Ⅰさんのお母さんからは「ファッションショーで，スカートが広がるほどくるくる回る娘ののびのびとした姿に感激しました」との感想をいただいた。Y君も「マフラーです。キラキラしてるよ」というせりふを覚えていうことができたし，みんな舞台で輝いていた。3年生にとっては，中学校生活最後の仕上げであり，大きな自信になったと思う。

　5）5年目（生徒11人）

　1年生が8人入り生徒が急に増え，織り機が足りない状態でのスタートとなった。新しく織り機を購入して2台になったが，全員が織りの体験をするだけで1学期が終わってしまった。公立の中学校の個別支援学級では生徒数が一定では

ないので，そう何台も織り機を購入してもらえるわけではない。使っていない学校からの備品の保管替えやリースのシステムがあるとよいと思う。

　この年も，横浜市の合同運動会用のTシャツを作った。前年の黒いTシャツはさをり織りによく合っていたが，暑い時期なので今度は白地にした。作り方は前年と同じなのに，また，新たな発見があった。ミシン目の内側に沿って切り抜くところを，切り込みを入れるだけのものや四角いミシン目の線でも丸く切り抜くなど自由な切り方をしてみた。というより，線に沿ってはさみできることが難しい生徒もいたのである。Tシャツの生地は切り方によってはクルンと巻いておもしろい感じになる。「うまく切ることができないから」ではなく，模様をつける感覚で，いろいろな生徒が楽しんでおもしろい切り方を取り入れていた。はさみ使いの苦手なH君の満足そうな顔は印象的である。

　このTシャツは，合同宿泊学習のスタンツや合同学芸会など，いろいろな場面で使われ，「共進中のさをり」を印象づけることとなった。

　6）6年目（生徒13人）
　1年生が2人入り，13人という大規模な学級となり，ますます織り機が足りないので，知り合いから1台織り機を借りて取り組んでいる。

　1年生はマフラー，2年生はタペストリー，3年生は長く織ってベストなどの上着を作ろうということで順番に織っている。

　1年生のOさんは織り方をすぐに覚え，あっという間に織り上げてしまった。ラメ入りの糸を使いちょっと大人っぽい作品である。T君は手の動きがあやふやですぐに絡まって「せんせ〜」と呼んでくる。筬をトンと打つのも忘れがちである。マフラーだとあんまり糸が出ていると引っかかると思い，絡まった糸は直してやっていたが，こちらが発想を変えた。タペストリーとして自由に織ってもらうことにした。すると，糸に動きのある楽しい作品になった。このように織ることができるのも（きれいに織ることができないという発想ではない）今だけかなと思うと，貴重な作品である。

　2年生は縦糸も自分で準備してタペストリーを織っている。N君は糸を混ぜて織るのが好きである。さらに，織り幅より長い糸を挟み込んで両端から垂らすのが気に入ったようで，次々に挟み込んでいた。Uさんは筬を優しく打って透ける感じに織り，オーガンジーの端切れを挟んで華やかなタペストリーになった。2

年生は人数が多いので，自分の順番が回ってくるのを待ち遠しく思っているようである。「次から織物だよ」と言うと，目が輝く生徒達である。

3年生は幅も少し広くし，長く織るようにした。K君は，1年生のときの劇「鶴の恩返し」に出てくる織物を思わせるようなきらびやかな感じに織っている。Y君はさをり織りが大好きで，縦糸の準備も整経から筬通し，綜絖通しをどんどんやってしまう。織り方も少しずつ変化してきており，羊毛を大胆に挟み込んだり，交差織りも好きで，糸を混ぜたりして味のある素敵な布をたくさん織っている。

今年の横浜市の合同学芸会では，「世界に一つだけの花」をハンドベルと歌で発表することになった。1年生のときにみんなマフラーを織っているので，それをステージ衣装にして発表することにしている。本当に，世界に1つだけの自分をありのままに表現した作品なので，この歌にぴったりだと思う。

6．おわりに

中学校の個別支援学級での家庭科で育てたい力は何だろうと常に考えているが，はっきりとした答えが見つからず，試行錯誤の毎日である。「生活していく上で最低限必要なことは何だろう」という問いにも疑問が残る。生徒の実態によって必要なことは違うのである。しかし，生徒達は，「知りたい」「できるようになりたい」「自分を認めてほしい」という思いをたくさんもっている。生徒達の今を見つめ，その思いに応えていく努力を続けていきたい。

382　第Ⅴ部　生活の自立を支える特別支援教育

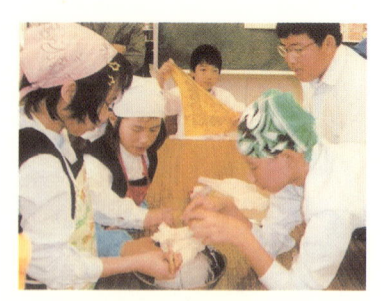

草取りから始まる畑仕事。　　　　　豆腐作り。豆乳を絞っている。

収穫した大豆できな粉を作る。炒ってすりつぶす。

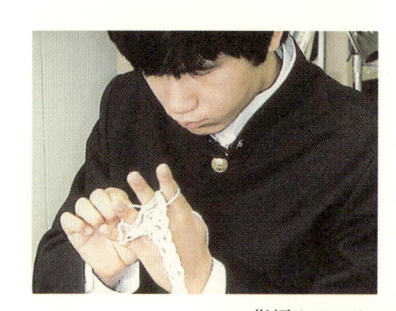

指編みでクリスマスリースを作る。

ミシンで縫ったところを切り抜くと織り柄が見える。

写真23-1　生徒の活動の様子

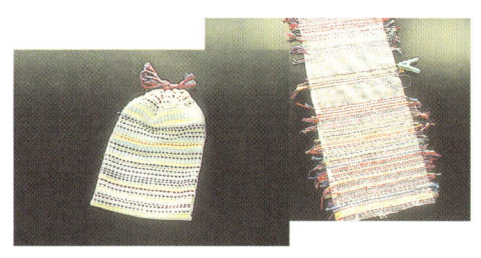

第23章 輝く笑顔と自信を育てる　　383

レースのカーテン地に糸を通して作った巾着

ブランケットステッチで作った財布とシーツから作った買い物バッグ。

スウェーデン刺しゅう。

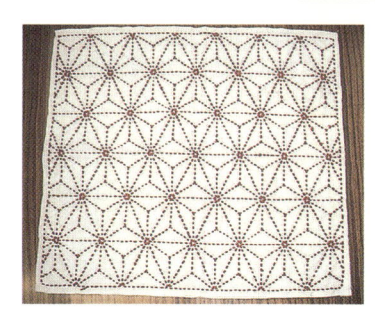

根気強く仕上げた花布きん。

まっすぐに刺すだけのものから、だんだん複雑な模様に。

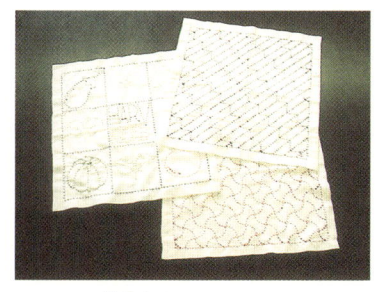

花布きん、いろいろ。

布で作ったクリスマスツリー。

写真23-2　被服の作品

初めて織った布で作った
体育祭の旗。

合同運動会用に作ったTシャツ。

マフラーとベスト。合同学芸会の
ファッションショーの衣装に使った。

変化のある作品。

明るい色使いの作品。

楽しんで織ったタピストリー。

写真23-3　さをり織りの作品

第23章　輝く笑顔と自信を育てる　385

合同運動会。お揃いのTシャツがかっこいい。

合同宿泊学習でのスタンツ。「明日があるさ」を歌う。

2002年合同学芸会「共進機織り物語」。ファッションショーでみんな輝いていた。

2003年合同学芸会「5組の時計」。5組の日常を劇にした。

写真23-4　いろいろな行事で使われたさをり織り

第24章
生活的自立をめざした消費者教育内容
――附属養護学校の実践から――

赤松 純子

1．生活的自立と消費者教育

　近年，生涯学習としても，学校教育においても，主体性をもった消費者の育成がめざされるようになった。日常用いているモノやサービスや金銭を通じて具体的な日常生活に密着した金銭管理能力を扱う時，「ニーズとウォンツ」「意思決定」が重要事項となる。これは，養護学校においても同様のことで，健全な社会の構成員として，自立して生きることができることを目標に，着実に成果を上げるためのキーワードである。

　今回，大学と附属養護学校との間で，金銭教育の研究連携が行われた。附属養護学校でのここ数年来実践してきた金銭教育を見ると，金銭教育における系統性について，未整理な部分があるように思える。「今必要なこと」と「将来必要になるであろうこと」，「全員に指導が必要なこと」と「個別対応が必要なこと」，「生徒の興味・関心」といった視点から細かな分析を行うと，養護学校における金銭教育のあり方が見えてくると思われる。本研究では，養護学校に通う生徒に示すことができる金銭教育における教育内容とは何かについて検討を行った。

2．学校教育が担う内容

　養護学校に通う生徒は，さまざまな障害によって活動の制約，参加の制限を受け，各年齢の発達の姿とは違うようにみえるが，すでに（年齢相応に）獲得している能力もある。附属養護学校高等部の実践を見てみると，高等部生徒（高校生年齢）は，悪質商法の話を聞くと体験を語ることもできたし，対処の仕方も表現することができた。声をかけられてもうっかり話に乗らないとか，危ないからそのような場所には行かないというふうに答えるなど，一般対象の「消費者問題の教養講座」と同じような反応であった。この部分だけを取り上げるといかにも教育効果があるように見受けられる。しかし，なぜ・どこが・どのようにという段階にまで至ることが大切で，そうでなければ，現実には使うことも応用も難しいであろう。

　小遣い帳をつけようという実践もあった。時間をかけると，記帳も支出計算も練習によって身につき，指示通りにできるようになる。しかし，何のために・どのように活用するという段階にまでに至らないと，金銭管理能力獲得は期待できない。「小遣い」は各家庭の事情によって，意味や内容・金額が違う。その状況を個別に把握し，指導することは難しいであろう。そのため学習の重要点はここにはおかない。計画的に金銭管理するには，小遣い帳をつけてどのように活用するかということを明確にし，共感を得，厳密さより習慣的に長続きするような楽しい具体的な方法を示すことが必要である。小遣い（お金）すべてを管理するのではなく，優先順位を決め，どの費目をどのように管理するかと範囲を限定する必要がある。その使用の仕方のルールも決める必要がある。

　これらすべてを，しないよりはする方がよいと言って教育内容に位置づけることは，とりとめもなく拡散することになり，量的にも無理があろう。

　必要なモノかどうか見分ける（判断する）方法を理解し，自分で目標を定めることができれば，「いつもがまんする」辛いだけの金銭管理にはならない。むしろ，楽しみのために今だけがまんするといった「後のお楽しみ」のための楽しい金銭管理になると考えられる。

　学校教育が担う内容は，科学に裏打ちされた体系的学習内容である。教科教育は，その教科の目標に応じて計画されるが，ここでは消費者教育における金

銭教育として考える。自立のための金銭教育の構築を考えるにあたり附属養護学校を例に展開するが,目標達成への道筋は普通校も同じであると考えている。金銭管理能力獲得の順番には大きい変動はないと考える。

3．発達年齢からみた金銭学習
—知的障害児の養護学校高等部における実践から—

　知的障害者を教育する養護学校の学習指導要領解説において,小学部では「生活」,中学部では「数学」,高等部では「数学」と「家庭」に金銭教育に関する項目が見られる。小学部の「生活」では,金銭教育を「金銭の扱い」「買い物」「自動販売機等の利用」の3つに分け,ねらいや内容が示されている。実際の指導の場面の設定としては,教室での買い物ごっこや店での買い物など実体験を通しての学習を中心に取り組んでいることが多い。中学部の「数学」では,小学部の金銭教育を受け,数学科の実務の内容として示されている。ここでも,実際の金銭を処理する場を設けたり,興味・関心や生活の中での必要性を重視した買い物指導を取り入れたりと,体験や実生活に即した学習が中心である。高等部においても,中学部の金銭教育を受け,「数学」のみでなく,「家庭」においても,実際の消費生活の内容が取り入れられている。
　ここで,それぞれの教科の内容を見てみよう。
　小学部の「生活」では,3つの段階が設けられている。「金銭の取り扱い」「お金の価値の理解」「お金の保管や使い方」「硬貨と紙幣の種類と分類」「郵便局貯金や銀行預金」「買い物」「自動販売機の利用」といった内容が挙げられている。
　中学部の「数学」では,段階は設けられていない。「貨幣の種類」「両替などの等価関係」「1,000円単位の理解」「購入金額以上の金額を支払うといった概算」「消費税」「預貯金や小遣い帳」といった内容が挙げられている。
　高等部の「数学」では,2つの段階が設けられている。「金銭の必要性の理解」「金銭の取り扱い(郵便局や銀行の口座開設,預金や払い出し,請求書や領収書の理解)」「現金書留や振り込み」「キャッシュカードの利用と管理」「貯蓄」といった内容が挙げられている。

高等部の「家庭」では，2つの段階が設けられている。「自分の生活にとって必要な物かどうかを考えてからの購入」「自分の持っているお金の範囲内での買い物」「プリペイドカードの価値の理解と利用」「家計の収入と支出」といった内容が挙げられている。

次に，和歌山大学教育学部附属養護学校高等部での実践を紹介する。

数学の授業を受講している生徒は，学習指導要領解説が示す指導内容から見ると，中学部段階の内容が十分に理解できていない生徒もいたため，中学部段階の内容を一部取り扱うこととした。これは，学習指導要領（高等部学習指導要領第1章第6款の1）にも示されているが，生徒の発達段階に合った学習を保障している。「お金と買い物」（金銭実務）という単元を設定し，取り組みを行った。

内容とねらいを挙げると，

- 「お金の計算」（硬貨・紙幣の種類，合計）
  ◎ねらい：お金の種類がわかり，複数の紙幣や硬貨の組み合わせで，いくらあるかがわかる。
- 「買い物」（1,000円以内での買い物と概算）
  ① 1,000円持っており，1枚100円のカードを2枚買ったときのおつりは？
  ② 値段の違う複数の品物を，消費税を含め，1,000円以内で買えるかどうか？
  ◎ねらい：簡単な暗算ができる。簡単なおつりの計算ができる。概算の計算ができる。消費税分を考え，1,000円以内での買い物の計算ができる。
- 「貯金，小遣い帳」
  ◎ねらい：小遣い帳のつけ方を知る。

障害をもたない生徒にとっても，たくさんの紙幣と硬貨を数えるのは，手間のかかるものである。ただ，障害児は，繰り上がりや桁の計算が苦手であり，十分な指導が必要である。計算の難しい生徒には，計算機の利用も考えている。ただ，実際の買い物の場面を想定すると，ごく簡単な紙幣と硬貨の暗算ができるようになっておくほうが，便利であろう。消費税の計算は，やっかいなものであ

る。買い物をする際に、きちんと計算して買い物をしている人はほとんどいないだろう。本校の生徒は、1,000円札で買い物をすることが多いため、消費税分を考えた1,000円札での買い物の概算に取り組んだ。1円単位は切り捨て、10円単位は50円か100円に切り上げて計算をし、概算の合計が950円以下であれば、1,000円札での買い物ができることを生徒達は見つけることができた。

　数学の学習では、机上の学習が中心であり、実体験の学習が必要である。本校では、領域・教科を合わせた指導として、「生活」という授業を設定している。ここでは、実際の生活に必要なことを学習内容の中心と考え、体験的な学習を行っている。昼食として、スーパーやコンビニなどでの弁当の購入や調理の材料の購入など、買い物をすることを多く取り入れている。また、校外学習に出かけることも多く、その際の交通費や外食の費用など、自分でお金を支払う機会を設けている。

　「生活」の学習で取り組んだ「銀行預金とキャッシュカードの利用について」の学習を見てみよう。生徒達は、銀行口座を新規に開設するところから始め、キャッシュカードの利用方法を、体験を通して学習をした。具体的な手順としては、

　・「銀行で通帳とカードを作ろう！」（銀行口座の新規開設）
　　◎ねらい：銀行通帳を開設したときの利便性と必要性について理解する。
　　　　　　　銀行口座を新規開設する体験をする。
　・「銀行のＡＴＭで預金しよう！」（銀行預金）
　　◎ねらい：通帳やキャッシュカードを使って、ＡＴＭで預金をすることができる。
　・「銀行のＡＴＭで出金をしよう！」（銀行からの引き出し）
　　◎ねらい：通帳とキャッシュカードを使って、ＡＴＭでお金の引き出しができる。

　銀行口座の新規開設では、自ら用紙に記入することを体験した。暗証番号も自分で決め、その後も忘れることなく、ＡＴＭの利用ができていた。ＡＴＭの利用では、手順を覚えるのに時間がかかる生徒もいたが、繰り返し行うことで、身につけることができていた。1年間の取り組みでは、ＡＴＭの利用の手順（スキル）を習得させることが中心となってしまったが、お年玉を自ら預金するな

ど，銀行預金の有効的な利用を発見した生徒もいた。

　このように，養護学校では，「発達年齢」を考え，金銭学習の取り組みを行っている。「発達年齢」とは知的発達の年齢を指す。ここで，紹介した事例は障害が比較的軽度な生徒である。重度の生徒に対しては，最も基本的な指導（例えば，教師と一緒に買い物をしてお金を支払うことができるなど）を中心に行っている。生徒個々の「発達段階」をふまえた指導・支援は欠かせない。

4．生活年齢からみた金銭学習
　　　―知的障害児の養護学校高等部における実践から―

　養護学校の教育では，「発達年齢」に対して，「生活年齢」も重要視される。「生活年齢」とは生活してきた年齢，つまり実年齢を指す。高等部の生徒は，障害をもたない高校生と同じ15～18歳である。「硬貨の計算ができない」という理由で「買い物ができない」ということはない。「お金を支払うと，商品を手に入れることができる」ということがわかっていれば，買い物は可能である。

　本校では，先に述べたように，1,000円札を持って，買い物に出かけることが多い。1,000円あれば，弁当や菓子，文房具など大抵の買い物ができ，おつりが戻ってくる。1,000円ではどれだけ買えるかは，経験を繰り返す中で感覚的にわかってくるようである。もちろん，1,000円を超えてしまったということもあるが，そのような失敗から学んでいく。本校に通う障害が中度または重度の生徒達は，お金の計算は難しいが，1,000円札をレジで出すというこの方法で，買い物ができている。買い物の楽しみを知り，必要なものを手に入れることができたという達成感を味わうことができているのである。さらに，買い物の力を伸ばすために，1品だけでなく，複数の商品を購入したり，弁当だけでなく，他の商品を購入するなど幅を広げたりしながら，取り組みをしている。

　また，高等部1年生に入学すると，修学旅行の積み立てを始める。郵便貯金を利用しているが，口座をもっていない生徒は郵便局で新規に開設する。そして，毎月定額を生徒自身が郵便局に持っていき，貯金をする。ある生徒は，毎月の積立貯金を集金と勘違いしており，毎月お金がなくなっていくと思っていた。し

かし,貯金通帳の数字が増えていくのを見て,お金を預かってもらっていることを説明すると,その生徒は貯金の意味を理解し,通帳の数字が増えていくことが楽しみになった。そして,修学旅行前に,貯金をしていたお金を引き出し,手にした瞬間,貯金の意味を実感したようであった。これは,貯金の意味を理解しなければ,貯金を始められないというのではなく,クラスの友だちと一緒に貯金をすることで,貯金について学んでいったという例である。

このように,高等部の生徒は,卒業後の生活に向けて,トップダウン方式で,取り組むことも多い。買い物や貯金といった具体的な体験を通しながら,繰り返し指導・支援していく中で,後々「硬貨の見分けがつく」とか「貯金の意味がわかる」とかといった理解ができてくることもあるのである。

最後に,高等部の生徒が日頃から利用しているカードについての学習の紹介をする。本校では,高等部の多くの生徒が,バスや電車など公共機関を使っての自主通学を行っている。また,校外学習でバスを利用することも多く,バスカードやコンパスカード(プリペイドカード)を利用する機会が多い。また,ＣＤやビデオを自分でレンタルして楽しむ生徒もおり,ＣＤやビデオレンタル店のメンバーズカードを持っていたり,スーパーなどのポイントカードを持っていたりと,複数のカードを持っている。もちろん,銀行で口座を開設した生徒は銀行のキャッシュカードも持っている。そうした生徒に対し,カードについての説明をし,カードの使用方法と管理,紛失をした際の対処の仕方について話をした。カードを,ポイントカードやメンバーズカードの「心配の少ないカード」,プリペイドカードの「ちょっと心配なカード」,キャッシュカードやクレジットカードの「危険なカード」の３つに分類し,説明をした。理解度としては,まだまだであるが,どのカードが一番きちんと管理をしなければならないカードなのかは理解できたようであった。今後,それぞれのカードを利用する際に,繰り返し指導・支援を行っていくことが大切である。

「発達年齢」と「生活年齢」の２つの側面からの実践例を紹介してきたが,知的障害をもった生徒には,両方の視点をもって,指導・支援を行うことが大切であることを付け加えておく。

5．金銭学習の構造と内容

次の図24-1に，知的障害児学校の高等部の金銭学習における2側面「発達年齢」と「生活年齢」を考えた実践例から抽出した，5項目の指導項目とポイントを記した。

〈指導項目〉	〈ポイント〉
自分でお金を支払う	：1,000円札をレジで出す「お金の計算」と「買い物」
小遣い帳	：記帳宿題
修学旅行費の積み立て	：銀行預金とキャッシュカードの利用練習
管理すべきカード	・危険度3段階に分類したカードを知る
悪質商法を知る	：悪質商法例を知る

図24-1　金銭学習における指導項目とそのポイント

次頁の表24-1は，学習指導要領に示された「金銭教育」とそれに伴う指導場面である。これらを基に，教育効果を上げるための提案を2つに分けて記す。

1）金銭の自主管理の基礎

附属養護学校高等部では，現実の授業として，「欲しいもの」や「買いたいもの」がある要求を育てることから始まるが，消費税も含めて1,000円札で買う・支払うことができることも買い物の1つの方法だととらえた指導が行われている。「お金の計算と支払い」は反復練習することによってできるようになる生徒もいるが，自分の判断で買い物できるようになるには，2つの点で不足がある。

卒業後，つまり就業までには獲得したい「労働の対価としての金銭」価値の理解と自主管理という点の不足である。稼ぐこと，そのお金をうまく使うことができるようになることが目標であるが，次に買いたいものに必要なお金を確保するという管理に向けての小遣い帳の記帳となってしまいがちな現実がある。お金の価値や役割を確認する中で，社会が約束と信頼で成り立っていることの理解と，（自分にとって価値あるように）金銭を上手に使う練習が必要になる。判断の基礎は，「必要と欲求の判断」練習である。これらは，「危ないカードや悪質商法の学習」の場合の基礎にもなる。表24-2に示したのは，下から上へと積み上がっていく金銭学習の順序と内容である。「必要と欲求の判断」の買い物練

習が，金銭の自主管理の基礎となる。金融機関の利用や悪質商法の学習の意味は違う所にある。

　2）危ないカードや悪質商法を知らせる意味

　必要と欲求の判断ができれば，金銭学習の基本の習得である。ここまでは省略できる部分はない。後は，現代社会への適応の技術である。金融機関を活用する技術獲得は，第2の内容である。表24-2右端に，別枠として表記した。

　例えば，当面の目的である修学旅行積み立てのために行う口座開設・キャッシュカードの利用といった技術習得も，学校という限られた時間数内で配当する授業内容の重みを判断した上で導入を決定する必要がある。技術習得だけでなく，個人のみならず社会のためにも貯蓄が必要という意味を伝えることとあわせてならば取り入れる意味がある。労働の対価としての金銭を社会に循環させること，つまり，金銭管理には社会経済の仕組みを把握することが必要だからである。個人の貯蓄の目的だけでなく，個人のお金の使い方が社会を変えるという位置づけが必要である。これは消費者教育の基本的考え方でもある。知識だけでなく，自分には何ができるかを考え，行動に結びつけるような教育である。環境配慮商品を購入することで企業・社会を変える買い物教育・グリーンコンシューマーをめざしてよく使われる例を引くと，環境負荷を少なくすることを考えている店で物を買うという行為は，その店を育てるということで，その店に1票を投じることになるのである。

　また，金融機関の利用でキャッシュカードの使用があるが，性質の違う各種カードがともに扱われることが多い。「このカードは危ない」「カードは使わない方がよい」と教え込むことよりも，すでに利用しているカードを手がかりとしてカードの種類と仕組みを考え，危なさを自己判断できるような教育内容であれば応用ができることになる。カードの使用には，金銭管理能力が問われる。実際のお金ではなく，プラスティックのカードがお金の代わりをする仕組みを押さえることが必要である。

　悪質商法は，知らせることによって「どんな力がつくか」が明確であれば，意味がある。社会の変化に対応してその種類・手口が広がっている。だまされないようにと事例を豊富に紹介するよりも，だまされる仕組みを解明する方が役に立つ。

第24章　生活的自立をめざした消費者教育内容

表24-1　知的障害を教育する養護学校の学習指導要領解説：金銭教育

	小 学 部		中 学 部		高 等 部	
	生　活		数　学		数　学	家　庭
	3段階		段階なし		2段階	2段階
教科の内容	金銭の扱い	お金の価値の理解 お金の保管や使い方 硬貨と紙幣の種類と分類 金銭の取り扱い 郵便局貯金や銀行預金		預貯金やお小遣い帳 貨幣の種類 両替などの等価関係	金銭の必要性の理解 貯蓄 金銭の取り扱い（郵便局や銀行の口座開設、預金や払い出し、請求書や領収書の理解） キャッシュカードの利用と管理 現金書留や振り込み	プリペイドカードの価値の理解と利用
	買い物	自動販売機等の利用		1,000円単位の理解 購入金額以上の金額を支払うといった概算 消費税		自分の生活にとって必要な物かどうかを考えてからの購入 自分の持っているお金の範囲内での買い物 家計の収入と支出
		実体験中心		実務の内容		実際の消費生活の内容
		遠　足		調　理	買 い 物	
指導場面	教室での買い物ごっこや店での買い物				自分でお金を支払う機会 弁当や調理材料の購入	

作成：一ッ田啓之氏

表24-2　金銭学習の順序と内容

上位↑		内容	判断する人（高い←依存度→低い）	金融機関の利用（郵便局・銀行）	買い方・払い方
予算を考える	使い方がわかる	計画的に使える	補助付き　→　一人で		いい店がわかる／ラベルがわかる／買い物リストが作れる
無駄遣いをしない		ある程度、少しずつ使える	補助付き　→　一人で		見くらべ買いができる／広告がよめる／予算がわかる
		1回で全部使ってしまう	補助付き　→　一人で	キャッシュカードが使える	悪質商法を知る／クーリング・オフを知る
小遣いを貰って使う		週、月など一定の期間で	補助付き　→　一人で		
		毎日少額	補助付き　→　一人で	引き出しができる	
必要と欲しいの判断ができる		必要なときに（必要かどうかの判断）	補助付き　→　一人で	貯金ができる	
支払うことができる		レジでチェックができる／おつりがわかる	補助付き　→　一人で	口座開設ができる	
		消費税の計算ができる／商品合計金額の計算ができる	補助付き　→　一人で		
お金の種類がわかる		お金を数えることができる／コインがわかる	補助付き　→　一人で		
お金の役割がわかる		お金を支払えば商品を手に入れることができる／商品とお金の対応がわかる	補助付き　→　一人で		

金融機関の利用，カード，悪質商法を例に挙げたが，いずれも，紹介で終わることなく，まず，教えたい目標・内容を明確にし，楽しく効率的に教える方法を開発していきたいものである。また，学校教育だけで完結するのではなく，卒業後も地域での金銭学習に委ねるなど，生涯にわたって学び続けていくことも大切である。

3）金銭教育の内容と順序

学校教育，特に養護学校における金銭教育の内容と順序を，実践例を基に検討してきた。さまざまな障害によって活動の制約，参加の制限を受け，各年齢の発達の姿とは違うようにみえる養護学校の生徒においても，学ぶべき金銭教育の基本は普通校と同じで，金銭感覚を養いモノやお金を大切にして資源の無駄使いを避け，豊かな生活を実現するためには，体系的に学ぶと効果が上がると思われる。

金銭教育にも内容と順序がある。最も基本になるのは，お金の役割・種類がわかり，支払うことができる（商品とお金の交換ができる）ことをふまえた上で，「欲しいか，必要か」で意思決定していく練習をすることである。そして，計画的なお金の使い方への方法を，段階を追って習得することができれば，自分の欲望を満たすだけではなく，金銭に対する健全な感覚を養うことができる。

6．まとめ

「今必要なこと」と「将来必要になるであろうこと」，「全員に指導が必要なこと」と「個別対応が必要なこと」，「生徒の興味・関心」といった視点から，養護学校における金銭教育のあり方を検討してきた。健全な社会の構成員として，自立して生きることができることを目標に，今後は，必要感に立って指導している内容を，家庭や地域社会と連携をとりながら，「本人参加」の生涯学習につながるように，さらに発展させていきたいと考えている。

なお，本章の「3．発達年齢からみた金銭学習」，「4．生活年齢からみた金銭学習」は，附属養護学校教諭の一ツ田啓之氏が，実践している金銭教育に関して執筆したものである。

【参考文献および注】
1）文部省『盲・聾学校及び養護学校学習指導要領（平成12月3月）解説』2000
2）大久保哲夫他『障害児教育実践ハンドブック』旬報社　1999
3）茂木俊彦『障害児と教育』岩波新書　2001　p.131.
4）WHO? ICIDH-2 については，以下のホームページが参考になる。
　・日本知的障害福祉連盟
　　URL；http://plaza6.mbn.or.jp/~jlmr/icidh/icidhindex.htm（2003年10月9日現在）
　・原文：ＩＣＦ
　　URL；http://www3.who.int/icf/icftemplate.cfm?myurl=homepage.html&mytitle=Home%20Page（2003年10月9日現在）
　・日本社会事業大学　佐藤久夫氏による紹介
　　URL；http://www.dinf.ne.jp/doc/japanese/prdl/other/jannet/jnt018/z00j1804.htm（2003年10月9日現在）
　・知的障害者授産施設の指導員による紹介
　　URL；http://homepage1.nifty.com/barn/syakaifukushishi/tuugaku/syougaisya2.htm（2003年10月9日現在）
5）武長脩行監修　こどもくらぶ著『お金について考える　1-4』すずき出版　2001
6）消費者教育支援センター監修　マーガレット・ホール著『お金のことがわかる本1-4』文渓社　2002
7）NICEニュースレター『消費者教育研究』No.99　消費者教育支援センター　2003
8）武長脩行監修　ニール・Ｓ・ゴドフリー他著『お金は木にならない』東洋経済新報社　1999
9）金融広報中央委員会 学校における金銭教育の進め方
　　URL；http://www.saveinfo.or.jp/child/kinsen1/kinsn100.html（2003年10月9日現在）

第Ⅵ部　学校から家庭・地域生活へ

第25章
生きる力の育成と主体的な学びを実現するために
——ホームプロジェクト・学校家庭クラブ活動——

多々納　道子

1. 家庭科における主体的な学習方法

　激しく変化し，ますます多様化することが予想される21世紀の社会において，生徒一人ひとりが心豊かに自立して生きるには，常に生活の中から課題を見いだし，自ら解決する能力を身につけることが重要である[1]。このような能力は，"生きる力"と表現でき，生活環境・文化の創造者の育成を目的とする家庭科で培う能力と深いかかわりをもつ[2]。この"生きる力"の育成には，家庭や地域社会との連携を密にして，課題解決や生徒自身の体験を重視した学習を取り入れることが求められる[3]。従来から家庭科では，身近な生活の中から問題をとらえ，その解決の試行を経て，生活に戻す学習を重視しており，実践や体験を重視した学習方法を積極的に活用してきた。

　特に，高等学校家庭科では，学習したことを家庭や社会での実践に結びつけ，生活における問題点を見いだし，自ら解決し，生活改善・向上を図る学習方法として，ホームプロジェクトと学校家庭クラブ活動が位置づけられている。ホームプロジェクトは身の回りの生活をしっかり見つめ，そこに出現する種々の問題点を家庭科で学んだ知識や技術を生かして，改善しようとするものであり，学

校家庭クラブ活動は，地域社会の生活向上を目的とする実践活動である[4]。各々の学習過程は，個人の活動あるいは生徒による共同活動からなるが，これら2つの学習活動は，生徒の人間形成において重要な役割をもっている。

またこれらの学習活動は，生徒自身が主体的・自主的に取り組むという点が特徴であり，今日，子ども達に強く求められている"生きる力"の育成にふさわしい方法の1つといえる。したがって，"生きる力"を育成するにおいて，家庭科教育の果たす役割は，極めて大きいといえる。

2．わが国におけるホームプロジェクト・学校家庭クラブ活動

(1) 学校家庭クラブ活動の推進

1998（平成10）年6月の教育課程審議会答申は，21世紀における新しい教育の方向性を示すものであった。その中で高等学校家庭科では男女共同参画社会の推進を考慮し，家庭生活を総合的にとらえ，主体的に営む能力と態度を育てるとともに，少子高齢化やサービス経済化等に対応できるようにすることを求めた。さらに，学習した知識と技術を生かして，生活を見直すため，課題を見いだしてその解決を図るなど，課題解決能力の育成や地域におけるボランティア活動を一層重視する観点から，ホームプロジェクトと学校家庭クラブ活動を充実することとした。そして，普通教科「家庭」の「家庭基礎」，「家庭総合」および「生活技術」のいずれの科目においても，ホームプロジェクトと学校家庭クラブ活動は履修すべき内容になり，ホームプロジェクトと学校家庭クラブ活動の位置づけがより一層強調されてきた[5]。

日本家庭科教育学会でも，新しい家庭科のあり方を提案した「家庭科の21世紀プラン」では，課題解決型学習の重要性に着目し，高等学校段階に限らず，小学校や中学校にもホームプロジェクトを取り入れることを提案している[6]。

このように，家庭科の社会的役割を遂行するには，ホームプロジェクトと学校家庭クラブ活動の教育的意義を十分にふまえ，推進する必要がある。しかしながら，先行研究によると，実際の学習活動では，「時間の確保」，「家庭クラブ役員中心の活動」や「生徒の主体的な活動ができにくいこと」などに加え，家

庭科の必修単位削減もあって、方法上検討すべき多くの課題が存在していることが明らかになっている[7)8)9)]。

(2) ホームプロジェクト・学校家庭クラブ活動の広がり

　ホームプロジェクトは20世紀初頭、米国の中等農業教育において実践されたプロジェクト・メソッドに端を発している。プロジェクト・メソッドとは、学習者である生徒自身が自発的に計画し、実践して具体的な効果を上げる学習活動である。この学習方法は、学校での学習と日常の生活とを結びつけ、体験や活動を通して、学んだことを身につけようとするものである。したがって、ホームプロジェクトとは、プロジェクト・メソッドの特質を生かし、生徒各々の家庭生活を改善し、発展させる活動である。ホームプロジェクトはGHQ／SCAP（連合国軍最高司令官総司令部）のCIE（民間情報教育局）家庭科担当官であるニューヨーク市立ハンターカレッジのドーラ・S・ルイス教授の指導のもとに、1949(昭和24)年度から「一般家庭」に取り入れられた。

　一方、学校家庭クラブ活動も同様に、家庭科に取り入れられたのは、1949(昭和24)年からであった。これらの学習活動を取り入れるのに先立ち、1948(昭和23)年にはルイス教授指導のもとに、家庭科ホームプロジェクト講習会を開催した。

　ルイス教授帰国後は、後任の家庭科担当官であるコロラド州立大学のモード・ウィリアムソン教授が引き継ぎ、家庭科におけるホームプロジェクトと学校家庭クラブ活動導入の指導にあたった[10)11)]。

　この時期、生活改善の取り組みは、個々の家庭のみならず国家的にも緊要の課題であった。ホームプロジェクトと学校家庭クラブ活動は、これまでの家庭生活教育になかった方法的特質である、学校・家庭・地域社会の連携を図る主体的な学習活動として、時代を先取りして実践され、全国の高校に広がっていった。

　ホームプロジェクトの取り扱いが、高等学校学習指導要領に明記されたのは1952(昭和27)年からである。1960(昭和35)年の改訂では、「ホームプロジェクトおよび学校家庭クラブの意義を理解させ、その活動について基礎的な指導を行い、学習効果をあげるようにする」とされている[12)]。さらに、1978(昭和53

表25-1 全国家庭クラブ連盟への加入状況(2002(平成14)年)

都道府県名	加盟校数	( )内私立	公立加盟率(%)
北海道	39	(1)	9.9
青　森	19	(1)	23.7
岩　手	64	(3)	77.2
宮　城	16	(0)	15.5
秋　田	20	(0)	33.9
山　形	17	(0)	30.9
福　島	55	(1)	60.7
茨　城	99	(2)	87.4
栃　木	35	(1)	49.3
群　馬	35	(1)	40.7
埼　玉	55	(0)	33.5
千　葉	10	(0)	6.7
東　京	63	(1)	29.5
神奈川	3	(0)	1.8
山　梨	31	(1)	81.1
新　潟	21	(0)	20.2
富　山	17	(0)	31.5
石　川	12	(0)	20.3
福　井	24	(0)	80.0
愛　知	23	(0)	13.5
岐　阜	64	(1)	82.9
三　重	11	(0)	16.9
滋　賀	31	(2)	59.2
大　阪	18	(1)	8.9
兵　庫	35	(2)	19.3
奈　良	47	(0)	94.0
和歌山	17	(0)	40.5
鳥　取	25	(1)	82.8
島　根	38	(2)	87.8
岡　山	71	(10)	72.6
広　島	20	(0)	20.0
山　口	37	(0)	50.7
徳　島	46	(0)	85.2
香　川	37	(4)	97.1
愛　媛	62	(2)	100.0
高　知	33	(0)	78.0
福　岡	104	(0)	86.0
佐　賀	28	(3)	55.6
長　崎	57	(1)	73.7
熊　本	32	(0)	42.1
大　分	55	(1)	96.4
宮　崎	29	(0)	65.9
鹿児島	51	(2)	59.8
沖　縄	59	(0)	95.2

年）改訂の学習指導要領では，ホームプロジェクトおよび学校家庭クラブ活動は，「家庭一般」の学習内容として明確に位置づけられることになった。

　学校家庭クラブ活動が広まるにつれて，各学校間の交流をより活発にするための全国的な組織を求める声が高まり，1953（昭和28）年には全国高等学校家庭クラブ連盟が結成された。2002（平成14）年には，全国学校家庭クラブ連盟が結成50周年を迎え，新たな展開が期待されている。現在，全国連盟に加入しているクラブ会員数は約40万人を超えている[13]。

　最も加入率の高いのは，愛媛県の100.0％，加盟校が1校もないのは京都府，静岡県と長野県である。また，47都道府県の中，加盟率が50％以上と50％を下回るのが22校と同数である。しかし，全国的に加盟率が減少傾向にあり，活動の活性化とともに，加盟校をいかに増加させるかが課題となっている。

(3) ホームプロジェクト・学校家庭クラブ活動の実践過程

　ホームプロジェクトの具体的活動は，Plan—Do—Seeの過程によって進められる。

　1) Plan

　家庭科で学習した知識や技術を基に，自分の身近な生活を見回す。何かおかしいと思うこと，もっとこうしたらいいのにと思うことはないかを探し，現在より少しでもよい生活を営むために，改善する必要のある課題を見いだしてテーマを設定する。ホームプロジェクトの成否を決するポイントは，何のためにどのようにしたいのか目標を定めて，計画を立てることにある。さまざまな資料を集め，家庭科の学習を基にして十分に検討し，科学的，合理的な視点から課題を追究し，計画を立てる。

　2) Do

　計画にしたがって実行する。知識として理解していても技術的なことが身についていなければ，実際の家庭生活を改善し，充実向上することはできない。また，実践を通して学べることも多々ある。実践しても計画通りにいかないことがある。そういう時には計画の手直しをして，家族の協力や教員の助言を受けて進める。

3）See

実施して結果はどうであったか。目標通りにできたか。やってよかった，家族が喜んでくれた，家庭生活が改善できたなどの成果が上がった，などを評価して次の課題に続ける。

このように，ホームプロジェクトの実践によって，次々に取り組みたい課題が生じてくる。こうして生活全般に対する主体的な態度が身につき，この実践成果はそのプロセスを含めて生徒自身の財産になる。「やった，できた」という満足感は，「やればできる」という自信につながり，これこそが今後の生活に必要な主体的な態度である。

Plan—Do—See……は，ホームプロジェクトに限らず，何か課題を解決したい時に計画し，遂行する際の効果的なプロセスである。つまり，まず仕事の計画を立てて，次にその計画に基づいて実行し，実行した結果を生活に生かすとともに，反省・評価する。この評価に基づいて，さらによりよい成果を得るために計画，実行へと発展するのである。反省・評価は，プロジェクトの成否を決する鍵となる。

他方，学校家庭クラブ活動は，個人や家庭生活という限られた範囲だけでなく，さらに広げることによって，より一層の効果を上げることを期待するものである。一人だけのホームプロジェクトにとどめないで，家庭クラブ員が学級，学年，学校あるいは地域の人々と共同し，また協力を得て，取り組むことによって大きな成果を上げることができる。

このように学校家庭クラブ活動は，家庭科の学習を生かして，学校生活や地域の生活を充実させる実践活動を進めるために，家庭科を学習している一人ひとりが会員となり，家庭科の授業や学級を１つの単位として，各学校ごとに活動する組織である。つまり，家庭科の学習の発展をめざし，教員の指導・助言を受けて活動する家庭科の学習活動である。学校家庭クラブ活動は，あくまでも家庭科の授業の一環として位置づけられ，特別活動のクラブや部活動とは異なるものである。家庭科の学習は，授業からホームプロジェクトの実践，あるいは学校家庭クラブ活動へと発展する。この過程において，家庭科の学習が実際の生活に役立つものになる。

学校家庭クラブ活動は大きく，研究的な活動，奉仕的な活動，社交的な活動

に分けられる。これら3つの活動は、それぞれ単独でもよいし、複合的に組み合わせてもよい。

(4) 全国高等学校家庭クラブ連盟の活動

全国高等学校家庭クラブ連盟は、FHJ（Future Homemakers of Japan）と称される。この全国高等学校家庭クラブ連盟では、家庭クラブ活動を実施するにあたって、5つの信条を掲げている。

- 未来の望ましい家庭の建設をめざし、家庭科の学習に励みます。
- 創造の精神と積極的な勤労を重んじ、愛情をもって奉仕します。
- 健全な心身の涵養に努め、日本の伝統に即した近代的な家庭をつくります。
- ホームプロジェクトを実施して、家庭生活の改善向上を図り、学校家庭クラブ活動によって地域社会の発展に貢献します。
- 学校家庭クラブ活動を通して、世界の若人と手をつなぎ、平和で明るい社会の建設に努めます。

そして、これらの信条を基にした次の4つの精神を柱に活動を行っている。
「創造」常に新しいものを創造し飛躍しようとする意欲をもつこと。
「勤労」労をおしまず体を動かして実践すること。
「愛情」優しくあたたかい気持ちをもってものごとにあたること。
「奉仕」他人への思いやりの心をもってつくすこと。

1）全国高等学校家庭クラブ研究発表会

全国高等学校家庭クラブ研究発表大会は、ホームプロジェクトや学校家庭クラブ活動の発表や情報交換の場として、また、全国に広がる家庭クラブ員の交流の場としての役割を果たしている。毎年夏に各都道府県もち回りで開催され、全国から約2,000人のクラブ員が一同に会して開催される。大会に参加したクラブ員は、他の都道府県生徒の研究および実践内容を学び、そこで得た研究への情熱や感動は各学校のクラブ員へと伝達され、学校家庭クラブ活動の一層の充実を促す要因となっている。

活動の趣旨からみると、ホームプロジェクトはテーマを自由に設定し、個人の研究を発表する。学校家庭クラブ活動では、学校や地域の実情に合わせて行った研究活動、奉仕活動、社交活動の実践成果を発表する。学校家庭クラブ活動

表25-2 ホームプロジェクトと学校家庭クラブ活動の入賞テーマ
(2003(平成15)年度　全国大会)

＜ホームプロジェクト＞
・つばさの笑顔に丈夫な歯を！　〜弟の生活改善計画〜
・GO GO GOYA　〜南国野菜　苦味への挑戦〜
・Let's eat ベジタブル　〜児島家の食卓は野菜色〜
・家族の笑顔が見たくて　〜家族，妹のために今の僕にできること〜
・もっとおいしく食べよう！納豆　〜納豆で健康づくり〜
・水きらり，我が家の節水大作戦
・はばたけ大家族　〜食で育つ心と体〜
＜学校家庭クラブ活動＞
・トイレ革命　〜3Kのない快適なトイレを目指して〜
・鴻女発！子育て支援大作戦　〜ふれあいの輪をひろげて〜
・ともに生きる　笑顔で21世紀　〜介護保険のすき間を〜
・自然を愛し，自然に生きる　〜エコライフへのチャレンジ〜
・世代を超えて共に町おこし　〜地場産品の商品化を目指して〜
・Let's try『心にめざめ，人がめばえる』家庭クラブ活動 　　　　　　〜地域に根ざした取り組みを通して〜
・トイレ大革命　〜素敵な学校トイレを目指して〜

の研究テーマは，1953(昭和28)〜1992(平成4)年までは毎年，共通テーマとして，被服，家庭経営，保育，食物の順に繰り返されてきたが，家庭生活を取り巻く問題の多様化に対応して，1994(平成6)年からは自由題になった。学校家庭クラブ活動で取り上げられた個々のテーマは，その時代にどのような生活課題があり，どのように解決に取り組んだのかを示しており，生活面からみた時代を映す鏡である。

大会の様子は，新聞，テレビ等の報道や雑誌FHJ誌上で全国に紹介される。また，研究発表は集録集，ビデオやスライドなどによって，大会に参加できなかったクラブ員に紹介されている。

2) 全国高等学校家庭クラブ指導者養成講座の開催

全国高等学校家庭クラブ指導者養成講座は，毎年夏休みに2泊3日の日程で開催されるリーダー研修会である。1960(昭和35)年から実施されている。講座の参加者は，全国高等学校家庭クラブ生徒会長，各都道府県連盟の生徒会長と次期生徒会長，各都道府県の成人副会長(家庭科教員)，各都道府県家庭科指

導主事と常任委員である。講座の目的は，①家庭クラブ活動の運営を円滑にするために必要な知識と技術を習得すること，②リーダーとしての資質の向上を図ること，③全国的な交流のもと，各都道府県の家庭クラブ活動の情報を交換し，クラブ員相互の交流を深めること，などである。講座の内容は，活動を充実するための講義，各都道府県連盟の活動状況についての情報交換，家庭クラブ活動を推進するための研究協議，レクリエーション指導，講習会，交流会，バズセッションなどである。

この講座に参加したリーダー達は，研修成果を各都道府県連盟の指導者養成講座や各学校の家庭クラブ活動に活用する。

3）学校家庭クラブ週間の実施

家庭クラブ週間は，全国高等学校家庭クラブ連盟創立10周年記念行事の1つとして，1962（昭和37）年から開始された。5月の第2日曜日から1週間を「家庭クラブ週間」とし，全国一斉にみんなで協力して家庭や社会に奉仕するという趣旨である。

全国の連盟に加入している学校の中で，2002（平成14）年に，家庭クラブ週間の期間中に活動を実施したのは，84.5％の学校であった。その活動内容として，交流，家庭クラブ活動の活性化や美化活動が積極的に行われていた[15]。

3．アメリカ合衆国における学校家庭クラブ活動

日本の学校家庭クラブ活動は，アメリカ合衆国で実施されているFuture Homemakers of America（以下FHAと略称）の活動を取り入れたものである。アメリカの場合，FHAとHome Economics Related Occupations（以下HEROと略称）という2つの組織が連携して，日本でいうところの学校家庭クラブ活動を展開している。HEROは，家庭科に関連した職業クラスを対象としている。消費者としてのホームメイキング教育を重視するFHA支部と，家庭科に関連した職業準備を強調するHERO支部，FHAとHERO支部を連合したFHA/HERO支部とがある。FHAとHERO支部は相互に関連し，ホーム・エコノミックスに関連する知識や技術に焦点を当てながら，活動を展開している。

これらの中で，FHA/HEROの活動は大変活発に取り組まれており，毎年7月に全米大会が盛大に開催されている。若者が家庭科の学習を通して将来，家庭，学校，職場や社会で力強い指導者になるというFHA/HEROの活動目的が理解されているものと考えられる[16]。

(1) FHA/HEROの成り立ち

20世紀前半は，連邦政府の職業法の制定と財政的裏づけにより，家庭科教育が大いに飛躍した時期である。1913年，National Educational Associationの中等教育改造委員会は，産業の発展に伴い職業教育が普遍化したことから，アカデミックなコースと職業コースを有する教育課程の多様化を図った。これによって，1917年，Smith-Hughes Actは，中等教育段階における，商業，工業，農業，家政分野に関連した職業教育を発展させることとなった。これが，FHA/HEROの発足の基礎である。また，ホーム・エコノミックスのプログラムの準備に連邦政府が援助したことから，家庭科教育の本質やカリキュラムの検討に関心が集まり，1945年に家庭科にかかわる全国組織として結成された。

さらに，FHA/HEROは，若者のために非営利的な職業教育を実施する組織であり，人種や宗教にかかわりなく加入できる最大の組織である。アメリカでは「役に立つ人間の教育ということは，また同時に職業人としての教育である」というように，学問と生活を結びつけ，日常生活を充実するという基本的な考え方があり，職業教育は重視されている。

(2) FHA/HEROの目標と意義

FHA/HEROは，「家庭科を通じて，個性の伸張と指導力を促進させること」，「家庭におけるさまざまな役割に焦点を当て，生活に必要な技術を身につけさせること」を目標に掲げ，活動を行っている。具体的には，個性の伸張，創造的・批判的な考え方，コミュニケーションの取り方，知識の活用，就職の準備をねらいとしたものである。

FHA/HEROの意義を生徒，学校，教員の三者の立場から検討する。

まず，生徒にとっては，うち解けた環境の中で協力したり活動することによって，友人の輪を拡大したり，グループ活動を体験したり，教師と密接な関係を

形成できる。リーダーシップや職業に必要な技術の習得，主体的な実践力の育成にも有効である。

　学校にとっては，学校から職業への転換を容易にすることができ，家庭科教育を通して，生活技術を習得させ，学校での生活や人生を快適に過ごせるようにすることができる。また，生徒達の学校や学習に対する態度の改善や行動の動機づけや発展をも図ることができる。

　教師にとっては，生徒達の家庭科への関心を高め，学習への動機づけや教室内の学習を豊富にすることに貢献している。また，リーダーシップ能力を発展させ，教師の援助や専門的知識を拡大することが可能になる。

　このように，FHA/HEROの教育的価値は，高く評価され，組織に参加することによって，生徒自身が主体的に活動し，行動を展開することのできる能力が育まれる。

(3) FHA/HEROの組織
　1）記章
　FHA/HEROのモットーは，記章の下部に記されている "Toward New Horizons"（新しい地平線に向かって）である。これは，自己や家族の生活が明日はもっとよくなるように，今日をもっとよく生きていくことを表している。生活改善向上は，推進されるにつれレベルが上昇し，際限がないように地平線が順次出現することを暗示している。

　2）全体構造
　アメリカ50州，ワシントンDC，プエルトリコとバージニアアイランドにおいて，約24万人の生徒が加入している。メンバーは公私立学校の家庭科を履修する生徒，家庭科に関連した職業コースを選択している生徒，以前にこれらを履修したことのある生徒である。家庭科の教師は，地域のFHA/HEROのアドバイザーとして務め，メンバーは家庭科を履修する12学年を通してすべての生徒からなる。

　また，国，州，地方レベルで各々の組織が構成されており，約1万の地方支部の働きによって，FHA/HEROのメンバーは個人や家族，職業や社会の諸問題を家庭科教育に関係させ，プロジェクトを開発し進めていく仕組みになっている。

(4) FHA/HEROの活動

　FHA/HEROの活動は，日本の学校家庭クラブ活動と同様，研究的な活動，社交的な活動，奉仕的な活動の3つに類型化できる。全国規模の特別行事には，例えばNational Vocational Education Weekの一部として，毎年2月の第2週に開催されるFHA/HERO Weekがある。ここでは，FHA/HEROの目標や活動内容を学校や家庭，地域社会に紹介するため，あらゆる場を有効に活用してさまざまな催事を行っている。

　これらの活動は，FHA/HEROのアピールを目的としており，行事を盛大にするためにさまざまな工夫を凝らしている。そのほかにも，FHA/HERO支部は，多様なプロジェクトを計画実践している。プロジェクトには，州，支部，グループと個人レベルがあり，これらのプロジェクトは，メンバーの多様なニーズや興味，学習形態に合った経験を含んでいる。例えば，1996年に発表された全国的プロジェクトである「Families First」は，若者が将来にわたって絆の強い家族を築くのを支援し，社会の基礎的な集団として家族のつながりを強化することをめざしている。

4．生徒にとってのホームプロジェクトと学校家庭クラブ

　これまでみてきたようにホームプロジェクトと学校家庭クラブ活動は，家庭科において"生きる力"を育成するために重要な位置づけをもつ学習活動である。では，これらの学習活動を行った生徒にとって，ホームプロジェクトと学校家庭クラブ活動は，どのように受け止められているのだろうか。島根県と鳥取県の家庭クラブ会員を対象にした「高校生のホームプロジェクトと学校家庭クラブ活動に関する実態と意識」についての調査結果から，活動への取り組み方と学習効果について言及する[17]。

(1) 活動への取り組み方

　ホームプロジェクトは調査対象の全校で実施されていたことからみて，各学校において実施率の極めて高い学習内容といえる。生徒の取り組み方をみると，

表25-3 ホームプロジェクトと学校家庭クラブ活動の取り組み方 (%)

	ホームプロジェクト		学校家庭クラブ活動	
	男子	女子	男子	女子
非常に積極的に取り組んだ	10.3	12.2	7.5	14.4
やや積極的に取り組んだ	25.2	47.5	19.4	38.3
あまり積極的に取り組まなかった	36.1	28.2	19.4	24.2
全然積極的に取り組まなかった	14.2	8.1	15.6	13.8
無回答	14.2	4.1	38.1	9.2
	$\chi_{0.01}=13.3 < 37.7 = \chi^2$ df=4		$\chi_{0.01}=13.3 < 67.7 = \chi^2$ df=4	

「非常に積極的に取り組んだ」というのは、男女とも10％台であった。男子で最も多いのは、「あまり積極的に取り組まなかった」、女子では「やや積極的に取り組んだ」であった。「非常に積極的に取り組んだ」と「積極的に取り組んだ」を合わせて、積極的に取り組んだとするものは、男子は約3分の1、女子では過半数を占めて、男女差がみられた。

学校家庭クラブ活動については、「非常に積極的に取り組んだ」と「やや積極的に取り組んだ」を合わせて積極的に取り組んだとするものが、男子が4分の1、女子が約半数であり、ホームプロジェクトに比較すると、やや低い値であった。また、この学校家庭クラブ活動については、無回答が多く、各学校においてはさまざまな活動が行われていても、クラブ員個々においては、積極的に参加しようとする意識にやや欠ける点があると考えられ、今後参加を高める工夫が必要となる。

(2) 学習効果

ホームプロジェクトを実施した生徒が学習効果として挙げたのは、男女とも、「自分自身の生活を見直すよい機会になった」、「やってよかったという満足感が得られた」、「家族に対する思いやりがもてるようになった」であった。あまり効果を認めなかったのは、「今後の進路に影響をもたらした」、「さらに家庭生活に関する次の課題に取り組む意欲が出た」であった。このように、生徒からみたホームプロジェクトの効果は、実践したことからもたらされる自分自身や家族への思いを高めることにとどまっていた。したがって、ホームプロジェクト本来の

表25-4 ホームプロジェクトと学校家庭クラブ活動の効果 (点)

	ホームプロジェクト			学校家庭クラブ活動		
	男子	女子	t値	男子	女子	t値
今後の進路に影響をもたらした	1.5	1.7	2.62**	1.8	2.0	4.35**
生活態度が意欲的になった	1.8	2.1	2.54**	1.9	2.2	2.98**
自信がつき，物事に積極的に取り組めるようになった	1.8	2.1	3.57**	1.8	2.2	4.34**
自分自身の生活を見直すよい機会になった	2.5	2.6	0.87**			
家族に対する思いやりがもてるようになった	2.1	2.3	3.04**			
地域の一員として，自覚がもてるようになった				1.9	2.1	2.49**
地域に対する思いやりがもてるようになった				2.1	2.5	4.06**
やってよかったという満足感が得られた	2.3	2.7	3.29**	2.2	2.7	5.67**
家庭科が好きになった	1.8	2.3	6.00**	1.7	2.2	5.03**
さらに家庭生活に関する次の課題に取り組む意欲が出た	1.8	2.0	3.29**	1.9	2.5	5.42**

※P＜0.05　　※※P＜0.01

学習効果として指摘されている，さらに取り組む意欲を高めることや進路を検討するよい機会になるように，学習活動の創意・工夫が求められよう。

　学校家庭クラブ活動についてもホームプロジェクト同様に，「やってよかったという満足感が得られた」と「地域に対する思いやりがもてるようになった」の2つが学習効果として認められた。女子では，「さらに家庭生活に関する次の課題に取り組む意欲が出た」についても高い得点で，学習効果があったことを認めていた。

　以上のように，ホームプロジェクトと学校家庭クラブ活動ともに，実践することからもたらされる「やってよかったという満足感」が得られていることは，大いに評価できることである。

5．ホームプロジェクトと学校家庭クラブ活動の取り組み事例

(1) ホームプロジェクト

〈家庭科における福祉教育の単元にホームプロジェクトを取り入れた事例[18]〉

この事例は，生活の中のバリアフリーと昔の遊びの調査を，夏休みと冬休みを利用して，ホームプロジェクトとして実施したものである。

生活バリアフリー調査では，具体的なテーマとして，「これって，○○な人には便利なように工夫されているね！（発見）」「これって，○○な人には不自由じゃないかな？……もっとこうしたらいいのに！（改善案を考える）」を設定し，取り組んだ。そして，調査結果をレポートし，休み明けの授業時に発表し合い，いろいろな状況をふまえ，バリアの再発見や問題点などを学級全員で共有し合うものであった。

これらの調査結果は，バリアフリーを実現するために，例えばシャンプーのボトルを障害をもった人にも使いやすくする——商品機能をバリアフリー化することを企業に提案する有効な資料となった。

昔の遊び調査では，家族など身近な人から昔の遊び方や道具の作り方を尋ね，レポートにまとめ，クラスで発表したものであった。発表も黒板を使う，実演するなど生徒各々が工夫した。発表されたものの中から，福祉施設訪問時の遊び

表25-5 ホームプロジェクトと連携した指導計画

```
＜題材：少子高齢化とわたしたち＞
指導計画（14時間）
 ①  高齢化と少子化の到来とこれから ……………………………… 1時間
 ②  高齢者のイメージ ………………………………………………… 1時間
 ③  高齢者模擬体験としてパソコンを使った白内障模擬体験実習 … 1時間
 ④-1 生活バリアフリー調査 ………………………… 夏休みホームプロジェクト
 ④-2 バリアフリー調査報告会 ………………………………………… 1時間
 ④-3 消費者として企業へバリアフリー調査結果の提案 …………… 1時間
 ⑤-1 昔からある遊びの聞き取り調査 ……………… 冬休みホームプロジェクト
 ⑤-2 昔からある遊びの調査と報告会 ………………………………… 2時間
 ⑤-3 福祉施設，保育所の訪問に向けた遊び道具作り及び遊び方の練習 … 4時間
 ⑤-4 遊びを通して異世代交流—デイサービスセンター・保育所訪問 …… 2時間
 ⑥  評価とまとめ・今後の課題 ……………………………………… 1時間
```

を選び，グループで共有した。

この事例は，ホームプロジェクトとして取り組んだ調査結果を，次の学習に生かすというものである。もし，取り組まなかったら次の学習に支障をきたすというように，指導計画を工夫している点も評価できるものである。

(2) 学校家庭クラブ活動

〈高齢者に関する研究活動の中で，自分自身とのかかわりとしてとらえる段階に生徒の興味・関心に合わせて，その活動に参加し問題解決を図る学校家庭クラブ活動の事例[19]〉

この実践例では，高齢者福祉の問題を自分自身とのかかわりとしてとらえる段階に，学校家庭クラブ活動を位置づけ，生徒の生活や意識の改革を図ることを目的とした。そのため，家庭科での学び，個人やグループでの研究活動を経て，最後に「自分とのかかわりの問い直し」をする過程として，図25-1に示した3つの活動が実施された。

これらの活動の中で生徒Aについてみると，まずホームプロジェクトとして「離れている祖父母の食事」の研究を行った。このホームプロジェクトを実施したことから，Aは高齢者の介護に関心をもつこととなり，具体的な高齢者介護の理解を得るため，家庭クラブ活動の一環である福祉専門学校における高齢者福祉についての理解と介護実習の体験をした（活動1）。さらに，長期休暇中，祖父母の家で車椅子を利用する祖母の介助を実際にして，介護実習体験で得た知識や技術を実際に活用することとなった。これらのことから，Aは福祉関係への進路選択をすることとなった。

生徒Bは，1年次の学校家庭クラブ活動において，福祉専門学校での高齢者福祉の理解と介護実習体験をする学習会に参加した（活動1）。このことが，福祉関係への進路選択を考える契機となり，教師と進路について話し合う機会をもった。また，2年次の学校家庭クラブ活動では，特別養護老人ホームの介助ボランティアを体験した（活動2）。さらに福祉専門学校講師による高齢社会の現状の講演と介助体験学習会（活動3）への参加を促し，学校家庭クラブ活動を充実させた。そして，福祉関係の進路選択を決定した。

事例Cでは，学校家庭クラブ活動に参加できなかった生徒のために，福祉専

活動1＜高齢者福祉と介護実習学習会　於：IGL健康福祉専門学校＞ 　高齢者福祉について　簡単な介護技術習得（シーツ交換・車いす介助など） 　ケアハウス施設見学　高齢者のサークル活動見学
活動2＜施設での夏祭り行事の介助ボランティア　於：倉掛のぞみ園＞ 　事前学習会（施設の説明，行事の説明，活動の練習）　夏祭り（車いす介助，盆踊り披露，夏祭りをともに楽しむ）
活動3＜高齢社会の理解と介護学習会　於：祇園北高校＞ 　講演（日本の高齢化，高齢者の心身の特徴と必要とされる介助）　実技（食事介助，コミュニケーションのための技術の習得）

【事例A】……生徒Aの場合

授業と学校家庭クラブ活動の流れ
①　授業（高齢者の生活についての学習）
②　ホームプロジェクトとして別居している祖父に食事をつくる
③　祖父母の生活に興味があることを教師が把握する
④　高齢者の生活についての学習会開催のため関係施設と交渉
⑤　生徒ABCを含めた生徒全体への学習会参加への呼びかけ
⑥　福祉専門学校での学習会（高齢者福祉・介護実習体験）　→　活動1
⑦　ホームプロジェクトとして祖父母との交流を図る
⑧　進路選択の過程で高齢者についての学習と自分とのかかわりを問い直す

【事例B】……生徒Bの場合

授業と学校家庭クラブ活動の流れ
①　福祉専門学校での学習会（高齢者福祉・介護実習体験）　→　活動1
②　興味・関心をもつ
③　生徒Bと教師による進路選択について話し合い
④　高齢者福祉への興味・関心
⑤　特別養護老人ホームの夏祭り行事の介助ボランティア　→　活動2
⑥　福祉専門学校講師による高齢社会の現状の講演と介護体験学習会　→　活動3
⑦　福祉関係の進路選択を希望

【事例C】

授業と学校家庭クラブ活動の流れ
①　福祉専門学校講師による高齢社会の現状の講演と介護体験学習会　→　活動3
②　授業（講演の様子をビデオで発表）
③　興味・関心をもつ

図25-1　活動例

門学校講師による講演を，家庭科の授業にビデオ視聴させ，情報の共有化を図った。

これらの活動は，従来の学校家庭クラブ活動にみられた組織的で，生徒が一団になって活動するという形態から，家庭科の授業を中心にさまざまな活動や研究テーマのもとに，生徒が自分の興味・関心に合わせて活動に参加し，問題解決を図る活動として，新たな学校家庭クラブ活動を提起したものといえる。

日本におけるホームプロジェクトと学校家庭クラブ活動は，50有余年という歴史からのマンネリ化を脱し，生徒に真に生きる力の育成と主体的な学びが実現できるように，創意工夫することが求められており，個々の実践研究の共有化が緊要の課題である。

【引用・参考文献】
1）中央教育審議会「21世紀を展望した我が国の教育の在り方について（第1次答申）」1996
2）日本家庭科教育学会編著『家庭科の21世紀プラン』家政教育社　1999　pp.11-16.
3）教育課程審議会「教育課程の基準の改善の基本方向について」1998
4）全国高等学校家庭クラブ連盟『FHJ GUIDE BOOK』(財)家庭クラブ　2002　pp.4-8.
5）文部省『高等学校学習指導要領解説家庭編』開隆堂　2000　pp.5-6.
6）前掲書2）p.119.
7）新福祐子「教育方法としての家庭クラブ」『日本家庭科教育学会誌』第25巻1号　1982　pp.97-103.
8）香川実恵子「体験学習を通して生きる力を育てる家庭クラブづくり」『家庭科教育』第73巻4号　1999　pp.63-66.
9）右田雅子「島根県高等学校家庭クラブ活動の実態と課題」『家庭科教育』第74巻第.4号　2000　pp.62-66.
10）常見育男『家庭科教育史増補版』光生館　1972　pp.283-284.
11）日本家庭科教育学会『家庭科教育50年―新たなる軌跡に向けて―』建帛社　2000　p.163.
12）家政教育社「戦後家庭科教育の変遷」『家庭科教育』7月号　1978　p.329.
13）全国高等学校家庭クラブ連盟『ＦＨＪ』4・5月号　2003　p.19.
14）全国高等学校家庭クラブ連盟『ＦＨＪ』8・9月号　2003　pp.4-7.
15）全国高等学校家庭クラブ連盟『ＦＨＪ』10・11月号　2003　p.20.
16）Future Homemakers of America, Inc. FHA/HERO *Guide Book*. 2000.
17）多々納道子・右田雅子「高校生のホームプロジェクトと学校家庭クラブ活動に関する実態と意識」『島根大学教育学部紀要』第35巻（教育科学）2001　p.58-63.
18）山野京子・入江和夫「異世代の交流による福祉理解のための授業展開の研究」『新しい時

代に対応した家庭科の学習開発―福祉と総合学習を中心にして―』日本家庭科教育学会中国地区会　2002　pp.49-54.
19) 國本洋美・高橋真紀・長井美帆子・福田公子「学校家庭クラブ活動を通して自己を見つける―高齢者に関する研究活動を中心にして―」『新しい時代に対応した家庭科の学習開発―福祉と総合学習を中心にして―』日本家庭科教育学会中国地区会　2002　pp.61-66.

第26章
日本の食文化伝承と家庭科

鳥井　葉子

1．日本の食文化伝承の動向

　現代の食生活は，次々に開発される多種多様で簡便な加工食品，マスメディアがつくり出す流行の「食」（食材や食事様式）により目まぐるしく変化している。そして，調理不要の食事の時間を24時間すべてに広げたコンビニエンスストアやファーストフード店の増大により，一層その変化が加速されている状況にある。これまで健康的な食生活は，規則正しい食事や，成長期の子どもの栄養摂取の重要性の認識を前提としていた。ところが，現在ではこの前提を無視した食生活が日常的に営まれている家庭も少なくない。このような状況に対する食生活への危機感や食品の安全性確保および健康保持の観点から，さらには，循環型社会構築の観点からも，今，日本の食生活の見直しが進んでいる。加えて，地域おこしや農業振興をめざした日本の食文化の掘り起こしと伝承の動きへと広がっている。

　現在，注目されている日本の食文化とは，西欧の食生活から大きな影響を受ける明治以前，江戸時代後期までに培われてきた食文化を指している。農業技術・漁法の改良による酒，醤油，塩，かつおぶしなどの生産と流通を背景に，そ

の土地の風土から生まれた豊富な自然の四季の旬の食材を活用した「自然のサイクルを取り込んだ食生活」「日常食とハレ食をうまく組み合わせた食生活」[1]が日本の食文化の特徴である。このような日本の食文化は，農村部では昭和初期まで地域の行事とともに受け継がれてきていた。一方，都市部では明治以降の急激な近代化とともに諸外国からの食材や料理法の流入，生産・加工・流通面での技術革新やライフスタイルの変化により，しだいに途絶えがちになった。その後，第二次世界大戦中や戦争直後の厳しい食糧事情を経て，高度経済成長期に入ると，食の簡便化や外部化が著しく進み，また，核家族の増加やライフスタイルの変化と相まって食生活は大きく変化し，日本の食文化の伝承の流れはさらに弱まった。しかし，食品公害をはじめとする食品の安全性の問題，欧米型の食生活による生活習慣病の増加や食料自給率低下等の問題をきっかけに，1970年代後半から，日本の食文化の伝承の動きが起こってきた[2]。

(1) 行政施策

日本の食文化伝承の動きは，行政施策において2つの大きな波があったといえる。最初の波は，農水省が1983(昭和58)年に「日本型食生活」を提唱し，続いて厚生省(現在の厚生労働省)が1985(昭和60)年に食事の洋風化に伴う穀類摂取量の減少，動物性食品(魚類を除く)およびその脂肪摂取量の増加傾向に対する危機感から，「健康づくりのための食生活指針」を示したことであった。農水省「日本型食生活」では，主として食糧自給力維持の観点から，栄養，安全性，資源の有効利用，食の文化が論点となっている。また，厚生省「健康づくりのための食生活指針」作成の背景には，健康食品，食品成分表示等の問題，加工食品，ファーストフードへの依存度の高まり，家庭の食事の乱れなどへの早急な対応の必要性があったとされる[3]。

食文化伝承の第2の波は，BSE(狂牛病)問題や食品の偽装表示問題を発端に，農水省が2002(平成14)年4月に消費者の視点からの農水省政策の抜本的改革として『「食」と「農」の再生プラン』を示したことに始まる。このプランでは，①食の安全と安心の確保，②農業の構造改革の加速化，③都市と農山漁村の共生・対流を取り上げ，「①食の安全と安心の確保」のためのプランの1つで，食文化・地産地消(地域で生産された産物をその地域で消費する)の特色を生か

すことを推進している[4]。現在，地産地消は，各自治体において積極的に推進されている。なお，同プランは，次に述べるスローフードをも取り上げて，日本の食文化の見直しを勧めている。

(2) スローフードの興隆

カルロ・ペトリーニによって1986（平成8）年にイタリアで始められたスローフード運動は，世界の50カ国への広がりをみせている[5]。日本でもマスメディアで盛んに取り上げられ，2002（平成14）年において日本で「スローフード」を冠する組織は約10，さらに，2003（平成15）年度は15団体が設立予定で，ブームともいえる状態を呈している[6]。

ペトリーニは，「スローフードは，郷土らしさ，食材をおいしく利用すること，誰かとともに食べる喜び，旬のシンプルな味」を重視することであり，そのようなスローフードは食文化として結実している，と次のように述べている。「ある場所の文化の豊かさは，そこで生きる人々の伝統を通して伝えられ，環境の条件，食料調達の仕方，動植物の多さによって手に入る食べ物の違いに具体的に現れる。伝統と習慣を知ることは，そこで暮らす人々と土地のアイデンティティを描くことである」さらに，それらを見失っている現代の食に対する新しいアプローチとして「若者に対する味覚教育」の必要性を述べ，感覚を通した食の教育による効果を「五感が伝える力，食べ物の品質を知り，見分け，食べ物からもたらされる快感に行きつく」こと，「五感の初等教育と，その後に続く味覚の応用教育によって，食の文化的価値を理解し，郷土という考え方を理解できるようになる。そのようにして，歴史，社会の移り変わり，精神性と食べ物が再び結びつくようになる。食べることはただ飲み込むことだという考え方から離れて，食に対するイメージが豊かになる」[7]ととらえている。スローフード運動は，「スローフード」を守る，また，その素材を提供する小生産者を守る，そして，味の教育を進めるものである。

このように，スローフード運動は，地域の食材活用，食文化の側面，教育方法と多面的な要素を合わせもっている。日本で現在流行している「スロー」を冠した食関連の言葉は，それらの側面のどこに重点をおくかにより，とらえ方や使い方が異なっている。

2. 家庭科における地域の食材，伝統食の重視

(1) 小学校学習指導要領と教科書

　小学校家庭科においては，1961 (昭和36) 年度から1991 (平成3) 年度の間，学習指導要領で指定されている「サンドイッチ」など，全国的に同一の調理実習教材による学習が標準とされた。しかし，統一的な食生活様式を前提に作られていることに問題を感じた教師達は，各地域での伝統的な食生活様式を家庭科の授業の中に位置づけ，板井セツ子氏の「郷土食『団子汁』(中学1年生) の実践」に代表されるように，自主的な多くの実践を行った[8]。その後，1992 (平成4) 年度実施の学習指導要領では，教材の指定がゆるやかになり，新たに「魚や肉の加工品を使った料理」が加えられるとともに，「地域に魚肉の加工品の特産物がある場合には，積極的に取り入れるようにする」[9] ことになった。さらに，2002 (平成14) 年度実施の学習指導要領においては，日本の伝統的な日常食である「米飯及びみそ汁」以外は，「日常よく使用される食品を用いて簡単な調理ができるようにする」とし，従来指定されていた教材に指定がなくなった。また，取り上げる食品は，「……児童のあつかいやすさや地域の特産，季節，成長期にある児童の栄養などを考慮して選択するようにする」と，旬や地域の食材について積極的に取り上げられることになった[10]。

　このような学習指導要領の改訂を受けて，2002 (平成14) 年度使用の小学校家庭科教科書[11] では，以前の教科書では見られなかった日本の食文化に関連した次のような記述がみられる。T社では，「食べ物の組み合わせを考えよう」の項で，干物の焼き魚を主菜とした和食の夕食例を示し，副菜にきんぴらごぼう，ひじきと大豆の煮物を取り上げている。また，本文には，「それらは，長い間受け継がれてきた料理であったり，その地域に合うように工夫された調理の仕方や食べ方であったりします」と記述し，コラムでは，「地域の特産物を使った料理にはどんなものがあるだろう」と問い，石狩鍋とかつおのたたきを例示している。K社では，「毎日の食事作りについて考えよう」の項で，「地域によってさまざまな料理が作られ，また，その中には昔から伝わってきた料理もあります」と書き，毎日の食事の工夫を「調べよう」と投げかけ，「家族にインタビューしました」という欄を設けて，「Kさんのおじいさん　食事には季節の野菜を使ったり，

地域の新鮮な特産物を利用しています」と記述している。このように，指定されている題材「米飯及びみそ汁」以外では，学習指導要領で取り上げられている旬や地域の食材については，小学校教科書では，コラムでふれたり，調べる課題として取り上げている程度である。

(2) 中学校学習指導要領と教科書

中学校の家庭科に目を向けると，2002(平成14)年度実施の学習指導要領では，選択項目において次のように記述されている。「自分の食生活に関心をもち，日常食や地域の食材を生かした調理の工夫ができること」とし，その解説に「地域の食材を用いることの意義を理解し，日常食に生かす工夫を考えて調理を行なうようにする。また，郷土料理や行事食について調査したり調理実習を行うことも考えられる」[12]とある。すなわち，小学校の学習をふまえて，地域の食材の活用を取り上げ，さらに，「地域の食材を用いることの意義を理解させる」学習へと発展させているといえよう。

では，このような学習指導要領に基づく中学校の2002(平成14)年度使用家庭科教科書[13]では，日本の食文化に関して，どのように記述されているのであろうか。

T社では，資料の頁で「人とのかかわりを大切にしよう」と記述し，地域のもちつきの写真を，「日常食と食品について考えよう」の項目で夕食に和食を取り上げている。また，「地域の食材を生かした調理をしよう」のテーマのもとで，「その土地ならではの食材と調理法を用いる郷土料理や，人生の節目や毎年の行事の際に食べる行事食などは，地域独自の料理として現代に伝わっています。自分の住んでいるところはどのような地域の食材があるか調べ，調理に生かしてみましょう。また，家族や地域の人に郷土料理の由来や作り方などを聞いてみましょう」と記述し，「各地に伝わるすし」と「各地に伝わる雑煮」を2頁にわたって写真入りで紹介している。さらに，「わたしたちの生活の自立─自立と共生をめざして」の項では，「伝統文化を伝える」として，おせち料理を重箱に詰めている写真を載せている。また，「わたしたちの食生活」の題材の最初で，食事の役割の1つに「文化を伝える」を挙げ，「食文化は，食べることに関する人の知恵と努力の結晶である」「食品の生産加工，調理などの工夫が，家庭や地域，

各国ではぐくまれ，食文化として伝えられている」と記述している。同題材の最後には，「和食のよさを知ろう」の頁を設けて，「献立を立てるときには，伝統的な和食の形を参考にするのもよいでしょう。…一汁三菜…菜としては，四方が海で囲まれている日本では昔から魚を食べることが多く，豆ふや納豆など大豆の加工品も用いられてきました。これらは良質のたんぱく質源となります。また，海藻もいろいろな料理に用いられ無機質源や食物繊維源となっています。また，和食は季節感を大事にしていて，しゅんの食材を用いたり，季節の花をそえるなどの工夫がみられます」と記述している。調理では，実習例「和食大好き　魚の煮つけ，おひたし，すまし汁」では，魚の旬を示し，いわしの梅煮・いわしのつみれ・ごま和えの作り方を図示している。選択項目では，「実習例　地域の人から郷土料理を教わろう　郷土料理調べと実践」において，「身近な地域の郷土料理には，どのようなものがあるかを調べる。調べた料理の作り方を地域の人から学んで，実際に作ってみる」ことを課題としている。

実践例として，そば打ちを挙げて，「発展課題　日本各地のめん料理やめん以外の郷土料理について調べて，作ってみる」ことを示している。その際の資料として「郷土料理」の欄を設け，「その土地でとれる食材を使って，その土地の気候・風土やしきたりなどに合った方法で加工・調理した食物のことを郷土料理といいます。現在では，輸送・保存の技術が進歩し，離れた場所でも各地の特産物を入手しやすくなり，また食事の洋風化が進んだこともあり，昔ほど家庭では作られなくなってきています。しかし，郷土料理は長い年月をかけて味や保存などの面からいろいろな工夫が積み重ねられ，栄養面でもすぐれた点があるので，今の生活に合った取り入れ方を考えていきたいものです」と記述している。

K社の教科書は，資料の頁に「太陽と大地の恵み…いただきます」と旬の食材の写真を載せ，また，「食材にこめられたものを味わう　人とのふれ合いと文化の伝承」の項に小麦畑とうどん作り，さといも畑といも煮会等の写真を載せている。食品の保存と加工食品の学習の項目では，「家庭で作られている加工食品の例」に梅干し，一夜干し，漬物，みそを写真入りで挙げている。調理教材では，いわしのつみれ汁，季節の野菜料理を取り上げている。さらに，選択項目「会食を楽しもう3　行事の食事を知ろう」で，行事と行事食の例を挙げ，雑煮の写真を示して，「正月の雑煮やおせち料理，大みそかの年越しそばなどのよう

に，生活の節目の行事に準備する特別食を行事食といいます。行事食には，それぞれの地域や季節の食材を工夫した，すぐれた料理も多く，伝統として長く受け継がれています。加工食品や市販の調理済み食品などを利用することが多くなっていますが，もう一度古来から伝承された行事食を見直し，生活の中に取り入れてみましょう」と記述している。続いて，「行事食を作ろう」の頁を設定し，五目ずしの調理方法を示している。また，「学習を終えて」では，「地域の食材を使う利点がわかりましたか」「各地の料理や行事食を調べ，作ってみましょう」とまとめている。

以上のように，中学校教科書では，日本の食文化について，郷土料理と行事食の定義と長所，調理法を取り上げている。しかし，日本の食文化が伝承されなくなった理由や日本の食文化の特徴についての記述は十分とはいえない。郷土料理と行事食についての日常の食生活と切り離された学習のみでは，日本の食文化の特徴を日常生活に生かすことは困難ではないかと考えられる。

(3) 高等学校学習指導要領と教科書

2003(平成15)年度実施の学習指導要領において，高等学校普通教科「家庭」では，「生活文化の伝承と創造」の視点が導入され，特に「家庭総合」では，新たに「生活の科学と文化」の項目が設定された。そこでは，「衣食住に関する先人の知恵や文化を考えさせ」，「衣食住にかかわる生活文化の背景について理解させるとともに，生活文化に関心をもたせ，それを伝承し創造しようとする意欲をもたせる」指導がされることになった。特に「食生活の科学と文化」の「(ア)人間と食べ物」では「長い歴史の中で培われた食生活の工夫や知恵，各地の気候風土に合った保存や加工の技術などを取り上げ，人間と食べ物とのかかわりや食事の意義について考えさせる。また，わが国の食生活の変遷の特徴についても概観させ，現在の食生活に関心をもたせる」とあり，郷土料理や行事食の学習などが例示されている[14]。

以上の指導要領に基づく高等学校「家庭総合」の教科書は，7社から8冊[15]発行されている。以下，2004(平成16)年度使用教科書における日本の食文化の記述をみる。

KA社「家庭総合」教科書では，調理実習の和食の献立の実習例に「日本型食

生活を考えよう（一汁三菜）」とサブタイトルが加わり，また，実習例「実だくさんのだんご汁」には「郷土料理を見直そう」のサブタイトルがついている。さらに，コラムでは，「郷土料理　昔からその土地に伝わる料理法や加工法を用いて作る料理をいう。米や豆，いもなどのほかに，身近に豊富にある野菜を用いた料理が多く，素材の持ち味を生かした料理である。地域で得られる食材や気候・風土を生かした料理法から，その地方の営みを知ることができる。経験的に作られてきたものであるが，材料の組み合わせや料理法には，合理性と科学性が認められる」と記述し，各都道府県の1～3種の郷土料理を例示している。また，サブテーマ「みんなで会食しよう」を付した実習例では，学習のねらいを「和食を中心としたホームパーティの工夫をする。伝統食の作り方を学ぶ」と設定している。さらに，「生活文化を受け止め，それを担い，創造していこう」の頁を設けて，「やってみよう」として，「豆を使って　あん（小豆）作り」を載せている。

　TA社「家庭総合」教科書は，「食生活の成り立ち」の項で「…現代になって，米と大豆の組み合わせは，たんぱく質の栄養価を高める効果があることがわかった。人間は健康に生きるために，身近にある食材を利用してすぐれた食品を生み出そうと知恵をしぼり，その食文化を伝えてきたのである」と記述している。また，「現在，私たちは，多くの食品を嗜好に応じて楽しめるという環境を手に入れた。しかし，その陰で，さまざまな問題が起こり，同時に，各地域で育まれてきた伝統的な食べ物や食習慣も失いつつあることにも目を向けなければならない」と伝承の途絶えについてふれている。「生活文化の背景」の項では，「あなたもまた，新たな生活文化の伝承者であり，創造者である。これまで伝承されてきた生活文化の背景にある意味を理解して伝承し，生活文化を主体的につくるとともに，さまざまな人や文化と共生していけるよう，異文化を理解しよう」と結んでいる。さらに，「あなたの家庭や地域に伝わる年中行事を調べてみよう。どのような思いや願いが込められているのか，その意味や背景も調べてみよう」と課題を提示し，コラムに「和食器にみる日本の生活文化」を載せている。また，2頁にわたって資料として，「私たちの暮らし」を取り上げて，正月から大晦日までの行事に食事と服装の写真を添えて解説している。

　J社1の「家庭総合」の教科書では，「日本の食生活の変遷」を1頁取り上げ，

仏教伝来による獣肉食から魚中心の食文化形成，ハレの行事食の例や郷土食の例として各地の雑煮のもちの形と加熱の仕方，汁の種類などの日本マップを載せている．また，「郷土色ゆたかな汁物」では，調理実習例として3種の汁物の作り方を載せ，その参考資料として，郷土の汁物の日本マップを示している．

J社2の「家庭総合」教科書は，「日本の食べ物」の項で自然環境と精神環境から食文化の関連をみた表を示し，江戸時代以降に外国からの影響を受けて現代に定着した料理にもふれている．和風の調理実習例に「日本型食事」のタイトルをつけ，また，「日本の味で昼ごはん」のタイトルをつけた和風の実習例を載せている．

TO社の「家庭総合」の教科書は，「食事文化の成り立ち」の項で，「わが国ではそれぞれの土地にある産物を使い，そこに住む人たちが工夫して料理を作り上げてきた．それは郷土料理として現在の生活に生きている．今日，流通機構が発達し，日本各地の食生活も均一化されてきているが，わたしたちは先人の知恵を日々の暮らしに生かしていきたいものである」と記述し，「自分の住んでいる地域にはどのような郷土料理や漬物があるか調べてみよう」という課題を示し，郷土の漬物の写真を載せている．また，「伝統的な食生活」「新しい食文化」の項では，江戸時代に完成した本膳料理や箱膳による食事形式から，現代の食事へのつながりを記述している．さらに，コラム「ハレの食べ物」では，ケの日と違う年中行事と食事の関係を解説し，実習例として雑煮を取り上げ，いろいろな郷土の雑煮の例を挙げて解説を加えている．

D社の「家庭総合」の教科書では，「日本の風土と食生活」の項に，「郷土料理や行事食には，日本古来の知恵と工夫が加わって，地域色豊かな食生活文化を形成している」と記述され，コラム「行事食（ハレの日の料理）」では，ケの日の料理と区別される年中行事とのかかわりを解説している．また，「日本の食事様式」の項でその変遷にふれ，「食文化の継承と創造」の項では，「家庭や社会で食文化を継承していく重要性も高まってきている．わが国では，日常の調理素材の取り合わせの中にも，…さまざまな形で伝統的な知恵が生かされている．日本型食生活は，昔から伝わる食文化を基礎にして，現代日本人が創造した食事様式といえる．日本のこのような食事様式のよい点を，改めて見直すことが大切である」と記述されている．加えて，地方色豊かな郷土料理例を挙げ，

調理実習例「日本の伝統 雑煮 3 種」を挙げ，テーマ学習には「四季の彩りと行事食—旬のものを生かす！」として，年中行事と食材を示している。

　H社の「家庭総合」の教科書は，資料として「食生活の戦後史」を2頁にわたって載せ，洋風化，加工食品，ファーストフード，孤食等を挙げている。また，和風の調理実習例には「日本の食文化にこだわろう」とサブタイトルをつけている。さらに，「風土と食生活」「異文化の輸入」「新しい食文化の創造」の項を設け，日本の食生活の変遷や伝統的な加工法と主な食品の表を2頁にわたって示し，本文では，「…家族がともに食事を作って食べることによって育まれる，伝統的な味や各家庭の味，食事にかかわる知識や技術，そして家族や地域の食生活の知恵などを，親から子へと伝承する機会を失いつつある。食べ物は貴重であり，食を介して人間関係を豊かにしていくことの重要性はますます高まっている。食環境が激しく変化していく今こそ，これまでの家族・地域に密着した食生活の合理性や知恵に学ぶべきものは多い。私たちは，家族・地域・日本固有の食文化を基盤として，それぞれのライフスタイルに合った，新たな食生活の形成に向けて努力していきたい」とまとめている。

　KY社の「家庭総合」の教科書は，資料「家庭の行事の日の献立」を2頁設けて，1月から12月までの行事を，その行事食の写真とともに載せている。また，「食生活の歴史」の項に，縄文・弥生時代から，戦後・平成時代までを9区分して，食生活上の出来事，日常食および新しく導入された食品・調理などとともに，その時代の一般的な食事例（イラスト）の表を示している。さらに，和食の調理実習例に「みんなが好きな和風献立」や「和風の祝い献立」「伝統の味 日本の正月料理」を挙げている。「生活文化としての行事食」の項では，年中行事とかかわる食物，その由来や変遷を解説している表を備考に示している。実習「茶道（茶の湯）の心にふれてみよう」を3頁半にわたって載せ，その中の「茶道と日本文化」では茶道の歴史を解説し，「お茶会でいただくお菓子を作ってみよう」という小項目も設けている。また，「課題研究 郷土料理を調べ，作ってみよう」の項を設定している。

　以上のように，従来の教科書に比べて，高等学校「家庭総合」の教科書では食生活の変遷の記述が増えており，現代の日本の食生活を歴史的な視点から学習者にとらえ直させるためには有効であると思われる。しかし，多くの教科書が

行事食をはじめ伝統的な日本の食文化を価値あるものとして強調する傾向がみられるものの，なぜ，現代の日常生活はそれらの伝統食から離れていったのかについてはほとんど記述がなされていない。そして，すべての教科書に伝統食の調理実習が設定され，最後に突然「生活文化の創造」という展開に至るのでは，伝統食の一部分，特に調理操作の簡便化や調理のコツの習得といった矮小化された「生活文化の創造」なることが危惧される。伝統的な日本の食文化はさまざまな特徴をもっており，現代の食生活の問題は，伝統食の調理を学習内容として取り入れることのみで解決できるものではないと考える。食生活の変化を社会の変化，ライフスタイルの変化，食に対する意識の変化と関連づけて検討することにより，現代の食生活における日本の食文化をとらえ直すことの意義が明らかになるのではないだろうか。それらの学習をふまえた後，これからの日本の食生活文化を主体的に創造する方向が初めて見いだせるであろう。

3．郷土料理の伝承──鳥取の事例から──

(1) 伝承の課題

　昭和初期までの生活体験をもつ世代には，地域の郷土料理を日常的に食したり，現在も食している人，また，それらの郷土料理の熟練者も多い。しかし，第二次世界大戦中および戦後の急激な食生活の変化とその表裏一体である食意識の変化に伴い，全国的に広く知られている郷土料理を除いて，郷土料理の伝承が困難な状況がみられる。伝承の途絶えの要因には自然環境の変化や産業構造の変化による自生の食材の稀少化や食材の変化によるものが大きい。一方で，食生活を営む主体側の要因として，料理に費やす労力や時間の減少に加え，郷土料理熟練者と継承者それぞれの意識およびその二者間の日常生活の場における関係の変化が大きく影響していると考えられる。

　これまでに行った「鳥取の郷土料理の現状と伝承の課題」[16)]の研究を基に以下，伝承の課題について述べる。初めに，郷土料理熟練者の立場を考察する。彼らは地域や親族の文化を受け継ぎ担ってきた人達であるため，生活はその地域と密接しており，地域の人々との緊密な交流がある代わりに，他地域での生

活経験や他地域の人との交流をもたない場合が多く，他地域の伝統的な食文化を知る機会が少ない傾向にある。そのため，郷土料理熟練者は，伝統的に受け継がれてきた料理を他地域にはない独特な郷土料理であると認識していないために，その伝承意識は流行の「食」の前に消えてしまうことになる。すなわち，親族や地域の行事の減少に伴い，協同で郷土料理を作る機会が少なくなった現在，郷土料理に対する価値の認識に基づいた郷土料理熟練者による意図的な伝承行為がなければ，伝承が途絶えることになる。

このような状況では，郷土料理の伝承の課題として，まず，郷土料理熟練者に郷土料理に対する価値を認識してもらうこと，また，見習いの行為と口伝えで伝承されてきた郷土料理の食材やその調理法を誰もが調理可能な記録として残してもらうこと，さらに，郷土料理伝承意識を高めてもらうことが不可欠である。熟練者の高齢化が進む現在，緊急な課題である。

一方，郷土料理継承者をみると，大学生をはじめとする若い世代は郷土料理を認識していない人が多く，また，郷土料理へのイメージは必ずしもよいとはいえない実態であるが，郷土料理の伝承意欲はかなり高い。しかし，郷土料理を教えてくれる人が身近にいないことや教えてもらう機会がないために，継承できないという現状がある。大学生については，郷土料理を体験することにより郷土料理の認識が高まり，郷土料理のイメージも高まることが明らかになった。これらの結果から，郷土料理熟練者と郷土料理継承者の二者間の橋渡しを支援するもの，例えば，学びの場やそれを準備し実践する行政やNPOの活動が，郷土料理伝承のために現在最も望まれるものである。

(2) 鳥取の郷土料理の伝承への取り組み——親子郷土料理教室

今後の家庭科における日本の食文化の伝承に関する学習を検討する上で，参考になると思われる鳥取の親子郷土料理教室[17]についてふれておく。鳥取では，他の地域に比べて郷土料理に対する認識が低く，またその伝承の取り組みが少ないという現状がみられた。そこで，筆者らは「①旬の食材がもっている魅力にふれる，②地域の食材やその調理法を知る，③実際に調理し，味わう楽しさを知る，④人とともに味わうことのすばらしさを感じる，⑤子どもと保護者でともに「食」について関わる，⑥その後の家庭生活での「食」への意識を高める，⑦

表26-1　親子郷土料理教室参加前後の保護者の変化

保護者	郷土料理教室参加前	郷土料理教室参加後
A氏	郷土料理への関心が強く，郷土料理の実践経験もあるが，郷土料理熟練者が身近に不在	郷土料理の詳細な作り方の習得
B氏	郷土料理の重要性は認識しているが，転勤のため継承困難で，また，郷土料理にはマイナスイメージをもつ	郷土料理イメージのプラス変化，伝承意欲の高まり
C氏	一般の料理には積極的であるが，郷土料理への関心・意欲は低く，継承の機会がない	楽しい協同体験による伝承意欲の高まり
D氏	郷土料理の重要性は認識しているが，実践経験がない	郷土料理体験，郷土料理実践意欲の高まり
E氏	郷土料理は認識しておらず，関心も薄く，知人の誘いによる郷土料理教室参加	郷土料理体験，郷土料理実践意欲の高まり

季節ごとの継続開催で，郷土料理にふれる機会を増やす，⑧地域への関心を高める，⑨「食」に関する楽しい場をつくる」ことを目的に，親子郷土料理教室開催を試みている。これまでに，2003（平成15）年6月に「ちまき」，10月に「茸めし・呉汁」，12月に「どんどろけめし（炒めた豆腐入り炊き込みご飯）・かに（親蟹）汁」を実践した。第1回親子郷土料理教室参加後に，保護者の意識にどのような変化がみられたかを，表26-1のように報告[18]している。

郷土料理教室の参加者の継続的な変化の研究は以後の課題であるが，教室参加動機を「子どもに協同作業の楽しさを味わわせたい」と記述した保護者や，知人に誘われて参加した保護者にも郷土料理への関心，伝承意識の高まりがみられた。また，すべての参加者に次回の参加希望がみられ，子どもだけ，または，親だけを対象とした郷土料理教室よりも学習の相乗効果あることが推察できる。このような親子郷土料理教室における学習は，郷土料理の体験と認識の深化や伝承意欲の高まりにとどまらず，現代の食生活問題をとらえ得る。日常生活において，また，食生活に関する深刻な社会状況のもとで，健康面や環境保全を視野に入れながら，食生活改善していくことができる実践力の育成へと発展させたいものである。

4. 食文化伝承と創造に関する学習内容の構造化の必要性

　2003(平成15)年の中央教育審議会の中間報告「食に関する指導の体制の整備について」における栄養教諭創設の提言など，現在，食教育の充実が大きな課題となっている。文部科学省により小学生に配布された冊子「食生活を考えよう」では，朝食の大切さを強調する中で，朝食を抜くよりも台所にあるものを食べようと奨め，ドーナツ等の単品を例示した上で，1品だけでなく（調理不要の）食品の組み合わせを考えさせる頁がある。このような小学生の食事に対する危機的な認識およびその対処策をみると，健康的な食生活をめざして，これまでに家庭科教育が担ってきた役割が認識されていない点，また，家庭科教育が急激な食生活の変化に十分に対応できなかった点についても課題を明らかにして，今後の食生活領域の学習について再考する必要がある。

　子どものみならず，その食生活の担い手である保護者に対して，健康的な食生活への認識と行動を促す学習を家庭科において一層深め，また，給食指導とも連携して進めることが重要である。これまでにも成長期の子どもの栄養摂取の重要性を認識していない保護者に対する学習として，家庭科教師と栄養士が連携し，保護者参観日における食生活授業実践，保護者の給食試食会，家庭科授業における親子料理教室開催を通して，健康的な食生活への認識を高めるための働きかけがなされてきた。しかし，それらの実践や，その効果の報告は学校内にとどまり，社会的に広く認識されているとは言い難い。保護者への働きかけを重視した食生活の学習は今後の緊急な課題である。

　家庭科の21世紀プラン[18]では，家庭科の総括目標に「…主体的に判断して実践できる能力を育み，明日の生活環境・文化を創ることのできる資質・能力を育成する」と示されている。また，日本家庭科教育学会北陸地区家庭科カリキュラム研究会では，家庭科の学習課題を，「生活を自立的に営む，生活に主体的にかかわる，平等な関係を築きともに生きる」と並んで4つめに「生活を楽しみ・味わい・つくる―生活の美的，文化的，歴史的意味を理解し，伝承し，創造する」と文化の伝承，創造を挙げている[19]。

　一方，食文化に関する授業実践を積み重ねてきている桑畑美沙子氏らは，食文化の学習を先人の築き上げてきた生活文化の継承（遺産型），現状の生活に見

いだされる課題の把握（現状型），未来にかけて形成されつつある（未来型）生活文化の創造にかかわる内容に分け，未来型食文化の授業計画の提案が今日的課題であるとしている。また，未来型食文化学習は，現状型食文化に見いだされる課題に対応して多様なパターンが存在し，個食・孤食に代表される食事観・食形態の変化，中食，外食の利用に伴う調理の外部化など，さまざまな課題に対する解決策を含むとしている[20]。未来型食文化とは食文化をつくる主体の育成に焦点を当てた幅広い概念である。プランとして示されたウインナーソーセージを教材とした授業計画案では，無塩せきウインナーが市販化された経緯，加工実習，家族や地域の人々への聞き取り，教師からの語りかけが導入され，地域の人々や教師が食文化をつくる主体として暮らす姿勢を学ぶように授業が展開されている[21]。

このように，生活文化の伝承や創造は，家庭科教育の現代的課題として現在広く認められているところであるが，その学習内容については，長い年月個々に授業実践が試みられていながら，いまだ学習内容の構造化がなされていない状況である。特に，食文化については，先に高等学校教科書の記述の検討のところで述べたように，伝統食の一部分，特に調理操作の簡便化や調理のコツの習得を取り入れた食生活に矮小化されることが危惧される。食文化の伝承と創造の学習の枠組みを具体的な題材とともに明らかにすることが必要である。

食文化伝承と創造に関する学習は，資源としての食材を生かした調理法や食事様式を生み出した文化を学ぶことによって食に対する認識が深まり，また，自然や社会環境と関連づけて現代の食生活問題をとらえることを可能にする。さらに，健康保持や環境保全の認識を基盤として，子ども自身の日常の食生活のみならず食生活にかかわる社会環境を主体的に創造していく力を育てる可能性をもつものである。家庭科教育における食生活領域の柱となり得る食文化伝承と創造に関する学習内容を構造化すること，さらに，そこに保護者への働きかけをも組み込むことが重要な課題ではないだろうか。

【引用・参考文献および注】
1）石川寛子・江原絢子編『近現代の食文化』弘学出版　2002
2）例えば，1976年に雑誌『食べもの文化』が創刊され，「創刊にあたって」の中で，「日本の

風土に合った食べ物はどういうものなのか。民族的伝統の中に育まれた食文化を大切にしつつ，労働と生産そして文化の創造そのような人間の，真に人間らしいいとなみにおける連帯と交流の場としての食事の意味と歴史とを考えたいと思います」と述べている。

3）豊川裕之『「食生活指針」の比較検討─栄養素から献立へ─』農文協　1989.2
4）農林水産省「すっきりわかる食と農のQ&A」2002.9
5）石井智恵美・大久保洋子『見直そう！ 食と人とのつながり・スローフード』草土文化　2003
6）消費者教育研究編集部「「スローフード」のすすめ」『消費者教育研究』2003/2〜3
7）カルロ・ペトリーニ『スローフード・バイブル』日本放送出版協会　2002
8）中屋紀子「食物」田結庄順子編『戦後家庭科教育実践研究』梓出版社　1996
9）文部省『小学校学習指導書家庭編』開隆堂出版　1989
10）文部省『小学校学習指導要領解説　家庭編』開隆堂出版　1999
11）2002年度使用小学校家庭科教科書は東京書籍と開隆堂から発行されている。
12）文部省『中学校学習指導要領解説　家庭編』東京書籍　1999
13）2002年度使用中学校家庭科教科書は開隆堂と東京書籍から発行されている。
14）文部省『高等学校学習指導要領解説　家庭編』開隆堂出版　2000
15）2003年度使用「家庭総合」教科書は，開隆堂『家庭総合─明日の生活を築く─』大修館書店『家庭総合─生活の創造をめざして─』実教出版『家庭総合─自分らしい生き方とパートナー』実教出版『家庭総合21』東京書籍『家庭総合自立・共生・創造─』第一学習社『家庭総合─生活に豊かさをもとめて─』一橋出版『家庭総合─ともに生きる─』教育図書『家庭総合』である。
16）福田智子・鳥井葉子「鳥取の郷土料理の現状と伝承の課題」『鳥取大学教育地域科学部紀要（教育・人文科学）』第4巻第1号　2002
17）福田智子「鳥取の郷土料理の伝承─親子郷土料理教室の取り組み─」第50回　日本家政学会中国・四国支部総会ならびに研究発表会発表　2003.10
18）日本家庭科教育学会『家庭科の21世紀プラン』家政教育社　1997
19）北陸地区家庭科カリキュラム研究会『生活主体を育む家庭科カリキュラムの理論と実践』2003.6
20）桑畑美沙子ほか「未来型食文化の創造につながる授業の開発（第1報）─ウインナーソーセージに関する地域の食文化─」『日本家庭科教育学会誌』第44巻第1号　2001
21）桑畑美沙子ほか「食文化をつくる主体の形成をめざす家庭科の授業開発─ウインナーソーセージを教材として─」『日本教科教育学会誌』第25巻第6号　2002

第27章
食育推進手法の実証的研究序説

赤松　純子

1. 食育推進の背景

　中央教育審議会は2003(平成15)年9月の中間報告で「栄養教諭」の創設を求めた。栄養と教育の専門性を兼ね備えた教員資格を新設し，現在，学校の栄養士らが行っている給食管理に加え，保健や家庭科などの授業で食生活を指導すべきだという提言である。小泉純一郎首相も9月末の所信表明演説で，食育の推進を訴えた。これらを受け，文部科学省内にプロジェクトチームが設置され，食育に関する検討および2005(平成17)年度からの制度化が進められている。
　これらの背景には，2001(平成13)年のBSE (牛海綿状脳症) の発生，産地偽装表示，無登録農薬の使用など，消費者の食に対する不安や不信感が増大し，安全や安心な食品へのニーズが著しく高まっていることがある。食に関する理解を深めることを目的に，自民党・政務調査会内に2002(平成14)年設置された食育調査会は，2003(平成15)年6月9日首相に，また，18日，19日に関係省庁へ「中間取りまとめ」の申し入れを行った。国民一人ひとりが「食」について改めて意識を高め，「食」「子育て」「教育」にかかわる実践的な活動を「国民運動」として展開することを目的に，次のように7つの政策が提言された。

《7つの政策提言》
① 赤ちゃんからお年寄りまで消費者やＮＰＯ等との連帯を深めた「一大国民運動」の実現
② 大人自身の食育実践力の向上と子供と共に取り組む「食育」活動の実現
③ 学校・幼稚園・保育所等における効果的・魅力的な「食育」活動の実現
④ 食べ物とそれを作る人々に感謝するこころを育み，地域の特色ある食材を活かした地産地消の推進等地域に根ざした「食育」活動の実現
⑤ 体験を通じて食についての理解や食を選ぶ力を育む「食育」活動の実現
⑥ 健康で健やかな人生を送るために食生活を改善する「食育」活動の実現
⑦ 食品の安全性の確保に関する教育及び学習の振興などによる食品の安全性に対する国民の理解向上の実現

これに続き，7月12日には，食と健康に関心の高い4つの機関（独立行政法人農業技術研究機構、森林総合研究所、水産総合研究センター、日本エスコフィエ協会）共催による「ブランド・ニッポン」を試食する会の挨拶でも，次に示す通り，首相は『基本は食育』であることを強調している。

> 先日の閣僚懇談会でも，食の重要性をもっと国民に認識してもらう必要のあることが話題になりました。「知育，体育，食育」というのがその基本でありますが，中でも，基本中の基本は「食育」ではないでしょうか。最近，健康志向ということで，いろいろ食の重要性が叫ばれていますが，食事，食べ物があらゆる健康づくりの基本であると言っても言い過ぎではないと思います。自然の恵みである太陽と土と水，この恵みを受けた食材を，正しく食べ物として人間が口にすることによって健康がつくられることを，多くの国民に分かってもらうことが必要であると思います。

一方，農林水産省は，農林水産政策の軸足を消費者サイドにはっきりと移し，食の安全と安心の確保に向けた改革に取り組み「食」と「農」を再生するため，『「食」と「農」の再生プラン』を策定し，2003（平成15）年度には『食育推進・実証活動支援事業』を推進している。本研究はこの事業7件に採用された共同研究で，学校だけでなく一人暮らしの高齢者も対象とし，豊かな時代に自ら食生活を構成することができる効果的手法を実証した。栄養教諭の創設は，本来，家庭の役割であった望ましい食習慣を，学校で身につけさせようというねらいであるが，消費社会の中で「食」が崩れてきた時代において学校だけでは対応でき

ないこと，効果的な手法が模索されていることに対応した研究である。高齢者版，高等学校版，中学校版，小学校版等々と順に発表する予定[1]であるが，ここでは，学校版の研究概要を中心に記す。

2．研究目的と概要

　農林水産省2003（平成15）年度「食育推進・実証活動支援事業」研究助成の趣旨は，以下の通り示されている。

> 「食育」とは，消費者が望ましい食習慣の実現及び食の安全について，自ら考えることを促進するとともに，子どもの頃から「食」の安全，「食」の選び方や組み合わせ方などを教え，「食」について関心を持ち，自ら考えることを身につけさせる取り組みです。国民一人一人が「食」に関心を持ち，自ら考える習慣を身につけることを促す「食育」を積極的に推進するため，「食育」の多様な実践方策に関する実証的な研究活動を助成します。

(1) 問題意識と共同研究者について

　研究課題名は「仮想コンビニを使った食育」で，C・キッズ・ネットワーク（消費生活アドバイザーまたは消費生活専門相談員の有資格者で構成）との共同研究である。著者は，消費者教育の視点から，1991（平成3）年に学習内容構想を発表して以来，学校教育・家庭科教育の内容・方法の構築を主たる研究テーマとしている。特に食教育に関しては，月刊誌『家庭科教育』に「何をどれだけ食べたらよいか（食品群別摂取量と献立）に関する小・中・高等学校の系統的な学習（共同研究，1994（平成6）年）のほか，具体的な提案をしてきている。C・キッズ・ネットワークは，独自に開発した教育プログラムを3年間にわたり兵庫県中・高等学校への出前講座として結果を改良しながら実施してきており，問題点の整理・発展内容を考察中である。著者は教育の専門の立場から理論的枠組みを構築し具体化すること，共同研究者は，過去3年間にわたる中・高等学校出前講座の実績をふまえ一定の評価を得てきた「身近なコンビニ食品を通して自ら意思決定し食生活を見直す」プログラムを，理論的裏づけのあるものに集大成し，誰でも活用できる教材として提供したいと考えている。

現在，教育現場は徐々に開かれつつあり，いろいろな立場の教育実践者からの力を得ることも可能になっている。多方面にアンテナを張って情報を得，教育内容をより良くして作り上げていくことも教育者に必要な技である。

(2) 具体的研究内容および期待し得る成果

コンビニでの買い物をシミュレーションすることにより，自らの食生活について考える。実際に自分自身が選んだ昼食をテーマに学習することは，興味深く実生活へのフィードバックが容易である。作業を通して自らの食生活への関心が高まり，今後メニューを考えるときやコンビニ食などの中間食，レストラン等での外食に対しても，栄養バランスを考えたメニューの選択や組み合わせが期待できる。主に生徒を対象として効果的な手法を開発するが，児童や高齢者を対象とした講座も行うので，孤食・個食の食育としても，より汎用性のあるものが期待できる。

(3) プログラムの目的

忙しい現代人はコンビニ食に代表されるようなファーストフードに頼ることが多く，従来型のバランスの取れた食生活が失われる傾向にある。また，このような食生活を軽視する生活に対する問題意識も薄れつつあり，大きな問題であると考える。しかし，若者にとってはコンビニを利用することが日常化しており，従来型の手作り食の大切さだけの食育では現状との乖離が激しく，指導が難しくなってきている。

そこで，このプログラムでは，コンビニ食を肯定も否定もせず，生徒自身が昼食として選んだコンビニ食の栄養バランスをグラフに表すことにより，客観的に自らの食品の選択を確認し，メニューを選択する際には，栄養バランスについての留意も必要だと気づかせることを目的としている。

つまり，このプログラムでは，45分授業という限られた時間の中で，「バランスのとれた食品の選択」というテーマに限定し，自分自身が選んだメニューを自己評価し改善するという作業の中で，「好きな物ばかりでは栄養バランスが偏りやすいこと」「コンビニ食中心ではとり難い（あるいはとり過ぎる）食品や栄養素があること」「少し気をつけることで栄養バランスが良くなること」「メニュー

を考えるとき，栄養バランスも考慮に入れることが必要であること」など，生徒自身の気づきを促すことに限定している。具体的なカロリー計算やメニューの組み立て，予算や環境負荷などは，別の段階で改めて学ばせたいと考えている。

3．実施計画概要

本研究は単年度計画で，助成決定が7月であったため，実際には次のような計画で，半年間の出前講座を実施しているところである。講座内容の構成を最初に行い，毎回講師と対象者にアンケートを実施し，効果と課題を確認している（後で比較できるように，アンケートは共通の内容とした）。

短期間で同時に出前講座を開催するため，多くの講師が必要になる。特別に設定した講師養成講座のほかに，実際の講座を経験しながらの講師養成ということもあった。結果的に，講師は例えば小学生対象の講師ということになる場合もあり，複数回の経験を積み，毎回修正や新たな提案を入れていることになる。また，年齢に合わせるだけでなく，コンビニをあまり活用しない地域では，近くのスーパーマーケットなど，買い物の事前調査によって判明した地域の特徴に合わせて，表現や提示物の変更を行っている。

地域活動を行っていると，講座の評判を聞き，高齢者講座だけでなく，新米ママさんグループやジェンダー研究会等の生涯学習グループから新たな申し込みもあり，学校教育にはない発展的おもしろさがある。

7月・高校生向けの改良内容の決定とタイムスケジュールの作成
  ・(新！)小学生向けおよび(新！)高齢者向け同プログラムのアレンジ版アウトラインの決定とタイムスケジュールの作成
8月・講座の組み立て，タイムスケジュール，シナリオの作成
  ・講座で配布するワークブックの制作
  ・講座で使用するワークショップ関連グッズの製作
9月～1月
  ・高校生向け改良版講座5回実施
  ・小学生向け普及版講座5回実施

　　　　・高齢者向け普及版講座5回実施
　2月・アンケート結果の分析と考察
　　　　・実施内容結果の分析，今後の課題の検討
　　　　・研究成果報告書の作成
　3月・研究成果報告書提出

4．独自の特徴と楽しめる工夫

　このプログラムには，従来の教室（学校教育現場）では考えられなかった独自のアイデアが種々盛り込まれているので，4点記す。

(1) 栄養学にとらわれない5分類
　例えば，限られた時間内での作業のしやすさや，コンビニ食で指摘されているエネルギーや脂質が多く野菜果物類が少ないという問題を中心に，従来の栄養学的見地からは離れた食品成分5分類（エネルギー・たんぱく質・脂質・炭水化物・野菜果物類）を採用している。解決すべき問題を鮮明にした欲張らないプログラムで，45分完結である。
　この講座は，細かなカロリー計算や栄養成分を分析することを目的としているのではない。一般的に現在の若者たちは，コンビニ食に代表されるようなファーストフードに頼ることが多く，従来型のバランスのとれた食生活を軽視する傾向にあり，この現状に対して問題意識ももっていないと言われているが，そんな若者たちに自らの食生活を振り返るきっかけを与えることをこのワークショップの目的としている。また，高齢者にとっては時間のない時や体調の悪い時には，中間食を有効利用することで豊かな生活を選択する可能性を提案することを目的としている。
　つまり，ここでは，自らの食生活を振り返る手助けとなる，わかりやすく作業の容易な表現を優先的に選択したのである。限られた講座時間では，6群は分類が多く作業時間がかかりすぎる。しかし，同じカロリーでも，食品により（特に穀類では）重さが異なるため，3群にして単純にグラムで計算することには無理

があった。そこで，レーダーチャートを使って表現しやすい5分類を採用することにした。ただし，通常の5分類では，野菜や果物類に関しては，ビタミン，ミネラル等にすると値が小さすぎ，講座でのポイントがわからなくなる恐れがあるので，そのまま野菜，果物類の重量を採用することにした。また，市販されているコンビニ食の栄養成分表示が，たんぱく質，脂質，炭水化物等の表示になっており目安になること，一般的にコンビニ食は野菜，果物類が少なくなっているので，そのことをわかりやすく表現するためにも，野菜，果物類として分類を選択した。

(2) 数値にはこだわらない10点満点制レーダーチャート

栄養バランスはエネルギー・たんぱく質・脂質・炭水化物・野菜果物類の5項目について，1回（食）に摂取してほしい量を10点で換算しているが，あくまでも目安であり，数値に固執する必要はない。実際，プリンや果物といったデザートばかりを集めたメニューで5項目を10点にすることもできるが，数を合わせることがこの講座の目的ではなく，「実際に自分が食べたいメニューの栄養バランスがどうなのか？」「それを改善するためには何に気をつけたらよいのか？」ということを気づかせることが大切である。すぐに作業の意図を読み取り数値合わせを目標にした優等生が何人かいたが，できあがった献立は食事ではなく，おやつのようであった。

一見扱いにくそうなレーダーチャートとは，折れ線グラフの複数縦軸の原点を1カ所に束ね，軸を放射状に伸ばしたもので，図27-1のような形である。閉じた折れ線の面積と突出（陥入）の状況で特徴を把握することができるものである。目盛りの読み方を理解すれば作業は早く，小学生でも高齢者でも容易に作図可能であった。

(3) 役に立つお助けメニュー

コンビニ食だけではとりにくい食品や栄養素を補うアイデアとして「お助けメニュー」を設定している。どこの家庭の冷蔵庫にでもある材料で，汁物を1品加えることで栄養バランスが良くなることを実感してもらい，コンビニ食の上手な利用法を知ってもらうことを目的としている。コンビニには売られていないメ

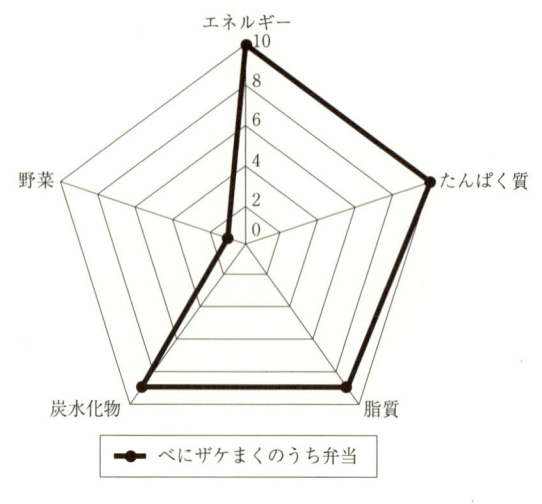

図27-1 レーダーチャート

ニューに限定するため汁物のみとし，実際にコンビニに出向き，高齢者が購入しそうなメニューを考えた。高齢者には，総菜のさまざまな活用法（1品の変身）が大好評であった。

以下は，授業後の，N高等学校の教師の感想である。

> 何も考えず欲望にまかせて食べるより，少し考えるとバランスが良くなることに気づいてくれたように思います。
> 家でコンビニ食を食べる時には，お助けメニューのようなものを加えるとバランスが良くなり，外出でコンビニ食を利用する時には，お助けメニューのようなものがこれから売り出されるとバランス良く選ぶことができるなあと思いながら見学させてもらっていました。
> 「一汁三菜」については学習済みですが，定着させることのむずかしさを感じました。ショックです。

(4) ゲーム感覚で献立の基本

「お助けメニュー」の力を借りると，誰でも栄養バランスが前よりも改良された献立を選ぶことができる。この授業を終えると，目標達成感や充実感を味わうことができ，少し気をつけるだけで（簡単なことで），バランスよい食事ができるという自信がつく。自分の好みで選択して良いのだという安心感がある。ま

資料27-1　コンビニ食ってどんな食？

名前　　　　　　　　　　　　　　

① メニューと数字を書いて，合計Aを出してみましょう。

メニュー	個数	エネルギー	たんぱく質	脂質	炭水化物	野菜果物類
合計A						

② Aの数字でレーダーチャートを作ってみましょう。

③ できた形を見てどんなことに気づきましたか？
（何が多かったですか？　何が少なかったですか？）

④ 考え直して，より良いメニューを作りましょう。
お助けメニューから商品を追加したり，元のメニューを組み替えたりして考えてみましょう！

メニュー	個数	エネルギー	たんぱく質	脂質	炭水化物	野菜果物類
合計B						

⑤ Bの数字でレーダーチャートを作ってみましょう。

⑥ 感想・気がついたこと

た，アンケートからも，生徒達のほとんどが，自らの食事や栄養バランスの無頓着さを反省し，改善したいと考えていることがわかった。

高校生の購入品目の欄は，パン，お菓子，アイス，ゼリー，ジュースと，小・中学生が選択したものと変わらず，仮想コンビニの商品設定（メニュー表の配布）はいずれの学校現場でも有効であることがわかった。

生活の違いによる重点のおき方には，例えば，次のような配慮がある。

《高校生向けと高齢者向け講座のコンセプトの違い》
・高校生向け
　現状…コンビニが食生活の一部となっている。
　提案…栄養バランスを考えたコンビニの利用。
・高齢者向け
　現状…単身独居の増加。外食や惣菜を買うことに対する抵抗感あり。
　提案…忙しい時や体調不良の時に賢く中間食を利用しよう。
　　お総菜売り場をイメージし，惣菜は一般的に味付けが濃く，分量が多い。
　　→野菜やご飯，タマゴなどを加えて
　　　味をコントロール，栄養バランスを改善する。
　　→アイデア料理を紹介する。

また，最後に行う食べ物に関する言葉クイズでは，写真パネルも効果的で，毎日とりたい基本食品等がゲーム感覚で身につくこともわかった。適切なグッズの準備の必要性を実感した。

5．今後の予定

別原稿ではあるが，高齢者および各学校段階における具体的内容・方法と成果を順に報告していく予定[1]である。ぜひ興味がある内容を読み，楽しく食育推進に取り組んでいただきたい。本報告は，C・キッズ・ネットワークとの共同研究の内容を，研究代表者の責任で記した。

【参考文献】
1）赤松純子，C・キッズネットワーク「楽しく分かりやすい参加型ワークショップ形式の教育プログラム開発　コンビニ食ってどんな食？」『家庭科教育』5〜8月号　家政教育社　2004年（印刷中，掲載予定）
　　（なお，その内容は，ワークブックの概要5月号，小学校版6月号，高等学校版7月号，高齢者版8月号となっている。）

第28章
中国のSARS騒動から見る消費者教育

周　暁虹

1．SARS騒動と消費者

　中国では2003（平成15）年に起こった厳しいSARS（新型肺炎）病害のつらい体験を通して，人々はいろいろなことを深刻に反省させられた。中国の政治や経済に危機をもたらしたSARSは一体どのような原因で，中国各地で急速に蔓延してきたのか？その原因はいろいろな面から検討されていたが，中でも，国民の「自覚的消費者」意識の欠如，公衆衛生意識と環境保全意識の希薄さなどは，SARS病害をこのような大事に至らせたといえるであろう。また，中国人が自慢してきた食文化についても，反省せざるを得なくなった。SARS騒動は中国国民が軽く見ていた公衆衛生意識と環境保全意識を呼び戻した。
　SARS予防のために，大勢の市民はルーズな衛生意識を反省し，よく手を洗い，部屋の自然換気をし，定期的に消毒を行い，蒲団を干すことなどは市民の自覚的な行動になった。ところかまわない唾吐きやごみ捨てなどの公衆衛生に害をもたらす行為は，大衆の厳しい監視と高額な罰金制度により，ほとんど鎮静化した。環境衛生と生活の質的な向上という新しい意識が徐々に高められてきた。ただし，これらは「災害逃避」という受身的な衛生意識であり，健康が脅かされ

た時のやむを得ない行動に過ぎないといえるであろう。それに，消費者が気にしているのは，手洗い，自然換気，薬物消毒のような表面的な慣習にとどまっている。

　公衆衛生と環境保全意識ないし飲食文明には多くの消費理念が含まれているはずである。それは消費が主導的な位置を占める市場経済の中で，一人ひとりの消費者は皆自分の消費行為を規制し，自ずから環境保全に貢献できる「自覚的消費者」になるという理念である。

2．公衆衛生意識と自覚的消費者

　今度の世界規模のSARS病害では，中国の感染者が最も多かった。中国と密接な貿易交流を行ってきた隣国のシンガポール，マレーシア，タイ，ベトナムなどの東南アジア諸国にも次々と発病者が出たにもかかわらずである。また，同じく東アジア経済圏にある日本と韓国は，何事もなく安全だった。韓国には感染者が1人だけで，まもなく退院したが，日本は奇跡的にSARSとは無縁のようで，感染者が1人も出なかった。

　その原因を追究するなら，日本国民が優れた公衆衛生習慣を身につけているからだと考えられる。ウイルスが住み着く場がなく，公共の場での伝染を防いだと思われる。日本の経験は他山の石として，中国人にとって大いに参考になるだろう。

　筆者は日本で長年生活した経験があり，日本各地を観光したこともある。北太平洋に位置する日本列島は，四季が明らかで降水量も多く，都市や田舎の隅々まで埃が見えにくく，空気はいつも新鮮さが保たれている。そうはいっても，日本のきれいな環境はすべて「台風と降雨」の影響によるものだとは考えられないだろう。

　日本国民の公衆衛生意識の高さにも感心させられる。日本の観光地ではごみ箱が設置された場所では，人々はごみをきちんとごみ箱に入れるが，ごみ箱が設置されていない場所では，大体「ごみをお持ち帰りください」のような看板が立ててある。そして，人々はまじめに自分のごみを自宅に持って帰る。筆者の知っ

ているある日本の幼稚園児は、朝、キャンディを持って家を出たが、外でごみ箱が見つけられなかったので、夕方家に帰る時まで、包む紙を一日中手に握っていた。このことに筆者は感無量だった。

もしも中国の子ども達が幼稚園時代から公衆衛生意識をきちんと身につけて、さらに自分の考えと行動を通して、周りの環境意識の低い大人達に影響を与えたならば、中国の「精神文明」の目標が早く達成でき、疫病の蔓延を防止できるであろう。

日本国民の公衆衛生意識の高さは、ごみを勝手に捨てないということだけでなく、ごみの分別投棄にもみられる。日本の大都市でも田舎でも、ごみは厳格に分類し、各種類のごみ投棄日や投棄場所も決められ、勝手に投棄できないようにしている。そして、ごみを捨てる時には、ポリ袋に入れ密封してから指定場所に投棄する。さらに、ごみ捨て場に扉をつけたり、ごみの上にネットを覆ったりして生ごみをさらさないように工夫しているので、猫やカラスに散らかされることもなく、また害虫にたかられることもない。このような厳格なごみ分別処理により、公共環境の保全になるとともに、資源の再利用率も高められた。

一方、中国の公共環境の衛生状況は目を覆うばかりである。中国語には、ごみが散らかっている場面をいう時に、「まるで芝居が終わったばかりのようだ」という俗語がある。つまり、昔から芝居が終わった後、劇場はごみだらけのことは当たり前ということのようだ。今になっても、人々はこれを当然だと思い、皆平気である。厳粛な場所でも、この悪習は相変わらずで、われこそ殿様のように振る舞っている。北京大学のBBS掲示板には、1枚の写真が掲載された。テーマは『国旗掲揚式のあと』である。世界中で一番広くて美しい天安門広場に、新聞紙、雑誌、ビニール袋などが舞い上がっている場面。これは国歌斉唱しながら、国旗掲揚儀式に参加した後5分も経たないうちの、絶句される情景である。

他方、日本では、1964（昭和39）年東京オリンピック閉幕の時、8万人も東京国立競技場で歌ったり踊ったり大騒ぎした後でも、広々とした競技場にはごみ1つなかったそうである。この対照的な場面を比べてみると、中国の消費者に「自覚的消費者」としての公衆衛生意識の欠如が明らかになり、「自覚的消費者」を理念とする消費者教育を一層強めなければならないと考えられる。

3．環境衛生と自覚的消費者

　人間は一生涯いつでも消費活動を行っている。誰でも消費行為を通して，自然環境に一定の影響を与えている。生命体としての一人の消費活動が地球の環境に与える影響は取るに足りないほどだ。しかし，人類の集団的な活動はすでに地球環境と気候ないし生態系にも大きな変化をもたらしている。人間は高度な欲求を満たす消費活動を実現するために，高速道路，鉄道，運河，ダムなど，地表の様子を変えたばかりでなく，人間自身の生態環境全体に影響を与えている。

　伝統的な消費観には重要なことが見落とされていた。つまり，人間自身は「環境」の消費者であること。誰の消費活動も環境と密接な関係をもち，環境に影響を与えている。人々は当然と思いながら，明るい日光，きれいな空気，美しい環境の恵みを受けて，自分の健康な心身を維持している。しかし，それらの自然の恵みは無償のものだと思い，やたらに消耗した結果，人類の大規模な経済活動により，大気汚染，環境破壊がひどくなり，当たり前だったきれいな空気と青い空も珍しいものになってきた。自然環境の悪化で，人類自身の健康は未曾有な脅威にさらされている。

　西洋先進国で生活したことがある人達は，大体次のような体験をもっている。先進国では都市の環境がよく，空気がきれいで，中国ではよく罹っていた風邪や咳などの病状は自然に直った。しかし，中国に帰国したら，持病がまたぶり返した。筆者は日本で長年生活したが，その間平均にして，2年に1度風邪を引くくらいであったが，中国に戻ると，毎月風邪を引くありさまだった。

　表面上，これはただの環境衛生の問題にすぎないが，実はこの現象には，看過できない経済現象が隠れている。体の不具合による集中力の低下，倦怠感，反応が鈍く，寝不足などの症状は，結局，仕事の効率を低下させることになる。個人には収入の減少，会社には企業の競争力の低下，国には全体の経済発展の進度にも悪影響をもたらすのである。

　人間は次のような心理をもっている。それは，非常に清潔な環境の中では，自ずから自分の行為を制御し，勝手にごみを捨てたり，大声で騒いだりするような行為に恥を感じる。しかし，汚い環境の中にいると，自分も平気で悪習を露

呈する。

　これは「内部消耗」的な経済問題でもある。環境が破壊されると，膨大な人力と物力を費やして環境を回復しなければならない。それらの財源は，公園や緑地およびその他の健康施設に使うはずだったものである。典型的な例としては，天安門広場ではチューインガムの跡を除去するために十数万元もかかった。もし観光客が自分の行為を制御できたら，それらの大金はもっと有意義なことに使われるはずだったのに。これは，自分の家を掃除しないで，わざわざ清掃会社を頼むことと同じようで，金銭を出費したにもかかわらず，結局自分の生活の質を向上できなかった。つまり，よい衛生習慣がないかぎり，経済が発達した後，改めて美しい環境を再建することは困難であり，実に本末転倒な考えだと言わざるを得ない。

　社会全体の中で，一部分の人間が財産を創出すると同時に，よくない慣習によって一部の財産を消耗することになり，このような悪循環に陥れば，美しい環境と真の生活水準の向上は実現不可能になる。今度のSARS病害で中国経済にもたらした損害は，この論理の1つの証明になる。

　年寄りの中国人は，「東亜病夫」（アジアの病弱者）という苦痛な経験の記憶をもっている。百年余りの抗争を通して，中国人はようやくこの不名誉なレッテルを取り外したが，「汚い」というレッテルは今になってもなかなか取り外せない現実がある。

　香港の繁栄度は東京にも負けないといえるが，きらびやかな高層ビルの裏には，横丁の汚水と臭気，紙くずやごみが溢れている。一方，東京の静かな横丁では，ごみがなかなか見つからない。世界各地にあるチャイナタウンには，中華の古い文明を伝承しながらも，中国人の「不潔さ」が強く印象づけられている。ほとんどのチャイナタウンはその地方ではもっとも秩序が乱れ，衛生条件が悪いエリアと見なされている。

　アダム・スミス（Smith, A.）は「見えない手」というたとえで，市場経済の下で，個々の消費者が個人利益を追求すると同時に，社会全体の福祉を増進させ，他人にも利益をもたらすことができると論述した。環境衛生の面からみても，消費者の自覚はすなわちもう1つの「見えない手」であり，消費者個人のよい習慣は，自分自身の健康を守ると同時に，公衆衛生も保たれ，他人にも恵みを与

えることになる。

4．飲食文明と自覚的消費者

　中国の「食文化」は広く知られているが，長い歴史の中で，貧困と飢饉から身につけてきた「飢えの遺伝子」により，中国人の食材にはあらゆる物が含まれている。空を飛ぶもの，地面を走るもの，何でもある。

　これに対して，西洋人が昔からその危険性を警告したことがある。アメリカ人宣教師のアーサー・スミス（Smith, A.H.）は『中国人の国民性』（Chinese Characteristics, 1894）という著書の中で，「中国人の食べ物は，網で漁をしたようで，魚だけでなく，ほかの雑ものも含まれている」と，中国人の悪習を指摘している。中国人は牛，馬，ロバなどの家畜を労作に酷使し，どのような原因であろうと一旦死んでしまったら，すぐおいしく料理することに驚愕したと言っている。

　中国国内のSARSウイルスは，広東省河源県から発生したそうである。最初の病原が何の動物かはいまだに明らかではないが，広東省では，最初に発病した患者は頻繁に近距離でアオビシンや蛇，鳩，梟などの動物と交わったことがあると証明されている。

　2003（平成15）年4月16日に，香港大学はSARSウイルスの遺伝子を解明し，病原は動物からだと証明した。それゆえ，SARS病害は野生動物の無秩序な捕殺と濫食に関連があると疑われてきた。SARSの蔓延にしたがい，大勢の研究者は野生動物に警戒の目を向けてきた。SARS病害は中国人に自分達の不適切な食習慣を反省しなればならないと警告したようである。

　無法に野生動物の捕獲販売をする人は非難の的になったが，レストランで平気にそれらの動物を美味しく堪能している食客たちが非難されないことは，理に合わない。珍味に対する猟奇的な欲望こそ，野生動物の捕殺者の応援になり，まさに悪人を助けて悪事を働かせるような役目を果たしている。

　国連と西洋先進国では，それまでの単に違法捕獲行為を取り締まることを改め，国民全体に対して消費者教育活動を展開し，根源から違法捕獲者の資金源

を絶つようにした。

　「自覚的消費者」の教育理念を考えると，消費者は消費行為を行う時に，自分の消費行為が社会にもたらす影響を認識し，個人利益の有無のみを判断基準にせず，自分を社会全体の一員として，国全体の総合的な政治，経済，環境，生態，衛生などの諸側面も考慮に入れなければならない。商品を選ぶ時にも，自分の生活に便利であるかというだけでなく，生産—流通—廃棄—再利用の各段階における社会と環境全体に対する影響をも考え，消費活動が環境にもたらす結果を重視すべきである。

　製造者は経済社会の担い手として，社会的責任を自覚すべきである。同じく消費者も経済社会の参加者として，自分の消費行為に自覚をもち，生態環境などの問題に社会的責任を負わなければならない。

　目下，世界各地の消費者教育活動はすでに大きな成果を遂げ，「自覚的消費者」の教育理念は新しい消費観を生み出してきた。本物の毛皮を身につけ，自分の権威と裕福に見栄を張るという消費観はすでに捨てられ，象牙や虎骨や犀角などのアクセサリー，鯨の肉，チベットカモシカチルーで作られたシャトーシ・ショール（shahtoosh）などの商品も「自覚的消費者」に拒否され，生態，環境，動物保護の考えが肯定された新しい消費理念が形成されている。

　21世紀に入ると，中国消費者協会は「緑色消費」（Green Consumption）をテーマとして，消費者に新しい消費理念を呼びかけた。これは「自覚的消費者」の育成理念と合致すると考えられる。「緑色消費」ということは，「緑色商品」（環境配慮商品）だけでなく，物資の回収と再利用，エネルギー源の有効的使用，生態環境の保全と動物保護なども含まれ，製造から消費行為まであらゆる面をカバーしている。環境保全の専門家は「緑色消費」を次のように総括した。すなわち，Reduce，Reevaluate，Reuse，Recycle，Rescueである。

5．結　び

　SARS病害は中国人に警鐘を鳴らした。「危機」という言葉は，危険と機会という二重の意味合いをもつように，危険を避ける過程から，新しい機会が得ら

れる。

　SARS病害で中国人の悪習が矯正され，災難の教訓を噛み締め，新しい国民のイメージを再建する機会に出合った。今までのよくない習慣が健康的な生活習慣に変えられつつある。個人衛生，家庭衛生ないし公衆衛生のすべてが大切にされ，野生動物を美食とする風習も改善され，大人数で1つの皿の料理を食べる食習慣も改め，スポーツ活動への積極的な参加など，いろいろな面に中国人の生活習慣の変化が見られてきた。

　しかし，これらの急きょ改められた習慣は，SARS病害の過ぎ去った後にもずっと保たれるかどうかは，「自覚的消費者」を理念とする消費者教育に依存している。社会全体の各領域での協力こそ，一人ひとりの消費者が理性的で，「自覚的消費者」になることを実現可能にするであろうと考えられる。

　中国共産党が16回代表大会で構想した全面的な「小康社会」(中流生活)を実現するには，国民全体の道徳水準と知識教養の向上が一大目標となる。消費者教育の究極的な目的は，消費者に合理的な消費理念を育成し，消費者の総合的な素質を高めることである。これは全面的な「小康社会」の目標と合致している。消費者教育を推進し，消費者全体の素質を高めることは，全面的な「小康社会」の重要な一環でもあり，不可欠な手段でもある。全面的な「小康社会」とは，物質面の向上だけでなく，生活態度，イデオロギーなどの精神面の要素も含まれる。消費者の総合的な素質と消費意識を高めることは，社会進歩と発展の原動力になる。さもなければ，社会の進歩が阻害される。消費者が自分の消費行為を自覚的な消費者理念に近づければ近づけるほど，「小康社会」という広大な目標の早期実現に大いに寄与できるだろう。

追記

　現在，中国の学校には，日本の家庭科に相当する学科はない。あえて類似した教科を探すならば労働科であろうが，カリキュラム構成の視点は異なっている。筆者は産業経済の進展しつつある中国において，学校における消費者教育の重要性を認識し，実現すべく努力している。

　なお本論は，中国にて発表されたものを日本語にしたものである。

あ と が き

　日ごろから議論しながら教育や研究を進めてきた人達が，それぞれの場で深めたものを持ち寄って一冊の書にまとめたものを世に問うことになりました。各人は，子ども達の生活に対する危機的意識をもっており，その危機を克服するためには，家庭科教育が有効であることを確信しています。それは研究の検証や教育実践において，子どもが生き生きと目を輝かせることから，生まれてきました。

　しかしながら家庭科教育は，社会構造や歴史に影響され，今日の政治経済の制度や規範，さらには一人ひとりの生活習慣や生活実践と深く結びついています。そのため，ややもすると教育の無力感にさいなまれることも多々ありました。また，家庭科教育の伝統的教科のあり方自体の改革も必要であることを，共通に認識してきました。

　今，この本書の全体をみると，家庭科教育についての研究および教育実践を展望する画然とした一本の筋道は示されていません。また，論説相互には矛盾もみられますし，未熟な点も目につきます。「生活実践と結ぶ家庭科教育の発展」という本書のテーマに私達はどこまで接近することができただろうかと，まったく心もとない思いをしています。

　しかし，大学においても学校現場においても，変革の時代を迎え，複雑な諸相の中で混迷の度合いを深めている今日なので，本書のような多様な視点からのアプローチが必要であるように思います。そこから相互に関連性が生まれ，未来への展望が開けることが期待されます。これを機会に，これまでの家庭科教育の枠組みに縛られることなく，新しい発想のもとに，未来を担う新しい家庭科教育を発展させることを，関係者一同で努力していかねばならないと考えています。

　本書を手にとってくださった皆様から，ご批判やご叱正をいただくことを切に願っています。厳しいご意見を克服していくところに，よりよい教育実践と教育

研究を発展させる原動力があるものと，執筆者一同は真摯に受け止める覚悟でおります。

　最後になりましたが，本書の出版に際してお骨折りいただいた大学教育出版の佐藤守氏に心よりお礼を申し上げます。

2004年6月18日

編者一同

執筆者一覧
(50音順)

赤﨑　眞弓	長崎大学教育学部	第11章
赤松　純子	和歌山大学教育学部	第24・27章
磯﨑　尚子	富山大学教育学部	第3章
伊藤　圭子	広島大学大学院教育学研究科	第22章
伊波富久美	宮崎大学教育文化学部	第13章
甲斐　純子	福岡教育大学教育学部	第21章
加藤　佳子	広島大学大学院教育学研究科（院生）	第9章
河﨑　智恵	奈良教育大学教育学部	第6章
川邊　淳子	北海道教育大学教育学部旭川校	第15章
貴志　倫子	くらしき作陽大学食文化学部	第8章
國本　洋美	広島県立教育センター	第18章
小林　京子	広島大学附属福山中・高等学校	第19章
佐藤　園	岡山大学教育学部	第4章
周　暁虹	中国消費者協会	第28章
鈴木　明子	広島大学大学院教育学研究科	第14章
住田佳奈美	神戸市立太田中学校	第17章
多々納道子	島根大学教育学部	第25章
鳥井　葉子	鳴門教育大学生活・健康系	第26章
中村喜久江	岡山大学教育学部	第12章
西　敦子	広島大学附属小学校	第16章
橋本　尚美	愛知教育大学教育学部	第7章
林　未和子	三重大学教育学部	第5章
福田　公子	くらしき作陽大学食文化学部	序章
福田　典子	信州大学教育学部	第20章
朴木佳緒留	神戸大学発達科学部	第1章
森下　育代	横浜市立共進中学校	第23章
山下智恵子	香川大学教育学部	第2章
山田　綾	愛知教育大学教育学部	第10章

■編著者略歴

福田公子（ふくだ・きみこ）

　　1941年　　岡山県生まれ
　　1978年　　広島大学大学院教育学研究科教科教育学専攻修士課程修了　教育学修士
　　2003年4月より　くらしき作陽大学食文化学部教授（広島大学大学院教育学研究科名誉教授）

主な著書・論文 (出版年順)
① 第2章「教科教育の領域と方法」第8節「家庭的資質形成と教科」広島大学教科教育学研究会編『教科教育学Ⅰ―原理と方法―』（共著）建帛社　1986年
② 第5章「教科課程改革の諸問題」第6節「「わざ」と知性の統合を目ざす教科課程―家庭科教育を例として―」広島大学教科教育学研究会編『教科教育学Ⅱ―教科課程論―』（共著）建帛社　1986年
③ 終章「家政教育の発展的課題」岩垂芳男・福田公子編『家政教育学』（共編著）福村出版　1990年

山下智恵子（やました・ちえこ）

　　1947年　　大分県生まれ
　　1972年　　広島大学大学院教育学研究科教科教育学専攻修士課程修了　教育学修士
　　1992年4月より　香川大学教育学部教授

主な著書・論文 (出版年順)
① 第5章「家庭科の授業」第8章「教材研究　Ⅲ住居領域」藤枝恵子・内藤道子・山下智恵子・西村綏子著『小学校家庭科教育法』（共著）家政教育社　1980年
② 第1章「家庭科の教科理論」第1節「教科論における家庭科の位置」，第5章「これからの家庭科教育の課題」第1節「家庭科教育をめぐる社会的状況」日本家庭科教育学会四国地区研究グループ著『家庭科カリキュラムの研究』（共編著）家政教育社　1990年
③ 第4章「家庭科学習の機構」岩垂芳男・福田公子編『家政教育学』（共著）福村出版　1990年

林　未和子（はやし・みわこ）

　　1968年　　京都府生まれ
　　1997年　　広島大学大学院教育学研究科教科教育学専攻博士課程後期修了　博士(教育学)
　　2004年4月より　三重大学教育学部助教授

主な著書・論文 (出版年順)
① 「ブラウンの家庭科教育理論の構成概念に関する一考察」広島大学教科教育学会編『教科教育学研究』第9号　1994年
② 「米国の家庭科ナショナルスタンダードにみられる「実践問題アプローチ」の影響」日本教科教育学会編『日本教科教育学会誌』第23巻第3号　2000年
③ 『現代アメリカ家庭科カリキュラムに関する研究―生活実践知形成―』（単著）風間書房　2002年

生活実践と結ぶ家庭科教育の発展

2004年8月30日　初版第1刷発行

■編著者──────福田公子・山下智恵子・林未和子
■発行者──────佐藤　守
■発行所──────株式会社 大学教育出版
　　　　　　　　〒700-0953　岡山市西市855-4
　　　　　　　　電話 (086) 244-1268　FAX (086) 246-0294
■印刷所──────サンコー印刷 (株)
■製本所──────日宝綜合製本 (株)
■装　丁──────ティー・ボーンデザイン事務所／鈴木明子

ⓒ Kimiko Fukuda, Chieko Yamashita, Miwako Hayashi 2004, Printed in Japan
検印省略　　落丁・乱丁本はお取り替えいたします。
無断で本書の一部または全部を複写・複製することは禁じられています。

ISBN4-88730-579-6